前　言

　　习近平总书记在纪念马克思诞辰 200 周年大会上发表的重要讲话中指出，马克思留给我们最有价值、最具影响力的精神财富，就是以他的名字命名的科学理论——马克思主义。马克思主义是中国共产党人立党立国的根本指导思想。高校马克思主义理论学科建设是社会主义中国高校"双一流"建设的重要内容和思想政治工作平台，高校马克思主义理论学科在凝集马克思主义理论研究学术队伍、引领哲学社会科学发展方向、推进党和国家主流意识形态建设、支撑高校思想政治理论课教育教学等方面，发挥着不可替代的重要作用。面对新时代、新形势、新任务，加强马克思主义理论学科建设，充分发挥马克思主义理论学科的引领作用，是巩固马克思主义在意识形态领域主导地位、提高社会主义意识形态凝聚力和引领力的重要任务，是一项具有重要意义的战略工程。

　　2005 年，国务院学位委员会和教育部下发了《关于调整增设马克思主义理论一级学科及所属二级学科的通知》，将马克思主义理论学科从政治学学科中分离出来，升格为法学门类下独立的一级学科。至今，马克思主义理论学科建设已经走过了十几年的历程。十几年来，马克思主义理论学科由弱小到壮大，发展势头迅猛，取得丰硕的成果并取得宝贵的建设经验。随着高校马克思主义学院的广泛成立，马克思主义理论学科，在体制机制保障、经费支持等方面有了较大的改善和提升。但就学科发展来讲，还有许多基础性、内涵性的工作有待推进和加强，具体体现在课程设置不规范、教材建设相对迟缓等方面。加强马克思主义理论学科建设，现阶段迫切需要的是加强马克思主义理论学科课程设置的规范化和教材建设。

　　2015 年，为有效推动马克思主义理论学科的发展，规范并建立研究生阶段马克思主义理论学科教育与教学体系，整合优势教育资源，反映马克思主义中国化时代化最新成果和中国特色社会主义新经验，北师大出版社邀请国内重点马院，统一编写"马克思主义理论学科研究生系列教材"。本套教材涵盖马克思主义理论一级学科下设的 7 个二级学科，对应在马克思主义理论学科硕士阶段开设的 9 门课程，以及博士阶段的 3 门延伸课程，共由 12 本教材组成。本套教材的出版，为当前马克思主义理论学科研究生阶段的教学实践提供了权威的参考，同时也规范了全国范围内的马克思主义学院的课程设置和人才培养计划。

在北师大出版社组织的"马克思主义理论学科研究生系列教材"启动会上，由顾海良、沙健孙、梅荣政、郑永廷、张雷声、逄锦聚、陈占安、吴潜涛 8 位专家组成的本套教材评审委员会，认真和严格地对每本教材的提纲进行了审议论证，提出了很多宝贵意见。在后续教材写作过程中，评审专家也进行了多轮次审定，最大程度上保证了本套教材的质量。对于专家们付出的辛劳，表示诚挚的感谢。

2020 至 2021 年，"马克思主义理论学科研究生系列教材"陆续出版。丛书出版后，在国内马克思主义理论学界产生了广泛的影响，成为众多高校马克思主义学院教师和学生的必备教材，并成为众多高校马克思主义学院研究生考试的参考书目。2022 年 10 月，党的二十大召开，大会报告提出，要"加强教材建设和管理"，将教材建设作为深化教育领域综合改革的重要环节。为深入贯彻落实党的二十大精神，系统反映马克思主义中国化时代化最新成果，2023 年起，北师大出版社组织进行"马克思主义理论学科研究生系列教材"修订工作，历时半年，各分册教材陆续交稿，也就是目前呈现在读者面前的"马克思主义理论学科研究生系列教材"的第二版。修订版教材坚持以马克思主义为指导，认真贯彻习近平新时代中国特色社会主义思想，充分吸收马克思主义中国化时代化最新成果，更加切合当前高校马克思主义理论学科教学与研究实际，期待产生更好的社会影响。

从立项到初版再到本次修订出版，本套教材历时近十年，其间吸收了马克思主义中国化时代化研究的最新成果，数易其稿，但相信仍有不足之处，敬请专家指正。

目　录

绪 论

一、马克思主义中国化时代化研究的意义

迄今为止，马克思主义构成了人类发展史上最为伟大的思想体系之一，它如同辉煌的日出，照亮并指引着人类探索历史规律和追求自我解放的路径。在波澜壮阔的历史长河中，人类社会孕育出一位位历史巨人，在漫长的历史画卷中，无数思想巨匠如繁星般璀璨，理论学说浩如烟海。然而，为何马克思主义能够持续焕发活力、历久弥新？答案应从马克思主义的本质属性和理论品质中探求。

第一，研究马克思主义中国化时代化，是认识马克思主义的必然要求。马克思主义具有科学性、实践性、革命性、批判性、发展性、时代性和开放性等特征，并且具有自我发展、自我更新、自我超越能力的思想体系，是科学性与革命性相统一的理论。辩证唯物主义与历史唯物主义是马克思主义最根本的世界观和方法论，同时也是马克思主义理论体系的哲学基础。作为世界观，辩证唯物主义和历史唯物主义从根本上揭示了自然、社会和思维发展的一般规律，是总结自然科学和社会科学最新成就的依据，提供了认识整个物质世界的科学图景；作为方法论，辩证唯物主义和历史唯物主义是无产阶级认识世界和改造世界的锐利思想武器。马克思主义的理论本性决定了它具有最鲜明的政治立场。马克思主义站在人民立场上探寻人类自由解放的道路，将是否致力于实现最广大人民的根本利益作为唯物史观与唯心史观的分水岭，作为判断马克思主义政党的试金石。马克思主义的精髓和活的灵魂是实事求是。科学反映马克思主义的理论本质、体现人类认识和发展规律、推进理论创新，就是坚持一切从实际出发，理论联系实际，实事求是，在实践中检验真理和发展真理。马克思主义以追求共产主义作为最崇高的社会理想。作为一种价值追求，致力于构建物质财富极大丰富、人民精神境界极大提高、每个人自由而全面发展的共产主义理想社会。

第二，研究马克思主义中国化时代化，是回应中国现实的需要。马克思主义在欧洲激荡了半个世纪后，于 19 世纪末期传到了中国，它开始在中华神州大地上落地、生根、生长，直至愈发繁茂。马克思主义传入中国已有 100 多年的历史。在这 100 多年中，在马克思主义的理论指导下，中华民族成立了一个伟大的政党——中国共产党，这个政党运用这一思想武器使中国发生了翻天覆地的变化。压在中国人民头上的帝国主义、封建主义、官僚资本主义三座大山被彻底推倒，中国人民近代以来遭受的灾难和屈辱被彻底涤荡。人民的国家以全新的姿态，屹立在世界民族之林，这是中国人民的幸运和骄傲，也是马克思主义的幸运和骄傲。马克思的思想在中华大地找到了最好的家园，中国共产党找到了工人阶级和劳动人民认识世界和改造世界最强大的思想武器。

中国共产党始终以马克思主义为指导思想。然而，马克思主义是从欧洲工业文明的土壤中诞生出来的，要使马克思主义在中国这块土地上发生作用，必须与本民族特点相结合，必须经过中华优秀传统文化的涵养，才能获得成功，这需要一个长期过程。概括地说，马克思主义是以实践性为本质特征的理论，这就决定了它的生命力在于结合中国不断发展的斗争、建设和改革实践而与时俱进，这是马克思主义中国化时代化的理论根据；同时作为指导中国革命的理论指南，中国共产党从正反两方面的历史经验中认识到，不能把马克思主义教条化，马克思主义必须根植于中国这块土地上才能发展壮大，这是马克思主义必须中国化时代化的实践根据。

马克思主义中国化时代化是马克思主义理论精髓在中国的回应和体现。它深深地植根于近代、现代和当代中国社会的经济、政治和文化的现实土壤之中，是中国共产党近百年来在探索中国革命、建设和改革的历史进程中，坚持将马克思主义基本原理同中国具体实际相结合、同中华优秀传统文化相结合所取得的伟大成果，也是中国人民自近代以来在追求救国救民真理的漫长过程中理性抉择的必然结果。因此，学习和研究马克思主义中国化时代化具有极其重要的意义。

在以"两个结合"推进马克思主义中国化时代化的进程中，中国共产党形成了丰富的理论创新成果：毛泽东思想是马克思列宁主义在中国的创造性运用和发展，是被实践证明了的关于中国革命和建设的正确的理论原则和经验总结，实现了马克思主义中国化的第一次历史性飞跃；党从新的实践和时代特征出发坚持和发展马克思主义，形成中国特色社会主义理论体系，实现了马克思主义中国化新的飞跃；习近平新时代中国特色社会主义思想是当代中国马克思主义、二十一世纪马克思主义，是中华文化和中国精神的时代精华，实现了马克思主义中国化新的飞跃。在当代中国，随着实现中华民族伟大复兴的中国梦的进一步推进，新问题、新情况和新经验需要新的理论予以概括和分析。因此，当前理论研究中的重大而又迫切的问题就是进一步推动马克思主义中国化时代化研究。这不仅对于我们正确地理解马克思主义，把握毛泽东思想、中国特色社会主义理论体系以及习近平新时代中国特色社会主义思想的实质和精髓有着重大的理论意义，而且在今后很长时期内对于中国特色社会主义伟大事业的深入推进具有重要的现实意义。

第三，研究马克思主义中国化时代化，是时代对理论创新的呼唤。一方面我们要真正理解把握马克思主义的基本原理和基本精神；另一方面我们又要牢牢把握中国的具体国情和文化特质，从而把马克思主义基本原理同中国具体实际相结合、同中华优秀传统文化相结合。这就是毛泽东所说的"活的马克思主义""香的马克思主义""创造性的马克思主义"。

遵循历史逻辑的一致性，我们可以清楚地看到，一部中国共产党的历史就是一部马克思主义中国化时代化的历史。党的十九届六中全会指出毛泽东思想是马克思列宁主义在中国的创造性运用和发展，是被实践证明了的关于中国革命和建设的正确的理论原则和经验总结，是马克思主义中国化的第一次历史性飞跃。而邓小平理论、"三个代表"重要思想、科学发展观从新的实践和时代特征出发坚持和发展马克思主义，科学回答了建设中国特色社会主义的发展道路、发展阶段、根本任务、发展动力、发展战略、政治保证、祖国统一、外交和国际战略、领导力量和依靠力量等一系列基本问题，形成中国特色社会主义理论体系。习近平新时代中国特色社会主义思想则是当代中国马克思主义、二十一世纪马克思主义，是中华文化和中国精神的时代精华，共同实现了马克思主义中国化新的飞跃。具体来看，从马克思主义在中国的传播，到毛泽东提出"马克思主义中国化"的科学命题；从中国共产党一些早期领导人把马克思主义当作教条崇奉，到以毛泽东同志为主要代表的中国共产党人坚持科学的马克思主义观，在革命实践中成功地探索中国革命前途，形成毛泽东思想，实现了马克思主义中国化第一次历史性飞跃。新民主主义革命之后，如何在中国这样一个落后的东方大国建立社会主义制度，进行现代化建设，是摆在中国共产党面前的又一重大历史任务，也是马克思主义中国化时代化的崭新课题。但是，马克思主义中国化时代化在引导中国进入社会主义建设的历史过程中，并没有完成它对马克思主义理论和中国国情的双重认识，而是在付出了"文化大革命"的惨重代价以后，立足于社会主义初级阶段的客观实际，产生了邓小平理论、"三个代表"重要思想、科学发展观，重新实事求是地对待理论和实践，实现了马克思主义中国化新的飞跃。中国特色社会主义进入新时代，社会主要矛盾发生了变化，习近平总书记对关系新时代党和国家事业发展的重大理论和实践问题提出了一系列原创性的治国理政新理念新思想新战略，创立了习近平新时代中国特色社会主义思想，实现了马克思主义中国化新的飞跃。今天，中国正处在以中国式现代化全面推进中华民族伟大复兴的关键历史时期，必须坚持将马克思主义基本原理同中国具体实际相结合、同中华优秀传统文化相结合，不断开辟马克思主义中国化时代化新境界。

在过去的几十年里，在马克思主义中国化时代化的概念内涵、内容根据、历史进程、理论成果、实践效应等方面，中国的理论界、学术界已经做了大量的研究，达到较成熟的水平，但是对马克思主义中国化时代化问题的研究，尤其是其理论成果的研究是十分必要的，还有许多重要工作需要继续坚持下去。只有通过深入研究，我们才能够更加深刻地揭示出马克思主义中国化时代化的发展规律，提高推进马克思主义中国化时代化的理论自觉和实践自觉。

实践证明，推进马克思主义中国化时代化至关重要、意义深远。因为有了马克思主义在中国的实践，半殖民地半封建社会的旧中国一跃而进入社会主义初级阶段，这一历史性跨越使中国实现了翻天覆地的变化，进而踏上实现中华民族伟大复兴中国梦的伟大征程。从这个意义上说，马克思主义中国化时代化是中国共产党人的永恒主题。作为工人阶级、中国人民和中华民族的先锋队，中国共产党在探索救国救民的真理中历经千辛万苦找到了马克思主义，在革命、建设和改革实践中坚持不懈地推进马克思主义中国化时代化，遵循理论创新与实践活动的有机统一，把信奉马克思主义、追求科学社会主义，同带领中国人民创造幸福生活、实现中华民族伟大复兴的历史使命紧紧联结在一起。所以，当代中国共产党在推动马克思主义中国化时代化进一步向前发展时，必须立足当今时代，面向社会现实，着眼未来发展，遵循辩证唯物主义认识论的发展规律，研究新情况、解决新问题、总结新经验，不断丰富和发展马克思主义。

当前的世情、国情、党情纷繁复杂。国际竞争日趋激烈，科技进步日新月异。国内中国特色社会主义建设进入全面深化改革阶段，"四个全面"战略布局不断推进，社会思想领域呈现多元多样多变的态势，各方面问题依然突出。国际国内诸多因素给中国共产党领导的马克思主义中国化时代化事业带来了许多机遇和挑战。一方面为马克思主义中国化时代化提供了新的物质基础、国际舞台、发展契机和民心支持，另一方面对马克思主义中国化时代化所需要的经济安全、政治稳定、社会和谐等形成挑战。在这种复杂的形势下，如何保证马克思主义的指导思想地位，成为中国共产党在推进马克思主义中国化时代化的过程中必须考虑的首要问题。

马克思主义中国化时代化的主要内容和基本要求是推进理论创新。实现理论创新，就是要在不同的历史条件下，与具体的历史实际相结合，解决中国的实际问题，过去的结合不能代替今天的结合。因此，运用马克思主义基本理论研究现实中的重大问题，丰富和发展马克思主义，我们要站在时代前列，立足新的实践，把握时代特点，不断深化对共产党执政规律、对社会主义建设规律、对人类社会发展规律的认识，不断吸取一切科学的新经验、新思想、新成果。

马克思主义中国化时代化是一项永恒的研究课题。要从与时俱进的高度来研究马克思主义的发展和创新，如何回应时代提出的问题与挑战；要从历史发展和马克思主义自身发展的历史经验中研究人类面临的重大理论问题和实际问题；要从人类社会发展的高度来研究人的全面发展和人类解放的具体途径。在新的形势下，马克思主义中国化时代化的任务需要一大批马克思主义者来承担，这些人既要具有深厚的理论功底、科学的马克思主义观和学贯中西的知识储备，又要善于调查研究、实践经验丰富、能把握事物的本质和规律。从这种意义上说，马克思主义中国化时代化是一项常做常新的永恒的研究课题。

二、马克思主义中国化时代化学科建设的意义

对马克思主义既应从哲学、政治经济学、科学社会主义等方面进行分门别类的研究，也应进行整体性研究，还应进行马克思主义、中国化时代化马克思

主义的一体化研究，以利于更好地从纵横结合上完整地系统地把握它的科学思想体系。马克思主义理论学科，是对马克思主义进行整体性和一体化研究的一级学科，它与中共党史党建学、哲学一级学科下的马克思主义哲学、理论经济学一级学科下的政治经济学、政治学一级学科下的科学社会主义与国际共产主义运动等一起，共同构成了马克思主义学科体系。马克思主义理论一级学科涵括马克思主义基本原理、马克思主义发展史、马克思主义中国化研究、国外马克思主义研究、思想政治教育、中国近现代史基本问题研究六个二级学科。

2005 年，中共中央宣传部、教育部颁发的《关于进一步加强和改进高等学校思想政治理论课的意见》中明确指出，学科建设是加强和改进思想政治理论课的基础。思想政治理论课教育教学所依托的学科是我国所特有的一门政治性、科学性和实践性很强的学科，只能加强，不能削弱。基于高校思想政治理论课的意识形态阵地作用，2015 年，中共中央宣传部、教育部颁发《普通高校思想政治理论课建设体系创新计划》，明确高校的重大任务、思想政治理论课的重要阵地和渠道作用，强调要加强马克思主义理论学科在方向、队伍、影响等方面规范化建设，把马克思主义理论学科建设成为哲学社会科学优势学科，构建以马克思主义理论学科为引领，相关学科为补充，有效支撑思想政治理论课建设的学科体系。2019 年，中共中央办公厅、国务院办公厅印发的《关于深化新时代学校思想政治理论课改革创新的若干意见》，要求全面贯彻党的教育方针，解决好培养什么人、怎样培养人、为谁培养人这个根本问题，坚持不懈用习近平新时代中国特色社会主义思想铸魂育人，深化新时代学校思想政治理论课改革创新。为此，要以马克思主义理论学科优先发展、优势发展、优质发展带动高校哲学社会科学繁荣发展，更充分发挥高校哲学社会科学育人功能，规范马克思主义理论学科本科生、硕士生、博士生培养工作，探索建立本硕博相衔接的人才培养体系。

马克思主义理论学科建立之后，学科的建设和发展是大家所关注的，也是迫切需要大力加强的。对于学科建设所涉及的一系列问题，又是需要进一步深化认识的。党的十八大以来党中央对马克思主义理论学科建设一直给予高度关注，对此习近平总书记提出两个"必须"，一方面，"推进理论创新，必须坚持马克思主义基本原理不动摇。这是发展马克思主义的基础和出发点，否则就会迷失方向走上歧途"；另一方面，"必须随着实践发展不断丰富发展马克思主义，不断赋予马克思主义新的生命活力，以更好地把马克思主义坚持下去"。

作为二级学科的"马克思主义中国化研究"在"马克思主义理论"一级学科中具有重要的地位。这一重要的地位是由这一专业本身具有的特点以及与其他二级学科专业的关系决定的。从学科体系来看，这是一个新开设的专业，其特点是专业内容具有综合性；从与其他专业的关系来看，在内容上的内在联系紧密，其特点是专业内容具有交叉性。因此，建设马克思主义中国化学科要在把握共性的基础上，更加科学、理性和系统地把握其与一级学科及其他二级学科之间的关系，从而使学科建设走向细致化、具体化和科学化的道路。

马克思主义中国化学科的研究和建设，必须以马克思主义中国化时代化为主线，以中国化的马克思主义为主题，以中国特色社会主义的理论和实践建设为重点，紧密结合实际，即中国特色的新民主主义革命道路，社会主义改造道路、建设道路和改革道路的探索中所进行的艰苦实践和理论总结，深入研究中国共产党不断推进马克思主义中国化时代化的历史进程和基本经验，系统掌握马克思主义中国化时代化的理论成果的内容和精神实质，从而更加深刻地揭示马克思主义中国化时代化和中国化时代化的马克思主义不断发展的基本规律。因此，加强马克思主义中国化学科建设具有重要的理论和实践意义。

从实践上看，思想政治理论课的设置与改革要始终围绕马克思主义中国化时代化的实践进程和学科建设展开。马克思主义理论学科的设立与思想政治理论课改革有着密切的关系。中央思想政治理论课改革"05方案"中确定了四门必修课"马克思主义基本原理概论""毛泽东思想和中国特色社会主义理论体系概论""中国近现代史纲要""思想道德修养与法律基础"，与原有课程相比体现出的一个显著特点就是课程内容趋向综合性。这些课程建设迫切需要有学科建设来支撑。马克思主义中国化学科正是和"毛泽东思想和中国特色社会主义理论体系概论"这一课程相对应的，为这一课程的设置提供了学科支撑。"马克思主义中国化"学科包括了中国化时代化的马克思主义理论成果，是对中国共产党几代中央领导集体关于新民主主义革命时期、社会主义革命和建设时期、改革开放和社会主义现代化建设新时期、中国特色社会主义新时代的理论与实践经验研究，在马克思主义研究中是实践性最强的学科。"马克思主义中国化"学科的研究成果，立足于中国的社会制度、全面深化改革和现代化建设的实践，为实现中华民族的伟大复兴提供坚实的理论支撑，对推动中国特色社会主义的发展进程，推进马克思主义中国化、民族化、时代化、大众化，具有直接的现实意义。

从理论上看，加强马克思主义中国化学科建设，推进马克思主义中国化研究的学科化发展，是遵循历史逻辑、加强理论研究、完善马克思主义理论学科的必然选择。只有从整体上深入研究马克思主义和中国化时代化马克思主义，才能正确把握马克思主义基本原理及其整体性，对必须长期坚持的基本原理、需要结合新的实际加以丰富发展的理论判断、必须澄清的依附于马克思主义的错误观点做出科学的区分，引导人们用科学的态度对待马克思主义及其中国化时代化的理论成果。建设马克思主义中国化学科的现实意义集中体现在"四个有利于"，即有利于树立科学的马克思主义观、有利于推进马克思主义理论研究和建设工程的实施、有利于繁荣发展我国的哲学社会科学、有利于加强和改进高校思想政治理论教育。

第一，建设马克思主义中国化研究学科，有利于树立科学的马克思主义观。科学的马克思主义观是对待马克思主义的正确态度，也是准确理解马克思主义中国化时代化的前提。马克思主义中国化学科建设遵循实事求是的思想路线，坚持在实践中探索中国共产党的执政规律、社会主义建设规律和人类社会发展规律，增强马克思主义理论的说服力和吸引力，巩固马克思主义在我国意识形态领域的指导地位，形成系统化、理论化的学科体系。这样有助于引导人们用科学的态度对待马克思主义，推进马克思主义理论创新，把重大的理论研究成果贯彻于实践之中，用发展的马克思主义指导新的实践和解决现实重大问题。

第二，建设马克思主义中国化研究学科，有利于推进马克思主义理论研究和建设工程的实施。马克思主义理论研究和建设工程是巩固马克思主义在意识形态领域指导地位的基础工程，是一项重大的理论创新工程。马克思主义中国化研究学科的设立，需要培养一批具有较高理论素养和丰富实践经验的专门人才，特别是中青年专门理论人才，来适应马克思主义中国化时代化和理论创新的需要，深化马克思主义中国化理论成果的研究。因此，马克思主义中国化研究的学科建设，能够进一步推进马克思主义理论研究和建设工程的有效实施，推进全党的思想理论建设，推进马克思主义中国化时代化事业不断顺利、健康向前发展。

第三，建设马克思主义中国化研究学科，有利于繁荣发展我国的哲学社会科学。哲学社会科学包括政治学、社会学、哲学、法学、史学、文学和新闻学等复杂的领域，在我国这些学科的深入发展需要深深扎根于历史和现实，因此需要强有力的学理支撑。建设马克思主义中国化研究二级学科，深入研究中国化时代化的马克思主义理论，需要掌握和研究哲学社会科学各领域的最新成果，坚持辩证唯物主义和历史唯物主义的思维方式，使哲学社会科学沿着正确、健康的方向繁荣发展，更好地发挥其解释和改造世界的作用，即认识世界、传承文明、创新理论、资政育人、服务社会等。

第四，建设马克思主义中国化研究学科，有利于进一步加强和改进高校思想政治理论教育。高校是当前意识形态的重要阵地之一，思想政治理论教育是宣传马克思主义和提升青年运用马克思主义理论水平的主要方式。建设马克思主义中国化研究二级学科，直接为加强和改进高校思想政治理论课以及培养和造就一支高素质的思想政治理论课教师队伍提供强有力的学科支撑，提高思想政治理论教育的科学性，增强其说服力和有效性，深化思想政治理论课教育教学的改革，有利于巩固马克思主义在高校教育中的教学地位，同时，对于全面实现高等学校立德树人的根本任务，具有重大作用。

第一章 马克思主义的本质特征及中国化时代化的必然选择

马克思主义作为无产阶级的科学世界观，具有高度的实践性、内容的宏观性、时代精神的纯粹性和体系的开放性等特征。中国共产党和中国人民选择了马克思主义，充分运用贯穿其中的立场观点方法，将马克思主义基本原理同中国具体实际相结合、同中华优秀传统文化相结合，实现了马克思主义中国化时代化，从而真正解决了国家和民族的根本出路问题。

第一节　马克思主义中国化时代化的历史必然性

马克思主义深刻揭示了人类社会发展的基本规律，具有跨越时空界限的普遍性和适应性，为我们提供了强大的思想武器，使我们能够更深入地认识世界并改变世界。马克思主义中国化时代化，实质是在坚持马克思主义基本原理的基础上，不断推进理论创新，以适应不断变化的时代和实践需求。马克思主义不是一成不变的教条，而是一个开放的理论体系，它需要我们在新的实践中不断丰富和发展，只有这样，马克思主义才能始终保持其生命力和时代性，并指导我们认识世界和改变世界。真正掌握马克思主义中国化时代化的精髓，我们必须从理论的内在逻辑出发，深刻地理解理论发展的客观规律，把握马克思主义中国化时代化的历史必然性，从而在实践中更好地运用和发展马克思主义。

一、马克思主义中国化时代化是理论张力的必然趋向

马克思主义中国化时代化，是在中国共产党运用马克思主义指导中国革命、建设和改革的历史过程中形成的，是历史和现实的必然选择。19 世纪中叶，自由资本主义时期，卡尔·马克思和弗里德里希·恩格斯两位伟大的杰出的思想家，致力于探究世界本质及其发展普遍规律，特别是资本主义的发展及

其向社会主义的转变，以及人类社会发展的普遍规律等，共同创立了关于无产阶级和人类解放的科学理论。马克思恩格斯在对德国古典哲学、英国古典政治经济学以及法国空想社会主义的理论成果进行深入研究和积极吸收基础之上，揭示资本主义社会的基本矛盾、基本经济规律以及阶级斗争的本质，总结工人运动的经验教训，批判性地继承并发展了经典理论中的合理成分，从而形成了具有深远影响的理论。马克思主义是一个完整而严密的理论体系，是具有强大生命力的科学理论，始终占领真理制高点，体现于其理论整体的革命性和实践性，以及其世界观方法论的科学性和创新性，为无产阶级的解放运动提供了科学的理论指导。世界共产主义运动实践，充分验证并证明了马克思主义立场观点方法的真理性和正确性。无数的革命和建设实践表明，马克思主义不仅在理论上具有深刻的科学性和革命性，而且在实际应用中也显示出了巨大的生命力和指导价值。马克思主义的理论体系，以其对历史发展规律的深刻洞察和对社会变革的科学预见，为全世界的无产阶级和劳动人民争取解放、实现社会公正和进步提供了强大的思想武器。

马克思主义经典作家用"唯一科学的社会主义"[1]指称他们创立的科学理论，并认为这一理论是"工人阶级的头脑中的观念上的反映"[2]。列宁在运用马克思主义指导俄国实践的过程中对其产生了更加深刻的认识，指出它是"马克思的观点和学说的体系"[3]，是"无产阶级解放运动的理论"[4]，也是"把社会生活领域也包括在内的彻底的唯物主义、作为最全面最深刻的发展学说的辩证法以及关于阶级斗争和共产主义新社会创造者无产阶级肩负的世界历史性的革命使命的理论"[5]。习近平总书记指出，"马克思的思想理论源于那个时代又超越了那个时代，既是那个时代精神的精华又是整个人类精神的精华"[6]。并用"科学的""人民的""实践的""开放的"[7]四个形容词高度肯定并阐释了马克思主义

① 《马克思恩格斯选集》第 3 卷，人民出版社 2012 年版，第 36 页。

② 同上书，第 799 页。

③ 《列宁专题文集·论马克思主义》，人民出版社 2009 年版，第 7 页。

④ 《列宁全集》第 26 卷，人民出版社 2017 年版，第 239 页。

⑤ 《列宁专题文集·论马克思主义》，人民出版社 2009 年版，第 5 页。

⑥ 习近平：《在纪念马克思诞辰 200 周年大会上的讲话（2018 年 5 月 4 日）》，载《求是》，2018(10)。

⑦ 同上。

理论。党的十九届六中全会进一步强调:"马克思主义揭示了人类社会发展规律,是认识世界、改造世界的科学真理。同时,坚持和发展马克思主义,从理论到实践都需要全世界的马克思主义者进行极为艰巨、极具挑战性的努力。"①这些站在历史与时代高度的观点和论断,是我们正确理解马克思主义的基本遵循,也是我们始终坚持和发展马克思主义的思想指针。

马克思主义理论是极其丰富和深刻的,它涵盖了自然界的规律、社会的发展以及人类思维的复杂性等多个领域,深入探讨了经济学、政治学、历史学、科技发展、军事战略、意识形态等方面的问题,为我们提供了独特的视角和分析方法,是我们更好地理解世界的锐利思想武器。列宁指出:"马克思学说具有无限力量,就是因为它正确。它完备而严密,它给人们提供了决不同任何迷信、任何反动势力、任何资产阶级压迫所作的辩护相妥协的完整的世界观。"②马克思主义是一个严密的理论体系,各组成部分之间存在着内在的逻辑关系,在理论上和逻辑上是严密的、完整的,它的各个组成部分之间相互联系、相互渗透,共同构成了一个统一的、不可分割的理论体系。如列宁所说:"只有马克思的哲学唯物主义,才给无产阶级指明了如何摆脱一切被压迫阶级至今深受其害的精神奴役的出路。只有马克思的经济理论,才阐明了无产阶级在整个资本主义制度中的真正地位。"③这是对马克思主义的核心内容的精辟概括,指明了马克思主义的主要组成部分包括哲学、经济学和科学社会主义,并强调三者相互关联,共同构成了马克思主义的理论框架。只有在整体的框架下,各个组成部分才能发挥其应有的作用,才能真正理解其深刻的内涵和意义。因此,我们必须全面、系统地学习和理解马克思主义,避免片面和孤立地看待其任何一个组成部分,以确保我们对这一伟大理论体系的正确理解和运用。

马克思主义哲学扮演着至关重要的角色,它不仅是马克思主义的世界观和方法论,更是整个马克思主义理论体系的基石。一方面,为无产阶级指明了一条摆脱精神奴役的道路,为无产阶级提供了科学的世界观和方法论,而且在其

---

① 《中共中央关于党的百年奋斗重大成就和历史经验的决议》,人民出版社 2021 年版,第 63 页。

② 《列宁专题文集·论马克思主义》,人民出版社 2009 年版,第 67 页。

③ 同上书,第 71 页。

指导下，无产阶级能够更加清晰地认识到自身所处的社会地位和担负的历史使命，从而主动摆脱长期以来被压迫阶级所承受的精神枷锁。另一方面，亦为无产阶级及其政党提供了一种科学的世界观和方法论，使他们能够深刻地认识世界并有效地改造世界。同时也为马克思主义的其他组成部分提供了理论支撑和指导，确保了整个理论体系的科学性和实践性。作为无产阶级认识世界和改变世界的锐利思想武器，马克思主义哲学奠定了马克思主义的理论基础。马克思主义哲学在分析社会基本矛盾运动的基础上，深刻揭示了人类社会的基本规律，指出革命是无产阶级反对资产阶级的斗争的必然手段，从而使得社会主义学说实现了从空想到科学的巨大飞跃。马克思、恩格斯曾经明确指出："暴力是每一个孕育着新社会的旧社会的助产婆。"①并认为"是社会运动借以为自己开辟道路并摧毁僵化的垂死的政治形式的工具"②。此外，他们强调"被剥削被压迫的阶级（无产阶级），如果不同时使整个社会永远摆脱剥削、压迫和阶级斗争，就不再能使自己从剥削它压迫它的那个阶级（资产阶级）下解放出来。"③这一系列理论观点，深刻地揭示了无产阶级革命的必然性和必要性，正确阐述了无产阶级实现目标的方式和途径，为无产阶级和世界各国人民提供了理论指引。在此基础上，提出不断革命论，根据这一理论观点，主张应当在民主革命在取得初步胜利后，毫不犹豫地转变为社会主义革命，推进政治、经济、文化和社会各个方面的深刻变革，确保社会始终朝着更加公平、正义的方向发展，避免革命成果被反动势力所颠覆，从而实现社会的全面进步和人民的彻底解放。

马克思主义政治经济学是马克思主义理论的核心组成部分，通过政治经济学对资本主义经济体系的深入剖析，深刻探讨了资本主义生产方式的本质、发展规律以及其内在的矛盾和冲突，这一理论不仅深刻揭示了资本主义生产方式的本质，还详细分析了其发展规律和内在矛盾，从而为无产阶级在资本主义制度中的真实地位提供了清晰的阐释。马克思主义政治经济学不仅是马克思主义理论中最为深刻、最为全面、最为详细的证明和应用领域，而且进一步揭示了资本主义社会的经济运行机制和阶级关系，科学揭示了资本主义内在矛盾的根

---

① 《马克思恩格斯选集》第 2 卷，人民出版社 1995 年版，第 256 页。
② 《马克思恩格斯选集》第 3 卷，人民出版社 1995 年版，第 527 页。
③ 《马克思恩格斯选集》第 1 卷，人民出版社 1995 年版，第 252 页。

源，帮助无产阶级认识到自身在社会变革中的历史使命和作用，为无产阶级革命和社会主义建设提供了坚实的理论依据和实践指南，为无产阶级争取自身解放提供了有力的理论武器。通过马克思主义政治经济学的指导，无产阶级能够更好地理解资本主义社会的经济结构和阶级斗争的实质，从而更加有效地推动社会的进步和发展。

在哲学和经济学的基础上形成科学社会主义理论，是马克思主义理论的关键旨趣所在，揭示了资本主义社会向社会主义社会过渡的历史必然性，提出了无产阶级革命和无产阶级专政的理论，不仅阐明了未来社会的一些基本特征，而且找到了社会继续向前发展的动力和道路，为全世界的无产阶级和被压迫民族提供了争取解放的科学指导和强大动力。马克思认为："代替那存在着阶级和阶级对立的资产阶级旧社会的，将是这样一个联合体，在那里，每个人的自由发展是一切人的自由发展的条件。"①马克思主义的这些基本方法、基本观点和基本理论，至今都是我们前进的指导思想，是永放光芒的普遍真理。在人类历史上，没有任何一种思想理论能像马克思主义那样具有如此大的威力。自《共产党宣言》发表以来，马克思主义一直是塑造世界的主要精神力量，始终是推动和指导世界各地人民摆脱剥削、压迫和贫困，走上独立和解放、争取社会主义和人民共同富裕的强大思想武器，受到世界人民的尊敬和拥戴。

马克思与恩格斯所创立的马克思主义，不仅在其诞生的时代，即便在当代，亦是无愧于伟大的思想宝库之名。马克思主义展现了其强大的生命力，作为普遍真理，其立场、观点与方法构成了马克思主义科学理论体系的精髓，是极为宝贵的思想财富。自马克思主义问世以来，历史与实践的发展已经证明，马克思主义的基本原理及其科学的立场、观点与方法，具有毋庸置疑的地位和作用，是推进理论创新的根本要求和关键所在。中国共产党成立以来，我们党始终重视马克思主义立场观点方法，在新民主主义革命与社会主义革命和建设时期，初步形成了"实事求是、群众路线、独立自主"等，是中国化马克思主义的立场观点方法初始形态。党的十八大以来，以习近平同志为核心的党中央不断推进实践基础上的理论创新，党的二十大提出"两个结合"与"六个坚持"极大丰富和发展了马克思主义立场观点方法。习近平总书记特别强调："马克思主

---

① 《马克思恩格斯选集》第 1 卷，人民出版社 1995 年版，第 294 页。

义立场、观点、方法是做好工作的看家本领，是指导我们认识世界、改造世界的强大思想武器。"①马克思主义的立场观点方法是人类智慧的宝贵遗产，也是马克思主义能够跨越时代局限性的根本所在。因此，我们要"把系统掌握马克思主义基本理论作为看家本领"②，并要"学会运用马克思主义立场观点方法观察世界、分析世界，真正搞懂面临的时代课题，深刻把握世界发展走向，认清中国和世界发展大势"③。马克思主义不仅是科学的世界观，更是科学的方法论，深入学习和领会马克思主义的基本原理，真正掌握马克思主义的立场、观点和方法，在复杂多变的时代境遇中保持清醒的头脑，在实践中不断检验和发展真理，在各种矛盾和问题交织的现实中找到正确的解决之道，认识和把握社会发展的规律，应对各种风险和挑战，不断推动社会的进步和发展，更好地推动中国特色社会主义事业不断向前发展。

马克思主义关注人的全面发展和人类解放是核心理念，基本立场始终是以人为本，实质上是无产阶级和广大劳动人民群众的立场，代表了最大多数人的根本利益。马克思主义的基本观点，宏观层面包括唯物观点、矛盾观点、发展观点、实践观点、历史观点、价值观点等。马克思主义的基本方法，包括实践方法、历史方法、辩证方法等。实践方法是超越唯心主义理性真理观，基于能动反映论，在实践中发现、检验、坚持、修正和发展真理的方法；历史方法强调从历史的角度来分析和理解社会现象，深入历史的深处，把握历时性和共时性，探究过去、现在和未来的关系，从而揭示社会发展的内在规律；辩证方法是一种全面、动态的思维方式，它强调事物之间的相互联系和相互作用，认为事物是在不断运动和变化中发展的。这种方法要求我们在分析问题时，不能孤立地看待事物，而要看到事物之间的内在联系，把握事物的发展规律，从而找到解决问题的有效途径。

在上述分析中，我们可以清醒认识到："马克思主义是我们认识世界、把握规律、追求真理、改造世界的强大思想武器，是我们党和国家必须始终遵循

① 《习近平在中央党校（国家行政学院）中青年干部培训班开班式上发表重要讲话强调筑牢理想信念根基树立践行正确政绩观在新时代新征程上留下无悔的奋斗足迹》，载《人民日报》，2022年3月2日。
② 《习近平谈治国理政》第1卷，外文出版社2018年版，第154页。
③ 习近平：《在北京大学师生座谈会上的讲话》，载《人民日报》，2018年5月3日。

的指导思想。"①马克思主义的基本原理具有普遍的适用性和有效性，这一点是毋庸置疑的。然而，要使马克思主义成为指导某一民族进行革命和建设的主导思想，必须实现本土化、具体化。这意味着马克思主义需要与特定历史条件下的民族和国家的具体社会、经济、政治等文明状态和时代特征相结合，从而实现其理论的本土化和时代化。正是基于这样的认识，中国共产党人选择了马克思主义作为自己的指导思想，并致力于将其中国化时代化。这一选择首先是基于马克思主义所蕴含的客观真理性和其为无产阶级以及广大人民群众争取解放、追求幸福生活的根本宗旨。马克思主义不仅仅是科学的革命的思想理论，它更是实践的行动指南，旨在推动社会的进步和人类的全面发展。因此，中国共产党人深刻认识到，只有将马克思主义的基本原理与中国的具体实际相结合，才能真正发挥其指导作用，推动中国革命、建设和改革事业不断向前发展。在中国化时代化的进程中，马克思主义在中国焕发出强大的生命力，成为引领中国人民实现民族复兴和社会主义现代化建设的强大思想武器。

二、马克思主义中国化时代化是理论品质的生动体现

马克思主义具备与时俱进的理论品质，"随时随地都要以当时的历史条件为转移"②，"是发展着的理论，而不是必须背得烂熟并机械地加以重复的教条"③。马克思主义并非一个封闭和僵化的理论体系，而是一个开放和不断发展的思想体系。它在不同的历史时期和不同的地域环境中，不断地吸收新的思想成果，与时俱进地进行自我完善和发展。马克思主义的开放性体现在它能够容纳和融合各种有益的思想资源，不断丰富和发展自身的理论内容。同时，马克思主义的发展性则体现在它能够根据时代的变化和社会的需要，不断调整和更新自身的理论框架，以适应新的时代条件。正是这种开放和发展的特性，使得马克思主义始终保持着强大的生命力和广泛的影响力。马克思主义之所以具备这样独特的理论品质，是因为它始终强调理论必须与实际相结合，实践是不断变化和发展的，因而马克思主义理论也必须与时俱进，不断吸收新的时代特征、实践经验以及科学成果。正是这种与时俱进的精神，使得马克思主义能够

---

① 《习近平谈治国理政》第 4 卷，外文出版社 2022 年版，第 509 页。
② 《马克思恩格斯文集》第 2 卷，人民出版社 2009 年版，第 5 页。
③ 《马克思恩格斯文集》第 10 卷，人民出版社 2009 年版，第 562 页。

持续地发展和完善，始终保持着其理论的活力和指导意义。在马克思主义的历史发展中，这一理论品质得到了充分的体现。马克思主义之所以能保持其生机与活力，是因为随着时代的发展和社会的进步，马克思主义中国化时代化的进程不断深化，并根据时代和实践提出的新问题、新要求实现守正创新。在中国化时代化的进程中，不仅继承了马克思主义的基本原理，而且在继承中实现了发展和创新，形成了中国化时代化马克思主义理论体系。这一理论体系不仅保留了马克思主义的核心思想，而且结合了中国的具体实际，使其更加贴近中国的社会现实和人民的需求。中国化时代化的马克思主义在理论和实践上都取得了显著的成就，为中国的发展提供了科学的指导和强大的动力。通过不断总结新的实践经验，中国化时代化的马克思主义不断丰富和发展，展现出强大的生命力和时代价值。

首先，守正是马克思主义中国化时代化的根本要求和前提。近代以来，中国的先进知识分子为了探寻一条能够拯救国家和人民于水火之中的正确道路，曾经不懈地努力和探索，他们尝试了西方民主自由的政治理念等各种主义。然而，最终都未能取得预期的成功，未能真正解决中国面临的社会问题和民族危机。直到中国共产党诞生，选择了马克思主义，并用马克思主义的立场观点方法探究中国的前途与命运，开辟了中国革命、建设、改革的正确道路，最终领导中国不断从胜利走向胜利。换句话说，坚持把马克思主义作为指导思想，是长期艰苦探索的正确经验总结和必然选择，马克思主义是中国化时代化马克思主义的坚实理论基础，是我们立党兴党强党、立国兴国强国的理论自信所在。从毛泽东到习近平，始终强调坚持马克思主义，"一百多年来，没有哪一个理论、学说像马克思主义那样保持勃勃生机，对推动社会进步起那样巨大的作用，造成那样深远的影响。尽管现在世界情况有很多新变化，但历史发展的总趋势并没有超出马克思主义经典作家所揭示的基本规律"①。尽管现在世界情况有很多新变化，但历史发展的总趋势并没有超出马克思主义经典作家所揭示的基本规律。因此，不坚持马克思主义，马克思主义中国化时代化就会成为无源之水，只有坚持马克思主义，才能不断开辟马克思主义中国化时代化新境界。

---

① 《江泽民论社会主义精神文明建设》，中央文献出版社1999年版，第51页。

　　其次，理论的生命力在于创新。"马克思主义理论的每一次重大突破，社会主义实践上的每一次历史性飞跃，都是马克思主义基本原理与具体实践相结合进行理论创新的结果。"①马克思主义中国化时代化的实质，实际上是指将马克思主义的基本原理和理论体系，通过本土化、具体化的过程，使之更加贴近中国的实际国情、时代特征和文化传统。马克思主义的普遍适用性是毋庸置疑的，但是，真理具有相对性的特征，必须将其与各国的具体实际相结合，进行解释和应用。对于中国而言，不断推进马克思主义中国化时代化，才能够正确分析和解决中国在不同历史时期所面临的具体问题。一方面，必须推进马克思主义"中国化"，马克思主义在中国化的过程中，要转变话语表达和叙事方式，用中国的语言风格和思维方式续写创新理论，增强中国人民对马克思主义的情感认同和理论认同。另一方面，必须不断地推进马克思主义"时代化"，将马克思主义与中国革命、建设和改革的实际相结合，不断创新和发展马克思主义。通过深入研究和分析当代中国的新情况，解决新问题，不断丰富和发展马克思主义理论，才能永葆其科学性和先进性。在新的时代条件下，马克思主义将焕发更强的生命力和时代价值。大胆地推进马克思主义理论创新至关重要，因为创新是马克思主义的本质要求，也是马克思主义中国化时代化的必然要求。

　　在马克思主义理论创新方面，中国共产党人作出了突出的贡献，使马克思主义中国化时代化由需要变成了现实。毛泽东指出："客观现实世界的变化运动永远没有完结，人们在实践中对于真理的认识也就永远没有完结。马克思列宁主义并没有结束真理，而是在实践中不断地开辟认识真理的道路。"②正是在坚持马克思主义的基础上，根据客观情况的变化，研究中国革命遇到的新问题，创立了中国特色的革命理论——新民主主义革命理论，实现了马克思主义中国化的第一次历史性飞跃，对马克思主义的社会革命论作出了独创性的贡献，充分体现了马克思主义的创新精神。邓小平深刻认识到，在中国这样一个特殊的国家实现社会主义现代化，必须以新的思想和观点去继承和发展马克思主义，而不是机械地照搬照抄。他强调，中国的国情与马克思和恩格斯所设想的在资本主义高度发达基础上建设社会主义的模式有所不同，同时也与世界上

① 江泽民：《论党的建设》，中央文献出版社2001年版，第455页。
② 《毛泽东选集》第1卷，人民出版社1991年版，第296页。

其他社会主义国家的实际情况存在差异，而且，在中国这样一个经济基础薄弱、文化水平相对落后的国家，探索建设社会主义的道路，无疑是人类历史上最具挑战性和创新性的伟大工程之一。在这些正确认识的基础上，不断推进理论创新和发展，实现了马克思主义中国化时代化的又一次飞跃。他精辟指出："多年来，存在一个对马克思主义、社会主义的理解问题"，"马克思去世以后一百多年，究竟发生了什么变化，在变化的条件下，如何认识和发展马克思主义，没有搞清楚。绝不能要求马克思为解决他去世以后上百年、几百年所产生的问题提供现成答案。列宁同样也不能承担为他去世以后五十年、一百年所产生的问题提供现成答案的任务。真正的马克思列宁主义者必须根据现在的情况，认识、继承和发展马克思列宁主义。"①邓小平指出："我们的现代化建设，必须从中国的实际出发。无论是革命还是建设，都要学习和借鉴外国经验。但是，照抄照搬别国经验、别国模式，从来不能得到成功。这方面我们有过不少教训。把马克思主义的普遍真理同我国的具体实际结合起来，走自己的道路，建设有中国特色的社会主义，这就是我们总结长期历史经验得出的基本结论。"②着眼于时代变化和实践发展，邓小平围绕"什么是社会主义，怎样建设社会主义"这一基本问题，形成了中国特色的社会主义建设理论，解决了经济文化落后国家如何建设和发展社会主义的根本问题，在新的历史条件下发展了马克思主义。

党的十六大指出，创新是一个民族进步的灵魂，是一个国家兴旺发达的不竭动力，也是一个政党永葆生机的源泉。党的十三届四中全会以来，以江泽民同志为核心的党中央，对事关党和国家发展全局的一系列重大问题进行了卓有成效的探索和总结，提出了"三个代表"重要思想。江泽民提出"三个代表"重要思想的时候，中国共产党执掌全国政权已有50多年历史。胡锦涛指出："'三个代表'重要思想所具有的基本点，马克思主义经典作家都有论述，但把发展先进生产力和先进文化、实现最广大人民的根本利益同坚持党的先进性联系在一起，上升到党的性质和宗旨的高度，上升到党的指导思想的高度，构成一个完整的体系，这是当代中国共产党人对辩证唯物主义和历史唯物主义的创造性运用和发展。'三个代表'重要思想既坚定不移地坚持了马克思主义的世界观和

① 《邓小平文选》第3卷，人民出版社1993年版，第291页。
② 同上书，第2—3页。

方法论，又赋予它们鲜明的时代精神和实践要求。"①继江泽民之后，胡锦涛又根据新的实践和新的需要，提出了坚持以人为本、全面协调可持续发展的科学发展观，构建社会主义和谐社会等新的观点和新的思想。

进入新时代，踏上新征程，中国共产党进一步将马克思主义与当代中国的具体实际情况紧密结合，不断推动理论创新、实践创新和制度创新。坚持以人民为中心的发展思想，紧密团结并带领广大人民群众，全面推进"五位一体"总体布局和"四个全面"战略布局，不断推进国家治理体系和治理能力现代化，从而使党和国家的事业取得了全面而具有开创性的历史性成就，发生了深刻而具有根本性的历史性变革，实现了从站起来、富起来到强起来的伟大飞跃。这一历史性的伟大飞跃，以铁一般的事实证明，只有坚定不移地坚持和发展马克思主义，才能真正实现中华民族的伟大复兴，让中华民族在世界舞台上焕发出更加璀璨的光芒。

上述诸多极富创造性的理论成果，充分展现了马克思主义在中国具体实践中的生动体现。从历史维度审视，马克思主义同中国实际相结合，孕育出诸多具有深远影响的理论成果，这些理论成果不仅指导了中国的革命与建设事业，也为世界社会主义运动提供了宝贵的经验。由此可见，马克思主义必须与时俱进同中国的具体实际相结合，才能保持其生命力和指导力。根据时代的不断变迁和发展深入研究新的实践和现实情况，不断推进理论的创新和发展，是马克思主义中国化时代化的内在动力和必然要求。马克思主义并非僵化的教条，而是一个开放且不断发展的科学体系，这就要求我们在实践中不断探索、不断创新，以适应不断变化的时代条件，如此，马克思主义才能保持其生命力，才能在新的历史条件下继续发挥其指导作用。马克思主义中国化的历程，充分证明了理论与实践相结合的重要性。在新的历史时期，中国共产党人继续坚持这一原则，紧密结合中国的国情和时代特征，不断推进理论创新。这种创新不仅仅是对原有理论的补充和完善，更是对马克思主义基本原理的深化和发展。通过创新，马克思主义在中国焕发新的活力，为中国特色社会主义事业提供了强大的思想武器。因此，继续秉持与时俱进的精神，不断推进理论创新，是马克思

---

①　胡锦涛：《在"三个代表"重要思想研讨会上的讲话》，人民出版社2003年版，第6—7页。

主义中国化时代化永葆活力的不竭动力。

马克思主义中国化时代化，需严格遵循马克思主义理论的本质要求，同时深刻反映中国具体实际的必然需求，并融合中华优秀传统文化的精髓进行涵养塑造，方能在中国大地上扎根成长、繁荣壮大。此过程必须深度嵌入中国社会发展的实践脉络之中，与人民群众的鲜活实践紧密相连，使之成为我们应对现实难题的锐利思想武器。马克思主义中国化时代化，并非仅限于书本理论，而是活跃于农业生产、工业生产、科研探索等各个领域，为中华民族伟大复兴之路提供智慧指引。每个时代的更迭均伴随着新的课题与挑战，马克思主义中国化时代化应勇于直面这些新情况、新问题，持续创新发展，确保理论之树常青。在此过程中，我们应积极从中国传统文化的深厚底蕴中汲取营养，秉持"和而不同"的包容精神，汇聚古今中外的智慧结晶，使马克思主义更加贴近实际、充满活力、深入人心。同时，我们需拓宽国际视野，积极参与全球治理体系的变革，以马克思主义中国化时代化的最新成果展现中国智慧与中国方案。在交流互鉴中，既要彰显中国特色社会主义道路的独特价值，也要促进不同文明间的相互理解和尊重，携手共建人类命运共同体。马克思主义中国化时代化是一个持续演进的过程，要求我们不断学习新知、勇于探索未知、善于创新实践。唯有如此，方能确保马克思主义在中国大地上永葆生机与活力。

三、马克思主义中国化时代化是实践探索的现实需要

中国社会深刻变革，迫切需要一种新的理论来引领前进的方向，而这种理论正是马克思主义。过去的中国，深受封建制度和外来势力双重压迫，广大人民群众遭受着三座大山的沉重压迫和无情剥削，社会矛盾日益尖锐，迫切需要科学理论的指导以摆脱困境。在此背景下，中国的仁人志士为了国家的复兴和民族的振兴，积极探索能够拯救国家于危难之中的良方。在不懈的探索中，马克思主义最终成为指导中国社会变革的理论武器。毛泽东指出："中国人向西方学得很不少，但是行不通，理想总是不能实现。多次奋斗，包括辛亥革命那样全国规模的运动，都失败了。国家的情况一天一天坏，环境迫使人们活不下去。怀疑产生了，增长了，发展了。"[①]究竟通过什么样的方法和途径才能拯救

---

① 《毛泽东选集》第4卷，人民出版社1991年版，第1470页。

处于危难之中的中国？在历史的长河中，中国经历过无数的磨难和挑战，但每一次都能够顽强地站起来，重新焕发出新的生机和活力。然而，面对当前的困境，中国的先进分子们深知，仅仅依靠过去的传统方法已经无法解决当下的问题。他们必须找到一种全新的思路和方法，才能够真正拯救处于危难之中的中国。在列宁的领导下，俄国十月革命后，成功建立了世界上第一个社会主义国家，这场革命不仅改变了俄国的历史进程，也对全球产生了深远的影响，使中国人民看到了无产阶级和劳动人民的革命力量。十月革命的隆隆炮声，不仅深刻地影响了全世界的人民，也为中国带来了新的启示，开始用马克思列宁主义重新审视和思考国家的前途命运，从此，中国的革命历程经历了深刻的变革。特别是五四运动之后，中国先进分子坚定地拿起马克思列宁主义的思想武器，走上无产阶级革命道路，这次运动标志着中国正式步入了新民主主义革命的新阶段。马克思主义与各种错误思潮展开了激烈的斗争，得到了前所未有的广泛传播和深入人心的影响，最终逐渐在思想界占据了主导地位。马克思主义以其科学性和先进性，为中国指明了一条摆脱压迫、实现民族独立和人民解放的正确道路。只有在马克思主义这一先进理论的指导下，中国才能找到真正符合国情的发展道路，实现国家的繁荣和人民的幸福。

毛泽东指出："我们的党从它一开始，就是一个以马克思列宁主义的理论为基础的党，这是因为这个主义是全世界无产阶级的最正确最革命的科学思想的结晶。马克思列宁主义的普遍真理一经和中国革命的具体实践相结合，就使中国革命的面目为之一新，产生了新民主主义的整个历史阶段。"①中国的革命历程以及中国共产党的发展必然会展现出许多与外国无产阶级革命截然不同的特殊性和复杂性。这种独特性源于中国的具体国情、历史背景和社会结构，使得中国革命在理论和实践上都需要进行创新和适应。中国拥有悠久的历史和深厚的文化传统，同时又面临着半殖民地半封建社会的特殊国情，这使得中国革命的任务和目标具有多重性和复杂性。中国共产党在领导中国革命的过程中，不仅要面对国内的封建势力和官僚资本主义，还要应对外国帝国主义的侵略和压迫。因此，中国革命必须结合中国的实际情况，采取适合中国特色的革命策略和方法，以实现民族独立、人民解放和社会进步的目标。这种特殊性和复杂

---

① 《毛泽东选集》第 3 卷，人民出版社 1991 年版，第 1093 页。

性要求中国共产党在理论和实践上进行不断的探索和创新，以适应不断变化的国内外环境，最终实现中国的革命目标。我们以马克思列宁主义作为指导思想必须结合中国的实际，正如马克思和恩格斯在《共产党宣言》1872年德文版序言中所指出的，"这些原理的实际运用，正如《宣言》中所说的，随时随地都要以当时的历史条件为转移"①。列宁也说："我们决不把马克思的理论看作某种一成不变和神圣不可侵犯的东西"，我们"尤其需要独立地探讨马克思的理论，因为它所提供的只是总的指导原理，而这些原理的应用具体地说，在英国不同于法国，在法国不同于德国，在德国又不同于俄国"②。这些重要的观点和论断，在俄国十月革命以及中国革命、建设和改革的实践中都得到了充分的证明。

由于中国社会的特殊国情和历史条件，马克思主义理论不能简单地照搬照抄，而需要与中国实际相结合，进行本土化的创新和发展。只有这样，马克思主义才能在中国的土壤中生根发芽，真正发挥其指导革命实践的作用。因此，中国共产党在领导中国革命的过程中，始终坚持将马克思主义的基本原理与中国的具体实际相结合，不断探索适合中国国情的革命道路。这种中国化的马克思主义，不仅为中国革命提供了科学的理论指导，也为世界其他国家和地区的革命运动提供了宝贵的经验和借鉴。1940年毛泽东在《新民主主义论》中深刻指出："形式主义地吸收外国的东西，在中国过去是吃过大亏的。中国共产主义者对于马克思主义在中国的应用也是这样，必须将马克思主义的普遍真理和中国革命的具体实践完全地恰当地统一起来，就是说，和民族的特点相结合，经过一定的民族形式，才有用处，决不能主观地公式地应用它。公式的马克思主义者，只是对于马克思主义和中国革命开玩笑，在中国革命队伍中是没有他们的位置的。"③在我国革命和建设事业取得巨大成功的历程中，一条至关重要的经验或关键因素，就在于我们始终坚定不移地将马克思主义的普遍真理与我国的具体国情紧密结合起来，坚定不移地走自己的发展道路。正是基于这种坚定的信念和实践，我们开创并发展了中国化时代化的马克思主义理论。实践离不开理论的指导，而理论的真正生命力则在于其与实际的紧密结合。马克思主义的普遍真理只有与我国的具体实际相结合，逐步实现马克思主义的中国化时代

---

① 《马克思恩格斯选集》第1卷，人民出版社1995年版，第248页。
② 《列宁选集》第1卷，人民出版社1995年版，第274—275页。
③ 《毛泽东选集》第2卷，人民出版社1991年版，第707页。

化，才能激发出马克思主义理论的巨大物质力量，从而有效地推动社会的进步和发展，这是我们不断取得革命和建设事业成功的不可动摇的真理。

四、马克思主义中国化时代化是"两个结合"的必然结果

习近平总书记指出："坚持把马克思主义基本原理同中国具体实际相结合、同中华优秀传统文化相结合，用马克思主义观察时代、把握时代、引领时代，继续发展当代中国马克思主义、21世纪马克思主义！"①马克思主义中国化时代化，是理论、实践与文化创新性结合的必然结果。深刻理解和把握马克思主义中国化时代化的历史必然性，必须全面理解和正确把握"两个结合"的深刻内涵和理论意义。深入探讨"结合"的深远意义，我们不难发现，它不仅是对马克思主义理论的丰富与发展，更是对中国特色社会主义道路实践探索的指引与升华。这种结合，连接着历史与未来，传统与现代，让马克思主义的真理之光在中国大地上熠熠生辉，焕发出新的生机与活力。

第一，理论与实践之间辩证统一关系是"结合"的基础。理论与实践的内在能动性促使它们相互靠近，从而产生了结合的需求与可能性；更为关键的是，理论与实践固有的矛盾本质要求它们必须相互结合。同时，理论与实践的发展本质决定了"结合"的过程性。因此，只有通过发挥理论与实践的正确自觉能动性，立足于客观现实，以实践为标准，运用马克思主义的普遍真理，研究中国面临的新情况，解决新问题，才能得出新的结论，开辟新的道路，并以新的经验来补充和发展马克思主义。因此，必须深入理解和掌握"两个结合"的理论前提，深入理解和掌握"两个结合"的根本依据，深入理解和掌握马克思主义与中国实际的结合，才能找准"结合"的动力、方式和途径。"结合"的成效体现在其时代性和创新性上。随着时代的演进，中国的发展环境、社会结构、价值观念等都经历了深刻变革，这要求我们在坚持马克思主义基本原理的同时，必须勇于创新，敢于突破，不断探索符合时代特征、具有中国特色的新理论、新路径。这种结合，既是对传统理论的继承，也是对现代实践的回应，它使马克思主义在解决当代中国问题的过程中展现出强大的生命力和创造力。"结合"的实

---

① 习近平：《在庆祝中国共产党成立100周年大会上的讲话》，人民出版社2021年版，第13页。

践价值在于推动社会进步和人民福祉。马克思主义中国化的过程，实质上是将马克思主义理论转化为指导中国革命、建设、改革的强大思想武器和行动指南的过程。在这一过程中，我们始终坚持以人为本，将人民的利益置于首位，通过不断推进改革开放，加强社会治理，促进经济发展，改善民生福祉，使人民群众在发展中享有更多的获得感、幸福感、安全感。这种结合，不仅推动了中国的社会进步，也为世界其他国家的发展提供了有益的借鉴和参考。实现"两个结合"是一项长期而艰巨的任务，要求我们不断深化对马克思主义的理解与掌握，不断加强对中国国情的认识与研究，不断推动理论与实践的创新与发展。只有这样，我们才能在新的历史起点上，继续开创中国特色社会主义事业的新局面，为实现中华民族伟大复兴的中国梦贡献我们的力量。

第二，"结合"的根据在于理论和文化的内在契合性。中国共产党深受中华优秀传统文化的滋养和浸润，带有中华优秀传统文化的基因，是中华优秀传统文化的传承者和弘扬者。选择将马克思主义作为指导思想，不仅仅是因为这一理论能够解决中国的现实问题，倘若马克思主义的基本原理与中华优秀传统文化的价值追求相悖，即便该理论具有科学性，亦难以在中国土壤中生根发芽。唯有当二者在思想观念、价值追求上相互融合、相通，才能加强中国人民与中华民族在理论、价值、情感上的认同。此外，科学社会主义的价值主张能够唤醒中华文明中的优秀文化基因，促进中华优秀传统文化的创造性转化与创新性发展，从而激发出强大的精神力量。这种融合不仅体现在政治理念上，还体现在社会实践中，使得马克思主义在中国的土壤中得以生根发芽，苗壮成长。中国共产党在推动马克思主义中国化的过程中，始终注重将马克思主义的基本原理与中国的具体实际相结合，与中国的传统文化相结合，使得马克思主义在中国焕发出新的生机与活力。这种结合，不仅丰富了马克思主义的理论内涵，也为中国的发展提供了强大的思想武器。通过这种结合，中国共产党成功地将马克思主义的普遍真理与中国的具体实际相结合，形成了具有中国特色的社会主义道路，为中国的现代化建设提供了科学的指导。

作为一种思想资源和历史存在的中华优秀传统文化，本质上构成了中国客观实际的一个重要组成部分，马克思主义基本原理同中华优秀传统文化相结合，是马克思主义中国化时代化的内在要求。在某种意义上，马克思主义中国化时代化的历史进程，同时是马克思主义同中华优秀传统文化相融合契合的历程，同时，也揭示了中国化时代化的历史必然性与现实可能性。以马克思主义为视角审视，马克思主义中国化时代化必须突出其文化主体性。本源上，马克思主义是西方文化，因此，必须"本土化"和"民族化"，以中国风格的形式呈现，才有现实意义。马克思主义中国化时代化，必须"使马克思主义在中国具体化，使之在其每一表现中带着必须有的中国的特性"①，这样，才能被中国人民普遍认同并自觉接受，才能真正成为中国共产党的指导思想，成为引领中国革命和建设事业走向胜利的光辉旗帜。以传统文化为视角审视，推进马克思主义中国化时代化，必须用马克思主义激活中华优秀传统文化，促进中华优秀传统文化的创造性转化和创新性发展。中华优秀文化内涵博大精深，"积淀着中华民族最深沉的精神追求"，"是中华民族的突出优势，是我们最深厚的文化软实力"②。中华优秀文化具有极强的亲和性和包容性，马克思主义具有极强的科学性和革命性，是马克思主义同中华优秀文化能够结合并必须结合的根本所在。

第三，"结合"的目的关键在于创新。创新不仅是进一步发展的基础，更是其不可或缺的驱动力。没有创新，发展就会停滞不前；而发展正是创新所带来的直接成果。因此，在将马克思主义的基本原理与中国的具体实际情况以及中华优秀传统文化相结合的过程中，我们必须善于运用马克思主义的立场、观点和方法。我们要在各个领域进行深入研究，努力实现理论上的创新，使之与中国的实际情况和传统文化相契合。通过这种方式，我们能够创造出新的理论成果，这不仅是理论与实践相结合的最佳体现，也是文化融合的典范。这样的成果，将成为马克思主义中国化、时代化的重要支撑，为我们的事业提供源源不断的动力和创新的灵感。"结合"的深度拓展离不开人民群众的广泛参与。人民群众是历史的创造者，是推动社会进步的决定力量。在推动马克思主义中国化时代化的进程中，我们必须始终坚持群众路线，深深扎根于人民群众之中，倾听他们的声音，理解他们的需求，尊重他们的实践智慧。唯有如此，"结合"才能更接地气，更富有生命力。通过广泛吸收人民群众的实践经验，我们能够不断丰富和发展马克思主义的理论宝库，使其更加贴近时代、贴近实际、贴近群众。"结合"的实践效果需通过解决现实问题来检验。理论的魅力在于其指导实

---

① 《毛泽东选集》第2卷，人民出版社1991年版，第534页。
② 习近平：《加强文化遗产保护传承　弘扬中华优秀传统文化》，载《求是》，2024(8)。

践、解决问题的能力。因此，我们不能仅仅停留在理论探讨的层面，更要将"结合"的成果转化为解决现实问题的具体方案和政策措施。无论是经济发展、社会治理，还是文化传承、生态文明建设，我们都要勇于探索，敢于创新，用马克思主义中国化时代化的最新成果指导实践，破解难题，推动各项工作取得新成效。这样，不仅能让人民群众真切感受到马克思主义的强大力量，也能进一步巩固和扩大马克思主义在意识形态领域的指导地位。"结合"还在于持续深化与全球文明的对话交流。在全球化日益加深的今天，没有哪个国家能够独善其身。作为拥有深厚文化底蕴和强大生命力的思想体系，马克思主义中国化时代化的成果不仅是中国的宝贵财富，也是世界文明宝库中的重要组成部分。我们应该以更加开放包容的心态，加强与其他文明的对话交流，分享我们的经验和成果，同时也虚心学习其他文明的优秀成果，不断丰富和发展自己的理论体系。通过这样的双向互动，我们能够共同推动人类文明进步的事业，构建人类命运共同体。

五、马克思主义中国化时代化是价值实现的根本要求

马克思主义之所以能够成为具有科学真理性和巨大影响力的理论体系，其根本原因在于它深深植根于广大人民群众的伟大实践之中。马克思主义的群众观点，以及它对最广大人民群众根本利益的深刻理解和满足，构成了马克思主义中国化时代化发展的根本保障和终极目标。人民群众不仅是推动社会历史发展的实践主体，更是科学理论创造的实践源泉。中国共产党人在长期的革命、建设和改革的奋斗历程中，逐步形成并坚持了"一切为了群众，一切依靠群众，从群众中来，到群众中去"的群众路线，这一路线集中体现了我们党全心全意为人民服务的根本宗旨，同时，也深刻体现了我们党对马克思主义关于人民群众是历史创造者这一原理的深刻理解和创造性运用，它不仅从根本上保证了中国革命、建设和改革能够不断从胜利走向新的胜利，而且也是马克思主义中国化时代化发展过程中总结出的一条宝贵经验。正是因为我们党始终坚持这一群众路线，才能够不断从人民群众的伟大实践中汲取智慧和力量，不断推动马克思主义理论守正创新，不断适应新的历史条件和时代要求，从而确保了马克思主义在中国的持续发展和繁荣。

毛泽东始终强调群众观点的重要性，他指出："我们共产党人区别于其他

任何政党的又一个显著的标志，就是和最广大的人民群众取得密切的联系。全心全意地为人民服务，一刻也不脱离群众；一切从人民的利益出发，而不是从个人或小集团的利益出发；向人民负责和向党的领导机关负责的一致性；这些就是我们的出发点。"①这就指明了正确实现党的领导的根本途径，这是毛泽东对马克思主义的一个创造性贡献。进入改革开放新时期，邓小平强调，党制定各项方针政策时，应以人民群众是否拥护、赞成、高兴、答应为出发点和归宿。他明确指出："社会主义现代化建设的极其艰巨复杂的任务摆在我们的面前。很多旧问题需要继续解决，新问题更是层出不穷。党只有紧紧地依靠群众，密切地联系群众，随时听取群众的呼声，了解群众的情绪，代表群众的利益，才能形成强大的力量，顺利地完成自己的各项任务。"②因此，他将发展生产力的基础作用与人民群众的主体作用统一于社会主义现代化建设之中，并高度重视人民群众的首创精神。邓小平的这种鲜明的群众立场、观点和方法，是对毛泽东群众路线的发展和创新。"三个代表"重要思想强调始终代表中国先进生产力的发展要求，代表中国先进文化的前进方向，归根结底是为了不断满足最广大人民群众的物质和精神文化需求，最终体现最广大人民的根本利益。"三个代表"重要思想深刻体现了立党为公、执政为民的本质。胡锦涛进一步提出了"权为民所用，情为民所系，利为民所谋"和"群众利益无小事"的重要论断。

马克思主义中国化时代化，其核心在于以人民为中心，必须深深扎根于中国广大人民群众。这就不是理论的简单移植，也意味着马克思主义理论必须与中国的具体实际相结合，与人民群众的生产生活实践相结合，才能真正实现其价值，才能真正体现马克思主义中国化时代化的核心目标和宗旨，而且构成了马克思主义中国化时代化得以顺利实现的关键途径和手段。同时，这种双向统一的过程和结果，也是衡量马克思主义中国化时代化实现程度的重要标志和尺度。换句话说，只有当马克思主义的理论和原则真正为广大人民群众所理解和掌握，并且人民群众的思想观念和实际行动能够体现出马克思主义的精神和实质时，马克思主义中国化时代化才算是真正落到了实处，才能真正发挥其应有的理论指导作用和实践应用价值。因此，推进马克思主义中国化时代化，必须

① 《毛泽东选集》第3卷，人民出版社1991年版，第1094—1095页。
② 《邓小平文选》第2卷，人民出版社1994年版，第342页。

不断促进理论与实践的有机结合，确保马克思主义在中国的土壤中生根发芽，开辟当代马克思主义理论新境界。

综上所述，我们必须秉持对待马克思主义的正确态度和原则，既要坚定不移地坚持马克思主义，始终守马克思主义之正，同时，也要不断地在实践中发展和创新马克思主义。一方面，在马克思主义中国化时代化的进程中，我们必须坚持与时俱进的原则，将马克思主义理论与中国的具体实际相结合，同时汲取中华优秀传统文化的精髓。这种结合不仅能够促进马克思主义在中国的进一步深入发展和广泛应用，实现马克思主义的中国化时代化，而且能够使我们更加有效地推动中国社会主义建设事业的持续发展。通过这种方式，马克思主义理论将焕发出新的生命力，更好地指导中国的现代化建设，为实现中华民族的伟大复兴提供强大的思想武器。另一方面，在中国革命、建设、改革的伟大斗争实践中积累的丰富经验和取得的显著成就，为马克思主义理论体系的丰富和发展提供宝贵的素材和新的视角。因此，马克思主义中国化不仅是历史的必然选择，也是时代发展的必然要求。

第二节　马克思主义理论的时代性特征及其本质

党的二十大报告指出："问题是时代的声音，回答并指导解决问题是理论的根本任务。"[①]理论随着时代的发展而发展，是对时代问题的回应。马克思、恩格斯为解决他们所处时代的实际问题创立了马克思主义，因此本身就同其他理论一样具有时代性。马克思主义创立的那个时代的现实问题会随着时代变迁而变迁，但是马克思主义理论的批判精神、科学方法等却具有超越时代的品质，于是马克思主义的时代性才会得到彰显，马克思主义的时代化才会成为可能。马克思主义的时代性，是指马克思、恩格斯理论以及马克思主义中国化时代化理论成果所特有的时代特征和时代特质，这是由马克思主义创立和发展进程中不断出现的时代问题和实践要求所决定的；马克思主义的时代化是一个不断向前发展的动态历史过程，马克思、恩格斯以及后继的马克思主义者根据时代变化和实践发展，在把握历史发展规律中坚守和发展马克思主义。不断推进

---

① 《习近平著作选读》第 1 卷，人民出版社 2023 年版，第 17 页。

马克思主义中国化时代化，是中国共产党人的庄严历史责任和神圣职责。一百多年来，中国共产党根据向前发展的中国历程和鲜活生动的中国实践，不断推进马克思主义在中国大地的时代化，坚持用马克思主义中国化时代化进程中创立和形成的科学理论引领中国革命、建设、改革伟大实践，以百余年奋斗的实际行动充分展示了马克思主义的强大生命力，充分彰显了马克思主义的时代性。

一、马克思主义理论的时代性特征

"时代"是指具有某些独特性的时间段，是时间、空间和条件等要素的统一，具有连续性和广延性。自从有了人类社会，在人类的实践中逐渐形成了时代，随着时代的发展和进步对人类社会生活产生的影响，人们逐渐开始了对时代的观察和省思。理论是时代的产物，理论的时代性特征是在对时代的深入观察和准确把握中体现出来的。在实践活动中，人们通过对以往理论家所处时代的省思基础上，立足新的实践来把握自己所处时代的显著特征和发展规律，进而形成相对独特和凝结时代经验成果的思想理论。具体表现为理论对时代问题的追问、对现实问题的解决能力等。马克思主义理论的时代性特征即是如此。不同时代能够产生出满足这个时代发展所需要的理论，这是由不同时代的不同生活实践、任务要求、时代课题、时代大势所决定的。马克思主义是洞察时代大势、解答时代课题和满足时代需要的产物，时代性是其重要特征。马克思主义之所以能够始终保持鲜活的生命力和巨大的真理威力，是因为马克思主义是一个随着时代和实践发展而不断丰富和发展的理论体系。习近平总书记指出："时代是思想之母，实践是理论之源。一切划时代的理论，都是满足时代需要的产物。"①马克思主义理论的时代性特征充分体现在马克思主义理论与时代的关系上，马克思主义的产生具有特殊的时代条件和深刻的历史背景，马克思主义是适应时代要求和为了改变人民历史命运而创立的，体现了马克思和恩格斯对他们所处时代的深入考察和对人类社会发展规律的深刻把握。实践性是马克思主义理论的显著特征，马克思主义的生命力在于其能够始终联系实践和指导

---

① 《不断深化对党的理论创新的规律性认识　在新时代新征程上取得更为丰硕的理论创新成果》，载《人民日报》，2023 年 7 月 2 日。

实践，根据实践的新变化与时俱进地持续探索和科学回答时代不断提出的新问题和新课题、有效应对和有力化解人类社会面临的新挑战和新风险，并在回答时代课题和实践问题的过程中不断实现自身的丰富和发展。自成立之日起，中国共产党就坚持把马克思主义写在自己的旗帜上，把马克思主义作为认识和改造世界、把握和运用规律、追求和笃行真理的强大思想武器和科学行动指南，坚持和运用马克思主义立场、观点、方法解决中国革命、建设、改革遇到的各种矛盾困难和风险挑战，自觉把马克思主义基本原理同中国不同历史时期的具体实际和历史文化底蕴深厚的中华优秀传统文化深度结合起来，持续推进马克思主义中国化时代化进程，中国共产党以所创造出来的前所未有的发展奇迹和发展成就从根本上改变了中国的历史走向和中华民族的前途命运。中国共产党在不同历史时期所面临的主要任务不同，不同历史时期的中国共产党人深刻把握时代发展大势和历史发展规律，聚焦党的主要任务，立足时代和实践，接力推进理论创新，赋予了马克思主义理论不同历史阶段的时代内涵，实现了马克思主义在中国大地的丰富发展。

马克思主义是穿越时代的认识和改造世界的强大思想武器。它紧密结合欧洲自由竞争资本主义时代的实际情况和实际问题，积极回应时代挑战，使其在指导和推动时代发展的进程中持续焕发出强大的生命力和持久的感召力。马克思提出，"真正的哲学都是自己时代精神的精华"，这意味着马克思主义理论本身的任务就是回答时代问题，并在实践中解决时代问题。实践证明，改革开放四十多年来，中国特色社会主义在马克思主义基本原理指导下实现了飞跃式发展。这一切都表明，时代巨变掩盖不了马克思主义鲜明的时代特征。理论的产生有其特定的时代背景和特殊的时代需要，时代在不断发展变化，时代的变化为理论带来新的机遇的同时也带来了新的挑战。一方面，理论的发展会随着时代的发展而不断丰富发展，持续满足理论自身生命力发展需求和新的时代需要；另一方面，理论未能适应时代变化的新环境和新形势，无法满足理论自身生命力发展需求和新的时代需要而被淘汰，由此可知理论是否能够与时俱进，跟上时代发展步伐，关乎理论自身的生存和发展。作为我们党和国家事业指导思想的马克思主义，如果仅仅是能够适应时代变化是远远不够的，与马克思主义所肩负的指导和引领我们党和国家事业发展的责任和使命难以匹配，这就要求我们必须不断结合新的实际推进新的阶段的理论创新，用发展着的中国化时代化的马克思主义观察、解读和引领时代。习近平总书记指出："马克思主义理论不是教条，而是行动指南，必须随着实践的变化而发展。马克思主义能不能在实践中发挥作用，关键在于能否把马克思主义基本原理同中国实际和时代特征结合起来。"①快速变化的世界和中国都对马克思主义的生命力和说服力提出新的挑战，实践和历史已经充分证明了马克思主义的科学性和真理性、人民性和实践性、开放性和时代性决定了马克思主义的中国化和时代化一定能够在中国得到实现，中国化时代化的马克思主义也一定能够科学回答好时代之问。马克思主义的中国化和时代化就是要聚焦时代提出的重大理论和实践课题，深入研究新情况新趋势，及时总结凝练新的实践经验，不断深化对规律的认识和把握，切实提高运用马克思主义回答、分析和解决时代课题和实际问题的能力。

推进马克思主义中国化时代化就是把坚持马克思主义和发展马克思主义统一起来。马克思主义能够同中国的具体环境和具体实际紧密结合起来，与中国人民站起来、富起来、强起来的伟大实践同步推进，同中华优秀传统文化精华贯通结合并相互促进，在坚持马克思主义基本原理的同时，不断赋予马克思主义鲜明的中国特色和时代特色。马克思主义是深刻揭示人类社会发展规律的科学真理，是我们认识和改造世界，推动党和国家事业不断向前发展的强大思想武器，是我们推进兴党兴国伟大事业必须长期坚持的根本指导思想，对待马克思主义我们必须坚持和运用科学的态度，不能以教条的态度对待马克思主义，不能只是简单套用马克思主义的一般原理分析和指导我们党和国家事业发展进程中可能出现的新情况和新问题，必须立足一定的时代背景和空间场域去准确把握现实变化和时代需要，紧密结合新的时代特征和实践不断丰富和发展马克思主义。百余年来，我们党始终坚持和运用马克思主义立场、观点、方法，着眼于探索和回答不同历史时期面临的时代课题，致力于推进和完成不同历史时期面临的主要任务，把坚持马克思主义和发展马克思主义、立足中国具体实际相统一，用马克思主义和马克思主义中国化时代化的理论成果认识和改造中国。习近平总书记指出："我们要以科学的态度对待科学，以真理的精神追求真理，不断赋予马克思主义以新的时代内涵。"②一百多年来，马克思主义深刻

① 《习近平谈治国理政》第4卷，外文出版社2022年版，第30页。
② 习近平：《学习马克思主义基本理论是共产党人的必修课》，载《求是》，2019(22)。

影响和改变了中国，在马克思主义的科学指导下，中国共产党夺取新民主主义革命伟大胜利、完成社会主义革命和推进社会主义建设、进行改革开放和社会主义现代化建设、开创中国特色社会主义新时代，以丰富的实践和伟大的成就充分彰显了马克思主义的真理力量、实践力量和创新力量。同样，在中国革命、建设、改革的各个历史时期，中国共产党以鲜活实践和创新创造有力推进马克思主义中国化时代化进程，不断在新的实践基础上推进理论的创新和创造，取得了毛泽东思想、邓小平理论、"三个代表"重要思想、科学发展观、习近平新时代中国特色社会主义思想等重大理论成果。在中国革命和建设事业中马克思主义展现出强大真理力量，在中国特色社会主义的辉煌历程中马克思主义持续闪耀着璀璨的真理光芒，彰显出中国化时代化马克思主义既一脉相承又与时俱进的理论品质。

第一，马克思主义是在对时代问题的持续探索和科学回答中创立的。马克思主义认为，一切真正的科学体系都是所处时代的产物，而不是某个天才头脑的主观臆造。理论的时代性，体现在形成的时代背景所呈现出来的时代特点和特征，取决于对时代所产生的重大时代课题的探索和回答。在《德意志意识形态》中，马克思曾指出："一切划时代的体系的真正的内容都是由于产生这些体系的那个时期的需要而形成起来的。"①恩格斯也认为："我们只能在我们时代的条件下去认识，而且这些条件达到什么程度，我们才能认识到什么程度。"②马克思主义在今天之所以依然具有巨大的时代价值，正是由于它的时代性特质，即始终顺应时代潮流，揭示时代主题，应对时代挑战，在实现自身价值中获得新的突破，完成新的超越。马克思主义在与现实世界的相互作用中，随时倾听时代的声音，关注实际的变化，吸收新的理论成果，始终坚持回答时代提出的重大课题，以一种积极的态度跟上时代的发展步伐，让新的时代来重新审视自己、检验自己，并赋予自己新的内容和意义。理论的生命力在于不断创新，对于作为具有强大生命力的科学真理的马克思主义亦是如此，永葆其旺盛的生命力就必须在实践中不断实现创新和发展。马克思主义的强大生命力在于顺应时代发展和实践需要进行不断创新，马克思主义的强大说服力在于能够科学回答时代和实践提出的亟待解决的重大问题。马克思主义是在对时代问题的

---

① 《马克思恩格斯全集》第 3 卷，人民出版社 1960 年版，第 544 页。
② 《马克思恩格斯选集》第 4 卷，人民出版社 1995 年版，第 337—338 页。

科学回答中创立的，马克思主义同样需要在对时代问题的科学回答中实现向前发展，能否科学回答时代问题关乎马克思主义的生命力和说服力，关乎马克思主义的与时俱进和创新发展，关乎马克思主义的开放性和时代性的彰显程度。每个时代都会存在具有时代特征的问题和需要，不可否认的是不同时代的问题和需要之间可能存在某种程度的相似性和普遍性，但是最为重要的就是各个时代的问题和需要之间存在的迥异性和特殊性，回答时代问题和满足时代需要必须立足时代的发展实际，处理好中国和世界，兼顾好历史和现实，统筹好守正和创新。推进马克思主义中国化时代化的历史进程，就是在不断探索和回答中国革命、建设、改革各个历史时期的时代课题，在科学回答和正确解决时代课题的实践中持续推进，中国特色社会主义在中国取得巨大成功表明了马克思主义中国化和时代化是走得通的和行得稳的。习近平总书记指出："实践告诉我们，中国共产党为什么能，中国特色社会主义为什么好，归根到底是马克思主义行，是中国化时代化的马克思主义行。"①

第二，马克思主义是批判与建构的统一。马克思主义的形成是通过对德国古典哲学包括黑格尔法哲学、费尔巴哈人本主义等旧哲学的批判继承，创立了唯物史观；通过对英国古典政治经济学的批判继承，包括亚当·斯密、大卫·李嘉图等人的经济学，发现了剩余价值学说；在对空想社会主义即圣西门、傅立叶、欧文等人学说的批判中，将社会主义从空想变成了科学；在对抽象人的批判中，确立了新的世界观和现实人的实践本质。正是结合 19 世纪的时代特征和现实矛盾，马克思、恩格斯才对前人的思想进行了合理的扬弃，创造了具有普遍指导意义的真正的科学理论。马克思指出："判断一个人不能以他对自己的看法为根据，同样，我们判断这样一个变革时代也不能以它的意识为根据；相反，这个意识必须从物质生活的矛盾中，从社会生产力和生产关系之间的现存冲突中去解释。"②立足于唯物史观和剩余价值学说，在对资本主义的批判中，马克思主义科学地揭示和论证了资本主义必然灭亡以及共产主义必然胜利的历史必然性。社会发展所呈现出来的现象并不是直接呈现出某种清晰的联系和规律，需要通过厘清社会发展的真实联系和发展规律，科学地分析和揭示出来社会的本质和社会的发展规律，这就需要对各种现象进行批判性的考察，

---

① 《习近平著作选读》第 1 卷，人民出版社 2023 年版，第 14 页。
② 《马克思恩格斯文集》第 2 卷，人民出版社 2009 年版，第 592 页。

在对现实存在的社会现象进行批判性考察的同时也在推动理论的建构发展。马克思主义作为认识世界和改造世界的科学理论和有力武器，马克思主义的批判性的深意在于更高层次上的建构，其批判与建构的统一体现在中国共产党运用和发展马克思主义上。习近平总书记指出："对待马克思主义，不能采取教条主义的态度，也不能采取实用主义的态度，而是应该以科学的态度对待科学、以真理的精神追求真理。"①马克思主义传入中国后，从根本上改变了中国近代以来积贫积弱的屈辱命运，指引中国和中国人民成功找到了救国、兴国、富国、强国的康庄大道。新时代新征程上，我们党全面推进强国建设和民族复兴伟业必须始终坚持马克思主义和马克思主义中国化时代化的理论成果，始终把马克思主义作为党和人民不断奋进的万里长河之泉源以及党和人民事业不断发展的参天大树之根本。

第三，马克思主义是既立足于实践又与时俱进的理论体系。马克思认为哲学家的任务不仅仅是解释世界，更重要也是最根本的是改造世界。马克思、恩格斯紧紧围绕"揭露旧世界，并为建立一个新世界而积极工作"②而进行理论活动和实践活动。理论的时代性在于能够立足新的实践进行理论创新，把理论和正在进行的实践进行具体的和历史的结合，进而能够产生出改造世界的物质力量和现实力量。在俄国，马克思主义理论同俄国的具体国情和发展实际相结合形成了列宁主义，指导俄国建立了世界上第一个社会主义国家；在中国，马克思主义基本原理同中国具体实际和中华优秀传统文化相结合，形成了毛泽东思想、中国特色社会主义理论体系和习近平新时代中国特色社会主义思想，创造了不同历史时期的伟大成就。马克思主义的真理力量和实践力量，就在于马克思主义能够很好地和各个国家具体的革命实践相联系，能够紧密地和革命实践的具体阶段相联系。因此，马克思主义必须与我国的具体特点、具体阶段、具体实践相结合，并通过一定的民族形式和民族表达才能实现。时代条件和实际情况总是错综复杂、交织共存而又发展变化的，这就要求马克思主义必须不断用适合于新的历史条件的新经验、新知识、新成就和新原理来推进和实现自身的丰富、发展和创新。只有能够始终与时俱进，随着实践的变化和社会的变化而发展，才能始终具有理论生机。所以，马克思、恩格斯历来反对把他们的理

---

① 习近平：《更好把握和运用党的百年奋斗历史经验》，载《求是》，2022(13)。
② 《马克思恩格斯全集》第 1 卷，人民出版社 1956 年版，第 414 页。

论看作是一成不变的僵化的教条。"我们的理论是发展着的理论,而不是必须背得烂熟并机械地加以重复的教条。"①"决不把马克思的理论看做某种一成不变的和神圣不可侵犯的东西;恰恰相反,我们深信:它只是给一种科学奠定了基础,社会党人如果不愿落后于实际生活,就应当在各方面把这门科学推向前进。"②时代总是奔涌向前,马克思主义也必然随着时代而不断向前发展。不同历史时期丰富的中国实践不断推动着马克思主义的发展和创新,在科学回答时代提出的重大课题的实践进程中,为马克思主义中国化时代化提供了重要的现实和实践基础。实践性是马克思主义理论的显著特征,马克思主义理论是解决实践难题和推动发展的行动指南,必然会随着实践的变化而不断地丰富发展。马克思主义是我们立党立国的根本指导思想,面对当代中国正在经历的人类历史上和中华民族历史上最为宏大而独特的实践创新,马克思主义在科学回答理论和实践课题的进程中必须要推进理论创新。

第四,马克思主义的时代性在中国得到充分彰显。习近平总书记指出:"马克思主义深刻改变了中国,中国也极大丰富了马克思主义。"③马克思主义因其自身的科学性和真理性能够深刻改变中国,中国能够极大丰富马克思主义源于中国革命、建设、改革所进行的鲜活实践和所取得的巨大成就,实践和历史充分证明了马克思主义行、中国化时代化的马克思主义行。善于总结历史经验是马克思主义政党成熟的重要标志,中国共产党高度重视继承和弘扬善于总结历史经验的优良传统和政治优势,站在党成立百年的重要历史时刻,我们党全面回顾历史,系统总结重大成就和历史经验。《中共中央关于党的百年奋斗重大成就和历史经验的决议》指出,"党的百年奋斗展示了马克思主义的强大生命力",在马克思主义中国化时代化的百年历史进程中"马克思主义的开放性和时代性在中国得到充分彰显"④。马克思主义的中国化历程,就是马克思主义结合中国具体实际不断推进时代化的进程,马克思主义理论的时代性特征充分体现在推进马克思主义中国化时代化进程中,党对不同历史时期主要任务的推

---

① 《马克思恩格斯选集》第 4 卷,人民出版社 2012 年版,第 588 页。

② 《列宁选集》第 1 卷,人民出版社 2012 年版,第 274 页。

③ 习近平:《坚持用马克思主义及其中国化创新理论武装全党》,载《求是》,2021(22)。

④ 《中共中央关于党的百年奋斗重大成就和历史经验的决议》,人民出版社 2021 年版,第 63 页。

进和完成。毛泽东同志创造性地运用和发展了马克思主义，完成了新民主主义革命时期，社会主义革命和建设时期党面临的主要任务，创立了毛泽东思想，实现了马克思主义中国化时代化的第一次历史性飞跃。改革开放和社会主义现代化建设新时期，面临继续探索中国建设社会主义的正确道路，解放和发展社会生产力，使人民摆脱贫困、尽快富裕起来的主要任务，党围绕什么是社会主义、怎样建设社会主义，建设什么样的党、怎样建设党，新形势下实现什么样的发展、怎样发展等一系列重大问题，创立了邓小平理论，形成了"三个代表"重要思想、科学发展观。中国特色社会主义进入新时代，围绕在实现第一个百年奋斗目标的基础上，开启实现第二个百年奋斗目标新征程的主要任务，以习近平同志为核心的党中央就新时代坚持和发展中国特色社会主义，建设社会主义现代化强国和建设长期执政的马克思主义政党等重大时代课题进行了深邃思考和科学判断，创立了习近平新时代中国特色社会主义思想，实现了党的指导思想的创新发展和与时俱进。新时代以来，党和国家事业取得的历史性成就和发生的历史性变革充分证明了当代中国马克思主义、二十一世纪马克思主义行。

二、马克思主义理论的时代化本质

坚持理论创新是中国共产党百年奋斗积累的宝贵历史经验，是马克思主义能够永葆生机活力和持续回答时代课题的奥秘所在。《中共中央关于党的百年奋斗重大成就和历史经验的决议》指出："马克思主义理论不是教条而是行动指南，必须随着实践发展而发展，必须中国化才能落地生根、本土化才能深入人心。"[①]任何理论都有时代性，但是理论的时代化则需要相应的条件才可以实现。马克思主义的时代化需要具体的时代环境和时代条件，具体的时代环境和时代条件既是马克思主义实现时代化的必要外部条件，在一定程度上也是推进马克思主义时代化的内在动力。马克思主义的守正创新是一个向前发展的动态过程，这与不同历史时期的世情、国情和党情密不可分，与不同历史时期的重大时代课题紧密联系，马克思主义中国化时代化的过程，就是在实践中深刻认

---

① 《中共中央关于党的百年奋斗重大成就和历史经验的决议》，人民出版社 2021 年版，第 66 页。

识世情、国情和党情，正确把握时代特征、回应时代需求、解决时代问题、推动时代发展的过程。只有认清时代问题，把握中国发展的时代潮流和历史趋势，才能确定党和人民所处的历史进程和时代方位，回答中国未来该向何处去、如何紧跟时代发展潮流等问题，才能使马克思主义中国化时代化理论成果能够始终集中体现时代精神。在马克思主义中国化时代化的历史进程中，形成了一系列具有中国特色和时代特色，能够解决重大理论和实践问题、指导人们认识世界和改造世界的理论成果，就在于中国共产党准确地把握了时代变化发展的脉络和实质。党的十八大以来，国内改革发展稳定面临不少长期没有解决的深层次矛盾和问题以及新出现的一些矛盾和问题。作为中国特色社会主义事业的领导核心，中国共产党必须迎难而上，肩负起历史和人民赋予的历史任务。因此，如何把马克思主义同新的历史时期和新的发展阶段的实际相结合，继续解放思想，进行理论创造，是马克思主义"时代化"的新任务和新要求。马克思主义理论的时代化就是马克思主义理论立足新的实践，聚焦时代的矛盾问题，倾听时代和人民的呼声，敏锐察觉时代在前进中发生的变化，科学分析和研判时代未来的发展趋势和方向。社会主要矛盾是各种社会矛盾的主要根源和集中体现，反映出时代发展和社会发展的客观实际，社会主要矛盾会在一定的条件下发生转化。党的十八大以来，我们党经过科学分析，根据我国社会主义初级阶段不断变化的新特点，作出了我国社会主要矛盾已经转化的重大战略判断。这一重大政治论断准确反映出，新的发展阶段我国社会发展的客观实际和我国社会发展的历史方位，是关系全局的历史性变化。我国社会主要矛盾的变化标志着经过几十年的持续发展和不懈奋斗，中国特色社会主义进入新时代。新时代是我国发展新的历史方位，推进马克思主义中国化时代化必须要准确把握新时代党的主要任务和我国社会主要矛盾的新变化，根据新时代新的实践和新的探索不断推进马克思主义中国化时代化，在与时俱进中坚持和发展马克思主义。

"每一个时代的理论思维，包括我们这个时代的理论思维，都是一种历史的产物，它在不同的时代具有完全不同的形式，同时具有完全不同的内容。"①没有对时代内容和特征的科学判断，就无从回答时代提出的种种新课题，无从发展马克思主义。马克思主义中国化时代化的时代内容、时代背景问题，不仅

① 《马克思恩格斯选集》第3卷，人民出版社2012年版，第873页。

包括与中国革命或建设直接有关的时代主题、时代内容问题，而且也包括当时世界发展的诸多重大问题。在当代，这主要包括新科技革命、经济全球化、国际政治多元化、文化多样化和产业化等多方面的内容。与时代特征相结合，意味着对"马克思主义"的认识和理解，不仅要根据马克思、恩格斯、列宁、毛泽东等经典作家的论述，而且要从当今世界的重大发展变化出发。这也是邓小平提出的"马克思去世以后一百多年，究竟发生了什么变化，在变化的条件下，如何认识和发展马克思主义"[1]的问题。他提出了一个极为重要的论断："真正的马克思列宁主义者必须根据现在的情况，认识、继承和发展马克思列宁主义。"[2]所谓"根据现在的情况"，不仅要根据国内情况的变化，还要根据时代的变化、国际发展趋势的变化和世界的变化。中国的实际发展情况和马克思主义理论并非静止不动，都会为了更好适应时代和环境而有所发展。时代的发展往往会有这个时代的内在动因和逻辑，马克思主义的时代化就是要透过时代变化的种种表面现象，真正抓住时代变化和变化了的时代的内在本质，彰显其自身的时代性和开放性，进而实现其自身精髓和时代本质的深度融合和结合。在推进马克思主义中国化时代化的历史进程中，中国共产党把坚持马克思主义和发展马克思主义更好统一起来，坚持把马克思主义基本原理同中国具体实际和中华优秀传统文化紧密结合起来，聚焦和研究时代课题和现实问题，着眼于解决中国革命、建设、改革伟大实践中遇到的实际问题，不断深化对科学规律的认识和把握，紧密结合中国的具体实际和时代特征，形成能够指导中国实践和回答时代课题的与时俱进的马克思主义中国化时代化的理论成果。推进马克思主义中国化时代化，离不开实践的创新和理论的创新，形成马克思主义中国化时代化的理论成果离不开鲜活丰富的中国实践、经验和成就的有力推动。中国化时代化的马克思主义既一脉相承又与时俱进，马克思主义中国化时代化的历史就是马克思主义结合中国的具体实际、时代特征和历史文化，不断实现理论创新和进行理论创造的历史。在这一历史进程中，产生了毛泽东思想、邓小平理论、"三个代表"重要思想、科学发展观、习近平新时代中国特色社会主义思想，为推动党和人民事业持续向前发展提供了科学的理论指导、行动指南和根本遵循，成为团结带领全体中华儿女为实现民族独立、人民解放、国家富强、

---

① 《邓小平文选》第 3 卷，人民出版社 1993 年版，第 291 页。

② 同上书，第 291 页。

民族复兴的精神旗帜。作为马克思主义中国化时代化的伟大开拓者和践行者，毛泽东开创了马克思主义中国化时代化的历史进程，在立足中国具体国情和革命实际，运用和发展马克思主义的进程中创立了毛泽东思想，实现了马克思主义中国化时代化的第一次历史性飞跃。实践没有止境，推进马克思主义中国化和时代化的伟大实践也没有止境。我们党又在新的时代背景下不断进行理论探索和创新，形成了中国特色社会主义理论体系，在新的历史时期实现了马克思主义中国化时代化新的飞跃。党的十八大以来，我们党在科学回答新时代"三大时代课题"的实践进程中，形成了具有新的时代内涵的崭新思想内容，推动了理论创新，创立了习近平新时代中国特色社会主义思想。

马克思主义的时代化是随着时代的向前发展而不断向前推进的历史进程。一个时代所产生的理论，必然吸取这个时代形成的经验和成就，能够满足这个时代的理论和实践的现实需求，使理论真正成为这个时代的理论。从人类社会发展的历史中，我们不难看出时代的发展呈现出历史普遍性和时代特殊性的统一，每个时代都是前一个时代的顺承发展，不可避免会携带前一个时代的某种特征或者基因，这都源于新的时代必然是脱胎于前一个时代。理论的发展同样如此，每一种理论的诞生绝对不是凭空出现的，必然是建立在前人形成的理论成果的基础之上的。马克思主义之所以能够在中国得到不断的丰富和发展，是因为在推进马克思主义中国化和时代化的进程中，已有的理论成果会在新的理论成果的创立和诞生中得到继承和发展。时代不断向前发展，指导思想持续丰富发展，指导思想和时代发展的同频共振，是中国共产党能够始终把握历史主动和战略主动的重要保证。但是，也应该清醒地认识到任何一种理论都存在历史的局限性，对于未来的发展我们当然不能渴求前人为几十年、上百年后的问题提供现成的答案，这就要求我们必须根据新的现实情况运用马克思主义的科学方法，推进马克思主义的时代化，从新的实践中寻找科学的答案，进而在实践的基础上创立形成属于这个时代的理论。历史证明，中国化时代化的马克思主义理论为时代提供了科学的答案，要继续推进马克思主义新的时代化进程，为不断发展的时代继续提供科学的答案。因此，要在推进马克思主义中国化时代化的历史进程中回应时代挑战，回答时代难题，创立时代理论，推动时代前进。习近平总书记指出："马克思主义是随着时代、实践、科学发展而不断发展的开放的理论体系，它并没有结束真理，而是开辟了通向真理的道路。"①马

---

① 习近平:《在哲学社会科学工作座谈会上的讲话》，人民出版社2016年版，第13页。

克思主义是开放的理论体系，必然会随着时代的发展和实践的推进而不断得到丰富和发展，在马克思、恩格斯之后，他们的后继者们肩负起捍卫和发展马克思主义的神圣职责，在不同的历史时期始终坚持和彰显马克思主义的开放性，不断吸收人类社会发展的优秀文化成果和时代精华，不断赋予马克思主义新的时代内涵和新的文化内涵。马克思主义自诞生以来，就始终关注和研究每个发展阶段所处时代的重大课题，以高度的理论自觉从发展着的社会实践和时代课题中实现自身的丰富发展并努力阐发出新的理论，使马克思主义获得了经久不衰的生命力和持续深远的影响力。马克思主义诞生以来，人类社会发生了不同于以往历史时期的翻天覆地的巨大变化，但从世界社会主义 500 年的大视野来看，我们所处的时代依然是马克思主义所指明的历史时代，马克思主义所阐述的一般原理整个来说依然是科学真理。我们要学习、理解、把握和实践马克思主义，要把马克思主义放在历史发展的长角度进行研究和思考，把马克思主义放在人类创造的优秀文化的宽视角进行对比和把握，从历史发展和民族进步的双重角度来理解和把握马克思主义的真理性和科学性，弄清楚马克思主义为什么行、中国化时代化的马克思主义为什么行，更加坚定推进党和事业发展，实现兴党兴国、强党强国必须坚持和践行马克思主义，用马克思主义彻底武装头脑，真正把马克思主义学深学精悟深悟透用好，持续转化为我们认识世界和改造世界的强大物质力量。马克思主义的科学性和真理性是在推进马克思主义中国化时代化的历史进程中得到充分检验的，指导我们党完成不同历史时期的主要任务，科学回答时代课题，解决实际问题，回应时代挑战。

马克思主义始终占据着真理和道义的制高点，拥有马克思主义科学理论指导是中国共产党坚定信仰信念、把握历史主动，不断取得新的伟大胜利的根本所在。中国共产党人作为马克思主义的忠诚信仰者、坚定实践者、丰富发展者，有能力有责任持续推进马克思主义中国化时代化，不断赋予马克思主义更多鲜明的中国特色，不断谱写马克思主义中国化时代化新篇章。马克思主义深刻改变了中国，中国也极大丰富和发展了马克思主义，中国化时代化的马克思主义理论成果深刻改变了中国人民和中华民族的命运，以世所罕见、史所罕见的发展速度和发展成就，使马克思主义在中国焕发出强大生命力，让马克思主义在中国展现出强大说服力。时代不断向前发展，新的时代问题和时代需要会对理论提出新的要求，这就要求科学的理论必须随着实践和时代的发展而发展，如果理论不能与时俱进，无法回答时代课题和解决实践难题，将被时代和实践逐渐抛弃。实践已经证明中国化时代化的马克思主义行，如何能够始终保持中国化时代化的马克思主义行，是中国共产党和中国共产党人必须回答好的重大理论和实践课题，对此，中国共产党和中国共产党人必须为坚持和发展马克思主义而不懈努力。实践性是马克思主义的显著特征，推进实践基础上的理论创新，就是要在实践中不断丰富和发展马克思主义，使中国化时代化的马克思主义能够指导实践、推动实践，进而持续展现出巨大的真理力量和独特的思想魅力，为以中国式现代化全面推进强国建设、民族复兴伟业提供科学指引。习近平总书记指出："要立足时代特点，推进马克思主义时代化。"①时代在不断发展变化，推进马克思主义时代化，不能简单拿马克思、恩格斯、列宁曾经所说的话来套中国当今的实际，必须要以科学和求是的态度面向时代发展和实践需要，不断推进马克思主义的中国化和时代化，形成与时俱进的中国化时代化的马克思主义。面对快速变化的中国和世界，如果墨守成规、因循守旧，面对党和国家事业发展需要不敢创新、不会创新、不能创新，必然会导致思想僵化、故步自封，马克思主义失去生命力和说服力，最终使党和国家事业无法继续前进。党和国家事业在前进，我们党要坚持运用马克思主义的立场、观点、方法，运用其科学的世界观和方法论分析和解决中国的问题，并深刻揭示出中国发生深刻变革、取得重大成就所蕴含的历史经验和发展规律，为丰富和发展马克思主义作出中国的原创性贡献。新时代新征程上，习近平总书记强调："坚持把马克思主义基本原理同中国具体实际相结合、同中华优秀传统文化相结合，用马克思主义观察时代、把握时代、引领时代。"②

第一，坚持用马克思主义观察时代。每个时代都有其产生的背景和历史，在这一背景和历史中也必然会产生出属于这个时代独有的特征和主题。引领时代必须要深入观察时代、剖析时代，准确把握时代的本质和时代的主题，充分认识时代的历史方位和社会的主要矛盾。马克思主义是科学的、人民的、实践的、不断发展的开放的理论，既是科学的世界观，又是科学的方法论。作为马克思主义政党，中国共产党高度重视运用马克思主义的立场、观点、方法，我们党在中国革命、建设、改革的不同历史时期，准确把握时代主题，顺应时代

---

① 《习近平谈治国理政》第2卷，外文出版社2017年版，第66页。
② 《习近平著作选读》第2卷，人民出版社2023年版，第483页。

发展潮流、艰苦奋斗、锐意进取、开拓创新，创造了彪炳史册的伟大成就，书写了可歌可泣的恢宏史诗。一部马克思主义中国化时代化的历史，就是一部中国共产党人运用马克思主义观察时代、洞察时势、把握大局的历史。观察时代是把握时代和引领时代的基础和前提，如果不能准确观察时代，必将难以推进和实现马克思主义的中国化和时代化。正是在准确观察时代的基础上，以毛泽东、邓小平、江泽民、胡锦涛、习近平同志为主要代表的中国共产党人，立足时代和实践，准确把握时代发展大势，接续推进马克思主义基本原理同中国具体实际和中华优秀传统文化的深度结合，持续深化对马克思主义中国化时代化发展规律的把握和认识，为不同历史时期观察时代提供了科学的理论和方法。在《中国革命战争中的战略问题》一文中，毛泽东指出："我们的眼力不够，应该借助于望远镜和显微镜。马克思主义的方法就是政治上军事上的望远镜和显微镜。"①马克思主义是我们认识世界和改造世界、认识规律和把握规律的强大思想武器，我们党始终坚持运用马克思主义的望远镜和显微镜，观察新民主主义革命时期、社会主义革命和建设时期、改革开放和社会主义现代化建设新时期和中国特色社会主义新时代的具体实际，厘清不同时代所呈现的阶段性特征，准确把握不同时代所处的历史方位，正确认识不同历史阶段我国的社会主要矛盾和中心任务。

习近平总书记指出："经过长期努力，中国特色社会主义进入了新时代，这是我国发展新的历史方位。"②党的百余年发展历史充分证明，明确党和国家事业发展的历史方位至关重要，是党和国家制定大政方针、确定战略规划、明确发展路径的主要依据。历史方位是我们党正确认识和准确把握，党和国家事业发展在人类社会发展历史、世界社会主义发展历史、中华民族发展历史、中华人民共和国发展历史进程中的前进方向和所处位置，以及对实际、国情、发展趋势、时代坐标的及时标定。历史方位的准确标定，体现出我们党对社会发展的阶段性特征和社会主要矛盾的转化的精准把握。党的十八大以来，经过党和人民的不懈奋斗，中国特色社会主义进入了新时代，这是我们党基于形势变化和实践发展作出的战略判断和重大论断。新时代是我们党和国家确定的一个新的历史方位，是我国发展新的历史方位，是我们党领导人民进行伟大社会革

① 《毛泽东选集》第 1 卷，人民出版社 1991 年版，第 212 页。
② 《习近平著作选读》第 2 卷，人民出版社 2023 年版，第 8—9 页。

命的成果，需要我们长期坚持并一以贯之进行下去。进入新时代这一新的历史方位，要求我们要充分认识和准确把握时代新变化反映出的我国社会主要矛盾发生的新变化、党的主要任务发生的新变化、中国和世界关系发生的新变化。运用马克思主义的望远镜和显微镜观察中国特色社会主义新时代，关键是要聚焦新时代我国社会主要矛盾已经转化为人民日益增长的美好生活需要和不平衡不充分的发展之间的矛盾；党的主要任务已经变化为实现第一个百年奋斗目标，开启第二个百年奋斗目标新征程，朝着实现中华民族伟大复兴的宏伟目标继续前进；中国和世界的关系已经变化为彼此之间的相互联系和依靠不断加深，世界对中国更加充满期待，中国对世界的影响更加深刻。实现中华民族伟大复兴不仅需要安定团结的内部环境，同样也需要处理好中国与世界的关系，为顺利推进中华民族伟大复兴历史进程赢得和平稳定的国际环境。中国和世界是难以分割的有机整体，坚持和发展中国特色社会主义离不开良好的外部环境，所以观察时代必须要准确把握时代特征和准确判断国际形势，把握好和处理好中国和世界的关系，这是我们必要的外部条件。

第二，坚持用马克思主义把握时代。把握时代就是中国共产党团结带领中国人民，聚焦党在各个历史阶段的使命任务，运用马克思主义的立场、观点、方法，紧紧抓住主要矛盾和矛盾的主要方面，研究实际问题、分析实际问题、解决实际问题，锲而不舍完成既定的目标任务，接力推进中国革命、建设、改革的宏伟事业。1840年鸦片战争以后，中华民族苦难深重，历经劫难，使国家蒙辱、人民蒙难、文明蒙尘，自诞生之时起，中国共产党的初心使命就决定了中国共产党人的神圣历史使命就是实现中华民族伟大复兴。在一百多年的历史进程中，中国和世界都在不断发生复杂而深远的变化。国内和国际形势的深刻变化，也深刻影响着我们党认识时代、分析时代、研判时代进而准确把握时代，有效应对时代不断提出的新要求和新挑战，有效回应人民不断产生的新期盼和新需要。如果我们党不能顺应时代发展的潮流和历史发展的大势，无法准确认识人类社会发展的历史趋势和历史规律，未能洞察时代变化的显著特征、发展趋势和主要矛盾，其结果必然是因为不能紧跟时代和实践的发展，对于时代的把握也必然会出现方向上的偏向、定位上的失准。因此，我们党必须要从历史维度和战略高度认识和把握时代的发展和变化，深化认识历史规律，始终掌握历史主动。只有准确把握时代，弄清楚时代的历史、现在和未来，以系统思维和历史思维分析时代、研判时代，党的事业才会在把握时代中不断夺取胜利、取得成就、实现发展。如何始终坚持用马克思主义把握时代是一个与时俱进的重大理论和实践命题，需要一代代中国共产党人持续探索、持续作答、持续答好。以毛泽东、邓小平、江泽民、胡锦涛、习近平同志为主要代表的中国共产党人，坚持运用马克思主义的立场、观点、方法把握时代，团结带领中国人民立足本国国情、把握时代规律，洞察时代大势，科学回答时代课题，以百年奋斗取得的伟大成就在把握时代这篇大文章上写下了精彩篇章。

习近平总书记指出："中国共产党坚持马克思主义基本原理，坚持实事求是，从中国实际出发，洞察时代大势，把握历史主动，进行艰辛探索，不断推进马克思主义中国化时代化，指导中国人民不断推进伟大社会革命。"[1]一百多年来，中国共产党围绕实现中华民族伟大复兴这一伟大主题的实践奋斗和开拓创新，贯穿和体现在新民主主义革命时期、社会主义革命和建设时期、改革开放和社会主义现代化建设新时期和中国特色社会主义新时代的不同历史时期，不断推进伟大社会革命。事业发展和伟大成就是中国共产党带领人民群众接续奋斗的结果、团结奋斗的结果，是中国共产党推进和完成不同历史时期主要任务拼搏奋斗的结果、开拓创新的结果，这些结果的取得离不开党的坚强领导和人民的拥护支持。中国共产党是我们事业成功和继续前进的根本保障，如果在革命、建设和改革中没有党的领导，或者党的领导是软弱无力的，那么一切伟大的事业必将难以实现，一切伟大的梦想必然只是空谈。中国的发展速度和发展成就已经充分证明了，中国共产党能够推进伟大的社会革命，关键在于党自身的正确和有力，关键在于党有科学的指导思想，这样才能确保党能够始终准确地把握时代，在准确把握时代潮流中顺势而上推进党和国家事业发展。时代发生了巨大的变化，我们党现在面临的形势和任务也已经发生了巨大变化，但是有一点是十分明确的，就是无论时代和实践如何变化，我们必须要坚持党要管党、全面从严治党不放松。新时代新征程上，面向时代发展和实践要求，面向历史新任务和人民新期待，面对各种可以预料和难以预料的风险挑战，这些都要求我们党必须持续推进党的建设新的伟大工程，下大力气把我们的党建设

---

① 《习近平著作选读》第 2 卷，人民出版社 2023 年版，第 483 页。

好、建设强，锻造成为始终走在时代前列的马克思主义执政党。人民群众是我们党执政兴国的靠山和底气，把握时代也体现在我们党要立足时代，充分动员和组织人民群众参与到我们进行的伟大事业之中，最大程度汇聚人民群众的智慧和力量，进而顺利完成时代的历史任务。

第三，坚持用马克思主义引领时代。习近平总书记指出："用以观察时代、把握时代、引领时代的理论，必须反映时代的声音，绝不能脱离所在时代的实践，必须不断总结实践经验，将其凝结成时代的思想精华。"①时代总是向前发展，每个时代都会有特殊的声音和特定的实践，都会呈现出显著的时代特征和实践特点，引领时代的理论一定产生于那个时代的伟大实践，凝结了那个时代实践经验和理论创新的精华，属于那个时代又以其理论自身的科学性和开放性超越了那个时代。自诞生之日起，我们党就把马克思主义确立为根本指导思想，把马克思主义写在我们党的旗帜上。马克思主义是不断发展的开放的科学理论，其开放性已经并将继续在中国得到充分彰显，也必然会随着中国实践的变化而发展，根据时代和认识的发展而不断发展，在同中国具体实际和中华优秀传统文化相结合的进程中，不断被赋予更多时代特征和中国特色，不断实现马克思主义的中国化和时代化，不断取得马克思主义中国化时代化的理论成果，不断丰富和发展马克思主义。作为马克思主义的忠诚信仰者、坚定实践者、丰富发展者，中国共产党人有能力有责任有资格为持续推进马克思主义中国化时代化而努力，用马克思主义中国化时代化的理论成果更好指导中国实践，不断谱写马克思主义中国化时代化新篇章。党的二十大报告指出："推进马克思主义中国化时代化是一个追求真理、揭示真理、笃行真理的过程。"②在马克思主义中国化时代化的历史进程中，我们党洞察时代发展大势，持续推进马克思主义基本原理同中国具体实际和中华优秀传统文化的深度结合，创立了毛泽东思想、邓小平理论，形成了"三个代表"重要思想、科学发展观，创立了习近平新时代中国特色社会主义思想，实现了坚持马克思主义和发展马克思主义的统一。这些马克思主义中国化时代化的理论成果是引领时代发展的科学理论指引和强大思想武器，来之不易，必须长期坚持。

习近平总书记指出："全面系统地提出解决现实问题的科学理念、有效对

---

① 习近平：《开辟马克思主义中国化时代化新境界》，载《求是》，2023(20)。
② 《习近平著作选读》第 1 卷，人民出版社 2023 年版，第 14 页。

策，让当代中国马克思主义、21世纪马克思主义展现出更为强大、更有说服力的真理力量。"①党的十八大以来，以习近平同志为核心的党中央就新时代坚持和发展什么样的中国特色社会主义、怎样坚持和发展中国特色社会主义，建设什么样的社会主义现代化强国、怎样建设社会主义现代化强国，建设什么样的长期执政的马克思主义政党、怎样建设长期执政的马克思主义政党等重大时代课题进行了深邃思考和科学判断，以崭新的思想内容丰富和发展了马克思主义，创立了习近平新时代中国特色社会主义思想，实现了马克思主义中国化时代化新的飞跃。"十个明确""十四个坚持""十三个方面成就""六个必须坚持"是内在贯通、有机统一的整体，共同构成了习近平新时代中国特色社会主义思想的科学体系。习近平新时代中国特色社会主义思想是马克思主义中国化时代化的最新理论成果，其思想内涵十分丰富，科学体系十分完整，中国风格十分鲜明，开辟了马克思主义中国化时代化新境界，是我们必须长期坚持的指导思想，是新时代党和国家事业发展的根本遵循。任何理论的产生，都有其产生的时代背景。世界百年未有之大变局加速演进，中华民族伟大复兴进入关键时期，中国式现代化全面推进，科学社会主义在21世纪的中国焕发出新的蓬勃生机，中国共产党自我革命开辟新的境界，共同构成了习近平新时代中国特色社会主义思想创立的时代背景。在这个创立的时代背景下，习近平新时代中国特色社会主义思想充分展现出了强大的实践伟力和独特的思想魅力，必然会引领好这个时代的实践和发展，回答好这个时代的重大课题，回答好中国之问、世界之问、人民之问、时代之问，解决好以中国式现代化全面推进中华民族伟大复兴进程中出现的实际问题。习近平新时代中国特色社会主义思想是不断发展的开放的理论，必然会随着党和国家事业发展的深入推进、民族复兴伟业的全面拓展而不断得到丰富和发展。

专题思考：

1. 如何理解马克思主义中国化时代化？

2. 试论为什么马克思主义的理论生命力必然要求马克思主义中国化时代化？

---

① 习近平：《开辟马克思主义中国化时代化新境界》，载《求是》，2023(20)。

第二章 马克思主义中国化时代化的形成条件和形成过程

马克思主义是无产阶级及其政党的严整而彻底的世界观，是指导无产阶级解放运动的科学理论，是无产阶级根本利益的科学表现。十月革命的胜利，显示了马克思主义的威力，中国的先进知识分子从俄国的政治变革中，认识到马克思主义是能够改变中国命运的强大思想武器。

第一节 马克思主义在中国传播的社会历史条件

马克思列宁主义从它诞生的那一刻起，就以其震撼人心的逻辑性和严谨的科学性，展现出强大的生命力和战斗力。马克思主义之所以在一个国家能够得到传播，首先在于这个国家具备接受和传入的社会历史条件。20世纪初的中国就具备了接受和传入马克思主义的社会历史条件。

一、近代中国的社会性质和主要矛盾迫切需要科学理论的指导

中国是世界公认的四大文明古国之一，由多民族结合而成的中华民族是勤劳智慧的民族。在中华文明史上，有发达的农业和手工业，有许多伟大的思想家、科学家、政治家、军事家、文学家和艺术家，有种类丰富的文化典籍。据不完全统计，到清末为止，中国文化典籍有七八万种。迄今为止，中国有文字记录的历史已有5000余年。中华民族所创造的灿烂文明与科学技术，曾经长期居于世界前列，对人类发展做出过重大贡献。但是，当历史步入近代时，中国却落伍了。

鸦片战争是中国历史的转折点。从那以后，西方列强先后而至，接二连三地发动对中国的侵略战争，资本主义国家的入侵改变了传统中国的社会性质，中国一步一步地变成了半殖民地半封建的社会。这种变化主要表现在两方面。

首先，外国资本主义的入侵，破坏了中国的领土和主权完整，使中国沦为表面上独立、实际上受帝国主义列强共同支配的半殖民地国家。在鸦片战争中，清政府败给英国，被迫签订了《南京条约》，使中国的领土完整遭到破坏；协定关税、领事裁判权的被迫出让，破坏了中国的主权完整；中国逐步成为资本主义国家的商品市场和原料供应地。以鸦片战争和《南京条约》等一批不平等条约的签订为开端，中国走向了半殖民地化。紧接着，第二次鸦片战争和《天津条约》《北京条约》等不平等条约的签订，使清政府在政治、经济、文化等方面进一步受控于西方列强，同时中外的反动势力相互勾结起来共同镇压中国人民的反抗运动，加速了中国半殖民地进程。1894 年的中日甲午战争中清政府战败后签订了《马关条约》，打开了帝国主义对中国进行资本输出的大门，包括日本在内的帝国主义列强开始了在中国划分势力范围的争夺，通过对中国资本输出和政治贷款等方式控制了中国的财政经济命脉，从而大大加深了中国社会的半殖民地化程度。1900 年的八国联军侵华战争和战后签订的《辛丑条约》，使清政府几乎完全受控于帝国主义列强，成了"洋人的朝廷"，中国自此彻底沦为半殖民地半封建国家。

其次，外国资本主义的侵入，使传统中国社会自给自足的自然经济遭到破坏，中国由独立完整的封建社会变为含有了一定程度的资本主义成分的半封建社会。在外国资本主义侵入的刺激下，19 世纪 60 年代，统治集团内部一部分实干型的官僚兴办了一批"洋务"企业，中国出现了一批资本主义性质的近代工业企业；19 世纪 70 年代，一部分买办、商人、地主、官僚投资开设工厂，成为中国最早的民族资本主义性质的工矿企业。20 世纪头二十年，由于辛亥革命和第一次世界大战的爆发创造了有利于民族资本主义发展的环境，中国的民族资本主义得到了较大发展。但西方列强入侵中国的目的，是要使中国成为它们商品和资本输出的永久性市场，以掠夺更多的资源，攫取更大的利润，而绝不是要把封建的中国变成资本主义的中国。为此，它们竭力维护中国的君主专制统治和封建剥削制度，勾结封建势力联合压迫中国民族资本主义的发展，严重阻碍了中国民族资本主义的发展，中国社会长期停滞在半封建状态中。

近代半殖民地半封建中国的社会性质，体现在近代中国政治、经济、文化和社会的各个领域，两者是密切结合、相互联系的统一整体。从近代中国的历史进程，可以看到中国半殖民地半封建社会有以下一些特征。

第一,帝国主义侵略势力成为统治中国的决定性力量。帝国主义列强以武力打败中国,通过签订一系列不平等条约,不仅操纵了中国的财政和经济命脉,而且操纵了中国的政治和军事力量,成为近代中国一切灾难和祸害的根源,也成为阻碍中国独立发展的根本原因。

第二,中国的封建势力已经同帝国主义侵略势力狼狈为奸、相互勾结,已经成为帝国主义奴役近代中国的社会基础和统治支柱。皇帝和贵族的专制政权被推翻之后,取而代之的是地主阶级的军阀官僚的统治,接着是地主阶级和大资产阶级联盟的专政。封建势力对外勾结帝国主义,对内残酷剥削中国人民,是近代中国最反动、最黑暗的势力。

第三,封建社会自给自足的自然经济基础虽然遭到破坏,但封建土地所有制依然在中国广大地区内实行,成为中国走向现代化和民主化的严重阻碍。

第四,民族资本主义虽然在政治和文化的生活中起了一定的作用,但在帝国主义和封建主义的压迫下,力量非常软弱,它没有成为中国社会经济的主要形式。中国民族资本主义的大部分同外国帝国主义和国内封建主义都有或多或少的联系。

第五,中国在许多帝国主义国家的统治或半统治之下,以及广大的国土面积和地方性的农业经济基础上形成的地方割据势力的存在,使得中国的经济、政治和文化的发展表现出极大的不平衡性。

第六,在帝国主义和封建主义的双重压迫下,尤其是在日本帝国主义的大举进攻下,中国的广大人民,特别是农民日益贫困甚至大批破产,他们过着毫无政治权利的饥寒交迫的生活。

这些特征表明,近代中国的经济和政治被严重地殖民地、半殖民地化。帝国主义同中国的封建势力相勾结,采用一切军事的、政治的、经济的和文化的压迫手段,对中国进行残酷的统治。因此,半殖民地半封建的中国,有了外国侵略导致了民族独立的丧失;有了外国支持的封建统治势力,导致了国家工业化、现代化的丧失。中国社会历史要前进,就必须取得民族的独立与解放,必须打开走向工业化、现代化的道路。

近代中国社会性质的变化,导致了社会主要矛盾的深刻变化。在近代中国,帝国主义和封建主义成为压在中国人民头上的两座大山。封建主义是帝国主义统治中国的社会基础和工具,帝国主义则是封建主义赖以延续的支撑力量。帝国主义和中华民族的矛盾、封建主义和人民大众的矛盾，形成了近代中国社会的主要矛盾。这就决定了中华民族所面临的两大历史任务是推翻帝国主义和封建主义的统治，实现民族独立和人民的解放；彻底改变国家贫穷落后的面貌，实现国家繁荣富强和人民共同富裕。其中，前者是后者的必要前提，只有先完成前一个任务，后一个问题才能够得到解决。于是，就有了近代中国人民反帝反封建的民族民主革命的兴起。

"帝国主义和中国封建主义相结合，把中国变为半殖民地和殖民地的过程，也就是中国人民反抗帝国主义及其走狗的过程。"①中华民族不仅是勤劳智慧的民族，同时也是酷爱自由、反对压迫、爱好和平的民族。辉煌的过去和衰败的现实之间的强烈反差，使长期受到中国传统文化熏陶、富有"天下兴亡，匹夫有责"社会责任感的无数仁人志士，为改变中华民族的命运，为完成争取民族独立、人民解放、实现国富民强的历史任务进行了千辛万苦的探索和不屈不挠的斗争。

农民是反帝反封建斗争最初的主要力量。在封建土地所有制压迫下的中国农民有着强烈的反抗性，他们自发进行的斗争沉重打击了外国侵略者和中国封建统治势力。这其中最具有代表性的是太平天国运动。1851 至 1864 年，由洪秀全领导的太平天国运动历时 14 年，席卷 18 个省，把中国旧式的农民战争发展到了最高峰。它不仅反对中国的封建主义，而且也沉重打击了西方列强对中国的侵略，带有明显的新的时代特征。但是，农民阶级终究不是先进生产力和生产关系的代表，不能克服小生产者所固有的阶级属性，不能提出完整的、正确的、科学的政治纲领，不可能依靠自己的力量冲破封建传统，不能用一种新的制度代替封建旧制度。他们对未来社会的设计是一种乌托邦式的空想，因此，在中外反动势力的联合镇压下，太平天国运动最终失败了。太平天国运动及其失败表明，单纯的农民战争不可能完成争取民族独立和人民解放的历史任务，不可能引导中国走向独立与富强。

随着民族资本主义的产生和发展，中国资产阶级开始登上历史舞台。甲午战争以后，康有为、梁启超等资产阶级代表人物继承了早期改良主义者提出的君民共治、发展实业、与西方列强开展"商战"的主张，把资产阶级改良思潮转

---

① 《毛泽东选集》第 2 卷，人民出版社 1991 年版，第 632 页。

变成为一场救亡与启蒙相结合的维新变法运动。他们提出了一系列发展资本主义的主张，并企图通过光绪皇帝自上而下地在中国建立君主立宪的政治制度，在保持封建制度的前提下实现国家的独立和富强。但是，由于资产阶级维新派本身力量很弱小，并且他们所要依靠的光绪皇帝又无实权，维新变法运动最终被封建顽固派扼杀。维新变法运动的失败表明，资产阶级改良主义的道路在近代中国是根本行不通的。

1911年10月，在革命形势日益高涨的形势下，孙中山领导的资产阶级革命派发动了震惊世界的辛亥革命，这是一次完全意义上的反帝反封建的民族民主革命。它废除了皇帝，推翻了清政府的封建统治，结束了统治中国几千年的君主专制制度，传播了民主共和的理念，极大促进了中华民族的思想解放，推动了中华民族的觉醒，激励中国人民为争取民族独立、人民解放和国家富强而更加勇敢地斗争。正如毛泽东在1939年评价孙中山和他的革命事业时所说："中国反帝反封建的资产阶级民主革命，正规地说起来，是从孙中山先生开始的。"①

然而，辛亥革命并没有完成反帝反封建的历史使命。因为帝国主义、封建势力太强大，更因为这场革命的领导者即中国民族资产阶级的软弱和政治上的不成熟，因为其无法克服的软弱性和妥协性，没有形成一个坚强有力的领导核心，没有提出一个足以广泛动员占全国人口绝大多数的工农大众参加革命的、明确的反帝反封建的革命纲领。以孙中山为首的南京临时政府仅存在了三个月，就被以袁世凯为代表的北洋军阀政府取代。辛亥革命既未能彻底铲除帝国主义和封建势力在中国统治的根基，也没有改变中国深层的社会结构，更没有改变中国半殖民地半封建的社会性质，民族危机呈现愈加严峻的趋势。因此，从这个意义上讲，辛亥革命没有成功。"无量头颅无量血，可怜购得假共和"②，正是对它的真实写照。

辛亥革命失败后，以孙中山为首的资产阶级革命党人为了维护辛亥革命的胜利成果和挽救民主共和国，又多次进行斗争，先后发起了"二次革命""护国运动""护法运动"等，但是都无一例外地失败了。从鸦片战争以来，中国人向西方资本主义国家学习的并不少，但其结果，既没有使中国赢得民族独立和政

---

① 《毛泽东选集》第2卷，人民出版社1991年版，第563页。
② 蔡济民：《书愤》，载《民立报》，1912年9月13日。

治自由，更没有使中国变得富强和繁荣。相反，中国的殖民地程度日益加深，人民越发贫困，国力更加衰弱，以为走资本主义道路中国就会很快富强起来，这种幻想终于被无情的历史打得粉碎。辛亥革命的失败表明，在中国，试图走资本主义道路、建立资产阶级共和国是行不通的。

事实说明，旧式的农民战争，资产阶级革命派领导的革命，照搬西方资本主义的种种方案，都不能完成救亡图存的民族使命和反帝反封建的历史任务。只要近代社会两大主要矛盾存在，就必然决定中国革命的发生，而革命又需要一定理论的指导，这就从根本上决定了近代中国的先进分子探索救国救民真理的脚步一刻也不能停止。他们普遍认为，中国的发展进步，必须有先进的革命理论和其指导之下彻底的反帝反封建的斗争，必须有新的思想武器和先进社会力量推动中国社会的变革。

二、马克思主义成为解决近代中国历史任务的新式思想武器

在马克思列宁主义传入中国以前，从 19 世纪 40 年代，到 20 世纪前二十年，中国的先进分子为了挽救民族危机，救国救民，曾经历尽千辛万苦，向西方资本主义国家寻求真理，把西方资产阶级革命时代的民主主义当作灵丹妙药，当作振兴中华的思想武器。他们前仆后继，不怕流血牺牲，经历了半个多世纪的艰苦奋斗，虽然不同程度地打击了帝国主义对中国的侵略和封建主义的反动统治，但这些斗争都失败了，其共同原因就是缺乏科学的理论指导。正如 1949 年 9 月毛泽东在《唯心历史观的破产》一文中总结的："在这个反抗运动中，在一个很长的时期内，即从一八四〇年的鸦片战争到一九一九年的五四运动的前夜，共计七十多年中，中国人没有什么思想武器可以抗御帝国主义。旧的顽固的封建主义的思想武器打了败仗了，抵不住，宣告破产了。不得已，中国人被迫从帝国主义的老家即西方资产阶级革命时代的武器库中学来了进化论、天赋人权论和资产阶级共和国等项思想武器和政治方案，组织过政党，举行过革命，以为可以外御列强，内建民国。但是这些东西也和封建主义的思想武器一样，软弱得很，又是抵不住，败下阵来，宣告破产了。"①

屡次挫折失败的历史实践深切地告诉中国人民，要实现民族解放、国家独

---

① 《毛泽东选集》第 4 卷，人民出版社 1991 年版，第 1513—1514 页。

立、人民幸福，必须有能够抵御和打败帝国主义和封建主义的强大思想武器，越来越多的人觉悟到：中国需要新的革命理论。此时，1917年俄国爆发了十月革命。1917年11月7日，俄国的无产阶级和劳动人民在列宁和布尔什维克党的领导下，在世界上建立了第一个无产阶级专政的国家。俄国十月革命的胜利，震惊了世界，也促使中国先进分子思考：既然资本主义道路走不通，那么中国可不可以走俄国人的道路？既然俄国人在马克思主义指导下取得了工农群众的解放，那么中国人为什么不能用这个武器来改写自己国家的命运？他们从俄国十月革命中得到了启示，马克思列宁主义可以成为无产阶级和其他劳动群众争取解放的锐利的思想武器，看到了彻底摆脱帝国主义、封建主义奴役的希望，极大地鼓舞了中国的先进分子。

沙皇统治时期的俄国政治腐朽、地理版图广大、人口众多的国情与中国相似，并且与中国有较长的边界是相接的。林伯渠的堂兄林修梅在当时分析道："我国政治经济状况，完全和俄国一样，同是农业立国。十年以前，同是压服在君主专制之下。他们的社会主义，两年来已强半成功了，我们只要抱定这种决心，谋社会主义的实行，也是一定可以在短时期内成功。"①俄国的工农群众奋起抵抗世界资本主义的压迫，在世界上建立起第一个社会主义国家，表明帝国主义的力量并不是坚不可摧的，中国人民进行的反对帝国主义的斗争在世界范围内也不是孤军奋战，俄国十月社会主义革命的胜利给帝国主义长期压迫下的中国人民以极大的斗争的勇气和必胜的革命信念。在中国大地上最先觉醒的先进分子，他们不再对西方文明和资本主义制度抱有希望，转而将救国救民的注意力转向马克思主义。俄国革命的胜利使中国的先进分子开始用无产阶级的世界观观察国家的命运，重新考虑中国的问题。俄国十月革命和西方资本主义的社会政治危机的爆发，使中国的先进分子敏锐地觉察到世界历史潮流的深刻变化，并很快在实践中提出向俄国革命学习。吴玉章说："通过十月革命和五四运动的教育，必须依靠下层人民，必须走俄国人的道路，这种思想在我头脑中日益强烈、日益明确了。"②

马克思主义作为一种科学的普遍真理，为全人类和无产阶级解放事业起到了指导性作用。它是无产阶级和广大劳动群众科学地认识世界和革命地改

---

① 《林修梅遗著》，1921年林伯渠编印。
② 《吴玉章回忆录》，中国青年出版社1978年版，第112页。

造世界的锐利思想武器。它既是科学的理论，又是革命的理论。马克思主义是社会主义革命的思想武器，是无产阶级的世界观和方法论，虽然其诞生在19世纪中叶的德国，但是经过列宁领导的布尔什维克的成功实践，证明也同样适用于落后的东方民族的革命。对于当时尚在救国救民道路上徘徊的中国先进知识分子而言，这无疑是一种可以直接借用的解决中国问题的强大的新式思想武器。正如毛泽东所说："十月革命一声炮响，给我们送来了马克思列宁主义。十月革命帮助了全世界的也帮助了中国的知识分子，用无产阶级的宇宙观作为观察国家命运的工具，重新考虑自己的问题。走俄国人的路——这就是结论。"①这意味着，马克思主义在中国已不但作为一种理论学说存在，而且作为争取民族独立、人民解放，实现国家富强、人民富裕的历史任务的思想武器存在。

历史证明，只有马克思主义才能救中国，也只有马克思主义才能担当起解决近代中国历史任务思想武器的重任，只有运用马克思主义这一新式的思想武器才能解决近代中国的历史任务。

第二节　马克思主义在中国的传播和中国共产党的成立

自五四运动以来，马克思主义就在中国广泛传播，在传播的同时也促进了马克思主义与中国工人阶级的运动的结合。在此基础之上，诞生了中国的马克思主义政党——中国共产党，中国革命自从有了马克思主义政党的领导，有了马克思主义的科学世界观和社会革命论的指导，中国革命面貌焕然一新。

一、五四时期马克思主义在中国的传播

1919 年 5 月爆发的五四运动是中国近代史上的一个划时代的事件。这场以"外争国权，内惩国贼"为口号的爱国运动，其意义远远超过了运动本身，它将中国革命推进到了一个新阶段。

五四运动伟大的历史意义，在于它彻底的不妥协的反帝国主义和彻底的不妥协的反封建主义。它宣告了资产阶级领导的旧民主主义革命的终结和无产阶

---

① 《毛泽东选集》第 4 卷，人民出版社 1991 年版，第 1471 页。

级领导的新民主主义革命的开端。在运动中，中国的工人阶级以独立的姿态登上了政治舞台，并发挥了巨大的作用，显示出"他们特别能战斗"的风范，预示着这个阶级将担当起领导中国革命的重任。这场运动也使马克思主义逐渐代替资产阶级民主主义而在中国先进思想界居于主导地位。马克思主义在中国能于五四运动前后得到广泛发展的原因，主要有以下几个方面。

1. 对于西方资本主义文明的怀疑和批判

近代先进的中国人在向西方寻找真理的过程中，曾把资产阶级民主主义视为"救世良药"。但是，戊戌变法、辛亥革命的失败和辛亥革命后中国社会的黑暗，使他们对这个"良药"的功效产生了怀疑。辛亥革命时期，孙中山提出"三民主义"政治纲领，主张驱除鞑虏，恢复中华，创立民国。前两点辛亥革命都做到了。但革命的果实却被袁世凯窃取，中华民国沦为军阀、官僚、政客手中的玩物和争权夺利的工具。资产阶级的议会制度等民主制度成为欺骗人民的摆设。这些足以说明旧民主主义在中国失败了，资产阶级共和国方案最终还是破产了，西方式的资本主义道路在中国根本行不通。正如毛泽东所指出的那样："自从一八四○年鸦片战争失败那时起，先进的中国人，经过千辛万苦，向西方国家寻找真理……要救国，只有维新，要维新，只有学外国……帝国主义的侵略打破了中国人学西方的迷梦，很奇怪，为什么先生老是侵略学生呢？中国人向西方学得很少，但是行不通，理想总是不能实现。多次奋斗，包括辛亥革命那样全国规模的运动，都失败了。国家的状况一天一天坏，环境迫使人们活不下去。怀疑产生了，增长了，发展了。"[①]1914年第一次世界大战爆发，资本主义在大战爆发后所显露出来的社会矛盾与弊端，引起中国思想界对资本主义的空前怀疑和否定。在这场野蛮残酷的战争中，总参战人数达7340余万，1000万人暴死沙场，2000万人受伤，社会生产遭到严重破坏，社会财富遭到极大的损失，是世界人民遭受的空前的劫难。资产阶级自由、平等、博爱的口号沦为空谈，西方资本主义文明濒临破产。整个西方社会乃至整个世界都被深重的危机感笼罩着。这种危机感同样也波及中国的知识界。中国知识界的先进分子纷纷撰文介绍、评析乃至批判西方文化危机的种种现象。例如陈独秀于1915年写道："近世文明之发生也，欧罗巴旧社会之制度，破坏无余，所存者

---

① 《毛泽东选集》第4卷，人民出版社1991年版，第1470页。

私有财产制耳……自竞争人权之说兴，机械资本之用广，其害遂演而日深：政治之不平等，一变而为社会之不平等；君主贵族之压制，一变而为资本家之压制：此近世文明之缺点，毋庸讳言者也。欲去此不平等与压制，继政治革命而谋社会革命者，社会主义是也。"①李大钊在 1918 年 6 月撰文评论道："此次战争，使欧洲文明之权威大生疑念。欧人自己亦对于其文明之真价不得不加以反省，因而对于他人之批评虚心坦怀以倾听之者亦较多。"②但真正让中国人对西方文明彻底失望的则是巴黎和会。巴黎和会使人们对美国总统威尔逊的幻想、对"公理战胜强权"的幻想彻底破灭，彻底认清了帝国主义的真面目。陈独秀写道："什么公理，什么永久和平，什么威尔逊总统十四条宣言，都成了一文不值的空话。"③因此，在中国思想界迅速兴起了一股质疑与批判西方文明的思潮。李大钊在《秘密外交与强盗世界》中更是深刻揭示了巴黎和会的帝国主义本质："这回欧战完了，我们可曾作梦，说什么人道、平和得了胜利，以后的世界或者不是强盗世界了，或者有点人的世界的采色了。谁知道这些名辞，都只是强盗政府的假招牌。"④梁启超在 1920 年发表的《欧游心影录》中断言西方文明已经破产，中国不能重复西方人走过的老路。世界大战暴露出来的帝国主义的本性使中国人在怀疑和失望之余开始重新思考资本主义的道路，重新思考过去所走过的道路而进行新的探索和选择。在此背景之下，旨在批判、否定和超越资本主义文明的社会主义思潮引起了中国先进分子的注意，他们试图从社会主义思潮中寻求能真正解决中国问题的钥匙。从这个意义上讲，西方文明在中国的破产过程，同时也就是马克思主义被发现、被选择、被传播的过程。

2. 十月社会主义革命的影响

十月革命把社会主义从理论变为现实，显示了马克思主义理论的强大威力。十月革命向人们展示，马克思列宁主义可以成为无产阶级和其他劳动群众争取解放的锐利思想武器。十月革命发生在中国学习西方、走资本主义道路的尝试遭到严重失败、中国先进分子陷于极度的彷徨和苦闷之中而又茫然无措的时候，它确实使中国人看到了民族解放的新希望。李大钊是中国大地上第一个

---

① 《陈独秀文集》第 1 卷，人民出版社 2013 年版，第 99 页。
② 《李大钊全集》第 2 卷，人民出版社 2013 年版，第 316 页。
③ 《陈独秀文集》第 1 卷，人民出版社 2013 年版，第 461 页。
④ 《李大钊全集》第 2 卷，人民出版社 2013 年版，第 457 页。

主张向俄国十月革命学习的先进分子。1918年7月，李大钊发表的《法俄革命之比较观》指出：俄国十月革命将使"20世纪初叶以后之文明，必将起绝大多数之变动"；它"是立于社会主义上之革命，是社会的革命而并著世界的革命之采色者也"；它带来了"世界的新文明之曙光"①。在同年11月、12月发表的《庶民的胜利》《Bolshevism的胜利》两篇文章，再次强调，"一九一七年的俄国革命，是二十世纪中世界革命的先声"②，并满腔热情地指出："人道的警钟响了！自由的曙光现了！试看将来的环球，必是赤旗的世界。"③陈独秀、李达、毛泽东等一批先进知识分子也激扬文字，欢呼十月革命的胜利。如果说第一次世界大战中资本主义文明的危机导引了人们对于社会主义思潮的向往，那么，十月社会主义革命的胜利则促进了先进的中国知识分子对马克思主义的选择。在当时各种主义、学说泥沙俱下、争鸣斗胜的形势下，人们正是从十月革命中看到了马克思主义的科学性、革命性和巨大威力，开始选择它作为改造中国的思想武器。因此，毛泽东指出："一九一七年的俄国革命唤醒了中国人，中国人学得了一样新的东西，这就是马克思列宁主义。"④马克思主义在中国的传播，成为不可抗拒的潮流。

3. 新文化运动的影响

在辛亥革命失败后，一些中国的先进分子认为，以往少数先觉者的救国斗争之所以收效甚少，是因为中国国民对之"若观对岸之火，熟视而无所荣心"。中国国民的性质与行为的堕落，乃是"亡国亡种之病根"。因此，"欲图根本之救亡"，必须改造中国的国民性。因此，发动一场廓清蒙昧、启发理智的新文化运动成为历史的必然要求。新文化运动开始的标志是1915年《青年杂志》(后改名《新青年》)杂志的创刊。1917年1月，蔡元培出任北京大学校长，他聘请陈独秀为北大文科学长。《新青年》编辑部也迁往北京。之后，在北京大学形成了一个以《新青年》编辑部为核心的新文化阵营，使新文化运动得以迅猛发展。民主和科学成为新文化运动的两大旗帜。新文化运动号召人们"冲决过去历史之网罗，破坏陈腐学说之图圄"，在民主和科学两面大旗的指引下，以前所未

---

① 《李大钊全集》第2卷，人民出版社2013年版，第330、332页。
② 同上书，第359页。
③ 同上书，第367页。
④ 《毛泽东选集》第4卷，人民出版社1991年版，第1514页。

有的气势向封建腐朽的传统文化发起攻击，这一思想解放的潮流影响了众多领域。它给封建专制主义、封建的伦理道德和封建愚昧迷信以前所未有的打击，"唤醒了一代青年，使中国的知识分子尤其是广大青年受到一次西方民主和科学思想的洗礼，从而打开了遏制新思想涌流的闸门，在中国社会上掀起一股生气勃勃的思想解放潮流。这就为适合中国社会需要的新思潮，特别是马克思主义在中国的传播，创造了有利的条件"①。

4. 中国工人阶级以独立的姿态登上政治舞台

工人阶级是早期马克思主义在中国传播的社会基础。中国工人阶级有着同国际工人阶级一样的优秀品质，产生于机器大工业为物质技术基础的资本主义生产方式，是新兴的先进社会生产力的代表。毛泽东指出："中国的资产阶级和无产阶级，作为两个特殊的社会阶级来看，它们是新产生的，它们是中国历史上没有过的阶级。它们从封建社会脱胎而来，构成了新的社会阶级。它们是两个互相关联又互相对立的阶级，它们是中国旧社会（封建社会）产出的双生子。但是，中国无产阶级的发生和发展，不但是伴随中国民族资产阶级的发生和发展而来，而且是伴随帝国主义在中国直接地经营企业而来。所以，中国无产阶级的很大一部分较之中国资产阶级的年龄和资格更老些，因而它的社会力量和社会基础也更广大些。"②

中国工人阶级是在中国近代工业化的过程中，随着外国资本主义在中国开办的企业、早期官僚资本企业和民族资本企业的兴建而产生、成长、壮大起来的。鸦片战争以后直至甲午战争前的 50 年，外资在中国各通商口岸共建立了 100 多个工厂企业，在这些企业里雇有中国工人 3.4 万人，这就是近代中国第一批产业工人。从 19 世纪 60 年代起，在清政府洋务派开办的军工企业和民用企业中，又产生了另一批中国产业工人，约有 3 万人；在从 19 世纪 70 年代开始兴起的本国民族资本工矿企业中，又涌现出一批产业工人，也约有 3 万人。到 1894 年，中国近代产业工人队伍约有 10 万人。中日甲午海战之后，中国民族工业有了较大的发展，同时外资企业也不断增加，无产阶级的队伍在中国不断壮大。辛亥革命前，中国有近代产业工人近 60 万人。第一次世界大战前夕

---

① 中共中央党史研究室：《中国共产党历史》第 1 卷（上册），中共党史出版社 2011 年版，第 33 页。

② 《毛泽东选集》第 2 卷，人民出版社 1991 年版，第 627 页。

在民族资本主义企业中拥有工人约 65 万人，加上外资企业中的工人共 100 余万人，而在战争结束后，中国已经有了约 200 万的产业工人。

200 万产业工人在 4 亿中国人口中当然是少数，然而，它却是新生产力的代表，是近代中国最进步的阶级。同时，中国工人拥有国际无产阶级的优良品质，具有最大公无私、组织性、纪律性和最彻底的革命性等特点。除此之外，由于中国工人阶级产生的历史条件和所处的社会环境的影响，中国工人阶级还具有一些特殊的优点。

第一，中国工人阶级队伍人数虽不多，但很集中。中国工人阶级队伍总的数量虽少，但由于近代工业结构和布局的不平衡，产业工人的绝大部分集中在沿海各省和水陆交通沿线的少数大城市和大型企业中。19 世纪末期，全国 77％以上的工人集中在上海、广州、武汉三市。工人如此密集地存在于大城市，决定了工人阶级很强的组织性和不能忽视的运动能量。此外，这些城市中还有大量与工人阶级密切联系的非工人群体，一旦有科学的革命思想做指导，这些力量的结合会使得这些城市蕴藏很强的斗争爆发力。

第二，中国的工人阶级有很强的革命性。他们在帝国主义、资本主义和本国封建主义势力的多重压迫下，忍受着极长的工作时间、极低的工资水平和极其恶劣的劳动环境，没有任何法律保障其基本的权利。他们所遭受剥削的残酷性和他们革命的彻底性是正相关的，因此，改良主义的道路在中国明显是行不通的，一方面中国工人阶级彻底的革命性，另一方面中国没有类似欧洲的进行改良的社会经济基础。

第三，中国的工人阶级有天然的革命同盟军。他们中的大部分来自破产的农民，两者之间有着天然的联系，为中国革命奠定了广泛的社会基础。同时，中国的工人阶级也有自身无法克服的不足之处：和农民阶级相比人数较少，和资本主义国家的工人阶级相比，"年龄"较轻，和资产阶级相比，文化水平较低，受小农经济和封建思想的影响较深，带有小生产者的落后意识，与封建宗法色彩甚浓的秘密帮会组织有较多的联系。这些弱点是历史条件造成的，需要在科学的理论指导下，在其先锋队的领导下，通过斗争实践、理论学习和文化知识的提高来加以克服。"然而，他们终究成为中国革命的最基本的动力。"[1]

---

[1] 《毛泽东选集》第 2 卷，人民出版社 1991 年版，第 645 页。

中国工人阶级有国际工人阶级的普遍品质，也有中国社会所赋予的特殊品质，他们从诞生于中国的那一刻起，就没有停止过战斗。中国最早的工人运动是香港市政和搬运工人抗议英法侵略军占领广州的罢工，在民族解放史上有重要的意义。此后在19世纪还发生了上海外商工厂工人和江南制造总局工人反对克扣工资和延长工时的罢工斗争。1912年至1919年五四运动前，工人罢工130多次，平均每年18次，仅1916年就有过17次罢工，此后，罢工次数一直呈上升趋势。1917年有23次，1918年有30次，而1919年的前5个月就罢工19次。可见辛亥革命后中国工人的罢工斗争不仅次数增多了，规模扩大了，而且由单纯的经济斗争越来越多地介入现实政治斗争。中国工人阶级自五四之后成为独立的政治力量，为开展政治运动和革命活动迫切要求指导阶级革命的科学理论，这就是为什么五四之后马克思主义在中国迅速传播的原因，相应的，中国的工人运动也在五四运动之后蓬勃展开。

李大钊等一批新文化运动主将在五四运动之后也将思想运动的口号与关注点放在了马克思主义上，他第一个在中国竖起了宣传马克思主义救国的大旗。1919年5月，他开辟了《新青年》杂志的"马克思研究专号"和北京《晨报》副刊。紧接着他写了《我的马克思主义观》，第一次较完整地将马克思主义介绍给中国的读者，文中对唯物史观、剩余价值学说和阶级斗争理论都做了比较详细的介绍。李大钊的这篇文章将马克思主义定位成解决中国问题最有希望的学说，充分肯定了马克思主义的科学性和历史地位，对马克思主义在中国的传播具有重要的历史意义。他打开了中国的知识分子、社团、报刊研究和宣传马克思主义潮流的闸门。五四运动时期，200多篇介绍马克思主义的相关文章见诸报端，马克思的经典著作《共产党宣言》也在1920年陆续翻译出版，各种研究马克思主义的团体纷纷建立，据不完全统计，仅1919年就有281个社团在北京一地登记注册，1920年又有所增加①，这些社团的成立扩大了马克思主义的宣传阵地。1920年，李大钊在北京组织成立了北京大学马克思学说研究会，两个月后，陈独秀在上海发起成立了马克思主义研究会。以这两个研究会为基础，中国的广东、湖南、湖北等地的一批知识分子，在五四运动的洗礼下，加入了宣传马克思主义的队伍，马克思主义的影响逐渐辐射全国。在这个过

---

① 中共中央党史研究室：《中国共产党历史》第1卷（上册），中共党史出版社2011年版，第51页。

程中，锻炼了一批先进的马克思主义者如李大钊、陈独秀、毛泽东、蔡和森、邓中夏、周恩来等，他们后来均为中国革命事业做出巨大贡献。马克思主义以其真理性吸引着有志改造中国、改造社会的先进青年，一代新人在马克思主义的培育下茁壮成长。

二、马克思主义传播过程中的论争

列宁说过："马克思主义的发展、马克思主义思想在工人阶级中的传播和扎根，必然使资产阶级对马克思主义的这种攻击更加频繁，更加剧烈。"[①]任何一种思想要想获得认同和得到传播，都必须经历一个过程，甚至是曲折的过程。马克思主义在中国的传播也不例外，它是在经历了多次的思想论争的考验之后，才被中国的先进分子接受，进而被中国的普通大众接受，成为中国民主革命的指导思想的。这些论争和比较在马克思主义传播过程中是必然的，也是必不可少的。正是在与这些形形色色的思潮的论争和比较中，中国的先进分子逐步划清了社会主义和资产阶级民主主义的界限，也划清了科学社会主义和其他社会主义流派的界限，从而坚定地选择了马克思主义。

首先对马克思主义在中国的传播造成干扰的是以胡适为代表的一部分资产阶级知识分子提倡的改良主义，这场论争被称为"问题与主义"。胡适曾经和陈独秀一样是五四运动的旗手，但不同的是，胡适并不认同中国效仿俄国走社会主义的革命道路。他在《多研究些问题，少谈些"主义"》中提出了一个著名的观点："多研究这个问题如何解决，那个问题如何解决，不要高谈这种主义如何新奇，那种主义如何奥妙"，指出"空谈好听的'主义'，是极容易的事"，"是阿猫阿狗都能做到的事，是鹦鹉和留声机都能做的事"。他反对空谈各种主义，实质上是反对马克思主义在中国的传播。他认可改良主义的救国方案，宣称解决中国问题不需要进行革命，反对马克思主义的阶级斗争学说，否认阶级斗争学说的现实可行性。胡适发文的本意是防止人民群众被马克思和列宁"牵着鼻子走"。他认为要从根本上解决中国问题，是自欺欺人的空谈。

李大钊的《再论问题与主义》，对胡适的观点进行了批驳。他写道："布尔扎维主义的流行，实在是世界文化上的一大变动。我们应该研究他，介绍他，

---

① 《列宁选集》第2卷，人民出版社2012年版，第1页。

把他的实象昭布在人类社会。"①他指出，理想的主义与客观实际是辩证统一的，缺一不可。研究问题在科学的主义指导下研究，社会问题的解决，必须依靠多数人的共同运动，必须有一个共同的理想、主义作为准则，因此，谈主义是必要的；另外"一个社会主义者，为使他的主义在世界上发生一些影响，必须要研究怎么可以把他的理想尽量应用于环绕着他的实境"②。

李大钊从马克思主义的唯物史观出发，阐明了中国问题必须通过革命从根本上寻求解决。他指出："经济问题的解决，是根本解决。经济问题一旦解决，什么政治问题、法律问题、家庭制度问题、女子解放问题、工人解放问题，都可以解决。"而对于当时缺乏生机的中国社会，他说，"必须有一个根本解决，才有把一个一个的具体问题都解决了的希望"。针对胡适反对阶级斗争的观点，李大钊强调：阶级斗争学说是唯物史观的一个重要内容，要解决经济问题，就必须进行阶级斗争，进行革命；如果不重视阶级斗争，"丝毫不去用这个学理作工具，为工人联合的实际运动，那经济的革命，恐怕永远不能实现"③。

这场争论的实质是争论中国是否有必要将马克思主义当作中国的救国之路。当时，部分团体和出版物纷纷响应并积极参与论争，双方都有自己观点的拥护者。在论争中，李大钊体现出高超的理论能力。论争也锻炼了年轻的马克思主义的参与者，他们用马克思主义的观点和方法对反对者提出质疑和批评。在马克思主义指导下进行革命的思想得到广泛传播，客观上扩大了马克思主义在中国民众中的影响力。

接着，资产阶级改良主义者梁启超、张东荪挑起了另一场关于社会主义在中国是否具有适用性的论争。1920 年，张东荪受到来华讲学的英国哲学家罗素的启发，发文称中国"暂不主张社会主义"，当务之急是"开发中国资源"、发展实业。梁启超也于 1921 年 2 月撰文应和张东荪的观点，反对社会主义的方案。他们的主要依据是：中国民众文盲率高，同时也缺乏类似西方国家的经济基础，所以不能建设劳动阶级的国家，也不能建立共产党，社会主义思潮在中国应该被冷静对待，不能盲目宣传。与胡适不同的是，他们也承认帝国主义的掠夺和压迫是造成中国落后的根源，但他们认为：中国唯一的病症是穷，因此要

①　《李大钊全集》第 3 卷，人民出版社 2013 年版，第 53 页。
②　同上书，第 51 页。
③　同上书，第 55 页。

用资本主义的方法发展实业。他们的主张中并不是没有社会主义的因素,他们自称信奉基尔特社会主义,不反对社会主义理想,但与马克思主义的本质不同是他们断言中国必须依靠"绅商阶级"来发展资本主义。因此他们主张发展实业、发展资本主义经济。这些主张是符合当时中国社会经济发展的要求的。但是在帝国主义的侵略和封建主义的双重压迫剥削之下,消极静待中国资本主义的兴起和发展,是被历史证明了的不可能的事情。历史也同样证明了只有进行革命,才能实现民族解放和国家独立,才能创造快速发展经济的条件。而他们对马克思主义和共产党怀着恐惧的心态,是不符合历史潮流的。

张东荪、梁启超等人的言论遭到了早期共产主义者的一致反对。他们旗帜鲜明地指出,中国有无产阶级的存在已经是不容忽视的事实;中国的无产阶级在长期的残酷剥削之下,必然会走上革命的道路。并且在中国已经拥有了建立共产党的条件。中国只有通过革命推翻帝国主义和封建主义的统治,才能有充分发展经济的和平环境。他们指出基尔特社会主义是用"温情主义"的社会政策来"矫正"资本主义的弊病,只不过是一种改良主义的幻想。①

这场论争的根本点主要是中国是走社会主义道路还是走资本主义道路;要革命还是改良;要建立资本主义的政党还是无产阶级的政党。以提倡基尔特社会主义为名而主张发展资本主义的人们,既无法说明在中国当时条件下如何实行基尔特社会主义,也无法抹杀在帝国主义和封建主义统治下资本主义不可能在中国发展起来的事实。他们在马克思主义者的有力回击下,只能败下阵去。在这场论争中,早期的马克思主义者把握了时代前进的方向。他们运用刚刚学到的马克思主义理论,剖析了资本主义制度固有的矛盾;揭示出资本主义最终必将在矛盾激化中走向灭亡,社会主义必将取代资本主义;肯定中国的出路只能是社会主义;强调要改造中国社会,必须建立共产党组织。这些观点是正确的。通过这场论战,基本上划清了科学社会主义与假社会主义的界限,进一步促进了马克思主义在中国的传播。但是,他们在论争中也有弱点,如对中国半殖民地半封建的社会性质还缺乏科学的认识,主张直接进行社会主义革命。他们没有看到在中国社会经济十分落后的情况下,民族资本主义在一定时期内和一定程度上的发展不仅是不可避免的,而且是有益的。他们不懂得需要运用马

---

① 中共中央党史研究室:《中国共产党历史》第 1 卷(上册),中共党史出版社 2011 年版,第 53—54 页。

克思主义对中国的国情做深入的分析，研究中国革命的发展道路，提出如何将马克思主义与中国国情相结合的具体主张。

黄凌霜、区声白等人主张的无政府主义也是早期对马克思主义在中国传播造成干扰的思潮之一。无政府主义以个人主义为出发点，反对封建专制及封建道德，抨击封建军阀的黑暗统治，反对一切剥削制度，曾起到唤醒国人、解放思想的进步作用，也一度与早期马克思主义者合作，在帮助人民了解十月革命和新思潮的过程中，曾起过积极作用。但无政府主义者主张个人绝对自由，反对一切权威、一切国家包括无产阶级专政的国家，反对任何组织纪律，主张绝对平均主义。这种思想一旦传开，会对青年知识分子和工人群体起到极大的消极作用。当马克思主义逐渐在中国广泛传播开来时，他们越来越多地将攻击矛头对准了马克思主义。为此，陈独秀、李达等人在《新青年》《共产党》等刊物上发表了《谈政治》《社会革命底商榷》《无政府主义之解剖》《夺取政权》等一系列批判无政府主义的文章，这些文章运用了马克思主义阶级斗争的理论和国家学说，从不同角度，对无政府主义的主要观点进行了深刻揭露和批驳。文章指出："我们底最终目的，也是没有国家的。不过我们在阶级没有消灭以前，却极力主张要国家，而且是主张要强有力的无产阶级专政的国家……我们底目的，并不是要拿国家建树无产阶级特权，是要拿国家来撤废一切阶级的。"[1]"若劳动阶级自己宣言永远不要国家，不要政权，资产阶级自然不胜感激之至。"[2]所以主张不要一切国家，不要一切权力的无政府主义者，实在是"资产阶级底好朋友"，是"有产阶级底恩人，无产阶级底敌人！"[3]这些文章还揭露了无政府主义的理论渊源和哲学基础，指出："能够成为无政府主义的，只有个人主义。"[4]

马克思主义者同资产阶级改良主义者、无政府主义者之间的论争，在中国思想领域产生了重大而深刻的影响。在整个论争过程中，早期马克思主义者勇敢地拿起马克思主义这一理论武器，批驳资产阶级和小资产阶级的种种错误思潮，一步一步地扩大了马克思主义的思想阵地。一批以救国救民为己任、立志

---

[1]　《我们要怎样干社会革命？》，载《共产党》第5号，1921。
[2]　《谈政治》，载《新青年》第8卷第1号，1920。
[3]　《夺取政权》，载《共产党》第5号，1921。
[4]　《无政府主义之解剖》，载《共产党》第4号，1921。

改造中国社会的进步青年通过这场交锋意识到只有科学社会主义才能救国救民，才能从根本上改造中国社会。他们在确立自己的人生信仰和选择何种"主义"来改造中国社会的过程中，经过反复比较，最终抛弃资产阶级改良主义和无政府主义，选择科学社会主义，转变为马克思主义者，并迅速投入宣传马克思主义，与工人群众相结合和创建中国共产党早期组织的行动中去。

三、中国共产党的创立和马克思主义指导地位的确立

马克思主义建党学说告诉我们：一个无产阶级政党的产生必须具备阶级条件和思想条件，二者缺一不可，而且必须互相结合，中国共产党的产生也不例外，中国共产党的建立是马克思主义与中国工人运动相结合的产物。五四时期特别是五四运动后，马克思主义在中国广泛深入传播，并日益同中国工人运动相结合。这种结合的过程就是中国共产党诞生的过程。

五四时期马克思主义在中国的广泛传播，为中国共产党的建立奠定了思想基础。五四运动中，中国工人阶级正式以独立姿态登上政治舞台。中国工人阶级的成长壮大和工人运动的发展，呼唤着本阶级的理论和本阶级政党的出现。而马克思主义在中国的传播，也需要从工人运动中寻找自己的物质力量。中国的早期马克思主义者从接受马克思主义伊始，便走上了与工人群众相结合的道路，他们走向工厂，走进车间，走到工人中间，和工人建立联系，向他们宣传马克思主义。随着马克思主义与中国工人运动的结合，中国早期马克思主义者便开始了建立工人阶级政党的活动。

最早酝酿在中国筹建中国共产党的是陈独秀和李大钊。通过对马克思主义的学习和传播，通过对俄国十月革命经验的学习，通过中国工人运动的实践，他们逐步认识到，要用马克思主义改造中国，走十月革命的道路，就必须像俄国那样，建立一个无产阶级政党，使其充当革命的组织者和领导者。这时的陈独秀已将关注的主要目光从青年学生转向工农大众，从进步思想文化的研究和传播转向建立共产党组织。这是一个重大的转折。

1920年2月，陈独秀离京赴沪，李大钊伴送到天津。一路上他们交换了建立共产党的意见，相约分别在北京和上海进行活动，筹建共产党组织。1920年春，正当中国先进知识分子积极筹备建党的时候，经共产国际批准，俄共（布）远东局海参崴（今符拉迪沃斯托克）分局外国处派出全权代表维经斯基等人来华

了解中国革命情况，双方讨论了建立共产党的问题。

陈独秀在维经斯基的帮助下，积极开展了建党活动，经过一段时间的酝酿和准备，上海共产党早期组织于 1920 年 8 月正式成立。1920 年 10 月，李大钊在北京发起成立了北京共产党早期组织。从 1920 年秋至 1921 年春，董必武、陈潭秋、包惠僧等在武汉，毛泽东、何叔衡等在长沙，王尽美、邓恩铭等在济南，谭平山、谭植堂等在广州，都相继建立了中国共产党的早期组织。在国内一些大城市筹组共产党早期组织的同时，在海外，一些旅欧、旅日的中国早期马克思主义者也分别在法国和日本建立了共产党的早期组织。中国共产党早期组织成立后，研究和宣传马克思主义，到工人中进行宣传和组织工作，进行关于建党问题的讨论和实际组织工作。共产党早期组织成立后进行的这些活动，进一步促进了马克思主义同中国工人运动的结合。革命的知识分子努力学习马克思主义，深入工人群众中，参加实际斗争，在思想感情上发生了深刻的变化，逐步锻炼成为无产阶级的先锋战士。与此同时，工人群众开始逐步接受马克思主义，提高阶级觉悟，从中也涌现出一批有共产主义思想的先进分子。这样，正式成立中国共产党的条件就基本具备了。1921 年 7 月 23 日至 31 日，各地共产党早期组织的代表，在上海举行了党的第一次全国代表大会。出席大会的代表有毛泽东、董必武、陈潭秋、何叔衡、王尽美、邓恩铭、李达等 12 人。他们代表了全国最早的 50 多名共产党员。参加大会的还有陈独秀指派的代表包惠僧。共产国际代表马林也参加了会议。陈独秀、李大钊因故未能出席会议。大会的最后一天，因为巡捕的搜查，转移到浙江嘉兴南湖的游船上继续举行。

大会的中心任务，是讨论正式建立中国共产党的问题。大会讨论了当前的政治状况、党的基本任务、党的组织原则和党的领导机关等问题，通过了党的第一个纲领和党的当前实际工作计划的决议。

党的第一个纲领规定党的奋斗目标是：以无产阶级革命军队推翻资产阶级，建立无产阶级专政，废除私有制，直至消灭阶级差别。党的组织原则是民主集中制，规定各级党的委员会，由民主选举产生，并接受党中央的领导和监督。党员必须承认党的纲领和政策，参加党的组织生活，遵守党的纪律。党还必须和共产国际建立密切的联系。关于当前实际工作计划的决议规定：党成立后的中心任务是组织工人阶级，领导工人运动。党必须在工人群众中宣传马克思列宁主义，提高工人觉悟，建立和健全工会组织，推动工人运动的发展。此外，决议还规定了党的宣传工作和组织工作等。大会选举陈独秀、张国焘、李达组成中央局，陈独秀担任中央局书记，从而宣告了中国共产党的正式成立。①

从此，在中国出现了完全新式的、以共产主义为目的的、以马克思列宁主义为行动指南的、统一的工人阶级政党。毛泽东指出："由于无产阶级的领导，根本地改变了革命的面貌，引出了阶级关系的新调度，农民革命的大发动，反帝国主义和反封建主义的革命彻底性，由民主革命转变到社会主义革命的可能性，等等。所有这些，都是在资产阶级领导革命时期不可能出现的。"②近现代的历史发展孕育了中国共产党，中国共产党的诞生是先进的中国人寻求近代中国民族独立和人民解放探索之路的必然产物。中国共产党为中国革命提供了强有力的核心组织和先进的理论引导。马克思主义是中国共产党的建党根基和鲜明旗帜，中国共产党把马克思主义作为指导思想，是历史的必然选择。只有马克思主义才能救中国，别的什么主义并不适合中国，这已被中国近代以来 170多年的历史实践证明。

第三节　马克思主义中国化时代化的提出

中国共产党在领导全党全国各族人民进行革命、建设、改革的历史进程中，逐步探索将马克思主义的科学真理同中国的独特国情和中华民族的优秀传统文化结合起来，形成了马克思主义中国化时代化的重大理论成果。推动马克思主义中国化时代化，是中国共产党理论创新的主脉，从某种程度上说也演绎了一部中国共产党的发展历史。

一、马克思主义中国化时代化的提出是一个长期思考和探索的过程

马克思主义中国化时代化，无疑是理解中国共产党历史乃至近代以来中国历史的一扇窗口、一把钥匙。在中国共产党的历史上，是毛泽东同志首先找到

---

① 《毛泽东选集》第 1 卷，人民出版社 1991 年版，第 315 页。
② 同上书，第 315 页。

了这把钥匙，打开了这扇窗口。随即，中国革命产生了惊人的历史效果——就像党的七大报告所概括的："马克思列宁主义的普遍真理一经和中国革命的具体实践相结合，就使中国革命的面目为之一新，产生了新民主主义的整个历史阶段。"①习近平总书记在纪念毛泽东同志诞辰130周年座谈会上的讲话中总结了毛泽东同志的历史贡献，指出："毛泽东同志带领人民开创了马克思主义中国化的历史进程。"②坚持将马克思列宁主义的理论应用于中国的具体的环境，是马克思主义中国化时代化的伟大开拓者。

1. 中国共产党人把马克思主义从政治思潮上升为国家学说，改变了马克思主义在中国的传播属性，为实现马克思主义中国化时代化提供了必要的理论条件

毛泽东曾说过："十月革命一声炮响，给中国送来了马克思列宁主义。"中国共产党成立以前，马克思主义就在一些先进知识分子的引介下在中国零散地传播着，但是这种传播并没有引起中国知识分子的普遍关注，其社会影响力也极为有限。究其原因在于，那时的马克思主义是作为一种"政治思潮"被传播的，其受众范围当然也是有限的。俄国十月革命后，马克思主义在中国的影响力急剧增加。这是因为，在苏维埃革命救国的示范下，此时的马克思主义是作为救亡图存的"国家学说"而被普遍接纳了。换句话说，在十月革命的影响和共产党人的引领下，马克思主义改变了在中国的传播属性，由政治思潮上升为国家学说。对此，毛泽东总结得十分精准，十月革命给我们送来的马克思列宁主义"帮助了全世界的也帮助了中国的先进分子，用无产阶级的宇宙观作为观察国家命运的工具，重新考虑自己的问题"③。从国家学说的意义上看，毛泽东的这一概括是恰如其分的。

作为国家学说，马克思主义在中国被赋予了极为重要的历史使命，它首先就是要解决国家与民族危亡问题。一种理论要转化为国家学说，就必然要求马克思主义与具体国家的实际结合起来。商品经济的充分发展、工人阶级队伍的不断壮大、资本扩张与贫富分化、劳资紧张与阶级对立、资本主义弊端的充分

---

① 《毛泽东思想基本著作选读》，人民出版社2001年版，第202页。

② 习近平：《在纪念毛泽东同志诞辰130周年座谈会上的讲话》，载《人民日报》，2023年12月27日。

③ 《毛泽东选集》第4卷，人民出版社1991年版，第1471页。

暴露……这些都构成了马克思主义得以孕育的条件。显然，这样的历史条件在
20 世纪初期的中国是不曾具备的。作为国家学说的马克思主义，在传入中国的
那一刻，就必然地包含着中国化时代化的内在需求。尽管当时的共产党人的意
识还不足够提出"马克思主义中国化时代化"的命题，但是，他们把马克思主义
由政治思潮上升为国家学说，就已经作出了重要的历史贡献——为马克思主义
中国化时代化的实现提供了必要的理论条件。

**2. 早期中国共产党人对马克思主义在中国的具体运用做出了初步探索，推
动了民主革命的发展，为推进马克思主义中国化时代化提供了现实依据**

在中国共产党成立前后，一些早期觉悟的共产主义者就已经认识到了马克
思主义与中国具体实际相结合的必要性。比如，李大钊在建党前就提出，社会
主义者"必须要研究怎么可以把他的理想尽量应用于环绕着他的实境"[1]。1920
年又指出，社会主义理想要"因各地、各时之情形不同，务求其适合者行之，
遂发生共性与特性结合的一种新制度（共性是普遍者，特性是随时随地不同
者），故中国将来发生之时，必与英、德、俄……有异"[2]。1920 年冬季在武汉
董必武寓所，一大代表李汉俊给武汉共产主义小组讲《唯物史观》时说："马克
思主义体现在各国都不是一样的，如在法国为工团主义，在英国为基尔特社会
主义，在德国为社会民主党，在美国为 I. W. W.，在俄国为布尔什维克。"[3]
1924 年恽代英说："解决中国的问题，自然要根据中国的情形，以决定中国的
办法。"[4]1927 年瞿秋白也指出："革命的理论永不能和革命的实践相离。""应用
马克思主义于中国国情的工作，断不可一日或缓。"[5]这说明，早期的共产党人
就已经认识到了马克思主义理论的普遍性、中国国情的特殊性、中俄社会主义
道路的差异性。这些认识体现在实践中，就是要实现马克思主义基本理论与中
国具体实际相结合。

要实现马克思主义与中国具体实际相结合，一个基本的前提就是要搞懂中

① 《李大钊文集》第 3 卷，人民出版社 1999 年版，第 3 页。
② 《李大钊文集》第 4 卷，人民出版社 1999 年版，第 5 页。
③ 《"一大"前后——中国共产党第一次代表大会 前后资料选编（二）》，人民出版社
1985 年版，第 313 页。
④ 《恽代英全集》第 6 卷，人民出版社 2014 年版，第 155—156 页。
⑤ 《瞿秋白文集（政治理论编）》第 4 卷，人民出版社 2013 年版，第 407、408 页。

国具体实际，"认清中国的国情，乃是认清一切革命问题的基本的根据"①。在这个问题上，毛泽东的态度是最为坚决的，毛泽东探索中国国情的努力也是最有成效的。1919年前后，中国出现了一股先进知识分子"出洋求学""赴法留学"的潮流，毛泽东原本是其中一员，并为"赴法留学"做了认真筹备。然而，毛泽东最终放弃了这个选择，他在1920年3月14日给周世钊的信中说："吾人如果要在现今的世界稍为尽一点力，当然脱不开'中国'这个地盘。关于这地盘内的情形，似不可不加以实地的调查，及研究。这层工夫，如果留在出洋回来的时候做，因人事及生活的关系，恐怕有些困难。不如在现在做了。"②正是因为对"中国"这个地盘的高度重视，毛泽东才放弃了"赴法留学"的机会，坚定地投入到了国情研究中去。经过缜密而艰苦的国情调查，毛泽东在1927年到1930年前后，先后写了《湖南农民运动考察报告》《中国的红色政权为什么能够存在?》《井冈山的斗争》《星星之火，可以燎原》等著作，比较系统地论述了工农武装割据和建立工农民主政权的思想。

马克思主义基本原理一经与中国具体实际相结合，就产生了积极的历史效应。一方面，中国共产党逐渐从苏联共产党的"复制品"中走出来，越来越具有本土特色；另一方面，中国革命从苏联城市中心革命的范式中走出来，越来越接近中国革命道路的本质。这些变化体现在实践中，就有如下方面：中国共产党从单纯领导工人运动到领导工农联盟；从领导工农联盟到建立革命统一战线，从而领导包括工人、农民、城市小资产阶级和民族资产阶级在内的四个阶级联盟；从没有独立武装到人民军队的诞生；从城市暴动到农村包围城市道路的开辟。这些成就的取得，是早期共产党人从中国具体实际出发运用马克思主义的结果，为毛泽东最终提出马克思主义中国化命题提供了重要的历史依据。然而，总体说来，党还处在幼年时期，对中国的历史和社会状况、中国革命的特点和规律还不甚了解，无论是理论准备和实践经验都不足，再加上共产国际指导上的失误，马克思主义与中国具体实际的结合还不够全面、不成体系。

3. 中国共产党通过对经验主义和教条主义的批判，确立起实事求是的正确思想路线，为实现马克思主义中国化时代化奠定了坚实的思想基础

在遵义会议前后，毛泽东把马克思主义与中国具体实际相结合的问题又向

---

① 《毛泽东选集》第2卷，人民出版社1991年版，第633页。
② 《毛泽东早期文稿(1912.6—1920.11)》，人民出版社1990年版，第474页。

前大大推进了一步，他开始思考"如何实现"的问题。对"如何实现"的思考必然触及对"思想路线"的思考。"思想路线"亦称"认识路线"，是指人们在认识世界和改造世界时所遵循的基本原则和方法，也就是用什么样的方法把主观世界与客观世界统一起来。在党的历史上第一次提出并使用"思想路线"这一概念的正是毛泽东。在毛泽东的理解中，思想路线的基本原则和方法主要有：从实际出发，具体问题具体分析，从而达到主观与客观相符合，认识与实践相统一。1938 年，毛泽东又把这条思想路线简洁地概括为"实事求是"。对于这个理论创新的过程，邓小平后来又做了更为全面的概括："马克思、恩格斯创立了辩证唯物主义和历史唯物主义的思想路线，毛泽东同志用中国语言概括为'实事求是'四个大字。实事求是，一切从实际出发，理论联系实际，坚持实践是检验真理的标准，这就是我们党的思想路线。"①

毛泽东之所以提出实事求是的思想路线，是针对党内错误思想路线而言的。从中国共产党成立到遵义会议召开的 14 年中，经验主义和教条主义在党内长期盛行，致使中国革命事业遭受重大损失。经验主义者满足于局部经验，把片断实践当作检验真理的绝对标准，轻视马克思主义理论的学习，其危害正如毛泽东所说："他们尊重经验而看轻理论，因而不能通观客观过程的全体，缺乏明确的方针，没有远大的前途，沾沾自喜于一得之功和一孔之见。这种人如果指导革命，就会引导革命走上碰壁的地步。"②教条主义者则与经验主义者相反，他们不重视对中国革命具体实际的研究，而"把马克思列宁主义书本上的某些个别字句看作现成的灵丹圣药，似乎只要得了它，就可以不费气力地包医百病"③。相比较而言，教条主义的隐蔽性与欺骗性更强，它高举的正是马克思主义的"金科玉律"和共产国际的"最高指示"，其危害也是更大的。比如，博古就曾提出"凡是马恩列斯的话必须遵守，凡是共产国际的指示必须执行"；王明在抗日战争爆发后提出"一切服从统一战线，一切经过统一战线"，忽视了中国共产党在抗日民族统一战线中的独立自主性，彻底显露了其唯本本至上的右倾投降主义立场。

教条主义与经验主义的共性是理论与实践的脱节、主观与客观的脱节、理

---

① 《邓小平文选》第 2 卷，人民出版社 1994 年版，第 278 页。
② 《毛泽东选集》第 1 卷，人民出版社 1991 年版，第 291 页。
③ 《毛泽东选集》第 3 卷，人民出版社 1991 年版，第 820 页。

想与现实的脱节，根本原因是缺乏对中国实际情况的了解。由于对中国实际情况的认识不足，经验主义者曾经追求片面的工人运动、盲目的城市暴动与冒险的军事"反围剿"，差点葬送了中国共产党的革命事业。教条主义者曾经片面追求统一战线而放弃中国共产党的独立性尤其是军事领导权，差点丢失了"刀把子"，片面追求书本上的结论而阻碍中国共产党的理论创新，差点丢失了"笔杆子"。中国革命要走上康庄大道，就要对这两种危害至深的错误路线进行彻底的历史清算，就要找到一条正确的思想路线，在实践中加强调查研究，在党的建设中开展路线批判。遵义会议后，在毛泽东的领导下，我们党从政治上、军事上、组织上对经验主义和教条主义开展了批判与纠正。然而，要对思想路线加以清算，就必须深入到思想与灵魂的深处。毛泽东在 1938 年正式提出"实事求是"的思想路线，是对历史上错误路线的灵魂一击，是对错误路线做最后清算的思想利剑。自此以后，以正确的思想路线为引领，以《矛盾论》《实践论》等哲学著作为地基，以卓有成效的延安整风运动为保障，"马克思主义与中国实际相结合"的现实空间被真正打开了，"马克思主义中国化"命题呼之欲出。

二、毛泽东提出了"马克思主义中国化"的重大命题

"马克思主义中国化"命题的提出是国内外多种因素共同作用的结果。这其中，既有共产国际的外部推动，也有国内思想文化的孕育之力，更有毛泽东的开创奠基之功。

1. 马克思主义中国化命题的提出历程

共产国际七大调整了工作方法与领导方法，为毛泽东提出"马克思主义中国化"提供了重要的政策依据。1935 年共产国际七大召开，会议调整了共产国际的工作方法和领导方法，提出对共产国际"要避免机械地把一个国家的经验套用到另一个国家，避免用一成不变的方法和笼统公式代替具体的马克思主义分析"，并且要求各国共产党要"善于利用马克思列宁主义分析问题的武器，仔细研究具体环境"，学会把马列主义的方法应用到各国的"具体环境中去，应用到具体条件中去"，从而能够"越来越自主"，并且能够根据本国实际情况"独立地决定自己的政策和策略"。这些规定为具体国家的理论创新打开了必要的空间，使得以毛泽东为首的中国共产党人在提出马克思主义中国化这一命题时有了重要的政策依据和组织支持。

国内思想文化领域出现的"中国化"思潮，为毛泽东提出"马克思主义中国化"提供了必要的思想动员和理论准备。20 世纪 30 年代中后期，中国思想界兴起了以认同民族文化为主旨的"中国化"思潮。在这股思潮的推动下，以艾思奇为首，胡绳、李达等为代表的一大批哲学工作者纷纷开展哲学通俗化研究工作，把高深的哲学理论用通俗的语言加以解释，在中国形成了一个哲学通俗化、大众化的运动；以此为基础，艾思奇进一步提出要把马克思主义哲学的通俗化提升到"中国化"的认识高度，"来一个哲学研究的中国化、现实化的运动"①，从而实现哲学与中国革命实际的结合。思想界的这些理论探索，为马克思主义中国化命题的提出准备了较为扎实的理论基础，也有力推动了延安的革命文化运动，在党内营造出浓厚的"中国化"氛围，为马克思主义中国化的提出提供了比较充分的思想动员。

毛泽东总结正反两方面经验教训，首次明确提出了"马克思主义中国化"的重大命题。1935 年遵义会议确立了毛泽东在全党的实际领导地位。遵义会议之后，毛泽东领导全党系统总结了革命以来正反两方面的经验教训，排除了"左"倾和右倾错误的干扰，整肃了经验主义尤其是教条主义的贻害，全党逐渐形成了合乎中国实际的理论、路线、方针和政策。1938 年党的六届六中全会上正式提出"马克思主义中国化"命题。他指出："马克思主义的中国化，使之在其每一表现中带着中国的特性，即是说，按照中国的特点去应用它，成为全党亟待了解并亟须解决的问题。"②毛泽东在深刻领会马克思主义基本原理，全面把握中国具体实际的基础上，创造性地解决了马克思列宁主义基本原理同中国实际相结合的一系列重大问题，提出了马克思主义中国化命题。这一命题是系统的而非零散的，是全局的而非局部的，为中国共产党领导的革命运动打下了坚实的理论基础，为马克思主义在中国的发展开辟了正确的道路。毛泽东提出马克思主义中国化命题后，得到了党内高层和理论界的热烈响应，并逐步完善发展。张闻天、陈云、刘少奇、王稼祥等人，对毛泽东提出的"马克思主义中国化"的任务表示高度赞同。艾思奇、张如心、陈伯达等党的理论工作者，深入阐发毛泽东的这一思想，对马克思主义"何以必要"与"何以可能"的问题开展了后续解读。在随后的整风运动中，全党上下掀起了理论学习的高潮，马克思主

---

① 《艾思奇文集》第 1 卷，人民出版社 1981 年版，第 387 页。
② 《中共中央文件选集》第 11 册，中共中央党校出版社 1991 年版，第 658—659 页。

义基本原理与中国实际相结合这一理念逐渐成为全党的共识。1945 年毛泽东思想被写入党章，这是"马克思列宁主义的理论与中国革命的实践之统一的思想"①，成为中国革命的指导思想，标志着马克思主义同中国实际相结合第一次飞跃的理论成果正式诞生。中华人民共和国成立后，毛泽东同志提出把马克思列宁主义基本原理同中国具体实际进行"第二次结合"，提出了关于社会主义建设的一系列重要思想，对马克思主义如何与我国社会主义建设相结合这一问题进行了有益探索。

如前所述，早期中国共产党人对马克思主义在中国的具体化做出了初步探索，也有同志使用了"马克思主义中国化"这种说法，例如 1937 年张闻天在《十年来文化运动的检讨及目前文化运动的任务》中指出通俗读物"能够进一步把马克思列宁的理论具体化、中国化……文化界的任务：第一要适应抗战，第二要大众化、中国化"②。但是应当认识到，张闻天讲的"中国化"，很大程度上指的是通俗化、大众化，与毛泽东使用的"马克思主义中国化"命题不在同一层面上。这些思想和理论探索，要么是党的早期领导人在革命实践中自发形成的对马克思主义与中国关系的认识，是个人的理论自觉而非全党的共识，是自在状态而非自为状态；要么是探讨马克思主义的某方面如何在中国具体化而为更多人所理解和接受，并不具有"将马克思主义与中国实际相结合"这一含义。所以，不能将其与毛泽东提出的马克思主义中国化命题视作相同含义。

2. 毛泽东对"马克思主义中国化"的历史贡献

第一，毛泽东率先提出了马克思主义中国化的任务。党的六届六中全会以前，党内对于马克思主义要不要中国化以及怎样中国化的问题一直存在争论。由于脱离中国实际，机械地理解和运用马克思主义，党在成立初期接连犯了右倾主义错误、"左"倾主义错误；土地革命时期，又出现了教条主义和经验主义错误，给革命事业造成了巨大损失。在同这些错误的斗争中，毛泽东顺应客观形势的要求，准确把握了时代的发展脉搏，明确地提出了马克思主义中国化的历史课题。1930 年 5 月，他在《反对本本主义》中明确强调"马克思主义的'本本'是要学习的，但是必须同我国的实际情况相结合"③；1937 年中共中央告全

---

① 《中共中央文件选集》第 15 册，中共中央党校出版社 1991 年版，第 115 页。
② 《张闻天年谱》上卷，中共党史出版社 2000 年版，第 523—524 页。
③ 《毛泽东选集》第 1 卷，人民出版社 1991 年版，第 111—112 页。

党同志书指出："马克思列宁斯大林主义的原则必须使之具体化，成为具体行动的指南"①；1938 年，毛泽东在《论新阶段》的报告中明确提出，"使马克思主义在中国具体化……成为全党亟待了解并亟须解决的问题"②，第一次在党内提出了"马克思主义中国化"的任务。此后，毛泽东在不同场合从不同角度，又多次谈及马克思主义中国化问题。经过延安整风，"马克思主义中国化"成为中央领导的集体共识。从此之后，实现"马克思主义中国化"成为历代中国共产党人都十分重视的理论和实践任务，其内涵也随着时代的发展而不断丰富完善。

第二，毛泽东界定了马克思主义中国化的科学内涵。毛泽东认为，马克思主义中国化是指马克思主义"在其每一表现中带着必须有的中国的特性，即是说，按照中国的特点去应用它"③，具体体现为三个相结合，即马克思主义与中国革命实践相结合以实现中国化、与中国历史相结合以实现民族化、与传统文化相结合以实现通俗化。马克思主义与中国历史、中国文化相结合的前提和基础是马克思主义与中国实际相结合，马克思主义与中国实际相结合必然要求马克思主义与中国历史、中国文化相结合，这三个相结合紧密联系、缺一不可。三个相结合解决的是马克思主义在中国的可行性问题，构成了马克思主义中国化第一个层面的科学内涵，也就是马克思主义向中国的转化。在用马克思主义指导中国革命、建设和改革的历程中，马克思主义中国化的科学内涵不断丰富。第二个层面的意蕴也越加清晰起来，即把中国革命、建设和改革的实践经验上升为马克思主义的基本理论，也就是用中国经验化马克思主义。这两个层面在马克思主义中国化的历史进程中是统一的，共同构成了马克思主义中国化的科学内涵。

第三，毛泽东提出了实事求是的思想路线。毛泽东在中国共产党历史上首次提出并运用"思想路线"的概念。民主革命时期，毛泽东批评"那些具有一成不变的保守的形式的空洞乐观的头脑的同志们……完全不是共产党人从斗争中创造新局面的思想路线，完全是一种保守路线"④，并指出马克思主义的基本原理必须同中国的实际情况相结合，即理论联系实际，这就形成了马克思主义

---

① 《中共中央文件选集》第 11 册，中共中央党校出版社 1991 年版，第 202 页。
② 《毛泽东选集》第 2 卷，人民出版社 1991 年版，第 534 页。
③ 同上书，第 534 页。
④ 《毛泽东选集》第 1 卷，人民出版社 1991 年版，第 115—116 页。

思想路线中国化的最初形态。1938 年，毛泽东第一次使用"实事求是"一词，指出"只有实事求是，才能完成确定的任务"①。毛泽东在延安整风运动期间发表的《改造我们的学习》《整顿党的作风》等著作中，分析了广泛存在于党内的非马克思列宁主义思想作风，进一步地阐述了实事求是的思想路线，强调"实事求是"是马克思主义的根本观点和根本方法，是我们科学对待马克思主义的态度。由此，"实事求是"的思想路线在全党得以确立，成为党在认识和改造世界时遵循的基本原则和方法。

第四，毛泽东解决了党的指导思想问题。毛泽东认为，指导中国革命不仅需要革命的理论、中国实际和对中国历史知识的深刻把握，还需要将马克思主义理论与中国具体实际相结合，形成正确的指导思想，否则便不能取得革命的胜利。由此，正确的指导思想成为决定革命事业成功的关键。党的七大把毛泽东思想写入党章，毛泽东思想被正式确立为党的指导思想。正是在这一思想指导下，中国革命的面貌焕然一新，党领导人民取得了抗日战争、解放战争的辉煌胜利，产生了新民主主义的整个历史阶段，建立起了人民当家作主的新中国。

3. "马克思主义中国化"的语言表述

马克思主义中国化这一命题提出之后，其语言表述经历了一个明显的调整过程。1938 年之后，毛泽东更多是用其他语言来表述"中国化"的思想。1939年，在《〈共产党人〉发刊词》中，毛泽东用了"马克思列宁主义的理论与中国革命的实践之统一"的新提法。1940 年，在《新民主主义论》中，毛泽东又用了"将马克思主义的普遍真理和中国革命的具体实践完全地恰当地统一起来"的说法。中华人民共和国成立后在编辑《毛泽东选集》时，毛泽东亲自把"马克思主义的中国化"改为"使马克思主义在中国具体化"。

毛泽东之所以对"马克思主义中国化"的表述方式做出调整，为的是消除共产国际与苏联共产党的误会，是一种灵活的策略表达。我国著名中共党史学家龚育之认为，尽管在当时，苏联共产党和共产国际对"马克思主义列宁主义基本原理与中国具体实践相结合"持赞同态度，但是对"马克思主义中国化"的说法却不赞同，认为是民族主义的表现。1948 年苏联共产党还对南斯拉夫所谓民

---

① 《毛泽东选集》第 2 卷，人民出版社 1991 年版，第 522 页。

族主义进行了公开谴责。为了消除误会，不至于引发国际舆论，并出于继续维护中苏关系的需要，毛泽东主动调整了"马克思主义中国化"的表述方式，在编辑出版《毛泽东选集》时甚至邀请苏联学者来帮助审阅文稿。"中国化"与"相结合"这二者虽然表述方式不同，但二者之间的区别仅在于前者"是在语言上更加简洁通俗"的表述，后者"是在学理上更加精确细致"的表述，但在内涵上"两种表述的含义是完全一致的"。

三、习近平总书记提出了"马克思主义中国化时代化"的重大命题

"开辟马克思主义中国化时代化新境界"，是习近平总书记在党的二十大报告中明确提出并深刻阐述的重大命题，是对"马克思主义中国化"的深化与发展，体现了坚持理论创新的高度自觉，也体现了对中国特色社会主义新时代现实问题的聚焦。中国共产党在一百多年的革命、建设和改革的历史征程中团结带领全党全国各族人民实现了民族独立、人民解放，实现了国家富强、人民幸福，完成了其他政治力量未能完成的艰巨任务，走上了实现中华民族伟大复兴的康庄大道，根本就在于坚持将马克思主义基本原理同中国具体实际相结合、同中华优秀传统文化相结合，实现了对马克思主义的守正创新、与时俱进，用中国化时代化的马克思主义理论指导新的实践，不断回答中国之问、世界之问、人民之问、时代之问，展现了"中国化时代化的马克思主义行"的理论伟力。

1. 以"两个结合"开辟马克思主义中国化时代化新境界

马克思主义自诞生以来，从西欧扩展到全球，以真理的力量指引着人们探求人类解放的道路和社会发展的规律，在不同国家的认可和接受程度不尽相同。因此，一种理论能否在一个国家成为主流思想，并且成为指导思想，关键要看这种理论能否与国家的历史环境和文化传统相融，能否解决面临的现实问题、回应时代课题。习近平总书记在庆祝中国共产党成立 100 周年大会上的讲话中，要求以史为鉴、开创未来，在新的征程上要把握历史主动，坚持把马克思主义基本原理同中国具体实际相结合、同中华优秀传统文化相结合，这是"两个结合"命题的首次出场，体现了中国共产党人对中国化时代化马克思主义的价值认同。

中国共产党从成立起，就一直探索马克思主义基本原理同中国具体实际相

结合、同中华优秀传统文化相结合，经历了从"一个结合"命题发展到"两个结合"命题的过程，使马克思主义的创新发展遵循中华优秀传统文化发展脉络、紧扣中国现实问题，不断增强对马克思主义的理论认同，更加深刻地把握中华文明发展规律。"两个结合"致力于实现马克思主义理论与中国具体实际的结合、马克思主义理论与中华优秀传统文化的双重结合，是对"结合"问题认识论和方法论的创新。"马克思主义中国化时代化这个重大命题本身就决定，我们决不能抛弃马克思主义这个魂脉，决不能抛弃中华优秀传统文化这个根脉。坚守好这个魂和根，是理论创新的基础和前提，理论创新也是为了更好坚守这个魂和根。"①必须重视挖掘中华五千年文明中的精华，把弘扬优秀传统文化同马克思主义立场观点方法结合起来，实现中华优秀传统文化的创造性转化、创新性发展，使中华优秀传统文化中的精髓在新时代重新焕发生机与活力，让党的理论创新具有更加深厚的文化底蕴和文明根基。

2. 实现理论创新，创立了习近平新时代中国特色社会主义思想

当前，全球治理体系和格局正经历前所未有的变革，东西方力量对比正发生革命性变化，我国发展的机遇和挑战并存。面对世界百年未有之大变局和中华民族伟大复兴战略全局，亟须用创新的马克思主义理论指导新的实践。党的十八大以来，立足于新的历史方位和时代要求，以习近平同志为主要代表的中国共产党人不断深化对党的理论创新的认识，坚持将马克思主义基本原理同中国具体实际相结合、同中华优秀传统文化相结合，创立了习近平新时代中国特色社会主义思想，实现了马克思主义中国化时代化新的飞跃，开创了马克思主义中国化时代化的新境界。习近平新时代中国特色社会主义思想的主要内容包括党的十九大、十九届六中全会提出的"十个明确""十四个坚持""十三个方面成就"，其中，"十个明确"的战略思想和创新理念，是党对中国特色社会主义建设规律认识深化和理论创新的重大成果；"十四个坚持"构成了新时代坚持和发展中国特色社会主义的基本方略；"十三个方面成就"推动党和国家事业取得历史性成就、发生历史性变革。总之，习近平新时代中国特色社会主义思想是当代中国马克思主义、21世纪马克思主义，在理论和实践的结合中深入回答了关系党和国家事业发展的一系列时代课题，为实现民族复兴注入不息的理

---

① 习近平：《开辟马克思主义中国化时代化新境界》，载《求是》，2023(20)。

论力量，必须长期坚持并不断发展。

第四节　马克思主义中国化时代化的科学内涵

马克思主义中国化时代化是一个动态的过程，包含着相互联系、相互统一的两个方面：一方面是马克思主义基本原理同中国具体实际相结合、同中华优秀传统文化相结合；另一方面是把"两个结合"的实践经验升华为中国化时代化的马克思主义理论，用以解决中国的现实问题。这两方面在相互交织、相互融合的过程中构成了马克思主义中国化时代化的基本科学内涵，并不断地开创了马克思主义中国化时代化的新境界。

一、马克思主义基本原理同中国具体实际相结合、同中华优秀传统文化相结合

马克思主义中国化时代化的过程，最直接的应该是马克思主义基本原理同中国革命、建设和改革的实际相结合、同中华优秀传统文化相结合，指导并推动中国革命、建设和改革不断向前发展。

1. 马克思主义基本原理同中国具体实际相结合、同中华优秀传统文化相结合，是马克思主义中国化时代化的基本内涵

中国共产党人从建党初期起就逐步探索将马克思主义基本原理同中国具体实际相结合、同中华优秀传统文化相结合的思想，并在长期的理论探索过程中孕育出《反对本本主义》《实践论》等光辉著作。毛泽东指出："成为伟大中华民族之一部分而与这个民族血肉相连的共产党员，离开中国特点来谈马克思主义，只是抽象的空洞的马克思主义。因此，马克思主义的中国化，使之在其每一表现中带着中国的特性，即是说，按照中国的特点去应用它，成为全党亟待了解并亟须解决的问题。"①从这一论述中，我们可以看到毛泽东对"马克思主义中国化"作出精辟概括，其理论实质就是把马克思主义基本原理同中国具体实际相结合、同中华优秀传统文化相结合，并系统论述了"何为结合""如何结合"这两个理论问题。一是"何为结合"，也就是毛泽东在这段论述中反复提到

---

① 《中共中央文件选集》第11册，中共中央党校出版社1991年版，第658—659页。

的"应用",即运用马克思主义基本原理指导中国实践、解决中国问题。二是关于"如何结合",毛泽东提出要实现马克思主义的具体化和民族化,在充分了解中国的具体国情和实际情况的基础上运用马克思主义,并用中国人熟悉的表达方式和语言特点改造马克思主义。在此后的革命实践中,以毛泽东为代表的中国共产党人继续深入地思考这两个问题,形成了更为系统、更加成熟的理论成果。1943年5月,在其主持起草的《中共中央关于共产国际执委主席团提议解散共产国际的决定》(以下简称《决定》)一文中,毛泽东比较详细地论述了如何实现马克思主义基本原理同中国具体实际相结合、同中华优秀传统文化相结合。《决定》指出:"中国共产党近年来所进行的反主观主义、反宗派主义、反党八股的整风运动就是要使得马克思列宁主义这一革命科学更进一步地和中国革命实践、中国历史、中国文化深相结合起来。"[1]这一论述,有助于我们深入理解"马克思主义基本原理同中国具体实际相结合、同中华优秀传统文化相结合"的系统内涵。

马克思主义基本原理要同中国具体实际相结合。毛泽东曾经用成语"有的放矢"来生动地比喻马克思主义理论与中国实践的关系。"'矢'就是箭,'的'就是靶,放箭要对准靶。马克思列宁主义和中国革命的关系,就是箭和靶的关系。"[2]这一比喻蕴藏着丰富的思想。一是马克思主义只有应用于实际才能显现其生命力。如果把马克思主义看作机械的生搬硬套的教条,只是从"从书本到书本",那就好比把箭封存起来,会让理论失去存在的价值。二是必须以实践为导向来运用马克思主义。根据实践的需要来应用马克思主义理论,不能漫无边际;必须按照实践的特点来应用马克思主义,否则必将曲高和寡。

马克思主义基本原理要同中华优秀文化相结合。马克思主义是放之四海皆准的普遍真理,超越了人类历史上一切地域性和民族性。但马克思主义理论毕竟是诞生于西方的文化土壤之中,它产生的主要背景是西欧早期资本主义造成的劳资严重对立,它的主要问题意识是通过无产阶级的解放来推动全人类解放,它的表达方式、语言特点等"外部要素"都与中国历史和文化传统存在差异。要让马克思主义融入中国大地,并且在中国生根发芽,就必须将其民族

① 《建党以来重要文献选编(1921—1949)》第20册,中央文献出版社2011年版,第318—319页。

② 《毛泽东选集》第3卷,人民出版社1991年版,第819页。

化、本土化，融入中华民族的价值取向，汲取中华优秀传统文化所蕴含着的思想精髓，从而使马克思主义具有中国特色、中国风格和中国气派。

2. 马克思主义基本原理同中国具体实际相结合、同中华优秀传统文化相结合，是马克思主义中国化时代化的内在要求

马克思主义的理论宗旨和理论性质决定马克思主义基本原理要同中国具体实际相结合、同中华优秀传统文化相结合。马克思主义以改造世界为己任，它来源于实践也落脚于实践，它的宗旨是服务无产阶级和全人类的解放事业。这就决定了马克思主义必须走出书本，用其基本原理来指导各国家各民族的实际问题，成为一个国家无产阶级的思想武器和行动纲领。

同时，马克思主义不是封闭僵化的教义教条，而是认识世界、改造世界的科学方法。作为一种方法论，马克思主义没有对某个具体问题设置一个现成的、先验的答案，而需要我们在运用马克思主义的时候认真结合实际特点加以研究和探索。也就是说，不能用理论"裁剪"实际，而必须从实际出发来运用和发展理论。马克思主义的伟大价值也并不是提供某种现成答案，而是用马克思主义的立场、方法和观点对社会实践提供科学的分析和具体的指导。马克思、恩格斯本人在指导各国工人运动的过程中就多次提出把马克思主义基本原理同各国实际、文化习俗相结合。1872 年，马克思在《关于海牙代表大会》的演讲中指出各国的工人运动不应"到处都采取同样的手段"，而"必须考虑到各国的制度、风俗和传统"①。中国共产党要实现马克思主义的创新发展，也必须防止把马克思主义教条化，要实现马克思主义面向实践、改造世界的理论使命，灵活运用马克思主义批判的方法、整体的方法、历史的方法和辩证的方法来分析现实、指导实践，实现马克思主义基本原理同中国具体实际、同中华优秀传统文化的结合。

3. 马克思主义基本原理同中国具体实际相结合、同中华优秀传统文化相结合，是人类认识规律和实践规律的基本要求

马克思主义基本原理是经过实践反复证明了的关于人类社会发展的一般规律，当它抽象为理论形态和观念形态后，便表现为普遍性和共性。同时，中国实际蕴含着中国特殊的历史、文化和实践特点，表现为个性和特殊性。把马克

---

① 《马克思恩格斯全集》第 18 卷，人民出版社 1964 年版，第 179 页。

思主义基本原理同中国具体实际相结合、同中华优秀传统文化相结合，是普遍性与特殊性、共性与个性、一般与个别的结合。由于人认识世界总是遵循"由个别到一般，再由一般到个别"的过程，并且这一认知过程的两个环节是不可人为分割的，所以作为普遍性的马克思主义基本原理必须落脚到具体实际，与客观世界的特殊性相结合。否则马克思主义就会丧失现实价值，一旦被教条主义利用，就会阻碍人的认识，成为束缚人思维的教条。

把马克思主义基本原理同中国具体实际相结合、同中华优秀传统文化相结合是由人类实践基本规律所决定的。实践是劳动者有目的有意识地改造世界的对象性活动，是满足人类生存需要和认知需要的唯一基础。实践的普遍性和直接现实性决定了实践是理论转化为现实的唯一基础。同时，广大人民群众是实践的主体，也是推动历史的根本力量。任何一种思想和理论要获得强大的生命力和感召力，必须依靠人民群众这一实践主体，如果不为人民群众所认可、所掌握、所使用，它的作用就十分有限。因此，中国共产党在运用马克思主义理论指导中国实践时，必须以广大中国人民的福祉与需要为导向，要善于运用广大中国人民喜闻乐见的表达方式和传播方式，要善于让马克思主义理论为广大中国人民所用。

4. 马克思主义基本原理同中国具体实际相结合、同中华优秀传统文化相结合，形成了丰硕的理论和实践成果

马克思主义基本原理同中国具体实际、同中华优秀传统文化的结合越是深入、越是有机，马克思主义中国化时代化就越能向前推进，所产生的理论和实践成果就越是丰硕。历史证明，马克思主义基本原理同中国具体实际、同中华优秀传统文化的重大结合，是理论与实践发展的质变，带来中国革命、建设和改革面貌的焕然一新。

中国共产党把马克思主义基本原理同中国具体实际相结合、同中华优秀传统文化相结合取得的理论成果主要包括以下三方面。首先，形成了马克思主义中国化时代化的三大理论成果。中国共产党人把马克思主义基本原理同中国革命实际相结合，创立了毛泽东思想；中国共产党人把马克思主义基本原理与中国建设、改革的实际相结合，形成了中国特色社会主义理论体系；中国共产党人把马克思主义基本原理同中国特色社会主义新时代的实际相结合，创立了习近平新时代中国特色社会主义思想。这两大理论成果为中国共产党凝聚全党全国各族人民提供了坚强有力的理论指导。其次，形成了党的思想路线。在不断把马克思主义基本原理同中国具体实际相结合、同中华优秀传统文化相结合的过程中，中国共产党人形成了一切从实际出发，理论联系实际，实事求是，在实践中检验真理和发展真理的思想路线，为党制定政治路线、组织路线和各项方针提供了思想方法和思想原则。最后，推动中国共产党人持续进行理论创新。把马克思主义基本原理同中国具体实际相结合、同中华优秀传统文化相结合的过程，是一个不断实践、发现问题的过程，也是一个不断产生新的理论需要的过程，敦促中国共产党人不断提高理论水平和执政水平，不断推动党的理论创新走向深入。

中国共产党把马克思主义基本原理同中国具体实际相结合、同中华优秀传统文化相结合取得的实践成果主要包含以下四个方面：在新民主主义革命时期，中国共产党人把马克思主义基本原理与中国革命的实际相结合，开辟了农村包围城市、武装夺取政权的革命道路，取得了新民主主义革命的胜利。社会主义革命和建设时期，中国共产党人把马克思主义基本原理与中国建设的实际相结合，进行了农业、手工业和资本主义工商业的改造，确立了社会主义的基本制度。改革开放和社会主义现代化建设新时期，中国共产党人把马克思主义基本原理与中国建设、改革的实际相结合，开辟了以"一个中心，两个基本点"为核心内容的中国特色社会主义道路。中国特色社会主义进入新时代，全面建成了小康社会，开启了以中国式现代化推进中华民族伟大复兴的新征程，团结带领全党全国各族人民不断开创马克思主义中国化时代化的新境界。

二、把"两个结合"的实践经验升华为中国化时代化的马克思主义理论

马克思主义中国化时代化的基础是中国革命、建设和改革的实践，在运用马克思主义的立场、观点和方法解决中国实际问题的过程中，必然会产生许多具有独创性的实践经验，对这些经验加以整理、总结和提炼，就能够反过来推动马克思主义理论的创新和发展，形成具有中国特色时代特色的马克思主义理论体系。

1. 把"两个结合"的实践经验升华为中国化时代化的马克思主义理论，是马克思主义中国化时代化的重要方面，蕴含着丰富的内容

1938 年召开的党的六届六中全会第一次提出了"马克思主义中国化"的科学

命题，具体到如何把马克思主义基本原理同中国具体实际相结合、同中华优秀传统文化相结合的问题上，此时党内的主要思考是对马克思主义经典文本进行具体化、民族化的改造，灵活地运用马克思主义基本原理来指导中国实践，防止教条主义、本本主义。在此过程中，产生了一些亟待解决的理论问题：是用一成不变的马克思主义的教条来指导中国实践，还是用发展的马克思主义指导中国实践？对马克思主义进行中国化时代化改造是提高马克思主义理论，还是降低马克思主义理论？对这些问题的回答，关系到马克思主义中国化能否真正实现。在1941年9月10日召开的中共中央政治局扩大会议上，毛泽东在做《反对主观主义和宗派主义》的讲话时指出："我们反对主观主义，是为着提高理论，不是降低马克思主义。我们要使中国革命丰富的实际马克思主义化。"①这一观点的提出，是对前述两个问题的科学回答，表明以毛泽东为代表的中国共产党人对马克思主义中国化时代化有了更深刻的认识。马克思主义中国化时代化不仅要解决理论的适用性问题，还要探索理论的"提高"，也就是理论自身的发展问题。它要求中国共产党人提高理论水平，善于对实践经验加以整理和总结，形成对中国实践的规律性认识，最终将其提升为中国化时代化马克思主义理论。由此，我们可以看到，马克思主义中国化时代化包含相互联系、相辅相成的两方面，一方面是把马克思主义基本原理同中国革命、建设和改革具体实际相结合、同中华优秀传统文化相结合；另一方面是把"两个结合"的实践经验升华为马克思主义理论，二者统一于马克思主义中国化时代化的历史进程之中，共同构成了马克思主义中国化时代化的科学内涵。1942年，毛泽东在一次讲话中指出："我们要把马、恩、列、斯的方法用到中国来，在中国创造出一些新的东西。只有一般的理论，不用于中国的实际，打不得敌人。但如果把理论用到实际上去，用马克思主义的立场、方法来解决中国问题，创造些新的东西，这样就用得了。"②毛泽东提出的"解决中国问题"和"创造些新的东西"，十分形象地阐述了马克思主义中国化时代化的双重内涵，同时也道出了两者之间的内在统一性。

把"两个结合"的实践经验升华为中国化时代化的马克思主义理论，重在"升华"二字，它不是简单地总结经验、整理经验，而包含了发现实践需要、收

---

①　《毛泽东文集》第2卷，人民出版社1993年版，第374页。

②　同上书，第408页。

集理论素材、提炼理论内核、创新理论形式等一系列要素。不搞清楚何为"升华"，不弄明白如何"升华"，就会停留在理论创新的表面环节，沉醉于用某种理论框架对实践经验加以"包装"和"整容"，而对真正重大的理论问题弃之如敝屣。1942年2月毛泽东在《整顿党的作风》中指出："中国共产党人只有在他们善于应用马克思列宁主义的立场、观点和方法，善于应用列宁斯大林关于中国革命的学说，进一步地从中国的历史实际和革命实际的认真研究中，在各方面作出合乎中国需要的理论性的创造，才叫做理论和实际相联系。"①毛泽东在这段论述中提出的三个要求，有助于我们全面理解何为"升华"、如何"升华"。一是善于应用马克思主义的立场观点方法，这是把中国实践经验升华为马克思主义理论的原则和动力。这里包含了两层含义：只有坚持马克思主义的立场观点方法，才能够保证对中国实践经验的理论升华不走形变样、不走错方向、不改变性质、不举错旗帜；只有活用马克思主义的立场观点方法，而不是把马克思主义教条化，才有必要创新和发展马克思主义。二是认真研究中国的历史和现实，是把中国实践经验升华为马克思主义理论的前提和基础。认真研究中国历史，才能对中国政治经济社会等方面的发展规律形成更深刻的认识，才能在纷至沓来的各种外来思潮面前保持理论清醒；认真研究中国现实，才能从鲜活的社会实践中获得可靠的经验认识，才能提炼出符合现实需要的理论。我们党始终坚持把群众路线作为根本工作方法，大力推行调查研究，就是为了获得第一手的实践经验。党的十八大强调建设中国特色社会主义的总依据是社会主义初级阶段的基本国情，充分说明认真研究中国的历史和现实，是理论创新的前提和基础。三是做出合乎中国需要的理论创造，是把中国实践经验升华为马克思主义理论的关键之举和目标所在。实现中国化时代化马克思主义的创新发展，问题意识是关键。只有善于挖掘、分析、利用本土素材，才能形成能够为群众所用、符合群众需要的理论；只有时刻关注群众的切身利益，把实现好、维护好、发展好广大人民的根本利益作为理论发展的宗旨，才符合我们把中国实践经验升华为马克思主义理论的初衷和目标。

2. 把"两个结合"的实践经验升华为中国化时代化的马克思主义理论，是马克思主义理论品质的内在要求

马克思、恩格斯一再强调，"每一个时代的理论思维，从而我们时代的理

---

① 《毛泽东选集》第3卷，人民出版社1991年版，第820页。

论思维,都是一种历史的产物,它在不同的时代具有完全不同的形式,同时具有完全不同的内容"①。马克思、恩格斯就十分注重总结资本主义发展的新情况、新趋向,不断对其理论体系进行完善和补充,对不合时宜的观点加以调整和改进。众所周知,马克思、恩格斯在创作出《共产党宣言》这样一部划时代的著作后,又在其晚年撰写了数篇序言,对《共产党宣言》中的部分观点加以改进,从而使马克思主义的基本立场、基本观点更加符合时代发展的新情况。马克思主义最为宝贵的理论品质便是保持与时俱进的理论态度,马、恩之后的马克思主义经典作家都始终坚守并且弘扬与时俱进的理论品质,不断推动着马克思主义的发展。中国共产党坚持把"两个结合"的实践经验升华为中国化时代化的马克思主义理论,就是与时俱进地发展马克思主义的重要体现。

与时俱进地发展马克思主义,这不是口号,也不是空谈,它内含于马克思主义的理论方法和理论立场之中。马克思、恩格斯一生都致力于批判资本主义制度及其理论内核,清算空想社会主义等其他社会主义思潮中的错误方法和错误观点。与这些理论相比,马克思主义的一个鲜明特征是坚持了"从事实出发,而非从原则出发"的研究方法,从而能够得出科学的结论。唯物史观和剩余价值学说,是支撑马克思主义庞大理论体系的两大支柱,是马克思主义学说科学性的集中体现。这两大学说的创立,不是从原则出发、从空想出发,而是深入研究资本主义的各种现象,深入剖析资本主义运动规律的结果。这种"从事实出发"的方法论,就要求我们不能抱着某种"金科玉律""终极真理"在理论上一劳永逸,否则就沦为马克思和恩格斯一辈子所批评的对象,就成了马克思主义的敌对者。同时,马克思主义以改造世界为己任,具有鲜明的实践性。实践是马克思主义学说形成和发展的唯一源泉,也是永葆马克思主义生命力的强大动力。马克思主义的全部学说,既来自实践,又面向实践,在实践中得以运用。离开了实践这块沃土,不及时回应实践中产生的新需要,不及时汲取实践中形成的新素材,不及时掌握实践中发展出来的新的表达形式,马克思主义便会丧失生命力,其面向实践、改造世界的理论立场,就决定了一定要把"两个结合"的实践经验升华为中国化时代化的马克思主义理论。社会实践瞬息万变、变化不止,对马克思主义的发展就永无止境。

---

① 《马克思恩格斯选集》第4卷,人民出版社1995年版,第284页。

3. 把"两个结合"的实践经验升华为中国化时代化的马克思主义理论，是解决中国问题的客观需要

中国共产党诞生以来的革命、建设和改革历程，是党情、国情、世情日新月异、急剧变化的百年历程，各种新科技、新创造层出不穷，各种新观念、新思潮纷至沓来，各种新问题、新挑战不断显现。在这项前无古人的伟大事业中，没有任何现成的答案可循，没有任何现成的理论和经验可以借鉴，只有把"两个结合"的实践经验升华为中国化时代化的马克思主义理论，才能适应时代发展的需要，才能解决时代提出的各种问题。对此，党的十五大作过极为敏锐的阐述："马克思主义是科学，它始终严格地以客观事实为根据。而实际生活总是在不停的变动中，这种变动的剧烈和深刻，近一百多年来达到了前人难以想象的程度。因此，马克思主义必定随着时代、实践和科学的发展而不断发展，不可能一成不变。"①正是这种"难以想象"的时代剧变，不断产生新的时代问题，推动我们创新发展马克思主义。

第一，把"两个结合"的实践经验升华为中国化时代化的马克思主义理论，是为了解决如何取得革命胜利的问题，关系到国家发展的命运。俄国"十月革命"之后，马克思主义作为救亡图存的科学指南在中国广泛传播。中国共产党在马克思主义的指导下，担负起了拯救中华民族、建设新中国的神圣使命。然而，由于缺乏马克思主义中国化的自觉，直接拿"原装进口"的马克思主义指导革命，尤其是简单套用马克思主义经典著作针对欧洲的阶级分析，使党在幼年时期犯下了许多错误，革命前途岌岌可危。中国共产党人及时总结革命经验，对中国革命的主体、动力、性质、道路等重大问题进行了独创性的理论探索，科学提出了"农民是民主革命的主力军""走农村包围城市、武装夺取政权的道路"等一系列光辉的马克思主义革命理论，逐步引领中国革命走向胜利。

第二，把"两个结合"的实践经验升华为中国化时代化的马克思主义理论，是为了解决如何建设社会主义国家的问题，关系到国家发展的前途。毛泽东曾经说过："一张白纸，没有负担，好写最新最美的文字，好画最新最美的画图。"②毛泽东所说的"一张白纸"，形象地描绘出当时中国百废待兴、一穷二白的局面，也生动地说明了我国社会主义建设没有现成的道路可循，只能靠创新发展马克思主义理论。中国共产党人在长期的摸索和实践中，逐渐深化了对共

---

① 《十五大以来重要文献选编》(上)，人民出版社2000年版，第13页。
② 《毛泽东著作专题摘编》上，中央文献出版社2003年版，第922页。

产党执政规律、社会主义建设规律、人类社会发展规律的认识，科学回答了"什么是社会主义、怎样建设社会主义""建设什么样的党、怎样建设党""实现什么样的发展、怎样发展"等一系列重大问题，形成了中国特色社会主义理论体系，不断开创马克思主义中国化时代化的新境界。

第三，把"两个结合"的实践经验升华为中国化时代化的马克思主义理论，是为了解决如何深化改革的问题，关系到国家发展的方向。邓小平曾用"摸着石头过河"来形容改革开放初期的"由浅入深、以点带面、先易后难、逐步推进"的实践策略，在当时体现了非凡的政治智慧。随着改革进入深水区与攻坚期，就需要把"摸着石头过河"与"加强顶层设计"结合起来，既要激发自下而上的改革活力，更要强化自上而下的改革统筹，从而对改革的战略方向以及不同领域改革的先后、缓急和路线做出前瞻性、系统性和立体化的规划。这就要求我们及时总结各项改革措施的反馈、成效和经验，不断提炼和发展马克思主义的改革理论，为做好改革事业的顶层设计提供理论支持。发挥改革理论的统一指导，避免改革实践的"碎片化"，尤其避免改革实践偏离马克思主义基本原理、偏离社会主义方向，这是关系社会主义国家发展方向的重大问题。

第四，把"两个结合"的实践经验升华为中国化时代化的马克思主义理论，是为了解决如何永葆马克思主义生命力的问题，关系到国家发展的底气。一个理论的生命力和吸引力，既取决于这个理论的立场是否科学，是否站在人民立场；也取决于这个理论能否展现实践效果，能否真正带来人民的福祉。20世纪末，社会主义运动在全球范围内短暂受挫，马克思主义在西方世界一度失去了话语权。与此相对应的是，中国特色社会主义的实践始终坚挺、劲头十足，在一定程度上支撑起马克思主义的国际形象。可以说，马克思主义是中国的旗帜，而中国也正在成为马克思主义的名片。中国特色社会主义的伟大成绩和实践经验，能够为马克思主义的发展增添有力的理论素材，从而提升马克思主义的生命力和吸引力，同时，这样一个具有生命力和吸引力的马克思主义理论，也有利于我们坚定理想信念，真正树立起中国特色社会主义道路自信、理论自信、制度自信、文化自信，增强中国发展的底气。

专题思考：

1. 如何理解科学理论传播、发展以及同实际相结合的社会历史条件？

2. 怎样理解马克思主义与中国实际的"结合"？

第三章　毛泽东思想是马克思主义中国化时代化的第一次历史性飞跃

马克思主义中国化时代化第一次历史性飞跃不是自动实现的，而是中国共产党人经过不懈的实践探索，自发自觉地进行理论创新的结果。其实现背景错综复杂，是在胜利实现新民主主义革命，结束了半殖民地半封建社会状态，建立了中华人民共和国，并经过社会主义革命和建设的摸索的基础上通过总结历史经验实现的。以毛泽东同志为主要代表的中国共产党人高度重视、始终坚持将马克思主义基本原理同中国具体实际相结合、同中华优秀传统文化相结合，不断进行理论创新，以解决中国的实际问题，最终找到了农村包围城市的中国特色革命道路，在同各种错误倾向作斗争并深刻总结中国革命经验的过程中创立了毛泽东思想，在探索适合中国国情的社会主义建设道路的实践中丰富和发展了毛泽东思想。毛泽东思想是中国共产党人针对中国现实问题进行理论创新的重要成果，是创造性运用和发展马克思列宁主义的重大成果，是经过实践检验的解决中国问题的科学理论原则和经验总结，实现了马克思主义中国化时代化的第一次历史性飞跃。深刻总结毛泽东思想的基本条件、主要内容、重大意义是进行中国化时代化马克思主义科学研究的重点所在。系统掌握好毛泽东思想的内涵是中国共产党人的责任和义务，为深刻理解马克思主义中国化时代化新的飞跃，即中国特色社会主义理论体系、习近平新时代中国特色社会主义思想奠定了重要基础。

第一节　马克思主义中国化时代化
第一次历史性飞跃的条件

马克思主义中国化时代化的第一次历史性飞跃形成的原因不是单一的，而是多方面条件促成的结果。其中，近代以来中国历史发展的需求是马克思主义中国化时代化第一次历史性飞跃的前提，近代中国国情和社会现实迫切要求科学理论的诞生；中国革命和建设的实践是马克思主义中国化时代化第一次历史性飞跃的基础，新民主主义革命、社会主义革命和建设的实践发展要求科学理论的指导；党的第一代中央领导集体的形成是马克思主义中国化时代化第一次历史性飞跃的关键，毛泽东个人也为此贡献了无可取代的重要智慧和力量。只有这些条件都具备之后，马克思主义中国化时代化才能在中国萌芽和发展，并实现了第一次历史性飞跃，有力地推动着中国社会历史的发展。

一、近代以来中国历史发展的需求是马克思主义中国化时代化第一次历史性飞跃的前提

五四运动前后马克思主义的传播，成为马克思主义中国化时代化整个历史进程的起点和前提。在各种政治思潮此起彼伏、此消彼长的年代，如何找到适合中国发展的科学指导思想是重中之重。马克思主义传入中国之后，当时的中国人对它的认知还不全面，还需要进一步加深了解。但是，早期中国共产党人所接受和理解的马克思主义内容，以及随后运用它解决中国问题的思路和方法，对中国现代历史产生的影响，是贯穿始终的。

考察近代中国历史运动的走向，映入眼帘的首先是改变中国历史命运的大事件，一个是鸦片战争，另一个是俄国十月革命，这两件重大突发性事件深刻影响了中国社会的历史进程和走向。鸦片战争强行打开了中国的国门，扰乱了中国的历史传统，迫使中国的先进分子开启了向西方学习之路；十月革命的爆发直接启发了中国的思想界，使中国知识分子接触到马克思列宁主义科学理论，改变了中国历史前进的方向。爆发于1914年的第一次世界大战，构成了连接这两大突发事件的一个重要环节，第一次世界大战充分暴露出帝国主义的侵略本性和资本主义的弊端，加上第一次世界大战后巴黎和会的失败经验打破了中国人对帝国主义的幻想。而十月革命的胜利又从正面启发和鼓舞了中国的先进分子，于是战后不久，中国的先进分子由学习西方转而学习俄国，在中国很快掀起学习和宣传社会主义的热潮。马克思主义这一科学真理吸引了越来越多知识分子进行学习，并在中国得以广泛传播。随着不断学习，早期中国共产党人开始逐渐涌现出共产主义理想，并开始探索如何将马克思主义运用到中国工人运动的问题，继而组织中国工人阶级政党的问题就被提上了日程。

中国共产党成立的影响是开天辟地的，自此，中国历史上出现了一个新型工人阶级政党，这一政党以马克思主义为思想标杆、以共产主义为奋斗目标。马克思主义在党的全部工作中的根本指导地位是不可撼动的，这是党成立起就明确的政治原则。尽管党的一大制定的党纲还没有完全成熟，借鉴了资本主义国家无产阶级政党的党纲条文，还缺乏对中国社会和中国革命特殊性的了解，但其中也深刻体现了马克思主义关于无产阶级革命的基本原则。追溯早期中国马克思主义者的思想可以发现，马克思主义基本原理必须同中国实际相结合，这一观点早已从理论上被提及。如 1919 年李大钊在《再论问题与主义》的文章中指出："一个社会主义者，为使他的主义在世界上发生一些影响，必须要研究怎么可以把他的理想尽量应用于环绕着他的实境。"①刘仁静在 1920 年 12 月致恽代英的信中说：我们现在的任务是"寻求出一个适合国情又能达到共产主义的方针来"②。尽管他们对共产主义道路的信仰是明确的，但要真正实现"主义"与"实境"的结合，找到适合中国国情的社会主义道路不是党的一大能做到的，也不是以后一两次、两三次代表大会能做到的，它必须始终将马克思主义运用到中国问题中，在解决中国问题的过程中总结经验和教训，并通过创造性的理论思维不断总结规律，形成中国化时代化的马克思主义，又继续用以指导实践。

党的一大宣告了中国共产党的诞生，这一中国的无产阶级政党是以马克思主义为指导的。而党的二大关于中国民主革命纲领的制定，则标志着中国共产党在将马克思主义与中国革命实际相结合的道路上迈出了重要一步。党的二大发表的《中国共产党第二次全国代表大会宣言》揭示了帝国主义列强侵略、宰割、剥夺中国的历史，指出："各种事实证明，加给中国人民(无论是资产阶级、工人或农民)最大的痛苦的是资本帝国主义和军阀官僚的封建势力，因此反对那两种势力的民主主义的革命运动是极有意义的。""我们无产阶级和贫苦的农民都应该援助民主主义革命运动。"③"民主主义革命成功了，无产阶级不过得着

---

① 《李大钊全集》第 3 卷，人民出版社 2013 年版，第 51 页。
② 《少年中国》第 2 卷第 9 期，1921 年 3 月 15 日出版。
③ 《建党以来重要文献选编(1921~1949)》第 1 册，中央文献出版社 2011 年版，第132 页。

一些自由与权利，还是不能完全解放。"①为了实现本阶级的奋斗目标，无产阶级还需联合广大农民，进行反对资产阶级、实行无产阶级专政的"第二步战斗"。可见，《宣言》明确提出了反对帝国主义、反对封建主义的民主革命纲领，这一纲领的制定，具有极重要的实践意义和理论意义。中共二大分析中国社会政治经济的现状，区分中国革命的民主主义和社会主义两个阶段，制定了符合中国现实需要的民主革命纲领，从而使中国人民第一次有了明确的奋斗目标，极大地推动了中国革命的发展。这是马克思列宁主义与中国革命实际相结合的重要步骤和成果。

党的二大在制定民主革命纲领的同时，对属于革命阵线内的资产阶级、小资产阶级、无产阶级、农民都进行了深刻分析。党的二大指出："中国幼稚的资产阶级，已能结合全国的力量，反对外国帝国主义和北京卖国政府"；"中国三万万的农民，乃是革命运动中的最大要素"，他们能和工人握手革命，那时可以保证中国革命成功；大量的"手工业者小店主小雇主"因日趋困苦甚至破产失业，势必"加入到革命的队伍里来"；中国劳动运动的发展"足够证明工人们的伟大势力"，革命运动大战的结果，他们将会变成推倒在中国的世界资本主义帝国的革命领袖军。② 客观来说，这样的论述自然是初步的、不成熟的，但体现了中国共产党开始注意并分析社会各阶级，以利于掌握各阶级不同的自身状况和需求，具有开创性意义。

关于无产阶级的领导地位问题。1925 年 1 月召开的党的四大，统一了全党关于工人阶级是国民革命领导者的认识。大会通过的决议案指出："中国的民族革命运动，必须最革命的无产阶级有力的参加，并且取得领导的地位，才能够得到胜利。"大会还把无产阶级领导地位与农民问题联系起来，指出农民问题"特别重要"，农民"天然是工人阶级之同盟者"。如果不努力发动农民起来斗争，"我们希望中国革命成功以及在民族运动中取得领导地位，都是不可能的"。大会把资产阶级分为大商买办阶级（或称买办官僚的资产阶级）和新兴工业资产阶级（或称民族的工业资产阶级）两部分，指出前者"完全是帝国主义的

① 《建党以来重要文献选编(1921～1949)》第 1 册，中央文献出版社 2011 年版，第 132 页。

② 《中共中央文件选集》第 1 册，中共中央党校出版社 1989 年版，第 112—114 页。

工具",是"中国资产阶级之反革命派",后者还不能参加民族革命运动。①
1926 年 7 月召开的中共中央扩大会议,在对资产阶级和夺取领导权问题的认识
上,又前进了一步。会议指出:现时中国革命,"毫无疑问的是一个资产阶级
的民族民主革命"。因此在估计革命运动之社会力量问题上,正确的做法应该
是:一方面努力拉拢小资产阶级,使之接近工农群众,"以与资产阶级争此革
命运动的领导地位,以防将来之妥协";"一方面极力巩固各阶级的联合战线,
促进资产阶级的革命化"。并确立了对国民党之"联合左派并中派向反动的右派
进攻"的政策。这样,才能保证无产阶级政党争取国民革命的领导权。② 这些
论断基本上是正确的,但这时对领导权的理解仅仅局限在对革命运动的领导权
上,还没有认识到革命领导权最为核心的问题其实是对政权组织和革命武装的
领导。

由此可以看出,中国共产党自成立后,将理论学习和实践运用马克思主义
结合起来,特别是认真学习和研究列宁关于东方民族革命的理论(包括共产主
义的指示和斯大林等的论述),用科学理论指导中国革命问题,并走上了马克
思主义中国化时代化的道路,取得了显著成果。就党的整体认识而言,有关中
国新民主主义革命的基本思想已经形成,关于中国革命的一些基本问题大体已
经明确,如中国必须首先进行资产阶级性的民主革命即国民革命,中国革命是
世界革命的一部分,无产阶级不但要参加而且要争取对国民革命的领导,国民
革命的中心问题是农民问题,无产阶级要同资产阶级民主派结成反帝反封建的
联合战线,中国革命的前途是非资本主义等。党的这些重大理论成果,对大革
命的兴起和发展,起着直接推动和重要指导作用。但是,这时的认识有着很大
局限性,还未能正确地将理论上的认识转变为实际工作的方针政策并切实有效
地贯彻执行,党尚不能正确处理工农群众运动与资产阶级联合战线的关系,没
有认识到掌握革命武装的极端重要性,没有对资产阶级进行既联合又斗争的成
熟战略,党一方面在思想上认识到了无产阶级领导权的重要性,另一方面在关
键时刻又自动放弃领导权。由此可见,党在这一时期还没有真正将马克思主义
基本原理本土化,而要真正实现马克思主义中国化时代化,熟练运用马克思主

① 《中共中央文件选集》第 1 册,中共中央党校出版社 1989 年版,第 333、358、332—
333 页。
② 《中共中央文件选集》第 2 册,中共中央党校出版社 1989 年版,第 168—170、176 页。

义基本原理指导中国革命实际问题，还要再经过更长时间的斗争锻炼、经验积累和理论探索。

二、中国革命和建设实践是马克思主义中国化时代化第一次历史性飞跃的基础

马克思指出："理论在一个国家实现的程度，总是决定于理论满足这个国家的需要的程度……光是思想力求成为现实是不够的，现实本身应当力求趋向思想。"①马克思主义中国化时代化始终要围绕中国社会实践主题和任务需要，如果离开这个前提，就不能称之为马克思主义中国化时代化，也就无从回答中国人民为何选择、如何运用马克思主义，以及为什么能够和如何实现马克思主义中国化时代化的。

1. 新民主主义革命的实践

近代以来，中华民族始终面临着两大历史任务：一是谋求民族独立和人民解放，二是实现国家繁荣富强和人民共同富裕。面对如此繁重的革命任务，中国人民不断推进着新民主主义革命的实践进程。在两次国内革命战争期间，中国共产党经历过两次胜利和两次失败。随着正反两方面的实践经验的积累，实现马克思主义中国化时代化第一次历史性飞跃具备了首要基础。

国民大革命使中国共产党人对中国社会各阶级对待民主革命的态度以及在民主革命中的地位、无产阶级的领导权、农民同盟军、武装斗争等问题上有了初步的认识，为新民主主义革命基本思想的产生奠定了基础。1922 年 7 月，党的二大分析了中国半殖民地半封建社会的基本国情，第一次明确提出了反帝反封建的民主革命纲领。此后，中国共产党在马克思列宁主义的指导下，领导全国人民开展了反帝反封建的民主革命斗争。但革命的过程总不是一帆风顺的，由于以蒋介石为首的国民党右派和帝国主义勾结起来企图叛变革命，而此时中国共产党还处在幼年阶段，革命经验准备不足，加之党的领导人陈独秀犯了右倾投降主义错误，放弃无产阶级的领导权，对国民党右派的反革命行动采取妥协退让政策，对工农运动进行压制和阻挠，致使国民大革命惨遭失败。

中国共产党领导的土地革命斗争是新民主主义革命理论形成的重要时期，

---

① 《马克思恩格斯选集》第 1 卷，人民出版社 1995 年版，第 11 页。

它使中国共产党人认识到必须把马克思主义与中国革命的具体实践结合起来，并提出了党的土地革命总路线，建立农村革命根据地开展游击战争，建设一支党领导下的人民军队、加强党的思想建设等理论，这标志着毛泽东思想开始形成。中国共产党结合中国实际情况另辟蹊径，在广大的农村创建革命根据地，领导武装斗争，开展土地革命斗争的实践中，探索出一条有中国特色的农村包围城市、武装夺取政权的革命道路。但是，在中国革命形势逐渐好转的时候，以王明为代表的"左"倾教条主义在党内发展起来，给中国革命造成了严重损失。第五次反"围剿"失败后，红军被迫进行战略大转移。在长征途中召开的遵义会议，解决了当时最紧迫的组织问题和军事问题，事实上确立了毛泽东同志在党中央和红军的领导地位，开始确立以毛泽东同志为主要代表的马克思主义正确路线在党中央的领导地位，开始形成以毛泽东同志为核心的党的第一代中央领导集体，此后毛泽东开始从理论上系统地总结中国革命的历史经验，为中国革命提供合乎实际的理论、路线、方针和政策。遵义会议后，毛泽东指挥红军突破了国民党军队的围追堵截，战胜了恶劣的自然环境，制止了张国焘的分裂主义，成功地完成长征。

抗日战争的伟大实践和解放战争时期的进一步探索，使新民主主义革命理论走向成熟并使毛泽东思想得以继续发展。抗日战争时期，毛泽东在理论上系统地总结了中国革命的经验，分析和批判了教条主义错误，并结合抗日战争的新经验，形成了比较系统的哲学、军事、统一战线和党的建设思想，特别是系统地阐述了中国新民主主义革命的基本理论、路线和纲领，以及党在民主革命时期的政策和策略。在此期间，中国共产党建立了巩固的抗日根据地，倡导建立了抗日民族统一战线，领导了对敌军事斗争和根据地土地改革。通过延安整风，倡导加强马克思主义理论的学习和教育，提高了全党的马克思主义理论水平。党的七大确立了以马克思列宁主义与中国革命的实践相统一的毛泽东思想作为党的指导思想，增强了全党的团结，提高了党的局部执政能力。解放战争时期，中国共产党提出了十大军事原则、新民主主义革命的总路线和土改总路线、人民民主专政理论等基本方略，毛泽东思想得以继续发展。这一时期，围绕着建立一个什么样国家的问题，国共两党在政治和军事两条战线上展开了激烈的斗争，在政治上中国共产党揭穿了国民党蒋介石的假和平阴谋，争取到了众多热爱和平民主人士的支持；在军事上于 1947 年 6 月底，以刘邓大军强渡黄河为标志，揭开了人民解放军战略进攻的序幕，仅仅一年以后就在广大人民群众的大力支持下开始了与国民党的三次战略决战。在解放战争胜利发展形势的鼓舞下，国民党统治区的民主运动有了新的发展，形成了反蒋的第二条战线。1949 年 4 月，人民解放军解放南京，推翻了国民党的反动统治。9 月，中国人民政治协商会议在北平召开，建立了中华人民共和国。中国共产党在长期斗争的实践中发挥自己的政治优势和组织优势，把被人视为"一盘散沙"的中国人民团结和凝聚成不可战胜的力量。

毛泽东在总结新民主主义革命的历史经验时指出："一个有纪律的，有马克思列宁主义的理论武装的，采取自我批评方法的，联系人民群众的党。一个由这样的党领导的军队。一个由这样的党领导的各革命阶级各革命派别的统一战线。这三件是我们战胜敌人的主要武器。"①新民主主义革命取得了基本的胜利，不断总结经验教训才能推动革命实践进一步发展。

2. 社会主义革命和建设实践

中华人民共和国成立以后，摆在中国人民面前的任务发生了一个划时代的转变，即从消灭旧制度转变为建设新社会，从铲除贫穷落后的根源转变为消灭贫穷落后状态。在社会主义制度确立过程中，对生产资料的社会主义改造问题，特别是对资本主义工商业的社会主义改造问题并没有相关的实践参照。马克思曾经设想过社会主义革命有可能对资产阶级实行和平赎买，列宁在十月革命之后也提出过这种和平赎买的政策和方案轮廓，但最终都没有变成现实。在中国，由于民族资产阶级同中国共产党在民主革命时期就建立起联盟，为中国革命的胜利及新中国成立初期国民经济的迅速恢复作出过贡献，因此，在社会主义改造过程中乃至将来的社会主义建设过程中，继续保持这种联盟十分必要。中国的民族资产阶级既有追逐利润和自身利益的一面，也有接受改造的可能。结合历史背景和现实需要与可能，我国在世界社会主义的历史上第一次有效地对资产阶级实行了和平赎买，在我国实现了消灭剥削阶级和剥削制度的目标。社会主义改造的完成，标志着我国社会主义制度的确立，这是中国历史上最深刻最伟大的社会变革。社会主义制度在中国的确立，开始了有中国特色的社会主义的史无前例的实践探索过程，使我们现在能够坚定不移地走中国特色

---

① 《毛泽东选集》第 4 卷，人民出版社 1991 年版，第 1480 页。

社会主义道路。

社会主义建设的过程必然会遇到极其特殊、复杂的问题，经历无法预料的曲折和困难。我们确立了社会主义制度，但当时并不十分清楚"什么是社会主义，怎样建设社会主义"，不清楚社会主义的根本任务是什么。比如在社会主义改造过程中，我们片面地把社会主义改造仅仅理解为生产关系、所有制的变更，而忽视了社会主义必须建立在生产力高度发展的基础上，把发展生产力作为社会主义改造的另一重要内容。长期把商品经济等同于资本主义经济，排斥商品经济，因此在我国确立了社会主义制度之后的很长一段时期里，我国并没有改变普遍的贫穷落后状况。经过不懈努力，党领导人民开展大规模的社会主义建设，建立起了独立的比较完整的工业体系和国民经济体系，各方面科技水平显著提升。总之，我国社会主义革命和建设虽然经历了严重的曲折，但取得了独创性理论成果和巨大成就，为在新的历史时期开创中国特色社会主义提供了宝贵经验、理论准备、物质基础，社会主义革命和建设的经验和教训是我们探索中国自己的社会主义道路的宝贵财富。

三、党的第一代中央领导集体的形成是马克思主义中国化时代化第一次历史性飞跃的关键

习近平总书记明确指出，毛泽东是马克思主义中国化时代化的伟大开拓者。纵观中国共产党的历史，客观来说，毛泽东对马克思主义中国化时代化第一次历史性飞跃作出了主要贡献，但也不可否认，马克思主义中国化时代化第一次历史性飞跃的成果是中国共产党集体智慧的结晶。另外，党的其他领导人以及许多党内外学者对其形成和发展也都作出了重要贡献。

1. 党的第一代中央领导集体的形成

1935年1月，遵义会议召开，这是中共中央政治局在长征途中召开的一次具有特殊历史意义的会议。会议结束了王明"左"倾冒险主义在全党的统治，在组织上撤销了博古和李德的军事指挥权，补选毛泽东为政治局常委，协助周恩来指挥军事，随后又成立了由毛泽东、周恩来、王稼祥组成的三人团，毛泽东开始发挥核心作用。毛泽东的正确思想路线以及卓越的军事才能和独创性的工作才能，逐步得到全党的肯定。遵义会议成为中国革命从挫折走向胜利的一个生死攸关的转折点，是中国共产党第一次独立自主地运用马克思列宁主义基本

原理解决自己的路线、方针和政策的会议，是党从幼年走向成熟的标志，在最危急关头挽救了党、挽救了红军、挽救了中国革命。

在 1938 年召开的党的六届六中全会上，有 40 多人先后发言，支持毛泽东提出的各项主张，批评王明的种种错误。张闻天在代表中共中央做的报告中指出："我们有着克服困难的优良的条件……中央的极高的威信，中央主要领导者毛泽东同志的极高威信。"①全会肯定了以毛泽东为核心的中央政治局的政治路线，确定了中国共产党领导全国人民坚持持久战的基本方针和战略部署，使全党统一于中共中央正确路线的指导之下。以毛泽东同志为主要代表的马克思列宁主义的思想更普遍地更深入地掌握干部、党员和人民群众，这必将给中国共产党和中国革命带来伟大的进步和不可战胜的力量。毛泽东领袖地位确立后，在党内不断强化核心的凝聚效应，毛泽东与周围的许多重要领导人物之间，开始形成志同道合的紧密、稳定的关系，如军事上的朱德、彭德怀，政治上的张闻天、周恩来等，中共第一代领导集体初步形成。

党的第一代中央领导集体倡导和培育了理论联系实际、密切联系群众、批评和自我批评三大优良作风以及其他优良作风，是中国共产党的一大特色。通过三大优良作风的不断弘扬，广大人民群众深刻认识到中国共产党是中国各族人民根本利益的真正代表，从而使中国共产党在人民群众当中享有崇高的威望，密切了党和人民群众的血肉联系，使党获得了战胜一切敌人、克服一切困难的精神动力和强大力量。与此同时，党的第一代中央领导集体非常注重民主团结、相互尊重、优势互补，既互相谦让又坚持原则。然而这种民主团结是有条件的，要求成员有共同的政治信仰、高度的工作责任感和良好的自我修养。从遵义会议到新中国成立，第一代中央领导集体成员之间胸襟宽阔、坦诚相见，能够积极开展批评和自我批评，党内民主发挥得非常好。每遇重大问题，各抒己见、广泛讨论，然后选择最佳方案予以执行。第一代领导集体在选择、确立和维护领导核心方面也树立了榜样。毛泽东展现出一个伟大革命领袖高瞻远瞩的政治远见、坚定不移的革命信念、勇于开拓的非凡魄力、炉火纯青的斗争艺术、杰出高超的领导才能、心系人民的赤子情怀、坦荡宽广的胸怀境界、艰苦奋斗的优良作风，赢得了全党全国各族人民的敬仰。

———————————

① 《中共中央文件选集》第 10 册，中共中央党校出版社 1985 年版，第 634 页。

2. 毛泽东的个人智慧

毛泽东自认识到马克思主义的科学性后，就将推进马克思主义中国化时代化作为自己义不容辞的责任。他在新民主主义革命过程中不断探索，认为坚守马克思主义指导地位是对的，但将马克思主义教条化的行为是错的，逐渐找到了解决中国问题的方案，并提出"马克思主义的中国化"命题。他在今后的社会主义革命和建设的进程中继续提出"第二次结合"，结合新的实践推动马克思主义中国化时代化，以高超的个人智慧成为第一次历史性飞跃的最主要理论贡献者。他对中国新民主主义革命、社会主义革命和建设的贡献是毋庸置疑的，开辟了具有中国特色的革命和建设道路。之所以用"毛泽东思想"来命名第一次历史性飞跃的理论成果，就是充分认识到并肯定了毛泽东的贡献和智慧。正确认识和确立毛泽东同志的核心地位和毛泽东思想的指导地位，是中国共产党人和中国人民在长期奋斗中得来的深刻感悟。

第一，他善于学习和总结，能够深刻领悟马克思主义的精髓。在漫长的革命道路中，毛泽东始终非常善于学习和运用马克思主义理论，深入学习和研究马克思主义各方面基本原理，在学懂弄通后将其运用于中国实际，这种运用不是罔顾事实的运用，而是实事求是的运用，通过理论联系实际，在这一过程中检验和发展马克思主义。在实践中。他在1930年就指出，马克思主义的本本是要学的，但必须同中国实际相结合。1937年，他在《矛盾论》中，又从哲学意义上专门论述了这一问题，揭示了理论所以要联系实际，是因为事物发展过程中存在着普遍性和特殊性、共性和个性的辩证关系。毛泽东始终强调，马克思主义不是存在于教科书上的文字，而是实践中的行动指南，教条对待马克思主义解决不了中国的问题，必须融入中国实际进行理论创新。正是由于毛泽东深刻领悟了马克思主义真谛，才能正确处理理论和实践的关系，并用创新的科学理论正确指导新的实践。

第二，他非常注重调查研究，对近代中国国情能够清晰认识和准确把握。毛泽东具有独立思考和认识问题的能力，他很早就能够跳出"唯上唯书"的思维模式，摆脱"本本"和"上级"的限制，学会从实际出发独立地去思考和认识中国革命问题。这也反映出他的政治勇气和理论胆识，这是构筑在对马克思主义真谛的透彻感悟与对中国社会和中国革命客观实际的深刻理解基础之上的。这一点鲜明地体现在他对调查研究的高度重视上。粗略统计，从中国共产党诞生到遵义会议前，毛泽东所做的高质量调查研究近 20 次，如《寻乌调查》是他提出与制定保护工商业政策的基础。他强调"没有调查，没有发言权"，"你对于那个问题不能解决吗？那末，你就去调查那个问题的现状和它的历史吧！你完完全全调查明白了，你对那个问题就有解决的办法了。"①从 20 世纪 20 年代至 40 年代初，他通过实践，边思考，边调查，边研究，写下大量文章，从各个方面运用辩证唯物主义和历史唯物主义原理解析中国社会主要矛盾和社会性质。《中国社会各阶级的分析》《中国革命和中国共产党》《新民主主义论》等著作，是他对这一时期中国国情认识的集中体现，从而使他能够为中国革命制定正确路线、方针和政策。

第三，他熟悉中华优秀传统文化，并创造性地提出使马克思主义具有中国形式和中国气派。毛泽东对知识的渴求和学习态度令人敬仰，沐浴在中华优秀传统文化的光辉中，不仅从中汲取到丰厚的文化滋养，又使他掌握传统文化中的哲学思维。毛泽东主张批判地继承并发展中华优秀传统文化，要求全党要坚持运用马克思列宁主义的立场、观点和方法，区分开落后的、腐朽的封建文化糟粕和优秀传统文化，坚持取其精华、去其糟粕，批判地继承和发展中华传统文化。在对中华优秀传统文化和中国实际有深刻了解的基础上，他能够较好地把马克思主义同中国革命实践结合起来。《实践论》和《矛盾论》等著作中的思想既来自马克思主义，又深受中华优秀传统文化滋养，其中征引了许多中国文化典籍中的内容，如"实事求是""知行观"等，也饱含马克思主义哲学中唯物辩证法的内容，这充分展现了马克思主义同中华优秀传统文化的契合性。不仅证明了二者的结合是必需的，也证明了二者的结合是可行的，从而为实现二者的结合铺平了道路。

回望历史，我们可以发现，使马克思主义系统的中国化时代化是一件艰辛的任务，需要科学的精神、革命的精神和严谨的态度，需要深刻了解中国的具体实际、需要对无产阶级和人民的事业绝对忠心，需要将群众智慧集中起来形成集体智慧并到群众中进行传播，需要用人民群众通俗易懂的语言方式进行宣传。毛泽东不仅同时具有了这些精神风范、可贵品质和工作能力，而且以其自身的智慧和力量使中国化时代化的马克思主义成为中国无产阶级群众与全体劳

---

① 《毛泽东选集》第 1 卷，人民出版社 1991 年版，第 109—110 页。

动人民群众的战斗武器。习近平总书记评价道，毛泽东同志是伟大的马克思主义者，伟大的无产阶级革命家、战略家、理论家，是马克思主义中国化时代化的伟大开拓者、中国社会主义现代化建设事业的伟大奠基者，是近代以来中国伟大的爱国者和民族英雄，是党的第一代中央领导集体的核心，是领导中国人民彻底改变自己命运和国家面貌的一代伟人，是为世界被压迫民族的解放和人类进步事业作出重大贡献的伟大国际主义者。毛泽东同志为中华民族、中国人民建立了不可磨灭的历史功勋，作出了光耀千秋的历史贡献。

第二节　马克思主义中国化时代化
第一次历史性飞跃的伟大成果

中国共产党成立之初就把马克思主义作为指导思想，在不断实践的基础上，寻求马克思主义和中国革命具体实际相结合，最终产生了中国化时代化的马克思主义理论成果。毛泽东同志是马克思主义中国化时代化事业的主要开辟者和中国化时代化马克思主义理论的主要创立者，因此，中国共产党人便把这一带有中国特色的理论创新成果命名为"毛泽东思想"。毛泽东思想"在土地革命战争后期和抗日战争时期得到系统总结和多方面展开而达到成熟"[①]。毛泽东思想内容丰富、体系完整，以前所未有的理论高度实现了马克思主义基本原理同中国具体实际相结合、同中华优秀传统文化相结合，是马克思主义中国化时代化第一次历史性飞跃的伟大成果。毛泽东思想的主要内容体现在新民主主义革命、社会主义革命和建设、革命军队建设、军事战略和国防建设、政策和策略、思想政治工作和文化工作、国际战略和外交工作，以及党的建设等方面。毛泽东思想还形成了实事求是、群众路线、独立自主的立场观点方法，成为中国共产党人必须始终遵循的原则。总之，毛泽东思想不仅以独创性理论观点丰富和发展了马克思列宁主义，而且进一步促使马克思主义在中国本土化，实现了扎根、开花、结果。

[①]　《三中全会以来重要文献选编》(下)，人民出版社1982年版，第826页。

一、毛泽东思想的主要内容

毛泽东思想完整严密、博大精深，紧紧围绕着中国革命和建设这个主题，提出了一系列相互关联的重要理论观点，主要包括：新民主主义革命理论、社会主义革命和建设理论、革命军队建设、军事战略和国防建设、政策和策略、思想政治工作和文化工作、国际战略和外交工作以及党的建设理论。毛泽东思想是一个完整的科学思想体系，具有丰富的内容，以独创性的理论丰富和发展了马克思列宁主义。而毛泽东思想的最基础的部分是毛泽东哲学思想，这是毛泽东思想的世界观方法论基础，创造性地丰富发展了马克思列宁主义哲学理论宝库。毛泽东思想对马克思主义的哲学、政治经济学和科学社会主义三个重要组成部分都作出了前所未有的卓越贡献。毛泽东思想不是马克思列宁主义的简单应用和直接运用，而是马克思列宁主义结合中国实际的重要突破，成为在世界东方的重大发展；毛泽东思想不是简单在个别方面为马克思主义的理论宝库增添了新内容，而是从系统上、整体上、多领域上都有所建树。毛泽东思想产生了巨大深远的影响，这不仅体现在国内影响，对中国革命和建设事业产生了重要指导作用，而且体现在国际影响，对国际共产主义运动乃至人类文明的发展进步都作出了重要贡献。

1. 新民主主义革命理论

毛泽东批判继承了马克思、恩格斯、列宁关于民族主义革命的理论，并结合中国新民主主义革命实际，对这一理论作出了丰富和发展，创立了新民主主义革命理论。一是通过理论分析和实践探索正确认识中国社会各阶级，尤其是对资产阶级进行了深刻剖析。毛泽东指出，中国的资产阶级并不都是紧紧依附于帝国主义，其中包括与帝国主义有所勾连的大资产阶级与民族资产阶级两个部分。民族资产阶级为了自身利益发展，在某些时候具有强烈的革命要求，但又有妥协性和动摇性，革命信念并不坚定。无产阶级领导的统一战线必须因时而变，争取更多的同盟以对抗共同的敌人，因此要争取将民族资产阶级拉进阵营，并且在革命环境艰难的特殊条件下，也要争取一部分大资产阶级的支持，以实现最大限度地孤立最主要的敌人。二是能够正确认识中国革命的主要形式。毛泽东指出，由于中国没有资产阶级民主，反动统治阶级凭借武装力量长期欺压中国人民，对人民实行独裁恐怖统治，革命只能以长期的武装斗争为主要形式。中国的武装斗争，是无产阶级领导的以农民为主体的革命战争，必须重视农村的地位和作用，通过建立农村根据地，进行长期的革命斗争，发展和壮大革命力量。以毛泽东同志为主要代表的中国共产党人在马克思主义阶级斗争和暴力革命的指导原则下，结合中国国情开辟了具有中国特色的革命道路。实践已经证明，农村包围城市、武装夺取政权的革命道路是中国革命唯一可以选择的正确途径，是中国共产党人结合中国实际的必然选择，是坚持实事求是的原则将马克思主义的指导原则与中国国情紧密结合而开辟的独创性道路。

中国革命经过了北伐战争的胜利和失败，也经过了土地革命战争的胜利和第五次反"围剿"的失败，积累了丰富的实践经验。特别是经过抗日战争时期的锻炼，党对中国革命的认识逐步成熟。毛泽东系统总结了中国革命的实践经验，全面阐述了新民主主义革命的基本问题、新民主主义革命的三大法宝、新民主主义基本纲领、人民军队建设、革命根据地建设等理论以及其他政策和策略问题，使新民主主义革命理论达到成熟。

2. 社会主义革命和社会主义建设理论

毛泽东领导我们党，依据新民主主义革命胜利所创造的向社会主义过渡的经济政治条件，采取社会主义工业化和社会主义改造并举的方针，实行对生产资料私有制进行社会主义改造的具体政策，建立起社会主义经济制度，确立人民当家作主的各项制度，加强和扩大了广泛统一战线，从理论和实践上解决了在中国这样一个经济文化落后的大国建立社会主义基本制度这一重大问题。毛泽东还提出了人民民主专政的理论，即对人民实行民主、对敌人实行专政。1956年，社会主义基本制度确立以后，毛泽东又积极探索适合中国国情的社会主义建设道路，提出了一系列具有战略意义的正确思想和方针，如调动一切积极因素，将消极因素转化为积极因素，为社会主义事业服务的思想；社会主义社会仍然存在矛盾，要正确认识和把握社会主义社会的基本矛盾；要严格区分两类不同性质的矛盾，正确处理人民内部矛盾，对人民内部矛盾要实行"团结一批评一团结"的方针；正确处理社会主义建设的重大关系，正确处理重工业同农业、轻工业的关系，充分重视农业和轻工业，走出一条适合我国国情的中国工业化道路的思想；形成一个又有集中又有民主，又有纪律又有自由，又有统一意志又有个人心情舒畅、生动活泼的政治局面的思想；等等。这些关于社会主义革命和建设的正确的思想、方针和主张，对探索中国特色社会主义建设道路具有重要的指导意义。

3. 革命军队建设和军事战略的理论

毛泽东系统地解决了如何把以农民为主要成分的革命军队建设成为一支无产阶级性质的、具有严格纪律的、同人民群众保持亲密联系的新型人民军队的问题，解决了在中国这样一个半殖民地半封建的东方大国，如何开展人民革命战争、应当实行什么样的战略战术、如何巩固国防等一系列重大方针问题。他规定了全心全意为人民服务是人民军队的唯一宗旨，党指挥枪而不是枪指挥党的原则，制订了三大纪律八项注意，强调实行政治、经济、军事三大民主，实行官兵一致、军民一致和瓦解敌军的原则，提出和总结了一套军队政治工作的方针和方法。他提出了以人民军队为骨干，依靠广大人民群众，建立农村革命根据地，进行人民战争的思想。他制定了在敌强我弱的形势下集中优势兵力、各个歼灭敌人等一系列人民战争的战略战术。新中国成立以后，他提出必须加强国防，建设现代化革命武装力量和发展现代化国防技术等重要思想。这些重要思想为马克思主义军事理论的发展做出了极为杰出的贡献。

4. 政策和策略的理论

正确的政策和策略是取胜的关键点。毛泽东在工作中始终高度重视政策和策略，在革命斗争的过程中善于未雨绸缪，提前制定符合实际情况的政策和策略，以自身优势力量应对敌人。毛泽东精辟地论证了革命斗争中政策和策略问题的极端重要性，指出政策和策略是党的生命，必须根据政治形势、阶级关系和实际情况及其变化制定党的政策，把原则性和灵活性结合起来。他在总结实践经验的基础上，提出了许多重要的政策和策略思想，如战略上藐视敌人，战术上重视敌人；对敌斗争要区别对待、分化瓦解，利用矛盾、争取多数、反对少数、各个击破，做到有理、有利、有节；在反动统治地区，把合法性斗争与非合法性斗争结合起来；等等。这些政策和策略凝聚了党在长期实践中积累的丰富经验，成为中国共产党宝贵的理论资源并影响至今。

5. 思想政治工作和文化工作的理论

毛泽东根据马克思主义关于文化与经济、政治之间关系的基本观点，认为文化是社会经济、政治的反映，又影响和作用于社会的政治、经济，并基于此提出过许多具有长远意义的重要思想。例如：关于思想政治工作是经济工作和其他一切工作的生命线，要实行政治和经济的统一、政治和技术的统一、又红又专的方针；关于发展民族的、科学的、大众的文化，实行百花齐放、百家争鸣和古为今用、洋为中用、推陈出新的方针；关于知识分子在革命和建设中具有重要作用，知识分子要同工农相结合，通过学习马克思列宁主义、学习社会和工作实践，树立无产阶级世界观的思想；强调要全心全意为人民服务，对革命工作要极端负责，要艰苦奋斗和不怕牺牲；等等。对于新兴的马克思主义政党来说，将巩固政权、促进经济发展和科技进步作为首要任务，而思想政治工作和文化工作极容易被忽视。历史已经证明，重视思想政治和文化工作，就能够凝聚全党的智慧和力量，共同促进党的事业发展，反之，不重视思想政治和文化工作，党的事业就会被动摇。

6. 党的建设理论

中国共产党自成立以来，就开始探索如何坚持党的领导、加强党的建设，其中也经历过党的领导松懈、党的建设不力问题，但中国共产党始终能够以顽强的毅力扭转局面，得益于党的领导人持之以恒地高度重视党的建设。毛泽东建党学说成功地解决了在无产阶级人数很少而战斗力很强、农民和其他小资产阶级占人口大多数的国家，如何建设一个具有广泛群众性的、马克思主义政党的问题。他特别注重从思想上建党，提出以无产阶级思想改造和克服各种非无产阶级思想。他强调，理论和实践相结合的作风、和人民群众紧密地联系在一起的作风以及自我批评的作风，是中国共产党区别于其他任何政党的显著标志。他强调在党内斗争中要坚持"惩前毖后、治病救人"的正确方针，达到既弄清思想又团结同志的目的。他创造了全党通过批评与自我批评进行马克思列宁主义思想教育的整风形式。中华人民共和国成立前夕和成立初期，鉴于我们党成为领导全国政权的党，他多次提出务必使同志们继续地保持谦虚、谨慎、不骄、不躁的作风，务必使同志们继续地保持艰苦奋斗的作风；要求全党警惕资产阶级思想的侵蚀，反对脱离群众的官僚主义。这些重要思想为马克思主义建党理论增添了新的内容，是马克思主义建党理论中国化时代化的产物，对于新时代坚持党的全面领导特别是党中央集中统一领导，对于维护党的核心和党中央权威，对于全面从严治党都具有重要意义。

除了上述这几个方面外，毛泽东思想体系中还有关于国际战略和外交工作的理论，关于思想方法和工作方法的理论，等等。毛泽东思想一方面是马克思主义的，因为其主要内容是中国化时代化的马克思主义的重要理论内容，另一方面又是中国的，因为其是关于中国革命和建设的系统完善的思想体系，是中华民族智慧的集中表现和理论上的最高概括，博大精深，影响深远。毛泽东思想把马克思列宁主义普遍真理与中国革命的具体实践相结合，在实践上解决了中华民族面临的最危急的难题，结束了中华民族被侵略和欺压的历史，在理论上"把我国民族的思想水平提到了从来未有的合理的高度"，它是中华民族宝贵的精神支柱，将长期激励和指导我们前进。

二、毛泽东思想的活的灵魂

任何系统科学的理论都有贯穿于其中的立场、观点、方法，这是理论的内核所在。党的十一届六中全会通过的《中国共产党中央委员会关于建国以来党的若干历史问题的决议》指出：贯穿毛泽东思想各个理论组成部分的立场、观点和方法，是毛泽东思想的活的灵魂，它们有三个基本方面，即实事求是、群众路线、独立自主。党的十九届六中全会通过的《中共中央关于党的百年奋斗重大成就和历史经验的决议》也对毛泽东思想的活的灵魂进行了说明。习近平总书记在纪念毛泽东同志诞辰 130 周年座谈会上的讲话中也有所提及。党的重要文献和讲话中反复提及毛泽东思想的活的灵魂，由此可见，毛泽东思想的活的灵魂意义重大，为党和人民事业发展提供了科学指引。

实事求是，就是一切从实际出发，理论联系实际，坚持在实践中检验真理和发展真理。实事求是是马克思主义的根本观点，是中国共产党人认识世界和改造世界的根本要求和党的思想路线的核心。实事求是才能正确把握客观实际，继而根据实际制定正确的政策，保证政策顺利实施并达到预期效果，反之，如果对客观实际没有正确的认识和把握，就会出现主观主义等错误倾向，制定的政策难以解决实际问题。它要求我们不断深化对中国国情的认识，研究和把握社会发展的客观规律，找出适合中国情况的革命和建设道路，确定党领导人民改造中国、建设中国的战略策略，实现推动历史前进的目标。

群众路线，就是一切为了群众，一切依靠群众，从群众中来，到群众中去。群众路线是党的生命线和根本工作路线，是党永葆青春活力和战斗力的重要传家宝。人民群众是党的事业的重要推动力量，历史已经证明，人民群众支持与否是党的事业能否顺利向前推进的关键问题，得到人民群众的支持，党的事业就蒸蒸日上，反之，失去人民群众的支持，党的事业就可能一落千丈。它要求我们把马克思主义关于人民群众是历史创造者的原理，系统地运用在党的全部活动中，始终站在人民群众的立场上，倾听群众呼声，集中群众智慧，把党的正确主张变成群众的自觉行动，将人民群众团结在党的事业上，组织带领群众前进。

独立自主，就是把国家和民族发展的方针放在自己力量的基点上，坚持民族自尊心和自信心，坚定不移走自己的路。独立自主是中华民族的优良传统，是我们立党立国的重要原则，也反映了老一辈无产阶级革命家进行决策的坚定决心和信念。坚持独立自主，就要坚持中国的事情必须由中国人民根据实际自己作主张，自己来处理。它要求我们坚持独立思考，坚定不移地维护民族独立，捍卫国家主权，积极争取外援，学习外国一切对我们有益的先进事物，同时不被各种形式的教条主义和经验主义干扰。

毛泽东思想的活的灵魂，既体现了马克思主义的立场、观点、方法，又具有中国共产党人的特色，既贯穿于毛泽东的全部科学著作和党的重要文献中，又表现在中国共产党人的实践活动中，是党和人民十分宝贵的精神财富。展望未来，新时代新征程坚持好和运用好实事求是思想路线，就要坚持一切从实际出发，对中国式现代化的理论和实践问题进行深刻分析和细致思考，不断解决中国式现代化的现实问题，从中总结实践经验，实现理论创新，提升理论水平。坚持群众路线，就必须将人民放在主体地位，充分尊重人民群众的意志和愿望，要健全人民当家作主的制度体系，发展全过程人民民主，保证人民的民主权利和自由，要完善维护社会公平正义的制度机制，促进社会公平正义的实现，要把握新形势下群众工作的特点和规律，始终保持同人民群众的血肉联系，始终接受人民批评和监督，使党的事业拥有最可靠、最深厚、最持久的力量源泉。独立自主就是要立足中国实际，客观去思考中国问题，并提出解决问题的中国方案，要总结坚持改革、促进发展、保持稳定的中国经验，把国家和民族发展放在自己力量的基点上，提高民族自尊心和自信心，坚定不移走符合中国实际的路。习近平总书记在纪念毛泽东同志诞辰130周年座谈会上的讲话中呼吁，要将毛泽东同志开创的事业继续推向前进，以中国式现代化全面推进强国建设，实现民族复兴伟业。

第三节　毛泽东思想在马克思主义中国化时代化进程中的历史地位

毛泽东思想是党进行理论创新的结果，通过"第一次结合"和"第二次结合"，首次实现马克思主义中国化时代化第一次历史性飞跃，是坚持将马克思主义基本原理同中国具体实际相结合、同中华优秀传统文化相结合的产物。毛泽东思想是正确运用马克思主义的立场、观点和方法，分析、研究和解决中国新民主主义革命、社会主义革命和建设具体问题的正确理论，它反映中国革命和建设的实践规律，是指导中国新民主主义革命取得胜利的科学理论，也是指导中国进行社会主义革命、推进社会主义建设的正确理论，成为中华民族无法割舍的珍贵财富，振奋了民族精神，并将长期发挥指导作用。

一、毛泽东思想是马克思主义中国化时代化的开篇之作

鸦片战争以来，中国开始沦为半殖民地半封建社会，各种政治组织开始探求争取民族独立、人民解放的道路，但最终都归于失败。十月革命的爆发，世界社会主义运动蓬勃发展，为中国带来了新的科学思想。中国共产党正是在这样的背景下应运而生，它从诞生之日起，就开始学习和运用马克思列宁主义，肩负着实现中华民族伟大复兴的历史重任。实现中华民族伟大复兴不是轻轻松松就能实现的，需要坚强有力的政党通过统一全党思想，凝聚全国各族人民的智慧和力量，为实现共同目标而团结奋斗。如何能够统一全党思想，首要的是为全党确立指导思想。在马克思列宁主义与中国实际相结合的情况下，毛泽东思想应运而生，并确立为党的指导思想，开始指导中国革命和建设。

毛泽东思想代表中国共产党人对马克思主义由被动接受到主动创造的转变。十月革命爆发后，马克思列宁主义开始传入中国，早期中国共产党人对马克思主义还处于认识时期，对马克思主义的理解还比较片面，停留在理论学习阶段。毛泽东思想是中国共产党人理论觉醒的标志，开始掌握历史主动，进行理论创新，形成了中国化时代化的马克思主义。理论的生命力在于创新，创新是理论的源头活水。毛泽东思想是坚持理论创新的典范，通过理论创新实现了理论强党。毛泽东思想的形成，实现了马克思主义与中国的理论创新，对解决

中国问题提出了新思路、新办法。毛泽东思想是坚持"两个结合"的重要理论成果，成为结合的典范。毛泽东思想的创立不仅证明了马克思主义中国化时代化是必要的，也证明了形成中国化时代化的马克思主义是可行的。

作为马克思主义中国化时代化的第一次历史性飞跃的重大理论成果，毛泽东思想对中国革命和建设进行了新的探索，取得了新民主主义革命与社会主义革命和建设的重大成就。新民主主义革命时期，对外面临帝国主义的侵略和打压，对内面临封建主义和官僚资本主义的侵蚀和压迫，实现民族独立、人民解放是中国共产党最紧迫的任务，以毛泽东同志为主要代表的中国共产党人深刻分析新民主主义社会的阶级关系，科学把握中国社会的基本性质，探索中国新民主主义革命的规律，实现了对新民主主义革命的理论创新，成功指导了中国革命实践，以毛泽东同志为主要代表的中国共产党人团结带领人民，浴血奋战、百折不挠，打败日本帝国主义，推翻国民党反动统治，完成新民主主义革命，最终实现了预期目标，成功建立了中华人民共和国，实现了近代以来全国各族人民梦寐以求的结果，即民族独立、人民当家作主。社会主义革命和建设时期，首先要进行社会主义革命，实现从新民主主义过渡到社会主义，如何实现革命，进而将社会主义建设推向前进，是中国共产党人迫切需要解决的问题。以毛泽东同志为主要代表的中国共产党人团结带领人民自力更生、发愤图强，进行社会主义革命，消灭封建剥削压迫制度，这一制度曾在中国历史上延续几千年而没有被消灭，这一制度被消灭以后，社会主义基本制度得以确立，又在此基础上，不懈推进社会主义建设，实现了中华民族历史上的伟大社会变革，取得了社会主义建设的伟大成就，使中国成为在世界上有重要影响的大国，积累起在中国这样一个社会生产力水平十分落后的国家进行社会主义建设的重要经验。

二、毛泽东思想促进马克思主义中国化时代化命题生成

以毛泽东同志为主要代表的中国共产党人实现了马克思列宁主义基本原理同中国具体实际的"第一次结合"，创立了毛泽东思想，开拓了马克思主义中国化时代化的伟大事业。中国共产党成立之初，部分党员对马克思列宁主义的学习和认识还处于起步阶段，这一理论的传播范围还仅限于部分知识分子之间。所以对这一理论的掌握不够全面，在运用过程中还存在许多问题，甚至出现了

对其进行机械运用、教条对待等各种错误倾向。党内部分同志对俄国革命的方式推崇过甚，甚至产生迷信的倾向，这就导致对共产国际的领导不论是否符合实际而全盘接受，不加以分辨是非而全部机械地服从。我们党这个过程中尝试摸索并不断前进，但偏离正确路线的情况时有发生，在探索过程中付出了沉重的代价。与之不同的是，毛泽东信念坚定，始终坚持马克思列宁主义科学方法，与包括"左"的、右的在内的各种错误思想顽强地斗争，开辟了正确的革命道路，成为党的历史上里程碑意义的存在。打破思想迷信、廓清思想迷雾，批判了教条主义、机会主义、经验主义等，实现了"第一次结合"，创立了毛泽东思想。中共七大上，毛泽东思想的确立，从历史维度表明了中国共产党逐渐走向成熟，并在思想上和政治上取得了建树。毛泽东作为马克思主义中国化时代化的伟大开拓者、奠基人，开创并拓展了马克思主义中国化时代化的伟大事业。

以毛泽东同志为主要代表的中国共产党人提倡将马克思列宁主义基本原理同中国具体实际进行"第二次结合"，摸索到建设社会主义的道路和方法，真正实现了马克思主义中国化时代化的第一次历史性飞跃。从国际背景来看，当时西方阵营对新中国进行封锁和打压，只能将希望寄托于以苏联为代表的社会主义阵营。从国内背景来看，新中国成立之后，面临刚刚结束半殖民地半封建社会的现状，紧接着就有一个重大时代课题摆在中国共产党人面前，即社会主义革命和建设到底应该如何进行，这在党的历史上是前无古人的事业。毛泽东对国内外形势进行了正确判断和把握，基于共同的社会属性，决定向苏联学习。在学习的过程中逐渐摸索，找到了适合中国的社会主义建设道路，成功地实现了马克思列宁主义基本原理同中国具体实际的"第二次结合"，实现了毛泽东思想在新情况下的丰富发展。这两次结合意义重大、影响深远，成功实现了马克思主义中国化时代化的第一次历史性飞跃。

以毛泽东同志为主要代表的中国共产党人尤其重视中华优秀传统文化的地位和作用，在运用马克思主义基本原理的过程中，积极融入中华优秀传统文化的精髓，坚持古为今用，保留并继承传统文化中的有益部分，坚持推陈出新，创造了适合时代发展的新文化。回溯历史，毛泽东呼吁并倡导将基本原理运用于中国实际中，并提出与中国具体实际进行结合，这个具体实际中本身就包含各个方面的内容，也包含文化的部分，因此这个结合中本身就包含了同中华优秀传统文化相结合的思想。毛泽东始终将中华优秀传统文化放在重要位置，深受中华优秀传统文化的滋养，深刻学习实践论、认识论，从中华优秀传统文化中汲取哲学智慧和力量，为马克思主义中国化时代化命题生成奠定哲学基础。毛泽东以其深厚的哲学功底撰写《实践论》《矛盾论》，其中包含着传统文化的重要思想，展现了中国共产党人的文化自信。毛泽东坚持古为今用、推陈出新，创造并推广了具有中国特色的社会主义文化，使全党全国各族人民在社会主义文化的熏陶下，更加紧密地团结起来。

以毛泽东同志为主要代表的中国共产党人通过进行革命实践，不断总结历史规律，确立了马克思主义中国化时代化的各方面原则和观点。推进马克思主义中国化时代化必须坚守真正的马克思主义这个根本，这是实现马克思主义中国化的首要前提和必然要求，放弃了这个根本、魂脉，就偏离了正确方向，就无法实现马克思主义的创新发展。坚持守正创新是中国共产党人确立的又一重要原则，是马克思主义本土化的应有之义。必须始终坚守马克思主义基本原理和立场、观点、方法，始终坚持其科学的认识观、实践观、群众观、发展观、矛盾观。毛泽东使这些重要原则更加深入人心，使得理论创新和实践创新更上一层楼，继续实现理论创新和实践创新的良性互动。

三、毛泽东思想丰富发展马克思主义中国化时代化内涵

毛泽东思想以其解决中国问题的能力，证明了中国化时代化的马克思主义行。任何一个时代都有其面临的时代主题，面对不可回避的困难和挑战，只有坚强有力的政党挺身而出，才能开创事业发展的新局面。毛泽东思想形成于新民主主义革命时期、丰富和发展于社会主义革命时期和社会主义建设时期，它的创立是对新民主主义革命时期、社会主义革命和建设时期所面临问题的回应和解答。其一，毛泽东思想丰富和发展新民主主义革命理论。在革命斗争中，毛泽东开始探索革命的正确道路，用马克思列宁主义基本原理指导探索过程，采取农村包围城市、武装夺取政权的方式，最终实现了革命胜利。其二，毛泽东思想创造性发展过渡时期理论。新成立的中华人民共和国刚刚脱胎于半殖民地半封建社会，就立即面临社会主义理论上的重大课题，即如何进行社会主义建设。革命的胜利解决了社会属性的转变，但并没有解决建设新社会这一课题。因此，必须有一个过渡阶段，为真正转变为社会主义做准备。毛泽东坚持用"一化三改"的总路线变革所有制，实现了社会主义建设和改造并行。其三，

创造性提出中国社会主义革命理论。坚持人民民主专政，维护人民权利、保障人民利益，实现人民当家作主；坚持社会主义公有制，将按劳分配真正落实到社会财富的分配阶段；形成和发展各民族平等互助的社会主义民族关系，加强和扩大广泛统一战线。其四，创造性进行社会主义建设理论。1956 年底，完成三大改造的既定任务，已具备了确立社会主义制度的条件，最终宣告建立了社会主义制度，为中国一切发展进步奠定了重要基础。毛泽东开始将工作重点转向社会主义建设，提出社会主义社会是一个很长的历史阶段，要严格区分和正确处理敌我矛盾和人民内部矛盾，《正确处理人民内部矛盾》对社会主义建设时期的矛盾进行分析，为我们在社会主义制度下厘清和调整各个阶级之间的政治、利益关系，提供了基本的方法论指导，要求正确处理我国社会主义建设的十大关系，并在《论十大关系》中进行了说明。毛泽东关于社会主义建设的一系列重要思想至今仍有重要指导意义。

毛泽东思想形成了中国共产党人的根本指导思想。毛泽东思想是以毛泽东同志为主要代表的中国共产党人，将马克思列宁主义的基本原理奉为圭臬，并结合实际情况进行创新性发展，实事求是通过调查研究考察中国的历史状况和社会状况，将中国长期革命和建设实践中的经验和教训进行总结，形成理论概括，最终形成的适合中国国情和社会现实的科学思想。确立毛泽东思想为党的指导思想，是近代中国历史和人民革命斗争发展的必然选择。毛泽东思想是中国共产党的指导思想之一，这是在 1945 年中国共产党第七次全国代表大会上确立的。新民主主义革命时期，党团结带领各族人民，打败日本帝国主义，推翻国民党反动统治，完成新民主主义革命，结束了中国半殖民地半封建社会的历史，建立了中华人民共和国，实现了国家民族的独立自主，维护了人民当家作主的权利。新中国成立后，党团结带领人民进行社会主义革命，消灭封建制度，经过艰苦努力确立社会主义基本制度，并在此基础上推进社会主义建设，取得了社会主义革命和建设的伟大成就，使中国成为在世界上有重要影响的大国，积累起在中国这样一个社会生产力水平十分落后的国家进行社会主义建设的重要经验。当今社会，各方面形势发生了重大的变化，但是毛泽东思想始终绽放真理光芒，其中关于中国革命和建设的科学论述依然是学习的重点，这对我们正在进行的事业意义重大，并为其继续提供着十分宝贵的理论指导。

毛泽东思想作为中华民族的精神支柱，是党和人民的理论宝库和宝贵精神财富。回溯中国共产党的历史，我们可以清楚看到，毛泽东思想在历史长河中熠熠生辉，始终绽放真理光芒。历史是连续进行而无法割断的，如果不了解毛泽东思想，就无法对中国特色社会主义理论体系以及习近平新时代中国特色社会主义思想形成全面而深刻的认识。党的二十大报告指出，新时代新征程中国共产党的中心任务是团结带领全国各族人民全面建成社会主义现代化强国、实现第二个百年奋斗目标，以中国式现代化全面推进中华民族伟大复兴。时代主题和实践任务随着时代变化而变化，当今的社会情形与毛泽东所处的时代相比发生了重大变化，亟须用科学的理论对社会问题进行指导和解答。在新理论的运用过程中，我们始终坚守毛泽东思想的基本原则和科学方法，例如，实事求是的思想路线，全心全意为人民服务的宗旨，自力更生、艰苦奋斗的革命精神，等等，而这些原则和方法经历时代变迁始终闪耀光芒，穿越时空仍然具有普遍的和长久的指导意义，激励和指导中国人民不断奋进，是中国共产党人生生不息、源源不断的强大精神动力。

四、毛泽东思想指明马克思主义中国化时代化基本方向

马克思主义基本原理具有普遍适用性，只有与各国实际情况和文化传统相结合才能展现出真理伟力。倘若机械运用理论而不根据实际情况加以创新，理论就失去了原本的生命力。马克思主义中国化时代化的基本方向就是把马克思主义基本原理同中国具体实际相结合、同中华优秀传统文化相结合，形成中国化时代化的马克思主义，充分展现理论的生命力，并用以解决中国现实问题。习近平总书记在纪念毛泽东同志诞辰130周年座谈会上的讲话中明确指出："毛泽东同志用马克思主义之'矢'射中国具体实际之'的'的伟大实践，为我们正确对待马克思主义、不断推进马克思主义中国化时代化提供了光辉典范。"[①]回溯中国共产党的历史，我们可以清晰地看到，是毛泽东进行艰苦卓绝的理论和实践探索，对历史经验进行认真总结，首次明晰了马克思主义的发展方式，明确了在中国发展的道路，为顺利实现今后的理论创新开辟了道路。

毛泽东思想证明了马克思主义中国化时代化就是要坚持运用辩证唯物主义

---

① 习近平：《在纪念毛泽东同志诞辰130周年座谈会上的讲话》，载《人民日报》，2023年12月27日。

和历史唯物主义，运用马克思主义科学世界观和方法论解决中国问题。马克思主义不是一成不变的教条，而是思想和行动的指南，只有将马克思主义与中国具体实际相结合、与中华优秀传统文化相结合，马克思主义才能始终保持蓬勃生机和旺盛活力，才能正确回答和回应时代和实践提出的新问题、新挑战。中国共产党成立之初，在半殖民地半封建的东方大国中积极投身革命洪流，面对着中国特殊国情以及别国马克思主义者从来没有提出过与解决过的问题始终未曾退缩。当时的中国对外深受帝国主义列强的侵略，对内深受封建主义、官僚资本主义的压迫，农民是占社会绝大多数的群体，小农经济既不先进又难以集中，导致社会经济文化十分落后。农民是中国社会的主要群体，工人只占社会群体的一小部分，主要的敌人不是本国资本主义，而是外国帝国主义的压迫和国内封建势力。面对这种内忧外患的严峻形势，年轻的中国共产党罔顾中国国情和社会现实，一度试图依靠熟读、背诵和摘引马克思主义的著作来解决中国的社会问题，照搬俄国十月革命的经验，寄希望于直接套用经验来开展中国革命，进行城市武装起义。这种错误做法严重冲击党的事业发展，使中国革命濒于绝境，究其原因是不顾具体情况教条化对待马克思主义，神圣化对待苏联经验。在中国革命问题如此复杂、形势如此危急的情况下，是毛泽东挺膺担当，用马克思主义科学方法考察中国革命实际，以高度责任感主动对全党进行思想纠偏，深刻认识到各种非马克思主义的危害，坚决回击党内"左"倾和右倾的各种错误倾向，展现出科学的态度和担当的精神，逐渐探索出中国革命的新路，在长期艰苦卓绝的革命、建设中形成了中国共产党人的立场观点方法，即实事求是、群众路线、独立自主。历史已经证明，要用严谨科学的态度对待马克思主义，一切从实际出发，解放思想、实事求是，通过调查研究搞清楚客观现实，实现马克思主义与中国实际的深度融合。

五、毛泽东思想为马克思主义中国化时代化新飞跃奠定基础

中国共产党的历史从理论层面上来看，就是不断推进马克思主义中国化时代化的历史。党的十九届六中全会首次对马克思主义中国化的第一次飞跃和后两次新的飞跃作出明确论断，其中明确指出飞跃的意义，揭示了其实现飞跃的历史进程，这对系统梳理马克思主义中国化时代化作出了重大理论建树。一般

来说，理论的发展要经历从量变到质变的过程，要想实现理论的飞跃不是简简单单、一蹴而就的，需要满足一定的条件，即理论的提出针对的是当下难以解决的问题，目的是解答新的历史方位下的时代课题，并能够自我完善，建立系统化的理论体系，这一理论体系具有可持续性影响，在未来仍能继续发挥作用，并促进新理论的形成。总体来看，马克思主义中国化时代化这三大历史飞跃意义重大，分别解决了重大历史性课题，继而树立起马克思主义中国化时代化历史进程中的三座丰碑。

马克思主义中国化时代化的逻辑主线是实现中华民族伟大复兴。中国化时代化的马克思主义理论的形成不是随意的、被动的，而是有其问题导向性和理论自觉性，遵循的一条逻辑主线就是为了实现中华民族伟大复兴。中国共产党自成立以来，就将实现中华民族伟大复兴当作自己义不容辞的责任和义务，在推进事业发展过程中所形成的一切理论成果，目的都是为民族复兴扫清各方障碍。作为马克思主义中国化时代化第一次历史性飞跃的理论成果，毛泽东思想拉开了实现中华民族伟大复兴的理论序幕。从马克思主义在中国形成的标志性思想理论的内在联系来看，毛泽东思想为其后思想的形成奠定了重要的思想和理论基础。

马克思主义中国化时代化的飞跃的逻辑层次是承前启后、与时俱进的。马克思主义并不是最初萌芽于东方国家，而是诞生在生产力发达的西欧国家，经过曲折的发展，后在苏联有了成功的实践，建立起世界上第一个社会主义国家。虽然马克思主义科学的理论体系是普遍真理，这一真理对世界上各个国家的革命与建设都有普遍性的指导意义，但仅限于根本性方向指导，这种指导是远远不够的。而且马克思主义经典作家并没有对中国面临的具体问题作出解答，要想使它能够在脱离西方社会的情况下持续发挥效力，必须通过实践进行理论创新，实现同中国具体实际相结合、同中华优秀传统文化相结合。作为马克思主义中国化时代化的第一个理论成果，毛泽东思想是首创的，具有自觉性、主动性。毛泽东思想形成的历史方位、实践基础和文化背景与马克思主义截然不同，毛泽东思想是本土化的马克思主义，其成长、成熟于中国革命和建设时代。毛泽东思想主要回答了三个关键问题，这些问题关系中国前途和命运，第一，近代以来，面对严峻复杂的被压迫、被侵略的国家情形，应该如何完成民族独立、人民解放的历史任务；第二，新中国成立后，中国成为新民主主义国家，还没有达到社会主义社会，应如何实现新民主主义社会向社会主义社会的过渡；第三，社会主义制度确立后，在没有任何历史借鉴的情况下，应该如何进行工业化建设。总而言之，毛泽东思想作为开创性的理论成果，对其后形成的理论成果起到奠基作用，为后两次新的飞跃提供基本遵循，没有它，就不可能有现如今的理论成果。

实践不断向前发展，理论创新永无止境。毫不动摇坚持马克思主义这一科学真理是事业创立的根本所在，与时俱进发展马克思主义是事业前进的必然要求。只有结合新的实践进行理论创新，重视中国化时代化的马克思主义的地位，并用其指导新的实践，才能在新的时代背景下对历史规律进行正确掌握，并积极把握历史主动，不断为各方面事业发展开创新局面。中国特色社会主义理论体系是新时期诞生的新理论，是基于党对三个重大时代问题的回答而产生，并对一系列基本问题进行了创新回答，其内涵丰富，主要解决社会主义建设中面临的一系列问题，起到承上启下的作用，即一方面继承了毛泽东思想的内核，又在实践中对其进行了创新发展，另一方面，它为习近平新时代中国特色社会主义思想的诞生奠定了理论基础。这一理论体系框架构建的完成，宣告马克思主义中国化时代化新的飞跃的实现。党的十八大以来，各方面形势发生了重大变化，这种变化代表以往的理论已不能适应现阶段的实践要求，必须及时回答关系党和人民事业的一系列重大时代课题。习近平新时代中国特色社会主义思想在前两次飞跃的基础上逐渐成为完整的科学体系，必须领悟"两个确立"的内涵，继续坚持"两个维护"，并在此基础上拓展其科学内容，把马克思主义中国化时代化提升到新的高度。现阶段中国进入了以中国式现代化全面推进强国建设、民族复兴伟业的关键时期[1]，中国式现代化实践向前发展，为理论创新开辟了广阔前景，必须深入探索中国式现代化建设规律，不断回答实践遇到的崭新课题，以理论创新引领实践创新。

中国共产党一百多年的历史成就斐然，是与不断推进马克思主义中国化时代化紧密结合在一起的，也是我们党不断将理论进行创新、实现理论创造的历史。阐明马克思主义中国化时代化的本土化结合、时代化创造、体系化创新，揭示马克思主义中国化时代化既一脉相承又与时俱进的飞跃，是马克思主义理

---

[1] 《中共中央关于进一步全面深化改革推进中国式现代化的决定》，载《人民日报》，2024 年 7 月 22 日。

论研究的应有之义。无论是从中国共产党一百多年的历史,抑或是从中华民族的发展史,又或者从人类社会发展历史来看,毛泽东思想都不仅具有重要的历史意义,而且具有十分重要的现实意义。邓小平曾经指出:"没有毛主席,至少我们中国人民还要在黑暗中摸索更长的时间。"①习近平总书记也指出:"毛泽东同志为中华民族、中国人民建立了不可磨灭的历史功勋,作出了光耀千秋的历史贡献。"②正确认识毛泽东思想的历史地位,关系到怎样看待党和国家过去艰苦奋斗的成就,关系到党的团结、国家的安定,也关系到党和国家未来的发展前途。深刻总结过去成功的经验,才能在未来继续成功。因此,在马克思主义中国化时代化的新的历史征途上我们应当倍加珍惜毛泽东思想这一马克思主义中国化时代化的伟大成果。新时代新征程全面建设社会主义现代化国家的实践继续向前发展,只要坚持在正确道路上不断奋斗,结合新的实践进行理论创新,在新的实践条件下继续坚持马克思主义中国化时代化,就能继续形成新理论,为发展当代中国马克思主义作出新贡献。

专题思考:

1. 如何科学认识和把握毛泽东思想形成的历史条件?

2. 怎样正确评价毛泽东和毛泽东思想?

3. 如何正确认识毛泽东思想是马克思主义中国化时代化的第一次历史性飞跃?

---

① 《邓小平文选》第 2 卷,人民出版社 1994 年版,第 345 页。

② 习近平:《在纪念毛泽东同志诞辰 130 周年座谈会上的讲话》,载《人民日报》,2023 年 12 月 27 日。

第四章　邓小平理论是马克思主义中国化时代化新的飞跃的开篇之作

　　以改革开放为起点，马克思主义中国化时代化进入了一个新的历史阶段。改革开放和社会主义现代化建设新时期始终围绕着"什么是社会主义、怎样建设社会主义""建设什么样的党、怎样建设党""实现什么样的发展、怎样发展"主题展开，形成了包括邓小平理论、"三个代表"重要思想和科学发展观在内的一系列重大理论成果，坚持以理论创新引领事业发展，在这些思想理论指导下成功开辟了一条中国特色社会主义道路，形成了中国特色社会主义理论体系，实现了马克思主义中国化时代化新的飞跃。马克思主义中国化时代化新的飞跃具有极其重大价值和深远影响，在新思想的指引下，我国实现了从生产力相对落后的状况到经济总量跃居世界第二的历史性突破，实现了人民生活从温饱不足到总体小康、奔向全面小康的历史性跨越，推进了中华民族从站起来到富起来的伟大飞跃，为实现中华民族伟大复兴提供了根本的指导思想和精神动力。

第一节　邓小平理论成功开创中国特色社会主义的时代背景

　　邓小平理论科学回答了建设中国特色社会主义的一系列基本问题，成功开创中国特色社会主义，离不开业已形成的社会主义制度基础，马克思列宁主义、毛泽东思想的思想基础，人民民主专政的政治基础以及中国共产党人勇于探索的开创精神，在做出改革开放重大战略决策时，中国共产党人通过总结正反两方面的经验和党的思想路线的拨乱反正，解放思想，实事求是，实现了社会主义建设过程中的伟大历史性转折，开创了马克思主义中国化时代化的新局面。

一、对国内国际形势的判断明确了历史任务

胜利推进中国改革开放事业，成功建设中国特色社会主义，离不开和平发展的国际国内环境。适应世界格局新变化，紧跟时代潮流新发展，注重从国内和国际两个大局来考虑问题、谋划方略，是邓小平一贯具有的博大胸怀和远见卓识。在领导中国革命的实践中，邓小平根据国际形势与国内主要矛盾的变化，对中国发展的形势进行了基本判断，主要体现在对中国所处历史方位的认识与国际形势的判断两个方面。

第一，中国特色社会主义从"幼年时期"到"初级阶段"。邓小平对社会主义发展阶段问题的阐述最早出现在 1978 年，在利比亚政要来华访问时，他首次使用"发展阶段"的提法："各国的发展阶段不同，消灭资本主义，建立共产主义，这是一个很长的历史过程。"①由此可见，邓小平延续了毛泽东将社会主义发展阶段划分为"发达的社会主义"与"不发达的社会主义"两个阶段的思路，并将其进一步深化，在解放思想、实事求是的思想路线下把国家所处发展阶段作为制定发展路线与战略的依据。到了 80 年代初，邓小平对中国社会主义历史方位的认识进一步深化，虽然没有准确概括出"社会主义初级阶段"这一概念，但多次强调政策的制定不能离开现实，不要超越发展阶段，要从社会主义建设的曲折经历中汲取经验教训。从 20 世纪 80 年代至 90 年代初，邓小平围绕"初级阶段的社会主义"这一概念提出了许多重要论断，这些带有定论性的表述丰富发展了党对发展阶段问题的认识，也表明邓小平对中国社会主义所处历史方位的认识趋于成熟。1981—1986 年，邓小平主持制定或作出肯定性批示的党的正式文件中频频出现"初级阶段"概念，比较明显的有三次。一是党的十一届六中全会上通过的《关于建国以来党的若干历史问题的决议》提出："我们的社会主义制度还是处于初级的阶段。"②二是党的十二大报告中重申了这一科学论断，并指出当下中国社会物质文明不发达的现状。三是党的十二届六中全会进一步指出社会主义初级阶段的文化特征。这些表述不仅基本概括出了"社会主义初级阶段"这一概念，而且将其作为当下基本经济政策的现实依据。1987—

---

① 《邓小平思想年谱(1975—1997)》，中央文献出版社 1998 年版，第 73 页。

② 《三中全会以来重要文献选编》(下)，人民出版社 1982 年版，第 838 页。

1992 年，邓小平直接阐述社会主义初级阶段的次数比上一阶段明显增多，对历史方位的认识更加全面。他最后谈及初级阶段是在 1992 年的南方谈话中：我们搞社会主义才几十年，还处在初级阶段，并告诫全党巩固发展社会主义制度需要几十代人长期努力奋斗。从以上论述可以看出，邓小平一直注重正确认识国情，对中国社会主义历史方位的思考随着改革开放的实践越来越深刻。"初级阶段的社会主义"这一基本判断一方面发展了马克思主义经典作家关于未来社会阶段划分的设想，另一方面也明确了当时的历史发展任务就是基于对社会主义初级阶段的认识推动中国的改革开放和现代化建设，同时不断加强和改进党的建设，以适应新时代的要求和挑战。

第二，国际发展形势从"战争可能延缓爆发"到"和平与发展是当代世界的两大问题"。自 20 世纪 70 年代中后期起，邓小平在对毛泽东关于战争与和平认识的基础上，运用马克思主义分析方法，通过对国际政治、经济与军事形势的长期观察研究，依次提出了"可以争取延缓战争的爆发""战争是可以避免的""和平与发展是当代世界的两大问题"等论断。

1977—1983 年，邓小平对国际形势的基本判断是"延缓战争"。这一时期，他认为战备工作是十分必要的，必须正视战争危险，保持警惕，但如果搞好反霸权主义斗争，在双方战略部署没有完成的情况下，短期内不会爆发战争，不必过分担心战争形势，应把握时机搞经济建设。具体而言，邓小平一方面认为"仗总可能有一天要打起来"[①]，面对美、苏两霸的双重威胁，必须强调战备工作的必要性。这是因为 20 世纪 70 年代末至 80 年代初中苏边境的局势紧张，里根总统抛出"星球大战"计划，使美苏两霸之间的军备竞赛更加升级。国际形势确实"非常动荡""充满危机"，甚至有爆发核战争的可能。所以邓小平认为必须正视严峻的国际形势，抓紧时间做好战备工作。同时，邓小平对反霸权主义斗争越来越有信心，对国际形势的预测越来越乐观，并且将经济社会建设的大政方针与国际形势进一步联系起来。这是因为他从战争与和平力量对比中判断国际形势，敏锐地察觉到第二次世界大战后兴起的第三世界是维护和平的积极力量。正如邓小平在 1982 年 8 月会见联合国秘书长德奎利亚尔时所说："在联合国中，第三世界的成员增加了。对这个变化的价值要给予充分的估量"[②]，虽

---

① 《邓小平文选》第 2 卷，人民出版社 1994 年版，第 78 页。

② 同上书，第 416 页。

然霸权主义并没有消失，但由于目前制止战争的因素大大增加，他们不可能像过去一样肆意主宰世界了。

1984—1988 年，邓小平对和平问题的现状与前景估计更加乐观，进一步作出"战争可以避免"的基本判断，并且首次提出并系统阐述了"和平与发展是当代世界的两大问题"这一时代命题，用"东西南北"四个字来概括当下世界最大的问题。80 年代中期，经过对国际上各种力量长期的考察与研究，邓小平已经很确定虽然战争危险一直存在，但"防止新的世界战争爆发的因素在增长"①，"制约战争的力量有了可喜的发展"②，因而"战争是可以避免的"③。也正是在 1984—1985 年，"和平与发展是当代世界的两大问题"这一命题被提出并正式确立下来。1984 年，"和平"与"发展"两个概念首次作为一个整体表达当代世界两大问题。邓小平在会见厄瓜多尔总统乌尔塔多时提出，反对霸权主义，维护和平与南北问题是"世界现在存在两个最根本的问题"④。同年 10 月 31 日在会见缅甸总统吴山友时，邓小平准确地点明和平与发展问题的"全球性、战略性"地位。1985 年 3 月 4 日，邓小平首次将当前世界的最大问题概括为"东西南北"，根据"和平与发展是当代世界的两大问题"这一基本判断提出"南北对话""南南合作"等概念，详细论证加快发展中国家的对外开放与经济发展对于推动人类发展与世界和平的关键意义。

1989—1992 年，东欧剧变、苏联解体以及国内政治风波使邓小平意识到，国际形势正因霸权主义强权政治的不断升级而愈加复杂，因而作出"和平问题没有解决，发展问题更严重"这一基本判断。两极格局被打破后，美国企图建立起一家独大的全球秩序，欧洲几个发达国家也想垄断世界，国际形势比过去两霸争夺世界时更加不稳定、不可预测。因此，1989—1992 年，邓小平在多个场合围绕"和平问题没有解决，发展问题更严重"这一基本判断展开对国际格局与时代任务的阐述，尤其强调不合理的国际政治经济秩序对第三世界国家的发展造成的威胁。"和平"与"发展"是邓小平概括时代主题的两大关键词，简练而深刻地说明了他对当时国际形势的深刻认识。从 70 年代中后期到 90 年代初，

---

① 《邓小平文选》第 3 卷，人民出版社 2006 年版，第 82 页。
② 同上书，第 105 页。
③ 《邓小平思想年谱(1975—1997)》，中央文献出版社 1998 年版，第 334 页。
④ 同上书，第 282 页。

邓小平围绕国际各种矛盾的发展变化，作出一系列基本判断，最终得出"和平和发展是当代世界的两大问题"①这一结论。也就是说，和平与发展两大问题是我们在相当长的历史时期内要解决的主要任务。邓小平关于国际形势与时代主题的判断及概括是在科学把握时代特征、准确分析我国所面临的机遇与挑战的过程中逐步形成与发展起来的，对于当下正确认识国际战略形势，明确历史任务具有重要指导意义。

二、社会主义制度的确立和发展提供了制度基础

邓小平理论成功开创中国特色社会主义与社会主义制度之间存在着不可分割的内在联系。社会主义基本制度的确立和发展为邓小平理论的形成以及马克思主义中国化时代化新的飞跃提供了坚实的制度基础。

1. 社会主义基本政治制度提供了根本的政治保障

人民民主专政是我国的国体，它决定了我国的社会主义方向。人民民主专政的核心是对人民实行民主，对敌人实行专政。人民民主专政的领导力量是无产阶级及其先锋队组织中国共产党。人民民主专政的国体决定了我国的根本政治制度是人民代表大会制度。

改革开放以来，中国共产党高度重视人民民主专政在国家政治生活中的重要地位，并根据改革开放的新特点新要求，不断予以发展和完善。1979 年 3月，针对"文化大革命"中的无政府主义，针对当时一些人蓄意破坏党的十一届三中全会后刚刚形成的安定团结的政治局面，甚至妄图颠覆社会主义制度的情况，邓小平在理论工作务虚会上高度强调人民民主专政的极端重要性。他指出："没有无产阶级专政，我们就不可能保卫从而也不可能建设社会主义。"②世纪之交，随着改革开放和现代化建设事业进入攻坚阶段，各种社会矛盾不断出现，社会上出现一些不良现象，给人民民主专政带来了严重挑战。针对这一情况，2001 年 4 月，江泽民在全国治安工作会议上强调指出，坚持人民民主专政，"就是要不断发展社会主义民主，切实保护人民的利益，维护国家的主权、安全、统一、稳定"③。2004 年 9 月，胡锦涛在首都各界纪念全国人民代表大

---

① 《邓小平文选》第 3 卷，人民出版社 1993 年版，第 104 页。
② 《邓小平文选》第 2 卷，人民出版社 1994 年版，第 169 页。
③ 《江泽民文选》第 3 卷，人民出版社 2006 年版，第 220—221 页。

会成立五十周年大会上的讲话中指出："我们党深刻总结中国近代政治发展的历程和建立新型人民民主政权的实践，得出了一个重要结论，这就是：新民主主义革命胜利后建立的政权，只能是工人阶级领导的、以工农联盟为基础的人民民主专政。"①党的十八大以来，以习近平同志为核心的党中央，多次强调人民民主的重要地位，指出："人民当家作主是社会主义民主政治的本质和核心。人民民主是社会主义的生命。没有民主就没有社会主义，就没有社会主义的现代化，就没有中华民族伟大复兴。"②

正是在中国共产党的坚持和努力下，我国人民民主专政得以不断巩固和发展，为马克思主义基本原理在中国的坚持发展，从而实现马克思主义中国化时代化新的飞跃提供了一个重要的制度保障。人民民主专政保障了广大人民的民主权利，人民代表大会制度、政治协商制度、民族区域自治制度、基层群众自治制度等基本政治制度最大限度地吸收了广大人民群众的政治智慧，为开创中国特色社会主义提供了强大的政治动力。

2. 社会主义基本经济制度提供了重要的经济基础

1956 年党的八大召开前夕，我国基本完成了社会主义改造，初步建立了以国有经济和集体经济为主体的社会主义基本经济制度，为全面开展社会主义建设奠定了坚实的经济基础。毛泽东在探索中国社会主义建设道路过程中，提出了一系列重要的思想理论。1956 年 4 月至 5 月，毛泽东先后在中央政治局扩大会议和最高国务会议上做《论十大关系》的报告，总结经济建设的初步经验，系统阐述十大关系，初步提出了中国社会主义经济建设的若干指导方针，成为中国共产党人探索中国社会主义建设道路的重要标志。在艰辛的探索过程中，由于对"什么是社会主义，怎样建设社会主义"这一根本问题没有完全搞清楚，也出现了不少挫折、问题和教训，为马克思主义中国化时代化新的飞跃提供了历史鉴戒。

1978 年党的十一届三中全会以来，我们党领导人民对计划与市场的关系问题进行了长时间探索，确立了社会主义市场经济的改革目标和改革方向，建立和完善公有制为主体、多种所有制共同发展的基本经济制度，为中国特色社会

① 《十六大以来重要文献选编》(中)，中央文献出版社 2006 年版，第 219—220 页。
② 《十八大以来重要文献选编》(中)，中央文献出版社 2016 年版，第 54—55 页。

主义事业的发展创造了良好的经济环境。"坚持和完善公有制为主体、多种所有制经济共同发展的基本经济制度，毫不动摇地巩固和发展公有制经济，毫不动摇地鼓励、支持、引导非公有制经济发展"①，是马克思主义中国化时代化的重大理论成果和制度成果，同时又为不断推进中国特色社会主义、实现马克思主义中国化时代化新的飞跃提供了重要的经济基础。

3. 社会主义意识形态提供了良好的思想氛围

马克思主义之所以能够实现新的飞跃，还有一个重要原因就是我们党始终抓住社会主义意识形态建设不放松，始终坚持以马克思主义作为各项工作的根本指导思想。改革开放以来，我国社会主义事业蓬勃发展，人们生活水平显著变化，国际地位日益提高，所有这些都与我们始终坚持以马克思主义为指导的社会主义意识形态息息相关。正是在坚持马克思列宁主义、毛泽东思想的基础上，我们党不断探索实践提出的新课题，着力回答什么是社会主义、怎样建设社会主义，建设什么样的党、怎样建设党，新形势下实现什么样的发展、怎样发展等根本问题，创立了邓小平理论，形成了"三个代表"重要思想和科学发展观的重大战略思想，从而把马克思主义中国化时代化创造性地推向前进，推进了马克思主义中国化时代化新的飞跃。

三、社会主义建设历史经验的总结提供了历史依据

如何在一个经济文化落后的发展中国家建设社会主义，如何把马克思列宁主义的基本原理同中国具体实际结合起来，如何处理学习借鉴苏联经验与探索自己道路的关系，毛泽东在领导我们党在探索这些问题的过程中，提出了基本的指导原则，同时也留下了深刻的教训。无论是经验还是教训，都是一笔宝贵的财富。正是在深入总结社会主义建设历史经验的基础上和过程中，我们党以邓小平理论成功开创了中国特色社会主义，开始了马克思主义中国化时代化的新发展。

1. 我国社会主义建设道路的初步探索

1956 年，随着生产资料所有制的社会主义改造基本完成，社会主义制度全

---

① 胡锦涛：《高举中国特色社会主义伟大旗帜 为夺取全面建设小康社会新胜利而奋斗》，人民出版社 2007 年版，第 25 页。

面确立，中国开始进入全面建设社会主义的历史阶段。然而，作为一个经济文化落后的发展中国家，人口众多、资源短缺、供需紧张、发展极不平衡的国情很难在短时间内得以改变。在一个落后的农业国实现工业化和现代化，没有现成的道路可供遵循，必须在实践中进行艰苦的探索。

1956年4月，毛泽东在中共中央书记处会议上提出：要独立自主，调查研究，摸清本国国情，把马克思列宁主义的基本原理同我国革命和建设的具体实际结合起来，制定我们的路线、方针、政策。他说，现在是社会主义革命和建设时期，我们要进行第二次结合，找出在中国进行社会主义革命和建设的正确道路。毛泽东所提出的关于实现马克思主义同中国实际"第二次结合"的任务，为探索适合中国国情的社会主义建设道路提供了基本的指导原则。此后，以毛泽东为主要代表的中国共产党人对中国的社会主义建设道路进行了创造性的探索，并取得积极成果。这些成果集中体现为毛泽东的《论十大关系》以及党的八大制定的路线方针政策。特别是党的八大总结党的七大以来的经验，团结全党，团结国内外一切可能团结的力量，提出为建设一个伟大的社会主义中国而奋斗的目标。党的八大正确分析了国内的主要矛盾和主要任务，指出：我国国内的主要矛盾，已经是人民对于建立先进的工业国的要求同落后的农业国的现实之间的矛盾，已经是人民对于经济文化迅速发展的需要同当前经济文化不能满足人民需要的状况之间的矛盾。这一主要矛盾决定了党和全国人民当前的主要任务是集中力量来解决这个矛盾，把我国尽快地从落后的农业国变为先进的工业国。党的八大对经济建设、政治建设、执政党建设提出了正确的指导方针。在经济建设上，坚持既反保守又反冒进即在综合平衡中稳步前进的方针；在政治建设上，继续加强我国的人民民主专政，加强国内各民族的团结，继续巩固人民民主统一战线，逐步制定完备的法律，建立健全法制；在执政党建设上，强调要提高全党的马克思列宁主义思想水平，健全党内民主集中制，坚持集体领导制度，反对个人崇拜，发展党内民主和人民民主，加强党和群众的联系。党的八大为全面进行社会主义建设制定的路线是正确的，提出的方针和思想是富于创造精神的。大会集中全党智慧总结提出的探索中国建设社会主义道路的重要成果，对于社会主义建设事业和党的事业的发展有着长远的指导意义。

2. 社会主义建设初步探索的历史经验总结

对我国社会主义建设道路最初的探索，首先面临的一个问题就是如何处理学习借鉴苏联经验与探索自己道路的关系问题。中华人民共和国成立之初，因为缺少经验，在经济建设上，我们只能向苏联学习。1953 年斯大林逝世后，特别是 1956 年 2 月苏共二十大前后，苏联暴露了在社会主义建设中存在的缺点和错误。对此，毛泽东是有警惕的，并且告诫全党必须引以为戒。因此，我国社会主义建设初步探索的历史阶段，成就是主要的，它所奠定的政治前提和制度基础是我们一切探索的出发点。当然，这一历史阶段的探索并没有真正解决"以苏为戒"、走自己的路这样一个根本问题。但是，我们党在社会主义建设初步探索时期所出现的曲折是探索中的失误，并不是社会主义制度本身的问题。

为什么会犯错误？邓小平指出："多年来，存在一个对马克思主义、社会主义的理解问题……马克思去世以后一百多年，究竟发生了什么变化，在变化的条件下，如何认识和发展马克思主义，没有搞清楚。"①之所以会出现这一问题，有着深刻的社会历史原因。

第一，在迅速进入社会主义新的历史阶段之后，我们党对于如何在一个经济文化不发达的国家进行社会主义建设，缺乏充分的思想准备和科学研究；对于什么是社会主义、怎样建设社会主义的问题，并没有完全搞清楚。

第二，我们党在历史上积累了丰富的阶级斗争经验，在社会主义改造基本完成之后，在观察和处理社会主义建设中遇到的新事物、新问题时，很容易照搬过去的经验，把本不属于阶级斗争的问题看作阶级斗争，仍然习惯采取大规模群众性政治运动的方法去处理问题。这种脱离现实生活的主观主义的思想和做法，由于把马克思恩格斯列宁斯大林著作中的某些设想和论点加以误解或教条化，反而显得有"理论根据"。这些都促成了阶级斗争扩大化错误的产生。

第三，党的民主集中制和集体领导制度遭到严重破坏，致使党无法依靠制度的和集体的力量及时地发现并纠正错误。本来，民主集中制是毛泽东亲手培育起来并身体力行的优良制度、优良传统，然而在我们党面临工作重心转向社会主义建设这一新任务因而需要特别谨慎的时候，党内却逐渐脱离实际和脱离群众，主观主义日益严重，使党和国家政治生活中的集体领导原则和民主集中制受到削弱甚至破坏。再加上种种原因，使党的权力过分集中于个人，党内个

---

① 《邓小平文选》第 3 卷，人民出版社 1993 年版，第 291 页。

人专断和个人崇拜现象日益严重，这就使党和国家难以防止和制止像"文化大革命"这样全局性错误的发生。

科学界定毛泽东和毛泽东思想的历史地位，是正确总结社会主义历史经验的关键。毛泽东是马克思主义中国化的伟大开拓者、中国社会主义现代化建设事业的伟大奠基者，毛泽东思想是马克思主义中国化第一次历史性飞跃的伟大成果。邓小平指出："没有毛主席就没有新中国，这丝毫不是什么夸张……没有毛泽东思想，就没有今天的中国共产党，这也丝毫不是什么夸张。毛泽东思想永远是我们全党、全军、全国各族人民的最宝贵的精神财富。"①毫无疑问，最早提出"以苏为戒"、开始独立探索中国社会主义建设道路并取得宝贵经验的是毛泽东。但是，从时代主题、国情判断、基本道路和发展大思路等来看，建设具有中国特色社会主义这一重大课题，在毛泽东一代并没有得到解决。总结我国社会主义建设正反两方面的经验，无疑是使我国社会主义建设事业走上正确轨道的历史依据。

四、党的思想路线的拨乱反正指明了正确方向

党的实事求是思想路线是以毛泽东为代表的中国共产党人在新民主主义革命时期逐步确立起来的。中华人民共和国成立后，党坚持实事求是的思想路线，从中国实际出发，推动社会进步发展。但从 1957 年以后，由于党内教条主义盛行，"左"倾错误逐步发展并加剧，最终演化为"文化大革命"，给中国社会和人民造成极大的灾难。正如邓小平指出：实事求是"这条思想路线，有一段时间被抛开了，给党的事业带来很大的危害，使国家遭到很大的灾难，使党和国家的形象受到很大的损害"②。重新恢复和确立党的实事求是思想路线，实现党的思想路线的拨乱反正迫在眉睫。

1. 真理标准问题大讨论开创了马克思主义中国化时代化新境界

1978 年 5 月 11 日，《光明日报》发表题为《实践是检验真理的唯一标准》的特约评论员文章，拉开了在全国展开关于真理标准问题的大讨论的序幕。强调"实践不仅是检验真理的标准，而且是唯一的标准"，强调"马克思主义的理论

① 《邓小平文选》第 2 卷，人民出版社 1994 年版，第 148—149 页。
② 同上书，第 278 页。

宝库并不是僵死不变的教条，它要在实践中不断增加新的观点、新的结论，抛弃那些不再适合新情况的个别旧观点、旧结论"，绝不能"躲在马列主义、毛泽东思想的现成条文上，甚至拿现成的公式去限制、宰割、剪裁无限丰富、飞速发展的革命实践"，而要"勇于研究生动的实际生活，研究现实的确切事实，研究新的实践中提出的新问题"。

真理标准问题大讨论从理论本质上揭示了"两个凡是"的教条主义性质，直接打破了"两个凡是"的思想束缚，排除了马克思主义中国化时代化过程中所面临的思想障碍。在真理标准问题大讨论的基础上，中国共产党对毛泽东思想的科学原理做了全面准确的概括。既坚持了毛泽东思想的基本原理，又为进一步创新和发展马克思主义留下巨大的理论空间，实现马克思主义中国化时代化新的飞跃创造了重要的思想氛围和理论基础。以此为起点，中国共产党在改革开放 40 年间，从新的实践和时代特征出发坚持和发展马克思主义，逐步创立了中国特色社会主义理论体系，不断开辟马克思主义中国化时代化理论创新的新境界，实现了马克思主义中国化时代化新的飞跃。

2. 党的十一届三中全会重新确立了党的实事求是思想路线

实事求是思想路线重新确立的标志是党的十一届三中全会的召开。在这次会议之前召开的中央工作会议闭幕会上，邓小平作了题为《解放思想，实事求是，团结一致向前看》的重要讲话，这个重要讲话实际上成为党的十一届三中全会的主题报告。邓小平在讲话中深刻阐明了实事求是思想路线的意义及解放思想的极端重要性，强调指出："实事求是，是无产阶级世界观的基础，是马克思主义的思想基础。过去我们搞革命所取得的一切胜利，是靠实事求是；现在我们要实现四个现代化，同样要靠实事求是。""一个党，一个国家，一个民族，如果一切从本本出发，思想僵化，迷信盛行，那它就不能前进，它的生机就停止了，就要亡党亡国。"①正是在这一重要讲话的基础上，党的十一届三中全会重新确立了实事求是的思想路线，正如邓小平后来指出："三中全会确立了，准确地说是重申了党的马克思主义的思想路线。"②这就为马克思主义中国化时代化新的飞跃指明了方向。

---

① 《邓小平文选》第 2 卷，人民出版社 1994 年版，第 143 页。
② 同上书，第 278 页。

五、和平与发展成为时代主题提供了发展环境

恩格斯曾指出："每一个时代的理论思维，从而我们时代的理论思维，都是一种历史的产物，它在不同的时代具有完全不同的形式，同时具有完全不同的内容。"①和平与发展成为时代主题，为邓小平理论以及中国特色社会主义理论体系的形成和发展提供了良好的时代环境。

1. 和平与发展成为时代主题

19 世纪末 20 世纪初，国际形势发生重大变化，资本主义垄断代替了自由竞争。列宁深入分析国际形势变化的特征，指出世界进入了"帝国主义时代"，这一时期世界主题或基本特征是战争与革命。20 世纪 70 年代以来，世界形势发生了重大变化，世界进入了一个不同于战争与革命时期的新的历史时期，和平与发展成为新的历史时期的基本特征。具体表现在：其一，战后 40 多年，西方国家之间无大规模战争，世界范围内保持了相对和平；其二，战后美苏两极对抗的"冷战"格局发生重大变化，两大阵营的力量对比趋于平衡，尽管局部战争仍时有发生，但在短时期内爆发世界大战的可能性较小；其三，国际竞争的重点日益从军事领域转向科技经济领域；其四，长期被"冷战"乌云笼罩的世界各国人民对和平的渴望更加强烈。新科技革命推动下的经济社会发展使各国人民倍加珍惜发展的机遇，对发展的渴望更加强烈。邓小平正是敏锐地把握了国际形势的重大变化，以实事求是的科学态度，对当代世界形势做出了冷静深刻的分析和研究，对时代主题的转换做出了科学判断。他指出："现在世界上真正大的问题，带全球性的战略问题，一个是和平问题，一个是经济问题或者说发展问题。和平问题是东西问题，发展问题是南北问题。概括起来，就是东西南北四个字。南北问题是核心问题。"②

2. 时代主题的转换提供了机遇

时代的发展为邓小平理论提供了难得的机遇。邓小平指出："世界形势日新月异，特别是现代科学技术发展很快。现在的一年抵得上过去古老社会几十年、上百年甚至更长的时间。不以新的思想、观点去继承、发展马克思

① 《马克思恩格斯选集》第 4 卷，人民出版社 1995 年版，第 284 页。
② 《邓小平文选》第 3 卷，人民出版社 1993 年版，第 105 页。

主义，不是真正的马克思主义者。"①邓小平站在时代的高度，以世界的眼光来观察和思考中国问题，指明当今的世界是开放的世界、中国的发展离不开世界的时代趋势。这为我们党一心一意搞社会主义现代化建设，实行对外开放以借鉴和吸收人类社会创造的一切文明成果，奠定了科学基础，也为马克思主义中国化新的飞跃提供了良好的发展环境，为新的时代主题下的马克思主义基本原理同中国具体实际相结合、同中华优秀传统文化相结合提供了明确指引。

第二节　邓小平理论是中国特色社会主义理论体系的开篇之作

富于理论创造精神的中国共产党，在将马克思主义基本原理同中国具体实际相结合、同中华优秀传统文化相结合的过程中，实现了历史性飞跃。其中，改革开放和社会主义现代化建设新时期，党找到了中国自己的社会主义建设道路，创立了邓小平理论，形成了包括"三个代表"重要思想和科学发展观重要思想在内的一系列重大理论成果，实现了马克思主义中国化时代化新的飞跃。以邓小平同志为主要代表的中国共产党人，总结新中国成立以来正反两方面的经验，解放思想，实事求是，实现全党工作中心向经济建设的转移，实行改革开放，开辟了社会主义事业发展的新时期，逐步形成了建设中国特色社会主义的路线、方针、政策，阐明了如何在中国建设社会主义、巩固和发展社会主义的基本问题，创立了邓小平理论。邓小平理论是马克思列宁主义的基本原理同当代中国实践和时代特征相结合的产物，是对毛泽东思想在新的历史条件下的继承和发展，是马克思主义在中国发展的新阶段，是中国特色社会主义理论体系的开篇之作。

一、邓小平理论的形成过程

想要深入了解邓小平理论，首要任务就是采取科学的方法对其进行历史考察，了解邓小平理论形成和发展的历史进程。

---

① 《邓小平文选》第 3 卷，人民出版社 1993 年版，第 291—292 页。

1. 邓小平理论的酝酿、萌芽时期

早在 1956 年，邓小平作为党的总书记，作为党的第一代中央领导集体主要成员，就对"中国式工业化道路"提出了关于共产主义原则要适合中国实际情况的观点、关于今后的主要任务是搞建设的观点等，这些观点同之后形成的建设有中国特色的社会主义的理论有着密切的关系。但邓小平关于建设中国特色社会主义理论形成的起点，却是党的十一届三中全会。所以，确切地说，这是他的理论的酝酿时期。1975 年，邓小平主持中央工作期间，他构想了"中国式现代化"道路，并形成了一系列重要思想。诸如，一再重申实现四个现代化的宏伟目标；为生产力正名，把是否促进生产力的发展作为区分真假马克思主义的根本标准；等等。这个时期，邓小平以经济建设为中心的全面整顿，以及围绕这一整顿展开的斗争，为以后粉碎"四人帮"、否定"两个凡是"，为党的工作重点向经济建设转移奠定了一定的基础。因此，"全面整顿"可以看作是邓小平理论的先声。总的来说，这一时期，邓小平关于中国式的社会主义建设思想处于酝酿和萌芽阶段，尚未形成完整的思想体系。

2. 邓小平理论形成的起点和前导

1978 年党的十一届三中全会标志着我国进入了社会主义建设的历史新时期，这是邓小平理论形成的起点，也是邓小平理论开始形成的前导。这一时期，确立了"一个中心、两个基本点"的战略布局，提出了"社会主义也可以搞市场经济"[①]。改革起步阶段的两大突破实践——在农村实行家庭联产承包责任制，在沿海建立经济特区，都是市场经济的产物。通过社会主义市场经济的道路，解放生产力，发展生产力，摆脱贫困最终达到共同富裕。这是邓小平为中国设计的实现现代化的道路。"一个中心、两个基本点"和社会主义市场经济体制是邓小平理论最核心、最基本的内容。从党的十一届三中全会起即有了这两个根本的东西。因此，完全可以说，邓小平理论的起点已经开始形成，并且成为邓小平理论的前导。

3. 邓小平理论形成和发展的三个阶段

第一，党的十二大与建设有中国特色的社会主义命题的提出。1978 年以后，为了回应人民群众的现实关切，邓小平就人们关心的问题发表了一系列重

---

① 《邓小平文选》第 2 卷，人民出版社 1994 年版，第 231 页。

要讲话，提出了许多重要观点，为开创中国特色社会主义奠定了基础。一是通过批判"两个凡是"和支持实践是检验真理的唯一标准的大讨论，重新确立了解放思想实事求是的思想路线；二是纠正了"以阶级斗争为纲"的错误方针，强调要以经济建设为中心；三是提出了实现社会主义现代化必须改革和完善党和国家领导制度，发展社会主义民主，健全社会主义法制等，初步勾画了改革开放的蓝图；四是重申必须坚持四项基本原则，加强社会主义精神文明建设；五是初步提出我国的社会主义还处在初级发展阶段的思想，强调从中国国情出发，制定经济发展战略；六是支持农村实行家庭联产承包责任制，在沿海建立经济特区；七是在党的十二大开幕词中郑重提出"建设有中国特色的社会主义"的命题，强调"把马克思主义的普遍真理同我国的具体实际结合起来，走自己的道路，建设有中国特色的社会主义，这就是我们总结长期历史经验得出的基本结论"①。这一论述标志着邓小平理论的基本命题——有中国特色的社会主义的正式提出。

第二，党的十三大与邓小平理论的逐步形成。党的十二大后，邓小平和我们党进一步提出了一系列新观点，实现了理论上的重大突破。一是提出了21世纪中叶基本实现社会主义现代化，由此形成了完整的"三步走"的社会主义现代化发展战略；二是对"什么是社会主义、怎样建设社会主义"进行了深入探索，提出了社会主义应坚持的基本原则；三是提出了社会主义经济是公有制基础上有计划的商品经济的理论；四是对社会主义精神文明建设的战略地位、精神文明与物质文明的辩证关系进行了全面论述；五是党的十三大报告第一次比较系统地论述了社会主义初级阶段理论，并在此基础上完整准确地表述了党在社会主义初级阶段的基本路线。十三大报告对社会主义初级阶段理论的论述和对邓小平建设有中国特色的社会主义理论十二个基本理论观点的系统概括，标志着邓小平理论基本轮廓的形成。

第三，邓小平理论体系的形成和确立。1992年，邓小平在南方谈话中精辟地分析了国际国内形势，科学总结了党的十一届三中全会以来改革开放和现代化建设的基本经验，提出了一系列具有划时代意义的观点，诸如：关于社会主义本质的论述；关于发展才是硬道理的论述；关于计划和市场都是经济手段的

———————————

① 《邓小平文选》第3卷，人民出版社1993年版，第3页。

论述；等等。这些论述把人们对科学社会主义的认识推向前进。1992 年 10 月，党的十四大报告使用了"邓小平建设有中国特色社会主义理论"这个概念，第一次以党的文件的形式肯定了邓小平是建设有中国特色社会主义理论的创立者，从而确立了邓小平理论的指导地位。邓小平南方谈话、党的十四大报告对邓小平理论的概括和关于建立社会主义市场经济体制目标模式的论述，标志着邓小平理论已经走向成熟。

二、邓小平理论的主要内容

邓小平理论坚持解放思想、实事求是的思想路线，围绕"什么是社会主义、怎样建设社会主义"这个首要的基本的理论问题，在社会主义发展道路、发展阶段、根本任务、发展动力、外部条件、政治保证、战略步骤、领导力量和依靠力量、祖国统一等重大问题上提出一系列观点，形成了较为完备的科学体系。

1. 关于建设社会主义的思想路线的理论

解放思想，实事求是，是我们党的思想路线。搞革命，要解放思想，实事求是；建设社会主义，也要解放思想，实事求是。"文化大革命"结束后，邓小平以马克思主义者的非凡胆略和科学态度，旗帜鲜明地提出毛泽东思想的精髓是实事求是，着手恢复和发展党的思想路线。党的十一届三中全会果断作出把党和国家工作重点转移到社会主义现代化建设上来的战略决策，提出了一系列有利于增强党的团结和调动一切积极因素的方针政策，标志着党重新确立了马克思主义的思想路线。

重新确立解放思想、实事求是这一马克思主义的思想路线，使广大党员干部和群众从过去一个时期的精神枷锁中解脱出来，党内外思想活跃，出现了努力研究新情况、解决新问题的生动景象。与此同时，思想路线的重新确立也有力推动和保证了全面改革的进行，使我们的思想从那些被实践证明为不合乎中国实际、不符合时代进步、不符合经济和社会发展客观规律的条条框框中解放出来。1992 年初邓小平的《在武昌、深圳、珠海、上海等地的谈话要点》，是全面改革进程中思想解放的科学总结，是开创我国改革开放和社会主义现代化建设新阶段的宣言书。解放思想、实事求是的思想路线，体现了辩证唯物主义和历史唯物主义的世界观和方法论，是邓小平理论活的灵魂，是邓小平理论的精髓。

2. 关于社会主义本质和社会主义发展道路的理论

邓小平关于社会主义本质和社会主义发展道路理论所要解决的问题，归根到底就是要回答"什么是社会主义、怎样建设社会主义"这一首要的基本的理论问题。我国社会主义在改革开放前所经历的曲折和失误、改革开放以来所遇到的疑惑，归根到底在于对这个问题没有完全弄清楚。而想要搞清楚这个问题，关键是要在坚持社会主义基本制度的基础上进一步认清社会主义的本质。

第一，社会主义本质理论。党的十一届三中全会以后，邓小平反复强调坚持四项基本原则的极端重要性，强调要坚持以公有制为基础、实现按劳分配原则的社会主义基本经济制度，坚持以共产党领导、实现人民民主专政的社会主义基本政治制度，坚持以马克思列宁主义、毛泽东思想为指导的社会主义意识形态。他强调："过去行之有效的东西，我们必须坚持，特别是根本制度，社会主义制度，社会主义公有制，那是不能动摇的。"①在这一认识的基础上，邓小平对于"什么是社会主义、怎样建设社会主义"的问题进行了深入探索。

1979 年 11 月，邓小平在会见美国不列颠百科全书出版公司编委会副主席吉布尼和加拿大麦吉尔大学东亚研究所主任林达光等人的谈话中指出："我们革命的目的就是解放生产力，发展生产力"，"当然我们不要资本主义，但是我们也不要贫穷的社会主义，我们要发达的、生产力发展的、使国家富强的社会主义"②。

1980 年 4 月，邓小平在《社会主义首先要发展生产力》一文中指出，"不管你搞什么，一定要有利于发展生产力"③，"社会主义是一个很好的名词，但是如果搞不好，不能正确理解，不能采取正确的政策，那就体现不出社会主义的本质"④。在这里，邓小平开始使用"社会主义本质"的概念，并逐步探讨社会主义本质的内涵指向和凸显社会主义本质的路线方针政策。

1984 年，党中央《关于经济体制改革的决定》提出，社会主义经济是"在公有制基础上有计划的商品经济"，"商品经济的充分发展，是社会主义经济发展的不可逾越的阶段，是实现我国经济现代化的必要条件"。邓小平充分肯定了

---

① 《邓小平文选》第 2 卷，人民出版社 1994 年版，第 133 页。
② 同上书，第 231 页。
③ 同上书，第 312 页。
④ 同上书，第 313 页。

该决定的理论意义,指出:"这次经济体制改革的文件好,就是解释了什么是社会主义,有些是我们老祖宗没有说过的话,有些新话。"①然而,社会主义商品经济理论的诞生,依然引发了社会的广泛争论,"什么是社会主义,怎样建设社会主义"这个首要的理论问题更加突出地摆在人们面前。

20世纪80年代末90年代初,中国的改革进入攻坚阶段。20世纪80年代中国的改革固然取得了举世瞩目的成就,然而市场经济姓"社"还是姓"资"的问题依然困扰着人们,改革开放的进程受到严重阻碍,实践呼唤着新的理论突破。1990年年底,邓小平在《善于利用时机解决发展问题》一文中指出:"我们必须从理论上搞懂,资本主义与社会主义的区分不在于是计划还是市场这样的问题。社会主义也有市场经济,资本主义也有计划控制。""社会主义不是少数人富起来、大多数人穷,不是那个样子。社会主义最大的优越性就是共同富裕,这是体现社会主义本质的一个东西。"②

1992年初,邓小平在南方谈话中就市场经济姓"社"还是姓"资"的问题做出了进一步明确的回答,强调:"计划多一点还是市场多一点,不是社会主义与资本主义的本质区别。计划经济不等于社会主义,资本主义也有计划;市场经济不等于资本主义,社会主义也有市场。计划和市场都是经济手段。"③同时,邓小平对社会主义本质这一重大问题做出了总结性的理论概括:"社会主义的本质,是解放生产力,发展生产力,消灭剥削,消灭两极分化,最终达到共同富裕。"④

邓小平关于社会主义本质的科学概括,既包括了社会主义社会的生产力问题,又包括了以社会主义生产关系为基础的社会关系问题,是一个有机整体。它突出强调"解放生产力,发展生产力",指明了中国社会主义整个历史阶段尤其是初级阶段特别注重生产力发展的迫切要求,明确了社会主义基本制度建立后还要通过改革进一步解放生产力,体现了在当前世界新科技革命推动生产力迅速发展的条件下,社会主义为回应资本主义严峻挑战所必须采取的战略决策。它突出强调"消灭剥削,消灭两极分化,最终达到共同富裕",阐明了社会

---

① 《邓小平文选》第3卷,人民出版社1993年版,第91页。
② 同上书,第364页。
③ 同上书,第373页。
④ 同上书,第373页。

主义社会的发展目标以及实现这个目标必须以解放和发展生产力为基础，指出了我们发展生产力与剥削阶级统治的社会发展生产力的目的根本不同。

邓小平关于社会主义本质的科学概括，为我们坚持公有制、完善和发展公有制指明了方向。邓小平指出："在改革中，我们始终坚持两条根本原则，一是以社会主义公有制经济为主体，一是共同富裕。"①毫不动摇地坚持公有制和按劳分配，维护公有制和按劳分配的主体地位，是体现社会主义本质的前提。在改革中，公有制的实现形式和以公有制为主体的所有制结构，归根结底只能根据解放和发展生产力的实际要求，根据逐步实现共同富裕的实际进程来确定。

邓小平关于社会主义本质的科学概括，继承了科学社会主义的基本原则，反映了人民利益和时代的要求，廓清了在社会主义建设和改革开放中的一些不符合时代进步和社会发展规律的模糊概念，摆脱了长期以来拘泥于具体模式而忽略社会主义本质的错误倾向，深化了对科学社会主义的认识，是探索建设中国特色社会主义道路的最重大的理论成果之一，是对马克思主义的重大发展，对于建设中国特色的社会主义，具有重大的政治意义、理论意义和实践意义。

第二，社会主义发展道路的理论。党的十一届三中全会以来，我们党立足于对什么是社会主义的思考和对当代中国国情的研究，较为系统地初步回答了中国这样的经济文化比较落后的国家如何建设社会主义、如何巩固和发展社会主义的一系列基本问题。党的十三大报告提出了党在社会主义初级阶段的基本路线：领导和团结全国各族人民，以经济建设为中心，坚持四项基本原则，坚持改革开放，自力更生，艰苦创业，为把我国建设成为富强、民主、文明的社会主义现代化国家而奋斗。

一是建设"富强、民主、文明的社会主义现代化国家"。这是基本路线规定的党在社会主义初级阶段的奋斗目标，体现了社会主义社会全面发展的要求。"富强"主要指经济领域的目标和要求，"民主"主要指政治领域的目标和要求，"文明"主要指思想文化领域的目标和要求。这三个方面的目标和要求，在现实中表现为经济建设、政治建设、文化建设三者的统一。

二是"一个中心、两个基本点"。这是基本路线最主要的内容，是实现社会

———————

① 《邓小平文选》第 3 卷，人民出版社 1993 年版，第 142 页。

主义现代化奋斗目标的基本途径。"以经济建设为中心"回答了社会主义的根本任务问题，体现了发展生产力的本质要求；"坚持四项基本原则"，回答了解放和发展生产力的政治保证问题，体现了社会主义基本制度的要求；"坚持改革开放"，回答了社会主义的发展动力和外部条件问题，体现了解放生产力的本质要求。"一个中心、两个基本点"是一个整体，集中体现了我国社会主义现代化建设的战略布局，揭示了中国特色社会主义的客观规律和发展道路。全面坚持和正确处理"一个中心、两个基本点"的相互关系，是正确认识和处理经济基础与上层建筑之间、生产力与生产关系之间辩证统一关系的内在要求。

三是"领导和团结全国各族人民"。这是实现社会主义现代化奋斗目标的领导力量和依靠力量。中国共产党是中国特色社会主义事业的领导核心，中国特色社会主义事业要紧紧依靠全国各族人民，有了这两者的结合，社会主义现代化事业就必定能够胜利。

四是"自力更生，艰苦创业"。这是我们党的优良传统，也是实现社会主义初级阶段奋斗目标的根本立足点。把"自力更生，艰苦创业"方针概括到党的基本路线之中，不仅是改变我国不发达现状的需要，也体现了社会主义的奋斗精神。

坚持党的基本路线，必须紧紧围绕经济建设这一中心。以经济建设为中心的确定，是我们党根据社会主义初级阶段主要矛盾，即人民日益增长的物质文化需要和落后的社会生产之间的矛盾得出的科学判断，是党在新时期实现的最根本的拨乱反正。以经济建设为中心是兴国之要，是党和国家兴旺发达、长治久安的根本要求。

坚持党的基本路线，必须把坚持四项基本原则同坚持改革开放结合起来，正确处理改革开放和四项基本原则的关系。既要以四项基本原则保证改革开放的正确方向，又要通过改革开放赋予四项基本原则新的时代内涵，坚持把以经济建设为中心同四项基本原则、改革开放这两个基本点统一于发展中国特色社会主义的伟大实践。

党的基本路线高度概括了党在社会主义初级阶段的奋斗目标、基本途径和根本保证、领导力量和依靠力量以及实现这一目标的基本方针，既紧紧抓住了中国现阶段的主要矛盾，又体现了运用社会主义社会基本矛盾运动的规律，全面推动历史进步，实现民富国强、民族振兴的要求。党的基本路线是党和国家的生命线、人民的幸福线。

党的基本路线在改革开放实践中不断充实和完善。党的十七大把"和谐"与"富强、民主、文明"一起写入了基本路线。党的十九大提出"为把我国建设成为富强民主文明和谐美丽的社会主义现代化强国而奋斗",不仅将"美丽"纳入了基本路线,而且将"现代化国家"提升为"现代化强国",扩展了党的基本路线的内涵,提升了社会主义初级阶段的奋斗目标。

3. 关于社会主义发展阶段的理论

我国处在社会主义初级阶段,是邓小平和我们党对当代中国基本国情的科学判断。我们讲解放思想,实事求是,从实际出发建设社会主义,最大的"实际"就是中国的基本国情。

从生产资料所有制的社会主义改造基本完成到党的十一届三中全会之前,我们党对我国的国情做过有益的探索,但总的来说,一直处在不完全清醒的状态。党的十一届三中全会以后,邓小平提出,现在搞建设,要适合中国情况,走出一条中国式的现代化道路。

1979 年 9 月,党的十一届四中全会通过的叶剑英在建国 30 周年大会上的讲话中指出:"我国现在还是发展中的社会主义国家,社会主义制度还不完善,经济和文化还不发达。""在我国实现现代化,必然要有一个由初级到高级的过程。"①明确提出了"由初级到高级"的概念。

1981 年 6 月,党的十一届六中全会通过的《关于建国以来党的若干历史问题的决议》,第一次在党的文献中明确使用"初级阶段"的概念。《决议》提出:"我们的社会主义制度还是处于初级的阶段。"②

1982 年 9 月,党的十二大报告再次提出我国社会主义社会还处在初级阶段的论断,并强调"物质文明还不发达"是社会主义初级阶段的基本特征。

1986 年 9 月,党的十二届六中全会通过的《中共中央关于社会主义精神文明建设指导方针的决议》指出:"我国还处在社会主义的初级阶段,不但必须实行按劳分配,发展社会主义的商品经济和竞争,而且在相当长历史时期内,还要在公有制为主体的前提下发展多种经济成分,在共同富裕的目标下鼓励一部

---

① 《三中全会以来重要文献选编》(上),人民出版社 1982 年版,第 212、233 页。

② 《三中全会以来重要文献选编》(下),人民出版社 1982 年版,第 838 页。

分人先富裕起来。"①

党的十三大前夕，邓小平指出："我们党的十三大要阐述中国社会主义是处在一个什么阶段，就是处在初级阶段，是初级阶段的社会主义。社会主义本身是共产主义的初级阶段，而我们中国又处在社会主义的初级阶段，就是不发达的阶段。一切都要从这个实际出发，根据这个实际来制订规划。"②

1987年10月，党的十三大系统地论述了社会主义初级阶段理论。关于社会主义初级阶段的含义，党的十三大报告明确提出，社会主义初级阶段，就是指我国在生产力落后、商品经济不发达条件下建设社会主义必然要经历的特定阶段，即从我国进入社会主义到基本实现社会主义现代化的整个历史阶段。社会主义初级阶段的论断包括两层含义：第一，我国已经进入社会主义社会，必须坚持而不能离开社会主义。第二，我国的社会主义社会还处在不发达的阶段，必须正视而不能超越初级阶段。之所以提出社会主义初级阶段理论，是因为在中国这样一个东方大国建立起社会主义制度，是一个伟大的胜利，近代以来中国的历史已经无可辩驳地证明，资本主义道路在中国走不通。中国走上社会主义道路是历史的必然。我国进入社会主义社会的历史条件和社会状况，又决定了我们进入社会主义社会以后，还必须经历一个很长的初级阶段，去实现许多国家在资本主义条件下实现的工业化和生产的商品化、社会化、现代化。社会主义初级阶段至少需要上百年时间。

党的十五大进一步阐述了社会主义初级阶段的基本特征，明确指出社会主义初级阶段是逐步摆脱不发达状态，基本实现社会主义现代化的历史阶段；是由农业人口占很大比重、主要依靠手工劳动的农业国，逐步转变为非农业人口占多数、包含现代农业和现代服务业的工业化国家的历史阶段；是由自然经济半自然经济占很大比重，逐步转变为经济市场化程度较高的历史阶段；是由文盲半文盲人口占很大比重、科技教育文化落后，逐步转变为科技教育文化比较发达的历史阶段；是由贫困人口占很大比重、人民生活水平比较低，逐步转变为全体人民比较富裕的历史阶段；是由地区经济文化很不平衡，通过有先有后的发展，逐步缩小差距的历史阶段；是通过改革和探索，建立和完善比较成熟

① 《十二大以来重要文献选编》(下)，人民出版社1988年版，第1180—1181页。
② 《邓小平文选》第3卷，人民出版社1993年版，第252页。

的充满活力的社会主义市场经济体制、社会主义民主政治体制和其他方面体制的历史阶段；是广大人民牢固树立建设中国特色社会主义的共同理想，自强不息，锐意进取，艰苦奋斗，勤俭建国，在建设物质文明的同时努力建设精神文明的历史阶段；是逐步缩小同世界先进水平的差距，在社会主义基础上实现中华民族伟大复兴的历史阶段。这一概括，充分体现了社会主义初级阶段历史发展的过程性特征。

邓小平关于社会主义初级阶段理论的论断，使我们对社会主义建设的长期性、复杂性、艰巨性有了更加清醒的认识。社会主义初级阶段理论基于对中国国情的准确把握，揭示了当代中国的历史方位，是建设中国特色社会主义的总依据，是对马克思主义关于社会主义发展阶段理论的重大发展和重大突破，是把中国特色社会主义伟大事业推进向前的重要思想武器。

4. 关于社会主义根本任务的理论

社会主义的根本任务是发展生产力。社会主义制度建立后，为巩固和发展社会主义，必须进一步解放生产力，发展生产力。处于社会主义初级阶段的当代中国，发展生产力的任务尤为突出，尤为迫切。邓小平强调：贫穷不是社会主义，社会主义要消灭贫穷；我们要建设的中国特色社会主义，是不断发展社会生产力的社会主义；我们确定的基本路线，是以经济建设为中心，实现社会主义现代化的发展路线。

"中国解决所有问题的关键是要靠自己的发展。"①维护世界和平，反对霸权主义，离不开发展；振兴中华民族，使中国岿然屹立于世界民族之林，离不开发展；坚持和完善社会主义制度，说服那些不相信社会主义优越性的人们，离不开发展；解决国内各种问题，保持稳定局面，做到长治久安，离不开发展；发展社会主义民主，健全社会主义法制，离不开发展；加强精神文明建设，提高全社会的文明程度，离不开发展；坚持"一国两制"方针，和平统一祖国，离不开发展。归根到底，"发展才是硬道理"。

"中国要发展，离不开科学。"②早在 1975 年主持中央日常工作时邓小平就指出，科学技术是生产力。1978 年在全国科学大会开幕式上，邓小平进一步强调随着社会生产力的巨大发展，劳动生产率的大幅度提高，最主要的是靠科学

---

① 《邓小平文选》第 3 卷，人民出版社 1993 年版，第 265 页。
② 同上书，第 183 页。

的力量、技术的力量。1988 年，他深刻地提出"科学技术是第一生产力"这一新
论断，反映了科学技术在当代发展的新形势和对我国现代化建设的新要求。邓
小平提出了实现现代化"关键是科学技术现代化"，"我们要以世界先进的科学
技术成果作为我们发展的起点"，"发展高科技，实现产业化"等一系列战略思
想，为加快我国科技发展、推动经济社会发展指明了方向。

5. 关于社会主义建设发展战略的理论

战略问题是一个政党、一个国家的根本性问题。战略上判断得准确，战略
上谋划得科学，战略上赢得主动，党和人民事业就大有希望。在我国落后的生
产力基础上实现社会主义现代化是一项十分艰巨的事业，它必须有步骤分阶段
实现。党的十一届三中全会以后，邓小平立足于中国发展实际，逐步探索并提
出了"三步走"的社会主义建设发展战略。

1984 年 10 月，邓小平在一次谈话中指出："我们第一步是实现翻两番，需
要二十年，还有第二步，需要三十年到五十年，恐怕是要五十年，接近发达国
家的水平。两步加起来，正好五十年至七十年。"①

1987 年 4 月，邓小平第一次提出了分"三步走"基本实现现代化的战略。他
指出："我们原定的目标是，第一步在八十年代翻一番。以一九八〇年为基数，
当时国民生产总值人均只有二百五十美元，翻一番，达到五百美元。第二步是
到本世纪末，再翻一番，人均达到一千美元。实现这个目标意味着我们进入小
康社会，把贫困的中国变成小康的中国。那时国民生产总值超过一万亿美元，
虽然人均数还很低，但是国家的力量有很大增加。我们制定的目标更重要的还
是第三步，在下世纪用三十年到五十年再翻两番，大体上达到人均四千美元。
做到这一步，中国就达到中等发达的水平。"②

1987 年 10 月，党的十三大将邓小平"三步走"的发展战略构想确定下来，
明确提出：第一步，从 1981 年到 1990 年实现国民生产总值比 1980 年翻一番，
解决人民的温饱问题；第二步，从 1991 年到 20 世纪末，使国民生产总值再翻
一番，达到小康水平；第三步，到 21 世纪中叶，国民生产总值再翻两番，达
到中等发达国家水平，基本实现现代化。然后在这个基础上继续前进。

"三步走"的发展战略，把我国社会主义现代化建设的目标具体化为切实可

---

① 《邓小平文选》第 3 卷，人民出版社 1993 年版，第 79 页。
② 同上书，第 226 页。

行的步骤，为基本实现现代化明确了发展方向，展现了美好的前景，成为全国人民为共同理想而努力奋斗的行动纲领。正如邓小平所说，实现这一发展战略，将完成一项非常艰巨的、很不容易的任务，是真正对人类做出了贡献，就更加能够体现社会主义制度的优越性。

为了顺利实现现代化发展战略，邓小平提出了"台阶式"发展的思想，要求抓住机遇，加快发展，争取隔几年使国民经济上一个新台阶。他明确指出："在今后的现代化建设长过程中，出现若干个发展速度比较快、效益比较好的阶段，是必要的，也是能够办到的。"①实现我们的发展战略，要实事求是把握好速度问题。在中国搞现代化不能追求太高的速度，但速度低了也不行，凡是能积极争取的发展速度还是要积极争取。要注意坚持从实际出发，搞好综合平衡。

为了顺利实现现代化发展战略，邓小平还提出允许和鼓励一部分地区、一部分人先富起来逐步达到共同富裕的思想。对于地区之间的不平衡，邓小平提出，沿海地区要利用自身有利条件较快地先发展起来，走在全国的前面，率先实现现代化，以更好地带动全国的现代化。内地要根据自己的条件加快建设，国家要尽力支持内地的发展，沿海要注意带动和帮助内地的发展。对于在一部分人先富起来的过程中出现的某些社会成员之间收入差距悬殊的问题，要认真解决。要从大局出发，正确处理先富、后富和共富的关系。

6. 关于社会主义发展动力的理论

我们党做出实行改革开放的历史性决策，是基于对党和国家前途命运的深刻把握，是基于对社会主义革命和建设实践的深刻总结，是基于对时代潮流的深刻洞察，是基于对人民群众期盼和需要的深刻体悟。新时期最鲜明的特点是改革开放。

第一，"改革是中国的第二次革命"。中国的改革是全面改革，是一场新的革命。1985 年 3 月，邓小平在会见日本自由民主党副总裁二阶堂进时明确提出："改革是中国的第二次革命。"②

从扫除生产力发展障碍的意义上看，改革是中国的一场革命。邓小平指

---

① 《邓小平文选》第 3 卷，人民出版社 1993 年版，第 377 页。
② 同上书，第 113 页。

出："我们所有的改革都是为了一个目的,就是扫除发展社会生产力的障碍。"①中国共产党领导的第一次革命,把一个半殖民地半封建的旧中国变成了一个社会主义新中国;中国共产党领导的第二次革命,将把一个经济文化比较落后的社会主义中国变成一个现代化的社会主义国家。改革作为一次新的革命,不是也不允许否定和抛弃我们建立起来的社会主义基本制度,它是社会主义制度的自我完善和发展。改革不是一个阶级推翻另一个阶级那种原来意义上的革命,也不是原有经济体制的细枝末节的修补,而是对体制的根本性变革。它的实质和目标,是要从根本上改变束缚我国生产力发展的经济体制,建立充满生机和活力的社会主义新经济体制,同时相应地改革政治体制和其他方面的体制,以实现中国的社会主义现代化。

从社会发展动力的意义上看,改革是社会主义社会发展的直接动力。社会主义社会的基本矛盾仍然是生产关系和生产力、上层建筑和经济基础之间的矛盾,正是这些矛盾推动了社会主义社会的发展。党的十一届三中全会以后,邓小平指出："要发展生产力,经济体制改革是必由之路。"②他在强调坚持社会主义基本制度的同时,指出还要通过改革从根本上改变束缚生产力发展的经济体制,促进生产力的发展,从而解决了社会主义社会的发展动力问题。

关于如何改革,邓小平强调要解放思想,不能因循守旧,四平八稳,"思想要更加解放一些,改革开放的步伐要走得更快一些"③;不能不顾条件,急于求成,"改革开放必须从各国自己的条件出发","要同人民一起商量着办事,决心要坚定,步骤要稳妥,还要及时总结经验,改正不妥当的方案和步骤,不使小的错误发展成为大的错误"④。

关于判断改革和各方面工作的是非得失,邓小平指出："按照历史唯物主义的观点来讲,正确的政治领导的成果,归根结底要表现在社会生产力的发展上,人民物质文化生活的改善上。"⑤1992年年初,邓小平在南方谈话中做了概括性总结,提出了"三个有利于"标准:"是否有利于发展社会主义社会的生产

---

① 《邓小平文选》第3卷,人民出版社1993年版,第134页。
② 同上书,第138页。
③ 同上书,第265页。
④ 同上书,第268页。
⑤ 《邓小平文选》第2卷,人民出版社1994年版,第128页。

力，是否有利于增强社会主义国家的综合国力，是否有利于提高人民的生活水平。"①"三个有利于"的标准，是为了人民的根本利益而制定的标准，也就是人民利益标准。

第二，开放也是改革。开放也是改革，对外开放是建设中国特色社会主义的一项基本国策。邓小平明确指出："对外开放具有重要意义，任何一个国家要发展，孤立起来，闭关自守是不可能的，不加强国际交往，不引进发达国家的先进经验、先进科学技术和资金，是不可能的。"②

我国新时期对外开放的格局形成，经历了一个逐步探索的过程。中央最先从沿海建立经济特区开始，兴办了深圳、珠海、厦门、汕头四个经济特区，利用国外资金、技术、管理经验来发展社会主义经济的崭新试验，取得了巨大成功。此后，中央又相继开放沿海十几个城市，在长江三角洲、珠江三角洲、闽东南地区、环渤海地区开辟经济开放区，批准海南建省并划定海南岛为经济特区。之后，中央又决定开放开发浦东，开发沿海、沿边城市和全国各省省会及一些有条件的城市。至此，全国范围对外开放的格局基本形成。需要指出的是，对外开放，包括对发达国家的开放，也包括对发展中国家的开放，是对世界所有国家的开放。它不仅是经济领域的开放，还包括科技、教育、文化等领域的开放。

实行对外开放要正确对待资本主义社会创造的现代文明成果。资本主义社会经过几百年发展，特别是一些发达国家，在经济、科技、教育、文化和社会管理等方面，积累了丰富经验，取得了许多历史性的文明成果。社会主义作为后起的崭新的社会制度，必须大胆借鉴、吸收人类社会包括资本主义社会创造出来的全部文明成果，结合新的实践进行新的创造，为我所用，才能加快发展，赢得同资本主义相比较的优势。历史经验一再告诉我们，关起门来搞建设是不行的，把自己孤立于世界之外是不利的。只有坚持实行对外开放，积极参与国际经济竞争和合作，发挥自己的比较优势，使国内经济与国际经济实现必要的互接互补，加上我们自己的艰苦奋斗、自力更生、不断创新，才能赶上时代，赶上当代世界的科技和经济发展。

---

① 《邓小平文选》第 3 卷，人民出版社 1993 年版，第 372 页。
② 同上书，第 117 页。

对外开放要高度珍惜并坚决维护中国人民经过长期奋斗得来的独立自主权利。邓小平指出："中国的事情要按照中国的情况来办，要依靠中国人自己的力量来办。独立自主，自力更生，无论过去、现在和将来，都是我们的立足点。"①

7. 关于社会主义市场经济的理论

如何正确处理计划与市场的关系，是我国经济体制改革的核心问题。传统观念认为，计划经济是社会主义的基本特征，市场经济是资本主义特有的东西。但在经济建设实践中，市场和计划的矛盾愈益显现出来，成为深化社会主义经济体制改革面临的主要问题。邓小平对社会主义与市场经济关系进行了深入的探索。

第一，邓小平对社会主义与市场经济的论述。党的十一届三中全会以后，经济理论界渐渐形成"百家争鸣"的学术气氛。1979 年 4 月，在无锡市召开的社会主义经济中价值规律问题讨论会上，一些经济学家提出："计划经济和市场经济应该相结合，你中有我，我中有你，计划经济要充分利用市场经济"，"社会主义市场经济是建立在生产资料公有制基础上的新型市场经济"②。这次讨论使邓小平意识到这个问题是关系中国经济发展的一个重大问题。

1979 年 11 月，邓小平在会见吉布尼等美国学者时指出："说市场经济只存在于资本主义社会，只有资本主义的市场经济，这肯定是不正确的。社会主义为什么不可以搞市场经济，这个不能说是资本主义。"③他第一次明确提出了"社会主义也可以搞市场经济"④的科学论断。他指出："我们是计划经济为主，也结合市场经济，但这是社会主义的市场经济。虽然方法上基本上和资本主义社会的相似，但也有不同，是全民所有制之间的关系，当然也有同集体所有制之间的关系，也有同外国资本主义的关系，但是归根到底是社会主义的，是社会主义社会的。"⑤

1980 年 1 月，邓小平在《目前的形势和任务》一文中提到："计划调节和市

---

① 《邓小平文选》第 3 卷，人民出版社 1993 年版，第 3 页。
② 冯硕余：《邓小平理论科学体系》，中国社会科学出版社 1998 年版，第 124 页。
③ 《邓小平文选》第 2 卷，人民出版社 1994 年版，第 236 页。
④ 同上书，第 231 页。
⑤ 同上书，第 236 页。

场调节相结合。"①在 1982 年通过的《关于建国以来党的若干历史问题的决议》中这一观点被表述为："必须在公有制基础上实行计划经济，同时发挥市场的调节辅助作用。"1984 年，党的十二届三中全会通过的《中共中央关于经济体制改革的决定》提出了社会主义经济是"公有制基础上有计划的商品经济"的论断，突破了将社会主义经济等同于纯粹计划经济的传统观念。邓小平高度评价这个决定是马克思主义基本原理和中国社会主义实践相结合的政治经济学。1985 年，邓小平在会见美国企业家代表团时指出："社会主义和市场经济之间不存在根本矛盾。"②

1987 年党的十三大召开前夕，邓小平进一步指出："计划和市场都是方法嘛。只要对发展生产力有好处，就可以利用。它为社会主义服务，就是社会主义的。""我们以前是学苏联的，搞计划经济。后来又讲计划经济为主，现在不要再讲这个了。"③

1992 年，在南方谈话中，邓小平明确提出："计划多一点还是市场多一点，不是社会主义与资本主义的本质区别。计划经济不等于社会主义，资本主义也有计划；市场经济不等于资本主义，社会主义也有市场。计划和市场都是经济手段。"④邓小平的这一系列重要论断，从根本上解除了把计划经济和市场经济看作属于社会基本制度范畴的思想束缚，从根本上否定了把社会主义与市场经济对立起来的传统观念。党的十四大根据改革开放实践发展的要求和邓小平关于社会主义也可以搞市场经济的思想，特别是 1992 年年初南方谈话的精神，确定了建立社会主义市场经济体制的改革目标。

第二，社会主义市场经济理论的主要内容。邓小平关于市场经济的思想是一个不断丰富、完善和发展的过程，同时也是社会主义市场经济体制目标模式逐步探索的过程。中国选择了社会主义市场经济体制，既是改革开放实践发展的必然结果，也是改革开放以来邓小平和党中央理论探索的成果。社会主义市场经济理论的要点有：一是计划经济和市场经济不是划分社会制度的标志，计划经济不等于社会主义，市场经济也不等于资本主义；二是计划和市场都是经

---

① 《邓小平文选》第 2 卷，人民出版社 1994 年版，第 247 页。
② 《邓小平文选》第 3 卷，人民出版社 1993 年版，第 148 页。
③ 同上书，第 203 页。
④ 同上书，第 373 页。

济手段，对经济活动的调节各有优势和长处，社会主义实行市场经济要把两者结合起来；三是市场经济作为资源配置的一种方式本身不具有制度属性，可以和不同的社会制度结合，从而表现出不同的性质。坚持社会主义制度与市场经济的结合，是社会主义市场经济的特色所在。

8. 关于社会主义政治体制改革的理论

关于社会主义政治体制改革的理论是邓小平理论的重要内容，它科学回答了在建设中国特色社会主义伟大实践中如何发展社会主义民主、如何健全社会主义法制等问题。邓小平指出："民主要坚持下去，法制要坚持下去。这好像两只手，任何一只手削弱都不行。"①民主要法制化，法制要保障民主。社会主义民主是民主化和法制化的统一。

第一，发展社会主义民主。民主，历来是我们党奋斗的基本目标之一。邓小平十分重视发展社会主义民主，他认为发展社会主义民主必须做好以下几项工作。

要坚持无产阶级专政。为了防止各种敌对势力对社会主义民主进行破坏，他强调"发展社会主义民主，决不是可以不要对敌视社会主义的势力实行无产阶级专政"②，"必须加强人民民主专政的国家机器"，"一定要把对人民的民主和对敌人的专政结合起来，把民主和集中、民主和法制、民主和纪律、民主和党的领导结合起来"③。

要严格区分社会主义民主和资产阶级民主。他强调，"一定要把社会主义民主同资产阶级民主、个人主义民主严格区分开来"，"资本主义社会讲的民主是资产阶级的民主，实际上是垄断资本的民主，无非是多党竞选、三权鼎立、两院制。我们的制度是人民代表大会制度，共产党领导下的人民民主制度，不能搞西方那一套"④。我们的民主，是具体的民主，是适合中国国情的、具有中国特色的社会主义民主。

要将民主扩展到政治、经济、社会生活的各领域各环节。他指出："扩大

---

① 《邓小平文选》第2卷，人民出版社1994年版，第189页。
② 同上书，第168页。
③ 同上书，第176页。
④ 《邓小平文选》第3卷，人民出版社1993年版，第240页。

各方面的民主生活，扩大群众的监督，很重要"①，要"从制度上保证党和国家政治生活的民主化、经济管理的民主化、整个社会生活的民主化，促进现代化建设事业的顺利发展"②。

要坚持人民代表大会制度和实行政治协商制度。在长期的民主政治建设过程中，我国确立了人民民主专政这一国体，确定了人民代表大会这一政体，确保了人民充分行使当家作主的权利。邓小平指出：我国"实行的就是全国人民代表大会一院制，这最符合中国实际。"③我国确立的中国共产党领导的多党合作和政治协商制度这一政治制度，是被实践证明了的发扬民主的良好形式。邓小平指出："我们也有民主党派，但是他们都接受共产党的领导，我们实行多党协商的制度。"④

第二，健全社会主义法制。发展社会主义民主，必须同健全社会主义法制紧密结合。这是政治体制改革的重要任务和必然要求。邓小平指出："民主和法制，这两个方面都应该加强，过去我们都不足。要加强民主就要加强法制。没有广泛的民主是不行的，没有健全的法制也是不行的"⑤，"做到有法可依，有法必依，执法必严，违法必究"⑥。发展社会主义市场经济，需要靠法制来引导、规范和保障；社会主义民主政治建设，必须依法、有序进行。

9. 关于社会主义精神文明建设的理论

社会主义精神文明是社会主义社会的重要特征。邓小平指出："我们的国家已经进入社会主义现代化建设的新时期。我们要在大幅度提高社会生产力的同时，改革和完善社会主义的经济制度和政治制度，发展高度的社会主义民主和完备的社会主义法制。我们要在建设高度物质文明的同时，提高全民族的科学文化水平，发展高尚的丰富多彩的文化生活，建设高度的社会主义精神文明。"⑦

社会主义精神文明建设包括思想道德建设和教育科学文化建设两个方面。

---

① 《邓小平文选》第 1 卷，人民出版社 1994 年版，第 272 页。
② 《邓小平文选》第 2 卷，人民出版社 1994 年版，第 336 页。
③ 《邓小平文选》第 3 卷，人民出版社 1993 年版，第 220 页。
④ 《邓小平论党的建设》，人民出版社 1990 年版，第 262 页。
⑤ 《邓小平文选》第 2 卷，人民出版社 1994 年版，第 189 页。
⑥ 同上书，第 146—147 页。
⑦ 同上书，第 208 页。

其中，思想道德建设，要解决的是整个民族的精神支柱和精神动力问题，思想道德建设决定着精神文明建设的性质；教育科学文化建设，要解决的是整个民族的科学文化素质和现代化建设的智力支持问题。

邓小平强调，物质文明和精神文明都搞好，才是中国特色的社会主义。一手抓物质文明，一手抓精神文明，"两手抓，两手都要硬"，这是我国社会主义现代化建设的一个根本方针。他多次指出："不加强精神文明的建设，物质文明的建设也要受破坏，走弯路。""经济建设这一手我们搞得相当有成绩，形势喜人，这是我们国家的成功。但风气如果坏下去，经济搞成功又有什么意义？会在另一方面变质，反过来影响整个经济变质，发展下去会形成贪污、盗窃、贿赂横行的世界。"①他旗帜鲜明地指出，必须坚决抵制外来腐朽思想的侵蚀。越是集中力量发展经济，越是加快改革开放的步伐，就越需要社会主义精神文明提供强大的精神动力和智力支持，以保证物质文明建设的顺利进行。

党的十二届六中全会根据邓小平关于加强精神文明建设的思想，提出以经济建设为中心，坚定不移地进行经济体制改革，坚定不移地进行政治体制改革，坚定不移地加强精神文明建设，并且使这几个方面互相配合，互相促进，是我国社会主义现代化建设的总体布局。精神文明建设在这一总体布局中的战略地位，决定了它必须是围绕和推动社会主义现代化建设的精神文明建设，必须是促进全面改革和实行对外开放的精神文明建设，必须是坚持四项基本原则的精神文明建设。这就是党的基本路线所要求的社会主义精神文明建设的基本指导方针。

10. 关于社会主义建设政治保证的理论

四项基本原则，即坚持社会主义道路，坚持人民民主专政，坚持共产党的领导，坚持马克思列宁主义、毛泽东思想。这是邓小平对党长期以来积累的经验所做出的科学概括，体现了亿万人民的共同意志，是中国特色社会主义事业健康发展的根本前提和根本保证。邓小平指出："我们要在中国实现四个现代化，必须在思想政治上坚持四项基本原则。这是实现四个现代化的根本前提。"②

第一，坚持社会主义道路。1979年，邓小平对社会上一些怀疑和反对四项

---

① 《邓小平文选》第3卷，人民出版社1993年版，第144、154页。

② 《邓小平文选》第2卷，人民出版社1994年版，第164页。

基本原则的思潮进行了批判,他指出:"我们必须坚持社会主义道路。"①首先,他认为只有社会主义才能救中国。这是中国人民从五四运动到现在的切身体验得出的不可动摇的历史结论。"中国离开社会主义就必然退回到半封建半殖民地。"②中国人民决不允许历史倒退。其次,他认为社会主义的中国虽然在某些方面还不如发达的资本主义国家,但是这不是社会主义制度造成的,"从根本上说,是解放以前的历史造成的,是帝国主义和封建主义造成的"③。最后,关于社会主义好还是资本主义好的问题,他指出:"当然是社会主义制度好","社会主义的经济是以公有制为基础的,生产是为了最大限度地满足人民的物质、文化需要,而不是为了剥削。由于社会主义制度的这些特点,我国人民能有共同的政治经济社会理想,共同的道德标准。以上这些,资本主义社会永远不可能有"④。

第二,坚持人民民主专政。邓小平反对把阶级斗争扩大化,针对改革开放初期社会上存在的各种破坏社会主义秩序的刑事犯罪分子和其他坏分子,他强调"对于这一切反社会主义的分子仍然必须实行专政"⑤。在阶级斗争存在的条件下,在帝国主义、霸权主义存在的条件下,不可能设想国家专政职能的消亡,不可能设想常备军、公安机关、法庭、监狱等的消亡。它们的存在同社会主义国家的民主化并不矛盾,它们的正确有效的工作不是妨碍而是保证社会主义国家的民主化。事实上,没有无产阶级专政,我们就不可能保卫从而也不能建设社会主义。

第三,坚持共产党的领导。邓小平指出,没有共产党的领导就不可能有社会主义革命,不可能有无产阶级专政,更不可能有社会主义建设。他指出:"在今天的中国,决不应该离开党的领导而歌颂群众的自发性。党的领导当然不会没有错误,而党如何才能密切联系群众,实施正确的和有效的领导,也还是一个必须认真考虑和努力解决的问题,但是这决不能成为要求削弱和取消党的领导的理由。"⑥

————————

① 《邓小平文选》第 2 卷,人民出版社 1994 年版,第 166 页。

② 同上书,第 166 页。

③ 同上书,第 166—167 页。

④ 同上书,第 167 页。

⑤ 同上书,第 169 页。

⑥ 同上书,第 170 页。

第四，坚持马克思列宁主义、毛泽东思想。邓小平指出，"我们坚持的和要当作行动指南的是马列主义、毛泽东思想的基本原理，或者说是由这些基本原理构成的科学体系"①。1979 年，邓小平在党的理论工作务虚会上着重强调要科学评价毛泽东思想。他强调，毛泽东思想过去是中国革命的旗帜，今后将永远是中国社会主义事业和反霸权主义事业的旗帜，我们将永远高举毛泽东思想的旗帜前进。毛泽东同志的事业和思想，都不只是他个人的事业和思想，同时是他的战友、是党、是人民的事业和思想，是半个多世纪中国人民革命斗争经验的结晶。

只有坚持四项基本原则，才能有一个稳定的社会主义中国。在当代中国，发展经济需要稳定，深化改革需要稳定，扩大开放需要稳定，完善民主、健全法制更需要稳定。坚持四项基本原则，保证了改革开放和现代化建设坚定正确的政治方向，保证了改革开放和现代化建设有统一的意志和统一的行动。

11. 关于社会主义国家外交战略的理论

进行社会主义现代化建设，需要一个稳定的国内环境，也需要一个和平的国际环境。邓小平高度重视国家外交问题，指出："中国的对外政策是一贯的，有三句话，第一句话是反对霸权主义，第二句话是维护世界和平，第三句话是加强同第三世界的团结和合作，或者叫联合和合作。"②

邓小平高度重视世界和平问题，坚决反对霸权主义。他指出："反对霸权主义、维护世界和平是我们真实的政策，是我们对外政策的纲领。"③作为社会主义国家，中国永远不会称霸。他指出，我们奉行独立自主的正确的外交路线和对外政策，高举反对霸权主义、维护世界和平的旗帜，坚定地站在和平力量一边，谁搞霸权就反对谁，谁搞战争就反对谁。我们不参加任何集团，我们中国不打别人的牌，也不允许任何人打中国牌。

邓小平强调在互相尊重主权和领土完整、互不侵犯、互不干涉内政、平等互利、和平共处五项原则的基础上，同所有国家发展友好合作关系。社会制度和意识形态的差别，不应该成为发展国家关系的障碍。他指出："考虑国与国之间的关系主要应该从国家自身的战略利益出发。着眼于自身长远的战略利

---

① 《邓小平文选》第 2 卷，人民出版社 1994 年版，第 171 页。
② 同上书，第 415 页。
③ 同上书，第 417 页。

益，同时也尊重对方的利益，而不去计较历史的恩怨，不去计较社会制度和意识形态的差别，并且国家不分大小强弱都互相尊重，平等相待。这样，什么问题都可以妥善解决。"①关于党与党之间的关系，他指出，党与党之间是平等的，任何大党、中党、小党，都要相互尊重对方的选择和经验，对别的党、别的国家的事情不应该随便指手画脚。

邓小平积极倡导建立和平、稳定、公正、合理的国际新秩序。他指出："世界上现在有两件事情要同时做，一个是建立国际政治新秩序，一个是建立国际经济新秩序。"②他认为，和平共处五项原则是最有生命力的，是最经得住考验的，是能够为不同社会制度的国家服务，能够为不同发达程度的国家服务，能够为左邻右舍服务的。对于国际局势，他强调："第一句话，冷静观察；第二句话，稳住阵脚；第三句话，沉着应付。不要急，也急不得。要冷静、冷静、再冷静，埋头实干，做好一件事，我们自己的事。"③

12. 关于祖国统一的理论

完成祖国统一大业，是中华民族的根本利益所在，是全中国人民包括台湾同胞、港澳同胞和海外侨胞在内的共同愿望，中国共产党人为此进行了长期不懈的努力。党的十一届三中全会以后面对港澳台地区尚未统一的问题，邓小平提出了"和平统一、一国两制"的伟大构想，构成了邓小平理论具有中国特色的篇章。

第一，统一是中国历史发展的主流。邓小平指出：统一问题"首先是个民族问题，民族的感情问题。凡是中华民族子孙，都希望中国能统一，分裂状况是违背民族意志的"。"怎么解决这个问题，我看只有实行'一个国家，两种制度'。"④从历史上看，香港、澳门、台湾自古以来就是中国的神圣领土，统一始终是中华民族的民族传统，"中国的统一是全中国人民的愿望，是一百几十年的愿望"；从现实来看，"和平统一、一国两制"构想是基于对现实的客观分析和冷静考虑形成的，就港澳台地区而言，允许资本主义制度在其地区长期保持不变，有利于其繁荣稳定，也符合全中国的基本利益；从国际形势来看，和

---

① 《邓小平文选》第 3 卷，人民出版社 1993 年版，第 330 页。
② 同上书，第 282 页。
③ 同上书，第 321 页。
④ 同上书，第 170、59 页。

平与发展成为时代主题，"和平统一、一国两制"构想客观反映了人类要求和平、发展的共同愿望，符合世界政治和经济发展的基本趋势。

第二，"和平统一、一国两制"构想。"和平统一、一国两制"构想的基本内容主要有：坚持一个中国，这是"和平统一、一国两制"的核心，是发展两岸关系和实现和平统一的基础；两制并存，在祖国统一的前提下，国家的主体部分实行社会主义制度，同时在台湾、香港、澳门保持原有的社会制度和生活方式长期不变；高度自治，祖国完全统一后，台湾、香港、澳门作为特别行政区，享有不同于中国其他省、市、自治区的高度自治权，台湾、香港、澳门同胞各种合法权益将得到切实尊重和维护；尽最大努力争取和平统一，但不承诺放弃使用武力。

第三，"一国两制"构想的运用。"一国两制"是从中国的实际出发，解决台湾问题、香港问题和澳门问题，实现祖国和平统一的伟大构想。这个构想的提出是从台湾问题开始的。台湾问题是国内战争遗留下来的问题，属于中国的内政，不允许外国干涉。邓小平指出："中国面临的实际问题就是用什么方式才能解决香港问题，用什么方式才能解决台湾问题。只能有两种方式，一种是和平方式，一种是非和平方式。"①国家必须统一，任何制造"两个中国""一国两府""一中一台""台湾'独立'"的图谋都是包括台湾人民在内的全体中国人民坚决反对的。我们的愿望，要尽一切力量去争取的，是用和平方式解决台湾问题。采用和平方式解决台湾问题，充分考虑了台湾当局和台湾人民的处境、利益和前途。不放弃使用武力，有利于促进和平解决。只要台湾当局以中华民族的根本利益为重，消除阻挠祖国统一的人为障碍，通过接触和谈判，按照"一国两制"的构想，终归是可以实现统一大业的。

"一国两制"的伟大构想在实践中首先运用于解决香港问题、澳门问题。香港问题和澳门问题是历史上殖民主义侵略遗留下来的问题，是分别属于中国和英国之间、中国和葡萄牙之间的问题。解决香港、澳门问题，就必须既考虑到香港和澳门的实际情况，也要考虑到中国的实际情况和英国、葡萄牙的实际情况。根据"一国两制"的构想，中国政府先后同英国和葡萄牙政府进行谈判，并分别于1984年12月和1987年4月签署了中英《关于香港问题的联合声明》和中

① 《邓小平文选》第3卷，人民出版社1993年版，第101页。

葡《关于澳门问题的联合声明》，推动了港澳回归的历史进程。

"一国两制"的构想是邓小平运用辩证唯物主义和历史唯物主义，坚持实事求是，把和平共处的原则用于解决一个国家的统一问题，既体现了坚持祖国统一、维护国家主权的原则性，又体现了照顾历史实际和现实可能的灵活性，是对马克思主义国家学说的创造性发展。

13. 关于社会主义事业依靠力量的理论

任何理论都有体现其本质的突出特性，人民性是马克思主义最鲜明的品格，也是邓小平理论的鲜明特质。邓小平在党的十二大开幕词中强调："我们党提出的各项重大任务，没有一项不是依靠广大人民的艰苦努力来完成的。"[①]我们党的性质和宗旨决定了党必须将维护人民的根本利益作为自己全部活动的出发点和落脚点。党在长期斗争中创造和发展起来的一切为了群众，一切依靠群众，从群众中来，到群众中去的群众路线，是实现党的思想路线、政治路线、组织路线的根本路线，是中国共产党的优良传统和政治优势。

第一，依靠工人、农民、知识分子建设社会主义。1979年，邓小平分析当代中国阶级状况变化时指出："在这三十年中，我国的社会阶级状况发生了根本的变化。我国工人阶级的地位已经大大加强，我国农民已经是有二十多年历史的集体农民。工农联盟将在社会主义现代化建设的新的基础上更加巩固和发展。我国广大的知识分子，包括从旧社会过来的老知识分子的绝大多数，已经成为工人阶级的一部分，正在努力自觉地为社会主义事业服务。"[②]工人、农民、知识分子是人民群众的绝大多数，是建设中国特色社会主义的依靠力量。一是依靠工人阶级。工人阶级是我国社会主义事业的领导阶级，是先进生产力和生产关系的代表，是建设和改革最基本的动力。邓小平指出："工人阶级最重要的特点之一就是同社会化的大生产相联系，因此它的觉悟最高，纪律性最强，能在现时代的经济进步和社会政治进步中起领导作用。"[③]二是依靠农民。农业是我国国民经济的基础，广大农民是我国社会主义现代化建设和改革开放中人数最多的依靠力量。邓小平十分重视和尊重农民的自主权和创造性，指出联产承包、乡镇企业都是农民的创造，农民没有积极性，国家就发展不起来；

① 《邓小平文选》第3卷，人民出版社1993年版，第4页。
② 《邓小平文选》第2卷，人民出版社1994年版，第185—186页。
③ 同上书，第136页。

农村不稳定，整个政治局势就不稳定。依靠农民，调动广大农民的积极性、主动性和创造性，关系国家发展大局。三是依靠广大知识分子。我国知识分子作为中国工人阶级中掌握科学文化知识较多的主要从事脑力劳动的一部分，作为先进生产力的开拓者和教育科学文化工作的基本力量，在改革开放和现代化建设中承担着重大的历史责任。邓小平指出："一个人才可以顶很大的事，没有人才什么事情也搞不好"，"我建议中央总结一下用人的问题，尊重人才，广开进贤之路"①。

第二，依靠各族人民的团结。我国是统一的多民族的社会主义国家，民族平等、民族团结和各民族的共同繁荣，关系到社会主义事业的健康发展，关系到人民民主专政的国家政权的巩固，关系到各民族的发展和繁荣。党的十一届三中全会后，我国各兄弟民族经过民主改革和社会主义改造，陆续走上社会主义道路，结成了社会主义的团结友爱、互助合作的新型民族关系。邓小平高度强调各族人民团结的重要作用，支持党的民族政策，强调："中国采取的不是民族共和国联邦的制度，而是民族区域自治的制度。我们认为这个制度比较好，适合中国的情况。""我们的民族政策是正确的，是真正的民族平等。"②在谈到西南少数民族问题时，他指出："少数民族的事应该由他们自己当家，这是他们的政治权利"③，"所有这些事情，政治的也好，经济的也好，文化的也好，现在都要开始去做。所有这一切工作，都要掌握一个原则，就是要同少数民族商量"④。

第三，依靠最广泛的爱国统一战线。党的十一届三中全会后，我国统一战线也进入了新的历史发展阶段，各民主党派成为各自所联系的一部分社会主义劳动者和一部分拥护社会主义的爱国者的政治联盟，成为在中国共产党领导下为社会主义服务的重要政治力量。关于统一战线，邓小平指出："我国的统一战线已经成为工人阶级领导的、工农联盟为基础的社会主义劳动者和拥护社会主义的爱国者的广泛联盟。"⑤关于新时期爱国统一战线的基本任务，他强调："新时期统一战线和人民政协的任务，就是要调动一切积极因素，努力化消

① 《邓小平文选》第3卷，人民出版社1993年版，第369页。
② 同上书，第257、362页。
③ 《邓小平文选》第1卷，人民出版社1994年版，第166—167页。
④ 同上书，第168页。
⑤ 《邓小平文选》第2卷，人民出版社1994年版，第187页。

极因素为积极因素，团结一切可以团结的力量，同心同德，群策群力，维护和发展安定团结的政治局面，为把我国建设成为现代化的社会主义强国而奋斗。"①

14. 关于社会主义国家军队和国防建设的理论

邓小平是我国改革开放和社会主义现代化建设的总设计师，也是新时期军队和国防现代化的总设计师。邓小平关于新时期军队和国防建设的理论，是对毛泽东军事思想的继承和发展，是邓小平理论的重要组成部分。

第一，军队和国防建设指导思想的战略性转变。随着全党工作重点的转移，军队和国防建设进入一个新的历史时期。邓小平运用马克思主义的观点和科学方法，对国际形势进行了深入分析，做出了和平与发展是当代世界主题的科学判断。基于此，1985 年 6 月召开的军委扩大会议，做出了国防和军队建设指导思想实行战略性转变的重大决策。邓小平要求军队以现代化建设为中心，走中国特色的精兵之路，不断增强国防实力，为国家改革开放和现代化建设提供坚强有力的安全保障；同时，他要求军队服从和服务于国家经济建设大局，自觉地在这个大局下行动，积极参与国家经济建设。邓小平关于军队和国防建设指导思想的战略性转变，来自对时代主题的科学判断，来自对战争与和平问题的科学预测，为我国国防事业迈入新阶段奠定了基础。

第二，实行积极防御的军事战略方针。军事战略是指导武装力量建设和运用的基本依据。"我们未来的反侵略战争，究竟采取什么方针？我赞成就是'积极防御'四个字。"②邓小平强调，我们的战略方针是积极防御，以国家利益为最高准则来处理问题。我们力求避免和制止战争，力争用和平方式解决国际争端和历史遗留问题。但是，在霸权主义和强权政治依然存在的情况下，国家必须具有用军事手段捍卫主权和安全的能力。其一，人民战争始终是我们克敌制胜的法宝。邓小平指出："经验证明，只要我们坚持人民战争，敌人就是现在来，我们以现有武器也可以打，最后也可以打胜。"③其二，中国人民解放军是人民民主专政的坚强柱石，是捍卫社会主义祖国的钢铁长城，是建设中国特色社会主义的重要力量。邓小平强调，我们的军队要始终不渝地坚持自己的性

---

① 《邓小平文选》第 2 卷，人民出版社 1994 年版，第 187 页。
② 《邓小平关于新时期军队建设论述选编》，八一出版社 1993 年版，第 44 页。
③ 《邓小平文选》第 2 卷，人民出版社 1994 年版，第 77 页。

质，这个性质是，党的军队，人民的军队，社会主义国家的军队。

第三，建设一支强大的现代化正规化的革命军队。邓小平高度重视军队建设，从他的论述中，可以概括出以下几条：一是坚持党对军队的绝对领导，强调"我们这个军队是党指挥枪，不是枪指挥党"；二是重视军队内部团结，坚决反对和克服山头主义和宗派主义，注重密切官兵关系；三是强调政治工作是我军的生命线，指出："不管怎么样，军队里的政治思想工作需要加强。现在这方面的工作有相当的削弱，政治工作人员不懂得做政治思想工作。其实军队的政治思想工作，军队所有的军事人员、政治人员都要做。"[①]四是重视军队建设的现代化和正规化，指出："必须把我军建设成为一支强大的现代化、正规化的革命军队。"[②]强调要不断培养现代化军事人才，加速武器装备现代化。

15. 关于社会主义事业领导核心的理论

建设中国特色社会主义，关键在于坚持、加强和改善党的领导。邓小平指出："没有中国共产党，就没有社会主义的新中国。"[③]在中国这样一个大国，现代化建设，国家的统一，人民的团结，社会的安定，民主的发展，都要靠党的领导。为了坚持和加强党的领导，必须努力改善党的领导。除了改善党的组织状况以外，还要改善党的领导工作状况，改善党的领导制度。

加强党的建设，是我们党领导人民取得革命和建设胜利的一个法宝。在新的历史时期，我们党作为执政党，肩负着历史的重任，经受着时代的考验，必须发扬优良传统，加强自身建设，不断提高领导水平和执政水平。邓小平强调，"要聚精会神地抓党的建设"，"把我们党建设成为有战斗力的马克思主义政党，成为领导全国人民进行社会主义物质文明和精神文明建设的坚强核心"[④]。

邓小平高度重视加强党的思想建设、组织建设、作风建设。关于党的思想建设，邓小平强调，党的各级干部，首先是领导干部，要重视马克思主义的理论学习，从而加强我们工作中的原则性、系统性、预见性和创造性。关于坚持和健全民主集中制、加强和改进党的基层组织建设，他指出，要按照"革命化、

---

① 《邓小平文选》第 2 卷，人民出版社 1994 年版，第 290 页。
② 同上书，第 395 页。
③ 同上书，第 170 页。
④ 《邓小平文选》第 3 卷，人民出版社 1993 年版，第 39 页。

年轻化、知识化、专业化"的方针培养和选拔德才兼备的领导干部，强调我们需要集中统一的领导，但是必须有充分的民主，才能做到正确的集中。关于作风建设，他强调执政党的党风是关系党生死存亡的重大问题。一定要坚持党的宗旨，继承党的优良传统，发扬党的理论和实践相结合的作风、和人民群众紧密地联系在一起的作风以及自我批评的作风。

邓小平指出，领导制度、组织制度问题更带有根本性、全局性、稳定性和长期性。党的十一届三中全会以来，邓小平和党中央提出了加强党的制度建设的一系列方针原则。党领导人民制定了宪法和法律，党必须在宪法和法律的范围内活动。党章是最根本的党规党纪，各级党组织和每个党员都要按党章办事。健全党的各级代表大会制度，党内选举制度，党的组织生活制度，集体领导和个人分工负责相结合的制度，保证党内生活的民主化。废除实际存在的干部领导职务终身制，逐步形成优秀人才能够脱颖而出、富有生机与活力的用人机制。完善党内监督制度，把党内监督同群众监督、舆论监督、民主党派和无党派人士的监督结合起来，把自上而下和自下而上的监督结合起来，逐步形成强有力的监督体系等。

第三节　邓小平理论在马克思主义中国化时代化进程中的历史地位

中国共产党第十四次全国代表大会正式提出"邓小平同志建设有中国特色社会主义理论"这一概念，随后对其核心要义进行了全面而科学的归纳与总结，从而确立了这一理论在全党范围内的指导性地位，中国共产党第十五次全国代表大会进一步将这一理论体系凝练并正式命名为邓小平理论，并将邓小平理论与马克思列宁主义、毛泽东思想并列为党的指导思想，共同载入党章。这一历史性决策，不仅丰富了党的理论宝库，也为新时代中国特色社会主义事业的发展提供了坚实的理论支撑和行动指南。邓小平理论是马克思主义基本原理同中国具体实际相结合、同中华优秀传统文化相结合的产物，是对马克思列宁主义、毛泽东思想的继承和发展，是中国特色社会主义理论体系的开篇之作，是改革开放和社会主义现代化建设的科学指南，是全党全国人民集体智慧的结晶。作为马克思主义基本原理同中国具体实际相结合的第二次飞跃的标志性理论成果，邓小平理论不仅构筑了中国特色社会主义理论体系持续发展与深化的坚实理论基石，而且为坚定不移地推进中国特色社会主义道路的探索与拓展、中国特色社会主义制度的坚持与完善，提供了至关重要的理论支撑、实践范式与制度保障。"邓小平理论是马克思主义中国化时代化的重要里程碑。把邓小平理论确立为党和国家的指导思想，是党和人民从历史和现实中得出的不可动摇的结论。"①这一理论成果，不仅丰富了马克思主义的理论宝库，更为中国乃至世界社会主义运动的发展开辟了新境界，展现了其作为时代精神精华的深远影响。

一、对马克思列宁主义、毛泽东思想的继承和发展

一方面，邓小平理论是在结合时代特征和中国国情的基础之上，继承马克思列宁主义，运用马克思主义立场、观点和方法，遵循马克思主义基本理论和基本原则，植根于马克思主义世界观之中而建立起来的理论。马克思与恩格斯通过对资本主义社会经济与政治状况的深入透视与剖析，揭示了社会主义取代资本主义乃历史发展的必然规律，并据此创立了科学社会主义理论。在此基础上，他们从逻辑层面对未来社会进行了一系列严谨的推测与设想。他们认为，社会主义社会的建立是在资本主义高度发展的基础之上实现的，是资本主义社会生产社会化与生产资料资本家私人占有这一基本矛盾发展的必然产物。在社会主义社会中，全部生产资料将归社会直接公共占有，个人消费品则遵循按劳分配的原则进行分配；全体劳动者将实行联合劳动，并根据整个社会的需求，有计划地调节社会生产活动，此时商品生产和货币交换将不复存在；社会将消灭阶级差别与阶级对立，建立无产阶级专政，以此作为过渡到无阶级社会的必经阶段。马克思主义创始人关于未来社会的设想深刻揭示了资本主义的发生与发展规律，对于后续社会主义制度的建立与发展具有重要的指导意义。列宁作为马克思主义理论的杰出运用者，在自由资本主义向帝国主义过渡的历史背景下，他基于新的现实条件和历史经验的深刻洞察，创造性地提出了社会主义能够首先在一国取得胜利的理论。这一开创性的见解，不仅丰富了马克思主义的

---

① 习近平：《在纪念邓小平同志诞辰 120 周年座谈会上的讲话》，载《人民日报》，2024年 08 月 23 日。

理论宝库，更将其推向了一个崭新的发展阶段——列宁主义阶段，标志着马克思主义理论与实践的又一次飞跃。在实践层面，列宁以其卓越的领导力，成功引领了俄国十月社会主义革命，从而创立了苏维埃政权，这一壮举标志着社会主义从理论构想向实践探索的跨越性飞跃。步入晚年之际，列宁对俄国内战期间实施战时共产主义政策以迈向社会主义的初步尝试进行了全面而深刻的反省。这一反思过程促使他构建了以新经济政策为核心框架的理论体系，该理论聚焦于经济文化相对滞后国家如何有效推进社会主义建设的重大课题。邓小平理论是对马克思列宁主义的继承和发展，从理论来源上看，邓小平理论是马克思列宁主义基本原理与当代中国实践及时代特征深度融合的产物，深深根植于马克思列宁主义的理论沃土之中，并充分汲取了中国社会主义建设实践中的宝贵经验；从内容构成上看，邓小平理论丰富和发展了马克思主义关于社会主义建设道路的理论，它强调走自己的路，将马克思主义基本原理运用于中国具体实践当中，逐步形成了建设中国特色社会主义的路线、方针和政策。这种创新和发展，使得邓小平理论在新的历史条件下，更好地指导中国的社会主义现代化建设；从实践成效而言，邓小平理论作为我国社会主义现代化事业的重要指导思想，持续引领着我们国家不断向前发展，并取得了全球瞩目的辉煌成就。

另一方面，邓小平理论是对毛泽东思想的继承和发展。毛泽东思想是马克思主义与中国实际相结合过程中实现的第一次历史性飞跃的伟大理论成果，它作为引领中国革命与建设事业走向辉煌胜利的伟大旗帜，具有深远的历史意义。毛泽东对马克思主义的突出贡献，在于他创造性地构建了新民主主义理论。这一理论的创立，不仅为中国革命指明了从半殖民地半封建社会，通过新民主主义阶段，最终迈向社会主义社会的独特发展路径，同时也使得马克思主义创始人关于东方社会可能跨越资本主义发展阶段，直接步入社会主义社会的理论设想，在中国大地上得到了实践的验证与实现。新时期，邓小平继承并发展毛泽东思想，以其卓越的领导才能和深远的战略眼光，在拨乱反正与全面深化改革的伟大征程中，始终不渝地坚持解放思想、实事求是的思想路线，勇于探索，敢于创新，成功解决了关乎党和国家命运走向的两个重大历史性课题，取得了两项举世瞩目的历史性贡献。一是科学地评价了毛泽东同志的历史地位与贡献，不仅公正地总结了毛泽东同志一生的功过是非，深刻阐述了毛泽东思想作为党的指导思想的重大意义，有效维护了毛泽东思想在党和国家意识形态中的核心地位。这对于统一全党思想，凝聚社会共识，确保党和国家事业沿着正确方向前进，具有不可估量的价值。二是成功开辟了一条适合中国国情、具有中国特色的社会主义建设道路。邓小平深刻洞察国内外形势变化，准确把握时代脉搏，创造性地提出了建设有中国特色社会主义的理论体系，这一理论体系涵盖了经济、政治、文化、社会等各个领域，为中国的改革开放和现代化建设提供了强大的理论支撑和行动指南。在他的领导下，中国实现了从高度集中的计划经济体制到充满活力的社会主义市场经济体制、从封闭半封闭到全面开放的伟大历史转折，经济社会发展取得了举世瞩目的成就，人民生活水平显著提高，国家综合国力大幅跃升。

邓小平在新的历史背景下，深刻把握马克思主义中国化时代化的进程，将继承与坚持的原则同发展与创新的理念辩证地融合，引领马克思主义在当代迈入了全新的境界，达到了前所未有的高度。他所创立的建设中国特色社会主义理论，是对马克思列宁主义、毛泽东思想精髓的忠实传承与创造性发展。邓小平理论坚持马克思主义思想路线，围绕什么是社会主义、怎样建设社会主义的问题，系统回答了在中国这样一个经济文化比较落后的东方大国建设、巩固和发展社会主义的一系列基本问题，用一系列独创性的思想、观点，继承、丰富和发展了马克思列宁主义、毛泽东思想。正如邓小平所指出的："我们搞改革开放，把工作重心放在经济建设上，没有丢马克思，没有丢列宁，也没有丢毛泽东。老祖宗不能丢啊！问题是要把什么叫社会主义搞清楚，把怎么样建设和发展社会主义搞清楚。"①

二、邓小平理论是马克思主义在中国发展的新阶段

从邓小平理论形成的历史根据、从邓小平理论与我国社会主义建设历史进程和经验的角度，对邓小平理论历史定位所作的解读可知，邓小平理论是马克思主义与中国实践相结合的新发展，也是马克思主义在中国发展的新阶段。

第一，邓小平理论重新审视了"什么是社会主义、怎样建设社会主义"这一基本理论问题，突破了传统的关于社会主义的观念。关于"什么是社会主义"，他明确指出，社会主义的本质是解放生产力，发展生产力，消灭剥削，消除两

① 《邓小平文选》第3卷，人民出版社1993年版，第369页。

极分化，最终达到共同富裕。这一概括不仅深刻地阐明了社会主义的内在要求和价值目标，而且体现了社会主义制度的优越性，即能够比资本主义制度更快地发展生产力，并在此基础上不断改善人民的物质文化生活。这种理解突破了传统社会主义理论的束缚，将社会主义与市场经济相结合，提出了建设有中国特色的社会主义市场经济体制的目标，这是对社会主义本质的新的理解和阐释。关于"怎样建设社会主义"，邓小平理论也给出了明确的答案。在改革开放和现代化建设的实践中，邓小平强调要坚持以经济建设为中心，大力发展社会生产力，同时，他也倡导改革开放，通过引进外资、发展对外经济关系等方式，推动中国经济与世界接轨，以此促进经济的快速发展和社会的全面进步。这些措施的实施，使得中国在短短几十年内实现了从贫穷落后到繁荣富强的历史性飞跃，充分证明了邓小平关于怎样建设社会主义的理论的正确性。

第二，邓小平理论强调社会主义的根本任务是"解放生产力，发展生产力"，完善了马克思主义关于发展生产力的基本观点。一方面，从马克思主义的基本原理出发，阐明生产力的发展是推动社会进步的根本动力。在邓小平看来，社会主义制度相比资本主义制度具有更大的优越性，这种优越性应该体现在能够更快地发展生产力上。因此，他强调要通过改革来解放被束缚的生产力，通过开放来引进和学习国外的先进技术和管理经验，从而推动中国经济的快速发展。另一方面，邓小平理论还进一步完善了马克思主义关于发展生产力的基本观点。提出"科学技术是第一生产力"的重要论断，强调了科学技术在推动生产力发展中的关键作用。同时，还提出"发展才是硬道理"，强调了发展生产力对于解决中国所有问题的关键性意义。

第三，邓小平理论强调改革是社会主义的发展动力，进一步发展了马克思主义社会发展动力理论。马克思主义认为，改革是一种革命性的力量，能够解放和发展生产力。邓小平则明确提出了改革是社会主义发展动力的论断，这是对马克思主义社会发展动力理论的重要贡献。邓小平在1985年会见津巴布韦非洲民族联盟主席、政府总理穆加贝时，就关于社会主义改革问题发表了重要讲话，其中一部分内容形成了《改革是中国发展生产力的必由之路》一文，邓小平认为在社会主义基本制度确立之后，需要通过改革来从根本上改变束缚生产力发展的经济体制，建立起充满生机和活力的社会主义经济体制，以促进生产力的发展。就此，他提出，改革是解放和发展生产力的必由之路，是推动社会主义社会向前发展的强大动力。这一理论贡献对于指导中国特色社会主义事业的发展具有重要意义，同时也为马克思主义社会发展动力理论注入了新的活力。

第四，邓小平理论提出社会主义也可以实行市场经济，是对马克思主义经济理论的重大突破。在传统的马克思主义经济理论体系中，市场经济长久以来被视为资本主义社会所独有的经济形态，与社会主义认为的公有制基础及计划经济模式形成了鲜明的对比。这一观点在社会主义国家的历史进程中，长期主导了其经济实践的策略规划与政策导向。邓小平结合中国具体发展实践，提出了社会主义也可以实行市场经济的重大论断，他明确指出，"计划经济不等于社会主义，资本主义也有计划；市场经济不等于资本主义，社会主义也有市场"①。这一论断从根本上改变了人们对计划与市场关系的传统认识，将计划和市场视为资源配置的两种手段，而非社会制度的本质特征。这不仅是对传统观念的突破，更是对马克思主义经济理论的丰富和发展。同时，这一理论创新也为其他社会主义国家提供了有益的借鉴和启示，推动了全球社会主义运动的发展。

第五，邓小平理论强调没有民主就没有社会主义，就没有社会主义现代化，充实了马克思主义的民主观。邓小平对马克思主义的民主观进行了重要的充实与发展，其中，"没有民主就没有社会主义，就没有社会主义现代化"这一论断，尤为深刻地体现了邓小平对民主在社会主义建设和现代化进程中的基础性作用的深刻认识。一方面提出民主是社会主义的本质要求和内在属性。邓小平认为社会主义作为一种先进的社会制度，其优越性不仅体现在生产力的快速发展和经济的高效运行上，更体现在人民当家作主、享有广泛民主权利的政治实践中。另一方面指出民主是社会主义现代化的必要条件，邓小平指出只有充分发扬民主，才能激发人民的积极性和创造力，为社会主义现代化建设提供强大的动力和支持。

第六，邓小平理论提出坚持四项基本原则，构筑了社会主义的政治保障，丰富了马克思主义的政治观。邓小平理论作为中国特色社会主义理论体系的重要组成部分，其核心思想之一便是坚持四项基本原则，这一原则不仅构筑了社

① 《邓小平文选》第 3 卷，人民出版社 1993 年版，第 373 页。

会主义的政治保障，还极大地丰富了马克思主义的政治观。一方面，坚持四项
基本原则是社会主义的政治基石。四项基本原则，即坚持社会主义道路、坚持
人民民主专政、坚持中国共产党领导、坚持马克思列宁主义毛泽东思想，是邓
小平理论的重要组成部分，确保了社会主义事业的正确方向和国家的长治久
安，是党和国家生存发展的基石所在。另一方面，四项基本原则中，坚持社会
主义道路是四项基本原则的核心，它保证了国家发展的社会主义性质和方向，
避免了资本主义复辟的危险；坚持人民民主专政确保了人民当家作主的地位，
维护了最广大人民的根本利益，是社会主义民主政治的本质体现；坚持中国共
产党领导是社会主义事业取得胜利的根本保证，它保证了政策的连续性和稳定
性，是国家和社会发展的坚强领导核心；坚持马克思列宁主义毛泽东思想为党
和国家提供了科学的理论指导，确保了思想路线的正确性和理论创新的可
能性。

　　第七，邓小平理论明确了社会主义的领导力量和依靠力量，丰富了马克思
主义党建学说和统一战线理论。邓小平理论的又一重要理论贡献就是对社会主
义的领导力量和依靠力量的明确，以及对马克思主义党建学说和统一战线理论
的深化与拓展。一方面明确了社会主义的领导力量是中国共产党。强调党的领
导对于社会主义事业成败的关键性作用，只有坚持党的领导，才能确保社会主
义事业的正确方向，实现国家的长治久安和人民的共同富裕。另一方面，明确
了社会主义的依靠力量是广大人民群众。强调了人民群众在社会主义建设中的
主体作用，指出只有紧密依靠人民群众，才能充分发挥他们的积极性和创造
力，推动社会主义事业不断向前发展。此外，还丰富了马克思主义的统一战线
理论。强调在社会主义建设中，必须团结一切可以团结的力量，拓宽统一战线
的范围和对象，使其更加适应社会主义建设的实际需要。

三、中国特色社会主义理论体系的开篇之作

　　中国特色社会主义是适合中国国情、符合中国特点、顺应时代发展要求的
理论和实践，所以才能取得成功，并将继续取得成功。而在中国特色社会主义
事业不断发展的过程中，邓小平理论作为指导思想发挥了至关重要的作用，不
仅为中国的改革开放和现代化建设提供了科学指南，而且为中国特色社会主义
理论体系的形成和发展奠定了坚实基础。20 世纪 70 年代末至 90 年代初是中国

社会经历深刻变革的关键时期。面对国内外复杂多变的形势，传统社会主义模式已难以适应发展的需要，中国迫切需要探索一条符合本国国情的发展道路。邓小平正是在这样的历史背景下，提出了一系列关于社会主义建设的新思想、新观点，为中国特色社会主义理论体系的形成奠定了基础。邓小平说："特别是像我们这样第三世界的发展中国家，没有民族自尊心，不珍惜自己民族的独立，国家是立不起来的。"①我们的国权，我们的国格，我们的民族自尊心，我们的民族独立，关键是道路、理论、制度的独立。邓小平理论第一次比较系统地初步回答了中国社会主义的发展道路、发展阶段、根本任务、发展动力、外部条件、政治保证、战略步骤、党的领导和依靠力量以及祖国统一等一系列基本问题，指导我们党制定了在社会主义初级阶段的基本路线。它是贯通哲学、政治经济学、科学社会主义等领域，涵盖经济、政治、科技、教育、文化、民族、军事、外交、统一战线、党的建设等方面的比较完备的科学体系。

邓小平作为中国特色社会主义理论体系的开创者，思想和实践深深植根于对中国社会主义建设的深入思考和探索。他紧紧抓住"什么是社会主义、怎样建设社会主义"这个基本问题，响亮地提出了"走自己的道路，建设有中国特色的社会主义"的伟大号召。这一号召不仅为中国的改革开放和现代化建设指明了方向，也使得中国特色社会主义成为我们党全部理论和实践一以贯之的主题。邓小平在领导中国社会主义建设的过程中，始终围绕"什么是社会主义、怎样建设社会主义"这个基本问题进行深入的思考和探索。他深刻总结我国社会主义建设正反两方面经验，借鉴世界社会主义历史经验，做出把党和国家工作中心转移到经济建设上来、实行改革开放的历史性决策，深刻揭示社会主义本质是解放生产力，发展生产力，消灭剥削，消除两极分化，最终达到共同富裕。邓小平还深刻认识到，社会主义建设是一个长期而复杂的过程，需要不断探索和创新。他提出了一系列关于社会主义建设的新思想、新观点，如改革开放、社会主义市场经济等，这些都是对"怎样建设社会主义"这一问题的深入思考和回答。在深入探索"什么是社会主义、怎样建设社会主义"的过程中，邓小平逐渐形成了"走自己的道路，建设有中国特色的社会主义"这一伟大号召。他明确指出，鉴于中国独特的历史积淀、文化底蕴及具体国情，我们不可简单复

①《邓小平文选》第 3 卷，人民出版社 1993 年版，第 331 页。

制他国模式，而应基于自身实际，勇于探索，锐意创新。邓小平科学回答了建设中国特色社会主义的一系列基本问题，开创性地提出了社会主义本质、社会主义初级阶段、党的基本路线、改革开放、"一国两制"等具有浓厚中国特色的新概念、新范畴，建构了中国特色社会主义理论的基本框架。正如习近平总书记指出的，"坚持和发展中国特色社会主义是一篇大文章，邓小平同志为它确定了基本思路和基本原则"①。

　　邓小平理论使改革开放后的中国发生天翻地覆的变化，迎来了思想的解放、经济的发展、政治的昌明、教育的勃兴、文艺的繁荣、科学的春天。思想上，邓小平理论强调实事求是，摒弃了教条主义和本本主义，鼓励人们从实际出发，独立思考，勇于创新，极大地促进了人们思想的解放，使得社会氛围更加宽松和自由，为各种新思想和新观念的涌现提供了肥沃的土壤。经济上，邓小平提出的"发展是硬道理"理念，明确了中国经济发展的重要性。通过改革开放政策，中国吸引了大量外资，引进了先进技术和管理经验，推动了经济的快速增长。同时，农村家庭联产承包责任制的实施和城市经济体制改革的推进，极大地激发了人们的生产积极性，提高了经济效益。政治上，邓小平理论倡导民主政治，强调党内民主和人民民主的重要性。通过加强法制建设、完善政治制度、推动政治体制改革等措施，中国的政治环境变得更加公正、透明和稳定。这为社会的发展和进步提供了坚实的政治保障。教育上，邓小平提出"百年大计，教育为本"的思想，高度重视教育事业的发展，主张普及基础教育，提高国民素质；大力发展职业教育和成人教育，培养高素质劳动力；鼓励高等教育创新和发展，为国家培养更多优秀人才。这些措施有力地促进了中国教育事业的蓬勃发展。文化上，邓小平理论倡导百花齐放、百家争鸣的文化方针，鼓励文学艺术的创新和繁荣。在这样一个开放包容的文化环境下，各种文学艺术形式和流派得以蓬勃发展，为中国文化的多样性注入了新的活力。科学上，邓小平提出的"科学技术是第一生产力"的理念，极大地推动了中国科技事业的发展。他强调科技创新和国家核心竞争力的重要性，增加了对科技研发的投入和支持。这使得中国在高科技领域取得了显著成就，迎来了科学的春天。总体上，我国社会生产力、综合国力和人民生活都上了一个大台阶，社会主义中国

---

① 《习近平谈治国理政》第1卷，外文出版社2018年版，第23页。

巍然屹立在世界东方。邓小平理论的贡献，是历史性的，也是世界性的，不仅改变了中国人民的历史命运，而且影响了世界的历史进程。邓小平理论之所以能够如此，就在于看清了世界和中国的发展大势，深刻了解中国人民和中华民族的深沉愿望，把握住中国发展的历史规律。正如习近平总书记在纪念邓小平同志诞辰110周年座谈会上的讲话中所重申的："如果没有邓小平同志，中国人民就不可能有今天的新生活，中国就不可能有今天改革开放的新局面和社会主义现代化的光明前景。"①邓小平理论经过改革开放和现代化建设实践的检验，已经被证明是指导中国人民建设中国特色社会主义、保证中国通过改革开放实现国家繁荣富强和人民共同富裕的系统的科学理论。邓小平理论是中国共产党和中国人民宝贵的精神财富，是改革开放和社会主义现代化建设的科学指南，是党和国家必须长期坚持的指导思想。

专题思考：

1. 如何科学认识和把握邓小平理论形成的历史条件？

2. 怎样正确评价邓小平和邓小平理论？

---

① 《在纪念邓小平同志诞辰110周年座谈会上的讲话》，人民出版社2014年版，第8页。

第五章 "三个代表"重要思想把马克思主义中国化时代化新的飞跃推向二十一世纪

　　世纪交替、千年更始，面对严峻复杂的国内外形势，以江泽民为代表的党的第三代领导集体，带领全党全国各族人民，坚持党的基本理论、基本路线，直面各种风险考验，捍卫了中国特色社会主义。同时，又依据新的实践，确立了党的基本纲领，总结党的建设基本经验，逐步形成了"三个代表"重要思想。它用一系列紧密联系、相互贯通的新思想、新观点、新论断，进一步回答了什么是社会主义、怎样建设社会主义的问题，创造性地回答了建设什么样的党、怎样建设党的问题，丰富和发展了中国特色社会主义理论体系，开创了改革开放的崭新局面，加强和完善了党的建设新的伟大工程，成功把马克思主义中国化时代化新的飞跃推向了 21 世纪。党的十六大将"三个代表"重要思想写入党章，实现了党的指导思想的又一次与时俱进。

第一节 "三个代表"重要思想的形成

　　党的十四届三中全会以来，以江泽民为代表的党的第三代领导集体根据世情、国情和党情的新变化，系统总结了改革开放以来我国现代化建设和党的建设的基本经验，在加快推进全面建设小康社会以及社会主义现代化过程中，坚持把马克思主义基本原理同中国具体实际相结合、同中华优秀传统文化相结合，坚定不移地走中国特色社会主义道路，逐步形成了与时俱进的马克思主义的理论成果——"三个代表"重要思想。

一、"三个代表"重要思想形成的时代背景

　　20 世纪 80 年代末 90 年代初，世界政治格局多极化、经济全球化趋势迅猛发展，科技进步日新月异，给社会主义现代化事业带来了新的发展机遇。但

是，国际上东欧剧变、苏联解体，"马克思主义失败论""历史终结论"等西方思潮相继涌现，世界社会主义事业陷入低潮；同时，国内发生政治风波，我国社会主义事业遭遇前所未有的挫折与考验。党和国家的事业处在决定前途和命运的重大历史关头。以江泽民为代表的中国共产党人继续坚持党的十一届三中全会以来形成的路线、方针、政策不动摇，在科学判断形势、总结经验教训、从容应对风险考验的基础上进行艰辛探索，坚持改革开放不动摇，全面推进社会主义现代化建设，坚定不移地将马克思主义中国化时代化新的飞跃推向 21 世纪。

1. 世纪之交国际局势发生深刻变化

"冷战"之后，世界多极化和经济全球化的趋势在曲折中发展，世界格局、发展趋势以及国与国之间交往行为和方式都处在转折、变革和调适的关键时期。和平与发展代替了战争与冲突，逐步成为国际社会的主流和趋势。在千年更迭、世纪交替之际，我们所处的国际环境正经历前所未有的深刻变化，这正是"三个代表"重要思想产生的时代背景。

从政治上看，世界政治格局的多极化趋势愈加明显。20 世纪 80 年代末和 90 年代初，东欧剧变与苏联解体直接导致了"战时"形成的两极格局的瓦解，国际共产主义运动遭受严重挫折，同时也使得世界开始多极化进程。苏联的解体使得美国成为世界上的唯一超级大国，凭借自身强大的综合实力，美国力图建立起由它所主导的世界政治经济秩序。中国作为最大的社会主义国家，由于社会制度和意识形态的巨大差异，以美国为首的资本主义国家对我国"西化""分化"的图谋不会改变，这就使得我们党长期面临沉重的国际压力，渗透与反渗透、遏制与反遏制、分裂与反分裂、颠覆与反颠覆的斗争将长期存在。与此同时，传统安全威胁与非传统安全威胁的因素相互交织，民族矛盾、宗教纠纷引起的局部冲突时起时伏，恐怖主义危害不断上升，南北差距逐渐拉大，霸权主义和强权政治等新问题也不断出现，世界仍不安宁。

从经济上看，经济全球化已经成为不可阻挡的历史潮流。20 世纪 80 年代末 90 年代初，东欧剧变、苏联解体进一步消除了东西方之间经济往来的障碍和壁垒，经济全球化的浪潮几乎席卷了所有国家和地区。这是当今世界生产力发展、世界市场拓展以及科学技术进步共同作用的结果，是历史发展不可阻挡的大趋势。

同时，科学技术的发展异常迅猛。马克思曾经指出，生产力也包括科学，"随着新生产力的获得，人们改变自己的生产方式，随着生产方式即谋生的方式的改变，人们也就会改变自己的一切社会关系"①。在人类文明的发展历程中，科学技术的创新是推动人类社会进步的重要动力。20世纪中后期，以信息技术、生物技术、新能源技术等为代表的高新技术突飞猛进，使得人类社会进入信息时代。不论是发达国家，还是发展中国家，人们都深刻认识到科技进步在促进经济发展、提高综合国力中扮演着越来越重要的角色。江泽民曾指出："二十一世纪，世界科学技术和生产力必将发生新的革命性突破。对此，我们必须有充分的估计。我们必须抓住新科技革命的机遇，大力推进我国的科技进步和创新，尽力缩小同发达国家在科技发展水平上的差距。"②对此，作为发展中国家的中国，如何适应时代潮流，直面严峻的国际形势，在激烈的国际竞争中处于不败地位，带领全国各族人民推进建设中国特色社会主义的宏图伟业，都是我们党作为中国唯一执政党亟待解决的重大战略议题。

2. 中国共产党面临执政考验与新的历史任务

中国共产党诞生于经济基础薄弱、国家制度落后、社会政治危机凸显的旧时代，充分利用自身的政治领导力、组织动员力以及审时度势的战略决断力，用实践向历史和人民宣告了自身的合法性。历经革命、建设、改革三个历史时期，我们党已经从领导人民为夺取全国政权而奋斗的党，成为充分体现人民意志掌握政权并长期执政的党；已经从受到外部封锁和实行计划经济条件下领导国家建设的党，成为改革开放新时期领导中国人民开创中国特色社会主义宏图伟业的党。这是中国共产党新的历史方位。同时党所肩负的历史任务，以及党的自身建设状况都发生了新的重大变化，我们党面临诸多考验与挑战。

第一，我们党面临执政的考验。中国共产党作为唯一的执政党，长期的执政地位容易使部分党员干部滋生形式主义、官僚主义等不正之风，致使其思想僵化、信念动摇、组织涣散，最后腐败变质。因此我们党只有大力加强自身建设，提高自身拒腐防变与抵御风险的能力，才能肩负起领导社会主义建设的重任。

第二，我们党面临改革开放和发展社会主义市场经济的考验。20世纪90

---

① 《马克思恩格斯文集》第1卷，人民出版社2009年版，第602页。
② 江泽民：《论"三个代表"》，中央文献出版社2001年版，第67页。

年代初期，伴随着改革开放逐渐深入，社会主义市场经济不断发展，但在新旧体制交替的过程中，由于社会主义市场体制不成熟、法律法规不健全、政府政策不配套等问题滋生了贪污腐败现象。

第三，我们党面临国际敌对势力和平演变的考验。以美国为代表的西方国家，利用自身的科技优势，通过各种方式和途径，鼓吹西方国家意识形态、社会制度、价值观念的优越性。为应对西方国家的意识形态渗透，我们党必须加强理论创新，加强马克思主义意识形态在中国的主导地位。

新的历史时期，我们党正是在立足于新实际，直面各种风险考验，不断加强自身建设，奋力成为永葆先进性和纯洁性的马克思主义政党，领导全国各族人民接续推进社会主义现代化建设的过程中不断形成和发展"三个代表"重要思想的。

3. 新世纪接续推进中国特色社会主义伟大实践的应有之义

党的十三届四中全会以来，在事关社会主义前途和命运的关键时刻，我们党和国家从容处理关系我国主权和安全的国际突发事件，从容应对政治、经济和自然领域出现的困难和风险，经受住一次又一次考验，排除各种干扰，始终让承载着改革开放和现代化建设事业的"中国号"巨轮沿着正确航向劈波斩浪。我国进入全面建设小康社会、加快推进社会主义现代化新的发展阶段。社会生产力水平大幅跃升，综合国力显著增强，国际地位进一步提高，人民生活总体上达到小康水平，社会主义制度的优越性在中国初步彰显。与此同时，改革开放进入攻坚期，发展步入关键期，中国特色社会主义事业发展面临新的困难和挑战。

第一，新的、多样化的社会阶层不断形成。伴随着改革开放的深入推进和社会主义市场经济体制的逐步确立，原有的社会阶层发生了极大变化，除了工人、农民、知识分子、干部等传统意义上的社会阶层外，又出现了一些新的社会阶层。现代社会的多元分化导致多样化社会阶层的诞生，并由此形成更为复杂多样的利益关系。我们党必须深入思考如何处理复杂多变的利益关系，以及最大限度地满足不同阶层的利益诉求。

第二，就任何社会制度来说，通过不同方式或途径推动本国的现代化进程，进而引发的政治、经济与社会转型都具有革命性的鲜明特征。我国在改革转型过程中，经济利益多样化趋向日益凸显，加上市场经济本身具有逐利导向的基本逻辑，其恶性膨胀诱发出拜金主义、享乐主义等奢靡之风，甚至影响人们对社会主义制度的信心和底气。

第三，现代化过程是一个原有政治观念、思想观念、价值观念被逐步打破，新的观念和价值又未完全耦合于变化发展的社会现实，这就使得人们的心理安全感和价值认同都容易出现危机。因此如何有效整合社会力量、培养人们的价值认同，将其吸纳到中国的政治体系当中，对执政的中国共产党提出了新的更高要求。在向基本实现现代化目标迈进的过程中，我们党还将遇到一系列重大难题，如国内产业结构急需优化调整，部分国有企业存在较大困难，经济社会发展与人口、环境、资源关系紧张，正确处理改革、发展和稳定三者间的相互关系，以及效率与公平的两难选择等。

面向 21 世纪，推进现代化建设、完成祖国统一、维护世界和平与促进共同发展，也是我们党面临的伟大而又艰巨的三大历史任务。"三个代表"重要思想是在对当代中国的发展变化科学认识的基础上形成和发展起来的。

二、"三个代表"重要思想的形成与发展过程

"三个代表"重要思想是以江泽民为代表的党中央在继承毛泽东思想、邓小平理论的基础之上，准确把握时代特征，科学判断我们党所处的历史方位，积极有效应对我们党执政所面临的诸多风险与挑战，在不断探索中国特色社会主义的伟大实践中逐步形成和发展的。"三个代表"重要思想作为一个系统完备的科学体系，其产生经历了酝酿、形成到逐步深化的过程。

1."三个代表"重要思想的形成经历了长期的酝酿过程

1989 年 6 月，党的十三届四中全会提出了大力加强党的建设，坚决惩治腐败的要求。8 月，中共中央发出了《关于加强党的建设的通知》（以下简称《通知》）。《通知》系统总结了以往的经验教训，明确提出："从现在起，各级党委必须按照党的基本路线的要求，聚精会神地抓党的建设，下决心解决好当前党的建设中的迫切问题。否则，不仅我们国家长期积累下来的各种严重问题不可能得到解决，而且会留下隐患，难免发生新的政治风波。"①同时《通知》对加强党的建设进行了新的具体部署，体现了全党充分认识到加强党的建设的重要性

---

① 《中国共产党历史大事记(1919.5—1990.12)》，人民出版社 1991 年版，第 435 页。

和紧迫性。1991年江泽民在建党70周年纪念大会上对进一步加强党的建设做了更为详细和深刻的论述。

1992年,党的十四大系统阐述了加强党的建设与改善党的领导问题,报告指出:"在新的历史时期,党所处的环境和肩负的任务有了很大变化,党的思想、政治、组织、作风建设都面临许多新情况和新问题。我们一定要结合新的实际,遵循党的基本路线,坚持党要管党和从严治党,加强和改进党的建设,努力提高党的执政水平和领导水平,使我们这个久经考验的马克思主义的党,在建设有中国特色社会主义的伟大事业中更好地发挥领导核心作用。"①党的十四大后,全党积极落实十四大所提出的加强党的建设与改善党的领导的新任务,取得一系列重大进展。1994年,党的十四届四中全会专门研究新形势下党的建设的若干问题,通过了《中共中央关于加强党的建设几个重大问题的决定》,指出"党必须善于在改革开放的新形势下认识自己、加强自己、提高自己,认真研究和解决在自身建设中出现的新矛盾新问题"②,同时首次明确提出了"党的建设新的伟大工程"及其总目标,即要"把党建设成为用建设有中国特色社会主义理论武装起来、全心全意为人民服务、思想上政治上组织上完全巩固、能够经受住各种风险、始终走在时代前列的马克思主义政党"③。新形势下党的建设总目标的提出,科学回答了新的时代背景下建设一个什么样的无产阶级先进性政党这一根本问题,为之后加强和改进党的建设指明了方向。

1997年9月,党的十五大在北京召开,江泽民站在世纪之交的历史高度,全面深化总结了改革开放以来推进中国特色社会主义事业的经验教训,系统阐述了邓小平理论的历史地位和指导意义,深刻论述了新时期党的建设新的伟大工程的总目标,将其高度概括为:"要把党建设成为用邓小平理论武装起来、全心全意为人民服务、思想上政治上组织上完全巩固、能够经受住各种风险、始终走在时代前列、领导全国人民建设有中国特色社会主义的马克思主义政党。"④江泽民指出,要把中国特色社会主义事业全面推向21世纪,关键在于加强、坚持和改善党的领导,进一步把党建设好。他从加强党的思想建设、组织

---

① 《江泽民文选》第1卷,人民出版社2006年版,第245页。
② 《十四大以来重要文献选编》(中),中央文献出版社1997年版,第957页。
③ 《江泽民文选》第2卷,人民出版社2006年版,第548页。
④ 同上书,第43页。

建设、作风建设、反对腐败、从严治党等方面对于推进党的建设这一新的伟大工程提出新要求做出新部署。党的十五大之后，以江泽民为代表的中国共产党人基于新的国内外形势，对"建设什么样的党、怎样建设党"，不断保持党的先进性这一根本问题进行思考和探索，创造性地提出了"三个代表"重要思想。

2."三个代表"重要思想的提出

2000 年 2 月 25 日，江泽民在广东考察工作期间，在全面总结党的历史经验以及"在对外开放和发展社会主义市场经济的条件下，我们党如何始终保持工人阶级先锋队性质，更好地代表最广大人民的利益；在社会经济成分、组织形式、就业方式、利益关系和分配方式多样化的趋势进一步发展的条件下，如何始终保证全党同志按照党的奋斗目标、按照国家和人民的最高利益来行动，维护和加强党的坚强团结和高度统一"①等重大理论和现实问题进行深入思考的基础上，首次对"三个代表"进行了较为全面的阐述。"总结我们党七十多年的历史，可以得出一个重要结论，这就是：我们党所以赢得人民的拥护，是因为我们党在革命、建设、改革的各个历史时期，总是代表着中国先进生产力的发展要求，代表着中国先进文化的前进方向，代表着中国最广大人民的根本利益。"②2000 年 5 月 14 日，江泽民在江苏、浙江、上海党建座谈会上特别指出："始终做到'三个代表'，是我们党的立党之本、执政之基、力量之源"，"推进党的思想建设、政治建设、组织建设、作风建设，都应该贯穿'三个代表'要求"③。同年 6 月 9 日，江泽民结合新时期国内外发展形势的新变化在全国党校工作会议上第一次提出，"三个代表"重要思想所要回答和解决的正是"建设什么样的党、怎样建设党"的重大问题。6 月 28 日，江泽民在中央思想政治工作会议上，提出了如何认识社会主义发展的历史进程，如何认识资本主义发展的历史进程，如何认识我国社会主义改革实践过程对人们思想的影响，如何认识当今的国际环境和国际斗争带来的影响。这"四个如何认识"，鲜明揭示出"三个代表"重要思想产生的历史逻辑与理论逻辑。

党的十五届五中全会上，江泽民就加强党的作风建设发表重要讲话，并告诫全党："历史和现实都表明，一个政权也好，一个政党也好，其前途命运最

---

① 《江泽民文选》第 3 卷，人民出版社 2006 年版，第 1 页。

② 同上书，第 2 页。

③ 同上书，第 15 页。

终取决于人心向背，不能赢得最广大人民的支持，就必然垮台。"①这充分体现了代表中国最广大人民的根本利益，既是"三个代表"重要思想的核心内容，也是我们党面对复杂多变的国内外风险考验而立于不败之地的力量源泉。

3."三个代表"重要思想理论体系的形成

2001年7月1日，江泽民在庆祝中国共产党成立80周年的讲话中，站在新的历史高度，系统深刻概括和总结了中国共产党成立80周年的光辉业绩和基本经验，并基于理论与实践相结合的立论逻辑，全面阐述了"三个代表"重要思想的科学内涵。同时深刻论述"三个代表"间内在紧密的逻辑关联。他指出，"三个代表"是统一的整体，相互联系、相互促进。"发展先进的生产力，是发展先进文化、实现最广大人民根本利益的基础条件。人民群众是先进生产力和先进文化的创造主体，也是实现自身利益的根本力量。不断发展先进生产力和先进文化，归根到底都是为了满足人民群众日益增长的物质文化生活需要，不断实现最广大人民的根本利益。"②2002年5月31日，江泽民在中央党校省部级干部进修班毕业典礼上发表了重要讲话。在讲话中，江泽民立足于新世纪复杂形势和新阶段时代要求，进一步阐释了"三个代表"重要思想作为一个完整的理论体系所蕴含的逻辑关联。他指出，"三个代表"是同马列主义、毛泽东思想和邓小平理论一脉相承的，它反映了当代世界和中国的发展变化对党和国家工作的新要求；同时提出"贯彻'三个代表'要求，关键在坚持与时俱进，核心在保持党的先进性，本质在坚持执政为民"③。

第二节 "三个代表"重要思想的科学体系

"三个代表"重要思想在坚持马克思主义世界观和方法论的前提下，立足于中国具体实际，进一步回答了什么是社会主义、怎样建设社会主义的问题，创造性地回答了建设什么样的党、怎样建设党的问题，并为解决这些重大问题提出了一系列紧密联系、相互贯通的新思想和新观点。中国共产党始终代表中国先进生产力的发展要求，代表中国先进文化的前进方向，代表中国最广大人民

---

① 《江泽民文选》第3卷，人民出版社2006年版，第129页。
② 同上书，第281页。
③ 《十五大以来重要文献选编》下，中央文献出版社2011年版，第2413页。

的根本利益，这是我们党的立党之本、执政之基和力量之源，是对于"三个代表"重要思想核心观点的集中概括。此外，"三个代表"重要思想对我国政治、经济、文化、可持续发展、国防、外交、党的建设等各方面都作出新的论断，是系统完备的科学体系。

一、"三个代表"重要思想的核心观点

中国共产党必须始终代表中国先进生产力的发展要求，代表中国先进文化的前进方向，代表中国最广大人民的根本利益。这是对"三个代表"重要思想的核心观点的集中概括。①

1. 始终代表中国先进生产力的发展要求

第一，生产力是最活跃最革命的因素。发展社会生产力是社会主义的根本任务，马克思主义执政党必须高度重视解放和发展生产力。江泽民指出："我们党要始终代表中国先进生产力的发展要求，就是党的理论、路线、纲领、方针、政策和各项工作，必须努力符合生产力发展的规律，体现不断推动社会生产力的解放和发展的要求……通过发展生产力不断提高人民群众的生活水平。"②中国共产党作为工人阶级的先锋队，建立时就是以中国先进生产力的代表走上历史舞台的，之后在领导人民进行革命、建设和改革的伟大历程中，逐步确立了社会主义生产关系。改革开放以来，我们党大胆探索，勇于实践，以自我革命精神革除社会中存在的体制机制弊端，极大地解放和发展了我国社会生产力，进而推动我国经济发展和社会进步。因此"敏锐地把握我国社会生产力的发展趋势和要求，坚持以经济建设为中心，通过制定和实施正确的路线方针政策，采取切实的工作步骤，不断促进先进生产力的发展。这是我们党始终站在时代前列、保持先进性的根本体现和根本要求"③。

第二，生产力是具有劳动能力的个体与生产资料相结合而形成的改造自然的能力。其中，人是生产力的主体，是生产力中最具有决定性的力量。在中国，广大工人、农民以及知识分子是推动我国先进生产力发展和社会全面进步的根本力量。在社会变革的时代潮流中，又不断出现新的社会阶层，他们都是

---

① 《"三个代表"重要思想学习纲要》，学习出版社 2003 年版，第 2 页。
② 《江泽民文选》第 3 卷，人民出版社 2006 年版，第 272—273 页。
③ 同上书，第 273 页。

社会主义事业的建设者。不断提高工人、农民、知识分子和其他劳动群众以及全体人民的思想道德素质和科学文化素质，提高他们的劳动技能和创造才能，充分发挥其积极性、主动性、创造性，始终是我们党代表中国先进生产力发展要求必须履行的第一要务。同时，人又是生产力中最活跃的因素。因此，加强人力资源能力建设，不断培育高素质人才，是关系我国发展的一项紧迫而重大的战略任务。要牢固树立人才资源是第一资源的思想，不断加强人才队伍建设，进一步优化尊重人才、鼓励创业的社会环境。健全完善能够充分发挥人才积极性和创造性的体制机制，为改革开放和现代化建设提供充足的人力资源。

第三，科学技术是第一生产力，是先进生产力的集中体现和重要标志。人类社会的历史从根本上说是生产力不断发展的历史，这其中科技的进步和创新是发展生产力的决定性因素，集中体现在科技决定生产力发展的程度和水平。科学技术的迅猛发展，给世界生产力和人类经济社会的发展带来了极大推动。因此在国际竞争如此激烈的时代背景下，大力推动科技进步与创新，不断用先进科技改造和提高国民经济，努力实现我国生产力发展的跨越。这是我们党代表中国先进生产力发展要求必须履行的重要职责。众所周知，创新是一个民族进步的灵魂，是一个国家兴旺发达的不竭动力。① 对中国来说，只有紧跟世界发展潮流，不断提高科技自主创新能力，牢牢抓住那些对我国经济、科技、国防、社会发展具有战略性、基础性、关键性作用的重大科技课题，努力掌握在关键领域和若干科技发展前沿的核心技术，才能将科技成果转化为现实生产力，进而在激烈的国际竞争中占据有利地位。

2. 始终代表中国先进文化的前进方向

坚持什么样的文化方向，是一个政党在思想上精神上的一面旗帜。中国的先进文化指的就是有中国特色的社会主义文化，集中反映了我国的政治经济现实，也是中华民族精神和时代精神的象征。中国共产党始终代表先进文化的前进方向，是我们党先进性的重要体现，也充分彰显了我们党在新形势下的文化自觉。江泽民指出："我们党要始终代表中国先进文化的前进方向，就是党的理论、路线、纲领、方针、政策和各项工作，必须努力体现发展面向现代化、面向世界、面向未来的，民族的科学的大众的社会主义文化的要求，促进全民

---

① 《江泽民文选》第2卷，人民出版社2006年版，第392页。

族思想道德素质和科学文化素质的不断提高，为我国经济发展和社会进步提供精神动力和智力支持。"①

第一，在当代中国发展先进文化基本要求就是发展面向现代化、面向世界、面向未来的，民族的、科学的、大众的社会主义文化。必须坚持马克思列宁主义、毛泽东思想、邓小平理论在意识形态领域的指导地位，用"三个代表"重要思想统领社会主义文化建设。江泽民指出，加强文化建设，必须"以科学的理论武装人，以正确的舆论引导人，以高尚的精神塑造人，以优秀的作品鼓舞人"②。首先要立足于改革开放和中国特色社会主义建设的伟大实践，顺应世界潮流，反映现代化建设的本质要求。其次要着眼世界文化发展前沿，既博采世界各国家各民族文化之长，又要向世界展示中华文化的独特魅力与伟大成就。最后既要树立共产主义的理想信念，又要立足于社会主义初级阶段的基本现实。要在文化的内容和形式上积极创新，使之来源于人民群众的现实生活，凸显人民群众的价值取向，反映人民群众的根本利益。只有这样才能不断增强中国特色社会主义文化的吸引力和感召力，为人类文明的进步做出更大贡献。

第二，社会主义物质文明和精神文明相辅相成。在新的历史条件下，江泽民进一步丰富和发展了邓小平"两手都要抓、两手都要硬"的思想，并进一步指出，要在推进物质文明建设的同时，努力推进社会主义精神文明建设。社会主义精神文明是我们进行改革开放和现代化建设的重要目标，也是搞好改革开放和现代化建设的重要保证。要大力加强精神文明建设，为经济建设等各项事业的顺利开展提供精神动力。

第三，加强社会主义思想道德建设，是发展先进文化的重要内容和中心环节。思想道德建设既反映了整个文化的社会性质，也为经济建设沿着正确的轨道前进提供了可靠保证。江泽民指出："必须认识到，如果只讲物质利益，只讲金钱，不讲理想，不讲道德，人们就会失去共同的奋斗目标，失去行为的正确规范。"③代表中国先进文化的前进方向，必须弘扬爱国主义精神，以人民为核心、以集体主义为原则、以诚实守信为重点，加强社会公德、职业道德和家庭美德教育，引导人们树立中国特色社会主义共同理想，树立正确的世界观、

① 《江泽民文选》第3卷，人民出版社2006年版，第276页。
② 同上书，第85页。
③ 同上书，第278页。

人生观和价值观。此外，还要坚持依法治国和以德治国的紧密结合，既要发挥法律对人们社会行为的强制性规范和约束作用，又要发挥道德对人们思想认识和道德感悟的教育引导和感召作用，进而在全社会形成社会秩序良好、思想行为高尚的良好风尚，最终建立与社会主义市场经济相适应、与社会主义法律规范相协调、与中华民族传统美德相承接的社会主义思想道德体系。①

第四，要发展社会主义先进文化，必须大力发展科学文化教育事业。江泽民指出："在当今世界上，综合国力竞争越来越表现为经济实力、国防实力、民族凝聚力的竞争。无论就其中哪一个方面实力的增强来说，教育都具有基础性地位。"②教育是发展科技和培养人才的基础，在现代化建设中具有先导性全局性作用，必须摆在优先发展的战略地位。要全面贯彻科教兴国战略，坚持教育为社会主义现代化服务、为人民服务的基本方针，进一步普及全民教育，提高教育素质和全社会的教育水平；不断推动教育创新，深化教育改革，优化教育结构，合理配置教育资源，有效提高教育质量和管理水平。

3. 始终代表中国最广大人民的根本利益

人民是我们国家的主人，是历史的真正创造者。马克思、恩格斯在《共产党宣言》中庄严宣告："过去的一切运动都是少数人的，或者为少数人谋利益的运动。无产阶级的运动是绝大多数人的，为绝大多数人谋利益的独立的运动。"③中国共产党是用马克思主义武装起来的先进性政党，人民立场熔铸于我们党的宗旨信念之中，是我们党区别于其他政党的显著标识。江泽民也曾多次指出，坚持"三个代表"的要求，最根本的就是要统一体现在不断实现人民群众的根本利益上。因此，我们党全部工作的出发点和落脚点，就是不断实现好维护好发展好最广大人民的根本利益。

第一，始终代表最广大人民的根本利益是我们党作为执政党面临的最根本的课题。纵观世界政党300余年的发展历史，没有了先进、纯洁的执政主体，势必会导致政权的合法性危机，进而逐步丧失自身的执政地位。苏联共产党在拥有20万党员时，取得十月革命的胜利并成为唯一合法执政党，在拥有200多万党员的时候，领导苏联人民打败法西斯的武装侵略，为第二次世界大战的

---

① 《江泽民文选》第3卷，人民出版社2006年版，第560页。
② 《江泽民文选》第2卷，人民出版社2006年版，第329页。
③ 《共产党宣言》，人民出版社2018年版，第39页。

胜利立下了不朽功勋。却在拥有近 2000 万党员时丧失执政地位，亡党亡国。究其根本原因在于苏联的历任领导集团逐渐背离了社会主义道路，抛弃了马克思主义，脱离了广大人民群众，最后只能被人民群众抛弃。我们党作为执政党，一定要吸取世界上一些著名的老党大党丧失执政地位的惨痛教训，必须高度关注人心向背问题。从根本上说，就是对人民群众的态度问题，同人民群众的关系问题。历史深刻昭示我们应始终紧紧依靠人民群众，诚心诚意为人民谋利益，从群众中汲取前进的不竭力量。始终保持同人民群众的血肉联系，是我们党战胜各种困难和风险、不断取得事业成功的根本保证。

第二，我们党要始终坚持把人民的根本利益作为出发点和归宿。江泽民在"七一"讲话中指出："我们党要始终代表中国最广大人民的根本利益，就是党的理论、路线、纲领、方针、政策和各项工作，必须坚持把人民的根本利益作为出发点和归宿，充分发挥人民群众的积极性、主动性、创造性，在社会不断发展进步的基础上，使人民群众不断获得切实的经济、政治、文化利益。"[1]人民群众的根本利益主要包括政治利益、经济利益和文化利益。要努力使工人、农民、知识分子和其他群众在改革开放和现代化建设的过程中履行当家作主的政治权利，不断提高自身的物质生活水平以及精神生活质量。只有在改革开放和现代化建设中切实满足人民群众的根本利益，才能激发他们作为社会主体的磅礴力量，使之更加自觉地为实现中国的现代化而不懈奋斗。这也是我们事业不断发展并取得最终成功的根本保证。同时伴随改革开放出现了新的社会阶层，这就使得我们所有的政策和工作都要认真考虑和兼顾不同阶层、不同方面群众的利益。要正确认识并处理各种利益关系，把个人利益与集体利益、局部利益与整体利益、当前利益与长远利益结合起来。江泽民指出："在整个社会生产和建设发展的基础上，不断使全体人民得到并日益增加看得见的利益，始终是我们中国共产党人的神圣职责。"[2]一切为了群众，一切相信群众，一切依靠群众，我们党就能获得取之不尽的力量。

第三，社会主义事业是人民群众为主体的事业，社会主义先进生产力、先进文化的发展离不开广大人民群众。"任何时候我们都必须坚持尊重社会发展规律与尊重人民历史主体地位的一致性，坚持为崇高理想奋斗与为最广大人民

---

① 《江泽民文选》第 3 卷，人民出版社 2006 年版，第 279 页。

② 同上书，第 122 页。

谋利益的一致性，坚持完成党的各项工作与实现人民利益性的一致性。"①要把人民拥护不拥护、人民赞成不赞成、人民高兴不高兴、人民答应不答应作为我们想问题、做工作，想得好不好、做得对不对的根本衡量尺度。中国共产党代表中国最广大人民的根本利益，不能只凭主观愿望，而是真正要把全心全意为人民服务的宗旨践行于我们党治国理政的全部实践活动中去，同时要将人民群众的智慧和力量凝聚起来，组织和动员广大人民群众为自己的根本利益而坚持不懈地奋斗。

二、"三个代表"重要思想的主要内容

"三个代表"重要思想是系统完备的科学体系，除上面的核心观点外还包括：发展是党执政兴国的第一要务；社会主义现代化建设的战略思维和部署；经济建设与经济体制改革；政治体制改革与社会主义政治文明建设；国际形势和对外工作；"一国两制"战略构想与实现祖国完全统一；加强国防和军队现代化建设；全面推进党的建设新的伟大工程的理论等内容。

1. 发展是党执政兴国的第一要务

要贯彻"三个代表"重要思想，必须把发展作为我们党执政兴国的第一要务，进而开创社会主义现代化建设的新局面。因此发展这一主题必将贯穿"三个代表"重要思想科学体系的全部内容。江泽民指出："离开发展，坚持党的先进性，发挥社会主义制度的优越性和实现民富国强都无从谈起。"②中国特色社会主义是靠发展来不断巩固和完善的，所以坚持"发展才是硬道理"的著名论断，是增强我国综合国力、彰显社会主义制度优越性的关键因素。

第一，发展是硬道理，是我们党必须长期坚持的战略思想。用发展的办法解决前进中的问题，是改革开放以来我们党领导全国各族人民推进现代化建设而逐渐形成的一项基本经验。江泽民强调，历史和现实都证明，不论国内外形势如何变化，无论遇到什么样的困难，只要正确坚持和贯穿发展的思想，我们就能够从容应对各种风险挑战，不断前进。从党的十三届四中全会到十六大，我们党科学判断国内环境变化，积极采取各项路线方针政策，得到全体人民的

① 《江泽民文选》第3卷，人民出版社2006年版，第279页。
② 同上书，第538页。

支持和拥护。在此期间，我国综合国力显著增强，经济、政治、文化、外交、国防和军队建设以及党的建设诸方面取得丰硕成果，人民的生活质量也不断改善，整个社会的凝聚力大大增强。这些历史性成就充分证明，坚持用发展的眼光、发展的思路和发展的办法解决前进中的问题，就能推动中国特色社会主义事业稳步向前。

第二，只有紧紧抓住发展这个第一要务，我们党才能实现新世纪的历史使命。历史和人民选择中国共产党作为执政党，我们党必将积极主动承担起在中国这样一个经济文化落后的发展中大国领导人民进行现代化建设，推动中国社会进步的历史责任。因此我们党"必须始终紧紧抓住发展这个执政兴国的第一要务，把坚持党的先进性和发挥社会主义制度的优越性，落实到发展先进生产力、发展先进文化、实现最广大人民的根本利益上来，推动社会全面进步，促进人的全面发展"①。

经济实力的竞争是综合国力竞争中的关键环节。因此发展首先必须坚持以经济建设为中心，顺应时代发展潮流，立足于中国社会现实，不断开拓促进先进生产力发展的新途径。其次发展必须坚持和深化改革。历史和实践早已证明，善于抓住机遇，珍惜机遇，用好机遇是一个国家、民族赢得主动、赢得优势的关键所在。因此坚持并持续深化改革是我们党顺应时代趋势，赢得发展机遇的伟大战略决策。要坚决革除影响发展的体制机制，改变束缚发展的做法和规定以及冲破妨碍发展的思想观念。最后发展必须相信和依靠人民。发展也包括人的全面发展，不断促进人的全面发展是推进中国特色社会主义事业的重要环节。历史唯物主义早就揭示只有人民才是实践的主体、推动历史前进的动力。所以坚持把发展作为党执政兴国的第一要务，必须要集中全国人民的智慧和力量，奋力推进中国特色社会主义伟大实践。

2. 全面建设小康社会

全面建设小康社会，是适应中国特色的现代化建设提出的重大发展战略。以江泽民为代表的中国共产党人基于世纪之交的新形势和新要求，继承并发展了邓小平关于分阶段、有步骤地实现现代化的战略思想，丰富了我们党关于社会主义初级阶段的理论，形成了社会主义现代化建设发展的"新三步走"战略。

---

① 《江泽民文选》第3卷，人民出版社2006年版，第538—539页。

全面建设小康社会战略的提出并推进,符合我国国情,符合人民愿望,有利于最广泛最充分调动一切积极因素为实现中华民族伟大复兴而奋斗,开创了中国特色社会主义发展的新局面。

第一,全面建设小康社会是立足于我国的基本国情提出的奋斗目标。20 世纪末,我们已顺利实现了现代化建设"三步走"战略的第一步和第二步目标,人民生活总体上达到小康水平。但同时我们必须认识到,我国正处于并将长期处于社会主义初级阶段,我国社会的主要矛盾是人民日益增长的物质文化需要与落后的社会生产之间的矛盾。因此,我国现在达到的小康还是低水平、不全面、发展很不平衡的小康。社会保障不健全,地区之间、城乡之间发展差距逐渐拉大。我国生产力发展水平以及科技、教育仍旧落后,实现工业化和现代化的战略目标十分艰难;城乡二元经济结构尚未改变,区域之间发展的差异性愈加突出,发展不平衡问题依然十分严峻;人口总量继续增加,老龄化现象严重,就业和社会保障压力增大;生态环境、自然资源和经济社会发展的矛盾日益凸显;经济体制和其他方面的管理体制不完善;民主法制建设和思想道德建设等方面仍存在问题。因此,巩固和提高目前达到的小康水平,还需要长时期的艰苦奋斗。

第二,全面建设小康社会是实现"三步走"战略的关键。江泽民在党的十五大报告中初步勾画了实现第三步战略目标的蓝图:21 世纪第一个十年实现国民生产总值比 2000 年翻一番,使人民的小康生活更加富裕,形成比较完善的社会主义市场经济体制;再经过十年的努力,到建党一百年时,使国民经济更加发展,各项制度更加完善;到 21 世纪中叶中华人民共和国成立一百年时,基本实现现代化,建成富强民主文明的社会主义国家。党的十五届五中全会进一步提出,从新世纪开始,我国将进入全面建设小康社会、加快推进社会主义现代化建设的新的发展阶段。党的十六大上江泽民进一步阐述了全面建设小康社会的奋斗目标、科学内涵以及战略部署,并要求从经济、政治、文化以及生态环境等方面全面推进建设小康社会。

第三,全面建设小康社会是完善社会主义市场经济体制和扩大对外开放的重要发展阶段。经过全面建设小康社会这一阶段的充分积累,再继续奋斗几十年,到本世纪中叶基本实现现代化,把我国建成富强民主文明的社会主义国家。可以充分肯定,这一我们党在新世纪新阶段要实现的既实事求是、切实可行，又鼓舞人心、催人奋进的宏伟目标，必将为继续推进社会主义现代化建设，彰显社会主义制度的优越性奠定坚实基础。

3. 经济建设与经济体制改革

在社会主义国家发展市场经济，是中国共产党人对于马克思主义发展做出的原创性贡献，是前无古人的伟大历史创举。这既是马克思主义时代性与发展性的生动体现，也反映我们党坚持理论创新和与时俱进的巨大勇气。从计划经济体制转变为社会主义市场经济体制，实现了改革开放新的历史性突破，打开了我国经济、政治、文化发展的崭新局面。

1992年，邓小平南方谈话从整体上对社会主义国家能不能搞市场经济这个长期争论的重大理论问题做了全面、透彻、精辟的回答，从根本上解除了把计划经济看作社会主义基本特征的思想束缚，为我们最终建立社会主义市场经济体制扫除了障碍，奠定了思想和理论基础。1992年6月，江泽民根据邓小平南方谈话精神，明确提出使用"社会主义市场经济"这个提法。同年10月，在党的十四大上，江泽民详细论述了我国经济体制改革的目标就是建立社会主义市场经济体制，以及围绕社会主义市场经济体制的建立必须要认真抓好的几个相互联系的环节。至此，中国踏上了建设和发展社会主义市场经济新的伟大征程。1993年11月，党的十三届四中全会通过了《中共中央关于建立社会主义市场经济体制若干问题的决定》，对于建立社会主义市场经济体制的总体框架与实施步骤做出总体规划和系统部署。到20世纪末，我国已初步建立社会主义市场经济体制。

第一，建立社会主义市场经济体制，必须坚持和完善以公有制为主体，多种所有制经济共同发展的基本经济制度。经济体制的核心问题是所有制结构问题。因此，建立起一套与生产力发展水平相适应的所有制结构，对于进一步解放和发展生产力具有重要意义。伴随改革开放的深入发展，我们在实践中突破了单一的公有制结构，且逐渐形成了以公有制为主体的多种所有制形式。同时，为进一步调动社会各方面的积极性、加快生产力发展，我们毫不动摇地鼓励、支持、引导非公有制经济的发展。从允许非公有制适当发展，到作为公有制经济的补充，最后给个体、私营等各种形式的非公有制经济在社会主义市场经济中的重要地位。这一切都表明，我国的所有制结构是和社会主义初级阶段的生产力发展水平相适应的，是伴随我国社会发展和社会主义市场经济体制的完善而不断调整和优化的。

第二，要推动国有企业改革，建立起现代企业制度。国有企业是我国国民经济的支柱，国有企业改革是整个经济体制改革的中心环节。江泽民在党的十四大报告中指出："转换国有企业特别是大中型企业的经营机制，把企业推向市场，增强它们的活力，提高它们的素质。这是建立社会主义市场经济体制的中心环节，是巩固社会主义制度和发挥社会主义优越性的关键所在。"①因此如何进一步探索公有制特别是国有制的多种有效实现形式，大力推动国有企业的体制、技术以及管理的创新，有效增强国有企业的自主创新能力、市场竞争力以及抵御风险的能力从而搞活国有企业，是社会主义市场经济体制能否成功建立的关键。同时现代企业制度是社会化大生产与商品经济统一于市场运行逻辑而不断发展的必然结果，是生产力发展的内在要求。因此不断建立产权清晰、权责明确、政企分开、管理科学且适应社会主义市场经济发展要求的现代企业制度，是推动国有企业转型的关键。

第三，要发挥市场机制的作用与加强完善国家的宏观调控。发挥市场在资源配置中的基础性作用和国家宏观调控是社会主义市场经济体制的内在要求，也是世界各国在市场经济发展中总结的一条成功经验。发挥市场在资源配置中的基础性作用就是要健全统一、开放、竞争、有序的现代市场体系，创造各类市场主体平等使用生产要素的环境，促进商品和生产要素在全国市场自由流动。完善国家宏观调控，就是要充分运用经济手段和法律手段，健全国家计划和财政政策、货币政策等相互配合的宏观调控体系，充分发挥政府经济调节、市场监管、社会管理和公共服务职能。

第四，要深化分配制度改革，健全社会保障体系。1984年党的十二届三中全会提出深化分配制度改革，进一步贯彻落实按劳分配的社会主义原则，并做出了若干具体规定。在此基础上逐步确立劳动、资本、技术和管理等生产要素按贡献参与分配的原则，完善按劳分配为主体、多种分配方式并存的分配制度。要坚持效率优先、兼顾公平的基本原则，初次分配时按照投入者所投入生产要素的数量多少、质量高低、贡献大小进而取得相应报酬。这样承认个人对生产或财富创造情况的差异，有利于充分调动各产权主体进行劳动和投资的积

① 《江泽民文选》第1卷，人民出版社2006年版，第228页。

极性和创造性。再分配要兼顾公平，一方面要使得各生产要素投入者公平地按投入要素的质、量取得报酬；另一方面要加强政府对收入分配的调节职能，调节过高收入、取缔非法收入、扩大中等收入者比重，提高低收入者收入水平。也要为保障部分低收入群体的根本利益，实现共同富裕的发展目标，建立健全同经济发展水平相适应的社会保障体系。具体包括：完善城镇职工基本养老保险制度和基本医疗保险制度，完善失业保险制度和城市居民最低生活保障制度，探索建立农村养老、医疗保险和最低生活保障制度。

4. 建设社会主义政治文明与政治体制改革

建设社会主义政治文明，是社会主义现代化建设的重要目标。在党的十六大报告中，江泽民把社会主义物质文明、政治文明和精神文明一起确立为社会主义现代化全面发展的三大基本目标，强调建设社会主义政治文明是全面建设小康社会的重要目标。他鲜明指出，建设社会主义政治文明，"最根本的是要把坚持党的领导、人民当家作主和依法治国有机统一起来"①。这是推进政治文明建设必须遵循的基本方针，也是我国社会主义政治文明区别于资本主义政治文明的本质特征。从坚持物质文明和精神文明"两手都要抓，两手都要硬"基本方针，到协同推进物质文明、政治文明和精神文明建设，并将这"三个文明"确立为社会主义现代化全面发展的基本目标，这标志着中国特色社会主义理论和实践进一步走向完善和成熟，具有重大的现实意义和深远的历史意蕴。

第一，坚持社会主义政治文明建设是一个系统工程。建设社会主义政治文明"必须在坚持四项基本原则的前提下，继续积极稳妥地推进政治体制改革，扩大社会主义民主，健全社会主义法制，建设社会主义法治国家，巩固和发展民主团结、生动活泼、安定和谐的政治局面"②。而其中最根本的就是要坚持党的领导、人民当家作主和依法治国的有机统一。党的领导是人民当家作主和依法治国的根本保证，人民当家作主是社会主义民主政治的本质要求，依法治国是党领导人民治理国家的基本方略。中国共产党是中国特色社会主义事业的领导核心，因此建设社会主义政治文明的根本和前提就是要毫不动摇地坚持党的领导。对此党的十六大报告明确指出："党的领导主要是政治、思想和组织领导，通过制定大政方针，提出立法建议，推荐重要干部，进行思想宣传，发

---

① 《江泽民文选》第 3 卷，人民出版社 2006 年版，第 553 页。

② 同上书，第 553 页。

挥党组织和党员的作用，坚持依法执政，实施党对国家和社会的领导。"①通过不断改革和完善党的执政方式和领导方式，进而提高党执政的各项能力，为建设社会主义政治文明提供坚强的政治和组织保证。没有民主就没有社会主义，建设社会主义政治文明必须保障人民当家作主的主体性地位。要通过不断健全民主制度、丰富民主形式，扩大公民有序的政治参与，保证人民依法实行民主选举、民主决策、民主管理和民主监督，享有广泛的权利和自由，从而充分调动广大人民群众的积极性主动性和创造性。要始终坚持人民代表大会制度这一根本政治制度，同时坚持中国共产党领导的多党合作和政治协商制度、民族区域自治制度这些基本政治制度，进一步扩大基层民主。建设社会主义政治文明就是要坚持依法治国，建设社会主义法治国家。在党的十六大上，江泽民明确指出："宪法和法律是党的主张和人民意志相统一的体现。必须严格依法办事，任何组织和个人都不允许有超越宪法和法律的特权。"②实行依法治国，必须坚持有法可依、有法必依、执法必严、违法必究。首先要适应改革开放的深入推进、社会主义市场经济的不断发展以及加入世贸组织的新形势，加强立法工作，提高立法质量，逐渐形成中国特色社会主义法律体系。其次要加强对执法活动的监督，推进依法行政，维护司法公正，提高执法水平，确保法律的严格实施，切实维护法制的统一和尊严。最后要加强法制宣传教育，提高全民法律素质。

第二，发展社会主义民主政治，要推动政治体制改革。现代化社会为保持经济的平稳发展，形成安定有序且充满活力的社会秩序，其政治结构和功能也会随之发生变革，与之相伴的是国家的结构和功能也要不断调适。政治体制改革是社会主义政治制度的自我完善和发展。推进政治体制改革要有利于增强党和国家的活力，发挥中国特色社会主义制度的显著优势，充分调动人民群众的积极性和创造性。推动政治体制改革要坚持从我国国情出发，不断总结过去的经验教训，立足于中国特色社会主义伟大实践，积极吸收人类政治文明的优秀成果，绝不照搬照抄西方的政治制度模式。推动政治体制改革还要着重加强制度建设，要改革和完善决策机制、深化行政管理体制改革、深化干部人事制度

① 《江泽民文选》第3卷，人民出版社2006年版，第555页。
② 同上书，第553页。

改革等，进而实现社会主义民主政治的制度化、规范化和程序化。

5. 国际形势和对外工作

和平与发展仍旧是当今时代的主题。我们要顺应时代潮流，积极适应世界多极化和经济全球化发展趋势，勇于应对各种风险和挑战，与世界各国一道推动国际社会朝着有利于共同繁荣的方向发展。

第一，要推动建立国际政治经济新秩序。这充分体现了历史发展和时代进步的必然趋势，反映了世界各国人民的普遍愿望和共同利益。各国之间应该在政治上相互尊重，共同协商；经济上相互促进，共同发展；文化上相互借鉴，共同繁荣；安全上相互信任，共同维护，推动建立以相互尊重主权和领土完整、互不侵犯、互不干涉内政、平等互利、和平共处等原则为基础，和平、稳定、公正、合理为核心要义的国际政治经济新秩序。①

第二，要坚决反对各种形式的霸权主义和强权政治，维护世界和平。任何国家都不能干涉别国内政，更不能恃强凌弱，侵略、欺负和颠覆别的国家。坚决反对霸权主义，维护世界和平与地区稳定，维护广大发展中国家的基本权益，始终是中国多边外交活动中所遵循的基本原则。同时国际社会也应加强合作，标本兼治，防范和打击恐怖活动，努力消除产生恐怖主义的根源。

第三，要始终提倡国际关系民主化和发展模式多样化，进而维护世界多样性。由于世界各国历史文化传统、社会制度与发展模式的多元，所以不可能形成单一的政治制度与发展模式。要尊重世界不同的文明，多样的社会制度和发展道路，相互吸收和借鉴有益之处，同时相互竞争求同存异，促进共同发展。国家不论大小、贫富、强弱都是国际社会的成员，都是参与国际事务的平等主体，任何国家都不能违反联合国宪章和国际关系的基本准则，要始终提倡并贯彻民主原则，推进国际关系的民主化。无论国际局势如何变化，我国将始终奉行独立自主的和平外交政策，一切外事活动都从我国人民以及世界人民的根本利益出发，增进各国人民之间的友谊，促进国际社会共同发展。

6. "一国两制"战略构想与实现祖国完全统一

实现祖国的完全统一是中华民族的根本利益所在。20 世纪 90 年代以来，我们党始终坚持"一国两制"的伟大构想，推进祖国统一大业取得历史性进展。

---

① 《"三个代表"重要思想学习纲要》，学习出版社 2003 年版，第 94 页。

海峡两岸达成"九二共识"，表明了我们党和国家对于改善两岸关系，努力实现祖国统一的坚定决心与极大诚意。之后我国先后恢复对香港、澳门行使国家主权。

第一，香港、澳门回归祖国，开启了香港、澳门和祖国内地共同发展的新纪元。香港、澳门相继回归祖国证明了"一国两制"方针是正确的，具有强大的生命力，也为实现香港、澳门地区的长期繁荣、稳定提供了坚实的制度保障。中央政府始终坚持不干预特别行政区自治范围内事物的原则，切实实行"一国两制"、港人治港、澳人治澳、高度自治，严格按照香港基本法和澳门基本法办事，给予特别行政区必要的帮助和支持。同时广泛团结港澳各界人士，共同维护和促进香港、澳门的繁荣稳定和发展。

第二，推进祖国统一大业最终必须要解决台湾问题。坚持一个中国原则，是发展两岸关系和实现和平统一的基础。在这一基础上始终坚持"和平统一、一国两制"的基本方针和推进祖国和平统一进程的八项主张，同台湾人民一道，加强海峡两岸的经济文化等领域的交流。世界上只有一个中国，大陆和台湾同属一个中国，中国的主权和领土完整不容分割。维护祖国统一是关系到中华民族根本利益的伟大事业，中国人民必将义无反顾地捍卫祖国的主权和领土完整，对于企图干涉我国统一的外国势力，我们决不承诺放弃使用武力，我们不会允许任何人以任何方式把台湾从祖国分出去。"国家要统一，民族要复兴，台湾问题不能无限期地拖延下去。我们坚信，通过全体中华儿女共同努力，祖国的完全统一就一定能够早日实现。"[1]

7. 加强国防和军队现代化建设

不断增强国防实力是我国现代化建设的战略任务，是新形势下维护国家安全统一和全面建设小康社会的重要保障。江泽民的国防和军队建设思想主要就是在风云变幻的国际环境下，如何顺应世界军事发展趋势，取得在未来有可能发生的高技术战争的胜利，进而维护我国主权、安全和统一，同时经受住改革开放和社会主义市场经济条件下的重重考验，始终保持人民军队的性质、本色和作风，始终成为党绝对领导下的革命军队。打得赢、不变质问题是新形势下我军必须解决的两大历史性课题。

---

① 《江泽民文选》第3卷，人民出版社2006年版，第565页。

第一，坚持党对军队的绝对领导，是我军的根本原则和制度。坚持"党指挥枪"是我们党从血与火的惨痛教训中得出的历史教训，是关系社会主义的前途命运的首要问题。坚持党对军队的绝对领导，就是要始终把思想政治建设摆在军队各项建设的首位，永葆人民军队的性质、本色和作风。将思想政治建设作为我军的根本性建设，为未来能够打赢高技术战争提供强大精神动力和可靠政治保证。

第二，要迎接世界新军事变革的挑战，积极推进中国特色的军事改革。以江泽民为核心的领导集体，立足于世界战略格局和我国安全环境和军事斗争任务的变化，确立了新时期的军事战略方针。要优化军队的组织建设，改革军队的编成和结构；健全军事法规体系，提高依法治军的水平。建立和完善三军一体、军民兼容、平战结合的联勤保障体制；不断增强自主创新能力，加快国防科技与武器装备的发展；加强军队院校建设，深化军队院校改革。要贯彻积极防御的军事战略方针，提高我军技术条件下的防卫作战能力。要努力完成机械化和信息化建设的双重历史任务，进而实现我军现代化的跨越式发展，力争在21世纪中叶完成建设信息化军队的战略任务。

8. 全面推进党的建设新的伟大工程

江泽民高度重视加强和改进党的建设，围绕建设什么样的党、怎样建设党的重大课题，进行了长期深入的思考。他立足于我们党现在所处的世界多极化、经济全球化以及国内改革开放的时代背景，提出必须按照"三个代表"重要思想的要求，围绕提高党的领导水平和执政能力、提高拒腐防变和抵御风险能力这两大历史性课题，使党始终保持先进性和纯洁性，充满创造力、凝聚力和战斗力，推进党的建设这一新的伟大工程。

第一，推进党的建设新的伟大工程必须加强党的执政能力建设。中国共产党的执政能力就是积极回应多样化的社会诉求，并充分运用自身所执掌的政权，以国家机器作为有力依托，进行治国理政各方面活动的能力建设。面对执政条件和社会环境的深刻变化，各级党委和领导干部要不辱使命、不负重托，就要适应新形势新任务的要求，在治国理政的实践中掌握新知识，积累新经验，增长新本领，不断提高科学判断形势的能力、驾驭市场经济的能力、应对复杂局面的能力、依法执政的能力、总揽全局的能力。

第二，要不断加强党的思想理论建设。江泽民反复告诫全党，在新的历史条件下，"一个党、一个国家、一个民族，特别是像我们这样一个大党、大国和人口众多的民族，如果没有科学理论的武装和对各种新知识的掌握，就不可能有真正的腾飞，不可能有现代化的前途"①。马克思主义之所以能永葆生机活力，就是因为与时代同步伐，与人民共命运，始终关注并回答时代和实践提出的重大课题。我们党之所以坚强有力，就是因为始终坚持富含生机活力的先进理论——马克思主义作为自己的世界观和行动指南。在新的历史条件下，必须把党的思想理论建设摆在更加突出的位置，坚持用马克思列宁主义、毛泽东思想、邓小平理论和"三个代表"重要思想武装全党。带头学习、重视学习、勤于学习且善于学习是我党具备的一项优良品质。学习能力造就了强大的中国共产党，也造就了强大的中国。因此全体党员干部必须深入学习，带头实践"三个代表"重要思想，争当勤奋学习、善于思考的模范，解放思想、与时俱进的模范，勇于实践、锐意创新的模范。还要深化对共产党执政规律、社会主义建设规律以及人类社会发展规律的科学认识，从而进一步增强贯彻"三个代表"重要思想的自觉性和主动性。

第三，要加强党的组织建设。党的组织建设是党的建设的重要基础。首先要健全民主集中制，推进党内民主制度建设。民主集中制是民主基础上的集中和集中指导下的民主相结合的制度，是我们党一贯坚持的根本组织制度和领导制度。要从改革体制机制入手，建立健全充分反映党员和党组织意愿的党内民主制度。要按照集体领导、民主集中、个别酝酿、会议决定原则，完善党内议事和决策机制、改革和完善党内选举制度、党内情况通报制度、情况反映制度和重大决策征求意见制度等。在指导思想和路线方针政策以及重大原则问题上，全党全国必须保持高度一致，坚决维护中央权威，保证中央的政令畅通。其次要坚持党管干部原则，建设高素质的干部队伍。要按照革命化、年轻化、知识化、专业化的基本要求，建设一支能够担当重任、经得起风浪考验的高素质领导干部队伍，是党的组织建设的重要内容。要坚持树立重实干重实绩的用人导向，健全任人唯贤、纪律严明、德才兼备的干部任用标准。最后要加强基层党组织建设，夯实党的工作基础。江泽民高度重视基层党组织建设，多次强调，党的基层组织是党的全部工作和战斗力的基础，基层党组织一旦软弱涣

① 江泽民：《论党的建设》，中央文献出版社2001年版，第145页。

散，就有可能出现基础不牢、地动山摇的现象。他指出："如果基层党组织长期处于松松垮垮、软弱涣散、瘫痪半瘫痪状态，在群众中不起任何战斗堡垒作用，不起政治核心作用，这样的党组织、党员再多又有什么用呢？而且势必影响党在群众中的作用、声誉和形象。"①共产党员要充分发挥先锋模范作用，积极寻找新形势下党员管理工作的新机制新方法，切实提高基层党组织的凝聚力和战斗力。

第四，要加强和改进党的作风建设，深入开展反腐败斗争。党的作风，关系党的形象，关系人心向背，关系党的生命。推进党的作风建设，核心是要保持同人民群众的血肉联系。中国共产党是马克思主义政党，紧密联系群众的工作作风熔铸于我们党的血脉之中，是区别于资产阶级政党的显著标识，也是我们党的最大政治优势。因此党在实践政治主张的过程中必须体现广大人民的利益诉求，牢固树立为人民服务的宗旨信念，切实满足人民对于美好生活的愿景。要牢牢树立居安思危、防患未然的忧患意识。不断增强忧患意识，坚持底线思维，防患重大风险和挑战，只有这样才能永葆先进纯洁肌体，继而成就伟大事业。加强党的作风建设，必须坚持党要管党、从严治党，坚决反对和防止腐败。坚决反对和防止腐败是全党一项重大的政治任务，是关系党和国家生死存亡的严重政治斗争。因此"惩治腐败，要作为一个系统工程来抓，标本兼治，综合治理，持之以恒"②。要从源头上预防和解决腐败问题，要加强教育，发展民主，健全法制，强化监督，创新体制，通过体制机制创新来从根源上有效预防和解决腐败问题，使得我们党的党风廉政建设真正能够取信于民。

第三节 "三个代表"重要思想在马克思主义
中国化时代化进程中的历史地位

"三个代表"重要思想是与马克思列宁主义、毛泽东思想、邓小平理论既一脉相承又丰富发展的科学体系，是我们党的立党之本、执政之基、力量之源，

---

① 江泽民：《论党的建设》，中央文献出版社 2001 年版，第 376 页。
② 《江泽民文选》第 1 卷，人民出版社 2006 年版，第 326 页。

是新世纪加强和推进党的建设新的伟大工程的伟大纲领,也为实现全面建设小康社会、坚持和发展中国特色社会主义提供理论指导。"三个代表"重要思想充分展现出马克思主义与时俱进的优良品质,显示了马克思主义在当代中国的强大生命力,是面向21世纪中国化时代化的马克思主义。

一、"三个代表"重要思想是面向 21 世纪中国化时代化的马克思主义

把马克思主义基本原理同中国具体实际相结合、同中华优秀传统文化相结合,不断对马克思主义进行创新发展,是中国共产党的优良传统和独特优势。中国共产党从成立到不断发展壮大的历史,就是不断推进马克思主义中国化时代化,进而形成灿烂辉煌的中国化时代化马克思主义的过程。以毛泽东为代表的中国共产党人,开始探索将马克思主义基本原理同中国具体实际相结合、同中华优秀传统文化相结合,寻找到适合中国国情的民主革命道路,谱写了新民主主义和社会主义的新篇章,进而创立了毛泽东思想,实现了马克思主义中国化时代化的第一次历史性飞跃。党的十一届三中全会以来,以邓小平为代表的共产党人,开辟了中国特色社会主义道路,创立了邓小平理论,第一次较为系统地回答了"什么是社会主义、怎样建设社会主义"的重大问题,开创了建设有中国特色社会主义的康庄大道,把马克思主义中国化时代化推向新的发展阶段。党的十三届四中全会以来,以江泽民为代表的共产党人,立足于世情国情党情的深刻变化,在接续推进中国特色社会主义的伟大实践中,进一步回答了什么是社会主义、怎样建设社会主义的问题,创造性地回答了建设什么样的党、怎样建设党的问题,把党的建设新的伟大工程与中国特色社会主义事业有机结合起来,对马克思主义的发展作出了突出贡献,形成了"三个代表"重要思想。"三个代表"重要思想包含政治、经济、文化等方面的科学系统的理论体系,是新的历史条件下加强和改进党的建设、接续推进中国特色社会主义伟大实践的强大理论武器。"三个代表"重要思想创造性地运用马克思列宁主义、毛泽东思想,特别是邓小平理论,立足于新的历史条件下的社会实践,提出了发展是我们党执政兴国的第一要务的思想;丰富发展了我们党关于社会主义初级阶段的理论,形成了社会主义现代化建设发展的"新三步走"战略;提出建立社会主义市场经济体制思想,以及我国基本的经济制度和分配制度;协同推进物

质文明、政治文明和精神文明建设，并将这"三个文明"确立为社会主义现代化全面发展的基本目标思想；依法治国和以德治国相结合思想；中国特色的军事改革思想；以及加强党的执政能力建设，巩固党的阶级基础和群众基础思想；等等。"三个代表"重要思想的创立，标志着我们党对于中国共产党的执政规律、社会主义建设规律、人类社会发展规律的认识达到全新的理论高度，开辟了马克思主义发展的新境界。

二、"三个代表"重要思想是加强和改善党的建设的强大理论武器

面对充满风险与挑战的 21 世纪，以江泽民为代表的党的第三代领导集体在科学判断我们党所处的历史方位的基础上，深入思考执政的中国共产党要将自己建设成为一个什么样的党、怎样建设党这一根本问题，进而逐渐形成了一套系统完备的科学理论体系。"三个代表"重要思想的创立，为我们党始终走在时代前列、引领人民团结奋进提供了强大理论武器。

"三个代表"重要思想关于党的建设的重要论述有：我们党的执政地位和环境发生了"两个转变"的思想；中国共产党要始终成为"两个先锋队""一个领导核心"的思想；最高纲领和最低纲领相统一的思想；不断增强党的阶级基础、扩大党的群众基础，不断提高党的社会影响力思想；加强党的执政能力建设，是推进党的建设新的伟大工程的重点，不断提高党的执政水平和领导水平思想；不断完善党的执政方式和领导方式，改革党的领导体制和工作机制思想；贯彻"三个代表"重要思想关键在于坚持与时俱进，核心在于坚持党的先进性，本质在于坚持执政为民的思想等。这些新的观点和认识，不仅是我们党加强自身建设问题上创立的重大理论成果，也是马克思主义政党建设理论的重大发展。历史深刻昭示我们，中国共产党只有始终保持自身先进性的本质，才能有信心有底气跳出"历史周期律"，进而实现长期执政，领导中国人民走向更加光辉灿烂的未来。"三个代表"重要思想全面体现了社会主义的本质和党的先进性的相互联系和辩证统一，从我们党执政兴国的战略高度，实现了马克思主义中国化史上的一次伟大飞跃。正如江泽民所指出的那样："坚持用时代发展的要求审视自己，以改革的精神加强和完善自己，这是我们党始终保持马克思主义

政党本色、永不脱离群众和具有蓬勃活力的根本保证。"①

三、"三个代表"重要思想是接续推进中国特色社会主义伟大实践的指导思想

党的十三届四中全会以来，以江泽民为主要代表的中国共产党人继续坚持中国特色社会主义道路，在接续开创社会主义现代化建设事业，系统总结我们党治党治国治军新的宝贵经验的基础之上，逐渐形成了马克思主义中国化时代化的新的理论成果——"三个代表"重要思想。"三个代表"重要思想继承和发展了马克思主义关于生产力的发展变革在人类社会发展进程中的决定性作用，先进文化的引导和教化作用，以及人民群众是实践的主体，是历史的真正推动者和创造者等基本原理，揭示了中国特色社会主义社会是由经济、政治、文化有机统一，物质文明、政治文明和精神文明协同推进，以及在党的领导下，加强和改善党的建设新的伟大工程与推进中国特色社会主义伟大事业相互促进的全新的社会形态。

进入 21 世纪，我国开始了全面建设小康社会，加快推进社会主义现代化建设的新阶段。在党的十六大上，江泽民系统阐述了全面建设小康社会的奋斗目标，并指出全面建设小康社会是完善社会主义市场经济体制，扩大对外开放以及实现社会主义现代化建设第三步战略的关键阶段。在全面建设小康社会的过程中我们党将长期面对三个重大课题：一是要科学判断国际局势的深刻变革，牢牢抓住重要战略机遇，进而在日益激烈的国际竞争中取得有利地位。二是要科学认识和准确把握我国正处于并将长期处于社会主义初级阶段的基本国情，坚持以经济建设为中心，正确处理改革、发展与稳定间的关系，协同推进物质文明、政治文明和精神文明。三是要科学判断和把握我们党所处的历史方位，以及肩负的历史使命，不断提高党的领导水平和执政能力、提高拒腐防变和抵御风险能力，始终成为团结带领人民建设中国特色社会主义的坚强领导核心。要想解决好这些重大课题就必须充分认识"三个代表"重要思想的伟大意义，不断推动党的指导思想的创新，不断增强践行"三个代表"重要思想的自觉性和坚定性。"三个代表"重要思想既指明了中国特色社会主义制度完善和发展

---

① 《江泽民文选》第 3 卷，人民出版社 2006 年版，第 541 页。

的最终目标和发展动力，又对完善和发展中国特色社会主义制度做出新的整体科学部署，是接续推进中国特色社会主义事业的根本指南。

专题思考：

1. 简述"三个代表"重要思想的形成与发展过程。

2. 简述"三个代表"重要思想的主要内容。

3. 如何理解"三个代表"重要思想在马克思主义中国化时代化进程中的历史地位？

第六章　科学发展观成功在新形势下坚持和发展了马克思主义中国化时代化新的飞跃

科学发展观是以胡锦涛同志为主要代表的中国共产党人，坚持以毛泽东思想、邓小平理论和"三个代表"重要思想为指导，立足于社会主义初级阶段，准确把握我国发展的阶段性特征，全面总结我国发展的成就和经验，深刻认识风云变幻的国际局势，主动回应我国新的发展要求提出来的。科学发展观站在历史和时代的高度，始终坚持将马克思主义基本原理同中国不断深化改革开放的实际相联系，创造性地回答了新世纪新阶段实现什么样的发展、怎样发展等重大现实性问题，形成了涵盖经济建设、政治建设、文化建设、社会建设、党的建设等方面的科学理论，不仅实现了党在指导思想上的与时俱进，也开辟了当代中国马克思主义发展新境界。① 这充分说明了理论只要遵循社会发展规律就能够指引伟大事业不断取得进步，也能够成为中国共产党的强大精神力量。

第一节　科学发展观的形成是时代发展的必然要求

科学发展观的形成不是偶然的，而是受一定的社会历史条件的影响和制约。科学发展观是我们党在新世纪新阶段根据已经深刻变化的世情、国情、党情，全面把握重要的战略机遇期，不断回应"时代之问"、不断推进改革开放和现代化建设的过程中形成的。科学发展观的形成和运用充分体现时代性，这不仅是科学发展观的属性之一，也贯穿于其全部思想理念中。正确认识和深刻揭示科学发展观的形成是时代发展的必然要求，是我们坚持把科学发展观作为党的指导思想的重要前提，也是我们全面了解和掌握科学发展观的逻辑起点。

---

① 习近平：《在学习〈胡锦涛文选〉报告会上的讲话》，载《人民日报》，2016 年 9 月 30 日。

一、科学发展观是在科学认识和准确把握我国经济社会发展的阶段性特征的基础上形成和发展的

科学认识我国的历史方位，准确把握我国社会发展所处的阶段及阶段性特征，是保证党的路线、方针、政策符合社会发展要求的根本前提，也是建设社会主义、保证社会主义沿着正确方向发展的根本要求。胡锦涛指出，只有准确认识我国发展的阶段性特征，准确认识我国经济社会发展面临的主要问题，准确认识实现我国经济社会又快又好发展的基本要求，才能在指导思想上形成共识，在实际工作中形成合力，才能更好动员组织全党全国各族人民为实现我们提出的目标和任务而团结奋斗。①

以胡锦涛同志为主要代表的中国共产党人继承并发展社会主义初级阶段理论，提出深入研究和把握经济社会发展呈现出一系列的阶段性特征，是我们抓住机遇、应对挑战，推进经济社会又好又快发展的重要前提。② 党的十六大以来，我们党在这一思想的指导下，始终坚持以科学的态度分析和把握社会主义发展呈现的一系列阶段性特征，丰富和发展了社会主义初级阶段理论。例如，党的十六届五中全会全面分析了我国在全面建设小康社会和加快推进社会主义现代化的新的发展阶段出现的十个方面的阶段性特征③，随后，党的十六届六中全会把这些阶段性特征以更加专业化的术语概括为"四个深刻"和"两个前所未有"，即"经济体制深刻变革，社会结构深刻变动，利益格局深刻调整，思想观念深刻变化"，"我们面临的发展机遇前所未有，面对的挑战也前所未有"④。党的十七大报告则更加系统、更加明确地对新世纪新阶段我国发展的阶段性特征进行了详细分析，即经济实力显著增强，同时生产力水平总体上还不高，自主创新能力还不强，长期形成的结构性矛盾和粗放型增长方式尚未根本改变；社会主义市场经济体制初步建立，同时影响发展的体制机制障碍依然存在，改革攻坚面临深层次矛盾和问题；人民生活总体上达到小康水平，同时收入分配差距拉大趋势还未根本扭转，城乡贫困人口和低收入人口还有相当数量，统筹

---

① 《胡锦涛文选》第 2 卷，人民出版社 2016 年版，第 361—362 页。
② 同上书，第 363 页。
③ 《十六大以来重要文献选编》（中），中央文献出版社 2006 年版，第 1088—1089 页。
④ 《十六大以来重要文献选编》（下），中央文献出版社 2008 年版，第 649、676 页。

兼顾各方面利益难度加大；协调发展取得显著成绩，同时农业基础薄弱、农村发展滞后的局面尚未改变，缩小城乡、区域发展差距和促进经济社会协调发展任务艰巨；社会主义民主政治不断发展、依法治国基本方略扎实贯彻，同时民主法制建设与扩大人民民主和经济社会发展的要求还不完全适应，政治体制改革需要继续深化；社会主义文化更加繁荣，同时人民精神文化需求日趋旺盛，人们思想活动的独立性、选择性、多变性、差异性明显增强，对发展社会主义先进文化提出了更高要求；社会活力显著增强，同时社会结构、社会组织形式、社会利益格局发生深刻变化，社会建设和管理面临诸多新课题；对外开放日益扩大，同时面临的国际竞争日趋激烈，发达国家在经济科技上占优势的压力长期存在，可以预见和难以预见的风险增多，统筹国内发展和对外开放要求更高。科学发展观正是在党科学分析新世纪新阶段我国发展的阶段性特征和经济社会发展规律的基础上形成和发展的，正确认识经济社会发展的阶段性特征也是我们认识和掌握科学发展观、在实践中坚持科学发展观的根本前提和基础。我们可以从以下两个方面分析科学发展观提出的客观必然性和实践急需性。

第一，就其客观现实需要而言，科学发展观是为回应社会主义现代化发展面临的形势和问题产生的。改革开放以来，我国经济社会发展取得巨大成就，从 1978 年实行改革开放以来，我国的国内生产总值不断攀升，到 2005 年跃居世界第 6 位。这些成就充分彰显了推进改革开放和现代化建设是发展社会主义的正确选择。但不可否认，随着改革的不断深入，各种矛盾不断凸显且呈现出错综复杂的特征，特别是经济社会发展中的城乡区域发展差距明显、资源环境问题突出、社会发展滞后于经济发展等方面的问题，严重影响着我国的可持续发展。科学发展观正是为回应我国发展中存在的问题提出来的。因此，我们可以说科学发展观既是普遍意义上的社会主义发展观，更是我国社会主义初级阶段的发展观，我们必须根据社会主义初级阶段这个最大实际去把握、认识和践行科学发展观，只有这样，才能避免走上错误的发展道路。

第二，从科学理论能够指导实践的层面来看，科学发展观是在总结以往发展经验指导发展实际的现实需要下形成和发展的。中华人民共和国成立以来，我国社会主义发展取得巨大进步，积累了许多好的做法和有益的经验，但在社会转型期和体制转轨中却没能很好地坚持下来。与此同时，社会文化领域的新体制机制却没能完全建立起来，导致社会文化的发展速度远远落后于经济的发展速度，致使社会文化掣肘经济发展，造成全社会不可持续发展的困境。面对严峻的发展环境，总结历史经验教训，推动理论创新，用科学的理论破解发展困境成为现实需要。正是在这一需要下，我们党科学总结以往发展经验教训，坚持在实践的基础上推进理论创新，创立了科学发展观，为我们克服发展道路上的障碍、继续推进改革开放和社会主义现代化建设提供了正确的指导方针。

二、科学发展观是为回应新世纪新阶段提高党的执政能力和领导水平的现实需要形成和发展的

不断加强执政能力和领导水平建设历来是我们党的重要追求，是我们党实现自我革命的一条重要经验，也是我们党不断加强自身建设的重要举措。新世纪新阶段，国际国内问题错综复杂、交织不断，党的建设面临严峻形势，这些现实问题的紧迫性强烈要求提高自身的执政能力和领导水平，以应对重大风险和重大挑战，并确保改革开放和社会主义现代化事业的顺利推进。但党的执政能力和领导水平的提高不是自然而然、一蹴而就的事情，而是党不断总结历史经验，同时根据新的实践不断进行理论创新的结果。胡锦涛指出："理论是行动的先导。一个执政党要始终走在时代前列，不断提高执政能力，就一刻也不能没有执政理论的指导。"[1]这是由于科学理论不仅为加强执政能力和执政水平提供了价值导向，也为加强执政能力和执政水平提供了实践方略和根本路径。党的十六大以来，我们党用科学发展观指导实践活动，在科学理论的指导下，党的建设质量不断提升，执政能力和领导水平得到了显著提高。

第一，"以人为本"的执政理念。"以人为本"是科学发展观的核心立场，也是党提高执政能力和执政水平的核心价值理念。按照科学发展观关于"以人为本"的内涵，人是社会发展的中心和主体，也是党如何领导的参照系和衡量党领导水平的根本标尺，这就要求我们党的一切领导工作都必须以发展好和维护好人民群众的各项利益为根本，以不断满足人民群众的物质文化生活为目标。"以人为本"不仅体现了我们党在认真总结以往执政经验的基础上不断升华党的

---

① 《胡锦涛文选》第 2 卷，人民出版社 2016 年版，第 244 页。

执政理念，也反映出党领导社会发展水平的不断提高。党的十七大以来，我们党把民生问题提高到一个重要的位置，通过不断协调经济社会发展、推进民生工程、加强公共设施建设等措施，以促进安定有序、公平正义、和谐稳定社会的建立，这正是党坚持"以人为本"执政理念在领导实践中的体现。同时，"以人为本"的执政理念要求党要坚持"从群众中来，到群众中去"的群众路线。人民群众是党执政的力量之源，党在工作中只有坚持走群众路线，做到权为民所用、情为民所系、利为民所谋，才能取信于民，得到人民群众的支持和拥护。这就要求各级领导干部听群众之所说、想群众之所想，以更加科学、合理和民主的决策解群众之所困。

第二，"全面协调可持续发展的基本要求"和"统筹兼顾的根本方法"。经济社会发展不协调、不可持续的问题成为制约党继续推进改革开放和社会主义现代化建设的枷锁，如何破解这一发展困境成为摆在党和国家面前现实而紧迫的重大战略性课题。为解决这一重大课题，我们党提出了"全面协调可持续发展"和"统筹兼顾"的发展理念，这既是科学发展观的基本要求和根本方法，也是新世纪新阶段提高党执政能力和执政水平的新的时代内涵。一是按照科学发展观关于提高发展的全面性的要求，党应该多角度、全方位地提高自身的执政能力和执政水平。对此，胡锦涛在纪念抗战胜利60周年大会上指出，我们要"促进社会主义经济建设、政治建设、文化建设与和谐社会建设全面发展……不断满足人民日益增长的物质文化需要，继续开创中国特色社会主义事业新局面"[①]。在这里，我们党第一次把社会主义发展目标定位于"四个建设"，不仅科学揭示了科学发展观对我国发展目标的要求，也为党科学执政提供了目标方向。二是按照科学发展观关于提高发展的协调性要求，党应该在提高自身统筹全局能力和可持续发展能力上有所作为。这就要求党的各级领导和干部应该按照科学发展观的精神，提高统筹经济社会协调发展、城乡协调发展、区域协调发展的能力以及人与自然和谐相处的能力。

科学发展观全面系统地回答了新形势下党要实现什么样的发展和怎样发展的问题，为加强党的执政能力和执政水平提供了根本指导和实现路径。据此，党的各级领导和干部在领导工作中必须坚持科学发展观的指导地位，始终践行

① 《十六大以来重要文献选编》（中），中央文献出版社2006年版，第985页。

科学发展观的要求，坚持把科学发展观作为检验自己工作成效的标尺，从而在实践中不断提升自身的执政能力和领导水平。

三、科学发展观是在深刻分析国际形势、顺应国际发展趋势的基础上形成的

进入 21 世纪，国际形势和世界发展趋势发生深刻变化，呈现出一系列新特征和新矛盾，对我国的改革开放和社会主义现代化建设既带来许多有利的因素，也带来了许多严峻挑战。科学研判国际形势和国际发展趋势是我们党抓住重要战略机遇期有效应对风险和挑战的关键。党的十六大以来，以胡锦涛同志为总书记的党中央主动关切国际发展局势，科学研判国家发展趋势，准确把握国际发展出现的一系列新特征，使我们党精准把握了我国发展的战略机遇期，促进了改革开放和社会主义现代化事业的发展。科学发展观正是我们党主动把握发展机遇与积极应对发展挑战的产物。

一是和平与发展仍然是时代主题，越来越多的国家采取对外求和平、对内求发展的政策。"和平与发展是时代的主题"是邓小平在 20 世纪 80 年代对当时国际环境的正确认识和判断。经过几十年的发展，"当今世界正在发生深刻复杂变化，和平与发展仍然是时代主题……保持国际形势总体稳定具备更多有利条件"①。基于这样的判断，以胡锦涛同志为总书记的党中央作出了构建"和谐世界"的战略抉择。2005 年 9 月 15 日，在联合国成立 60 周年首脑会议上，胡锦涛发表了题为《努力建立持久和平、共荣繁荣的和谐世界》的讲话，全面系统地阐述了全世界需要构建一个持久和平、共同繁荣的"和谐世界"的思想。构建"和谐世界"思想是以胡锦涛同志为总书记的党中央在继承邓小平关于和平与发展是时代主题，但"世界和平与发展这两大问题，至今一个也没有解决"②的思想和新世纪新阶段国际形势发展新变化的基础上提出来的。虽然"和平与发展"的时代主题是邓小平在美苏"冷战"背景下提出来的，但这一论断没有过时，对中国制定内外政策仍有着科学的指导价值。同时，新世纪新阶段，国际形势发生新的变化，世界和平仍面临巨大挑战，例如局部战争不断，霸权主义和强权

---

① 《胡锦涛文选》第 3 卷，人民出版社 2016 年版，第 650—651 页。
② 《邓小平文选》第 3 卷，人民出版社 1993 年版，第 383 页。

政治活跃，民族和宗教冲突愈演愈烈，恐怖主义活动逐渐蔓延。发展也面临许多威胁，也出现了许多新的矛盾，"南北差距进一步拉大，许多国家人民的基本生存甚至生命安全得不到保障……环境污染、毒品走私、跨国犯罪、严重传染性疾病等跨国性问题日益突出"①。这一切表明，和平和发展问题仍旧严峻，要解决这一问题必须构建和谐世界。胡锦涛"和谐世界"思想正是在新的历史条件下对邓小平"和平与发展"理论的合理延伸，谋和平、求发展两者缺一不可，要解决这两大问题，中国共产党人必须未雨绸缪，以"和谐世界"思想指导构建和谐世界。

二是世界多极化趋势不可逆转，但多极发展道路曲折。东欧剧变，苏联解体，两极化格局轰然坍塌。世界各种力量和利益进入重新分化组合和重新分配的阶段，世界格局日益呈现出多极化发展趋势。进入新世纪新阶段，国际局势继续发生深刻变化，国际上各种力量和利益重新分化组合进入关键时期，大国之间的关系出现新的深刻调整，形成了既相互借鉴又相互牵制、既合作又竞争的局面。如何夯实国际合作、有效推进战略竞争，成为我国继续推进发展要考虑的重要课题。对此，以胡锦涛同志为总书记的党中央站在世界历史的高度，运用马克思主义的世界观，对多极化的世界发展趋势及其特点进行了全面系统的分析，既认为多极化是一种不可逆转的客观存在的发展趋势，也认为多极化深受霸权主义、强权政治和单边主义的影响，其发展道路必然崎岖蜿蜒；既看到了多极化趋势给世界和平与发展带来了有利的条件，也认识到多极化给世界安全和发展带来了一系列新的挑战；既认识到多极化是世界上大多数国家的共同意愿，也认识到各个国家推进多极化发展的主张必然存在差异。正如胡锦涛在党的十六届四中全会第三次会议上所指出的："从国际上看……世界格局处于向多极化过渡的重要时期，各种力量进一步分化组合，但围绕多极还是单极的斗争依然十分激烈。"②正是基于对多极化发展趋势客观辩证的认识，我们党提出了正确应对多极化、推动国际关系民主化、共同构建和谐世界的国家战略。这些战略思想是我们党基于世界发展趋势的有效应对策略，也是科学发展观的重要组成部分。

三是经济全球化趋势加速发展，世界各国各地区的经济、政治、文化和社

---

① 《十六大以来重要文献选编》(中)，中央文献出版社 2006 年版，第 995 页。
② 同上书，第 307 页。

会方面的联系更加紧密。20世纪中后期，随着现代交通、通信技术的快速发展，跨国经济的迅速扩张，全球范围内的经济发展逐渐呈现出区域化的发展趋势。新世纪经济全球化出现了新趋势、新特点，对世界经济发展产生深层次影响。以胡锦涛同志为总书记的党中央，基于刚刚加入世贸组织还没有充分话语权的现实状况，也立足于我国社会主义市场经济发展的新情况，站在世界发展大趋势的高度，对新世纪新阶段的经济全球化的发展趋势和特点作出了科学研判，并在此基础上提出了加强合作、推动共同发展的思想。

四是科技革命日新月异，科学技术在经济发展中的作用日益扩大。20世纪四五十年代以来，以信息、新材料、新能源、生物、航空航天等技术为支柱的新科技革命悄然兴起，经过几十年的发展，在21世纪迅猛发展，并出现了许多新特点和新趋势，即发展速度异常迅猛，酝酿着新的突破；科技创新更加重要，促进创新成为世界主要国家的基本战略；由科学技术迅猛发展引发的社会变革更加深刻。基于对科技革命的综合分析，以胡锦涛同志为总书记的党中央作出了两个战略判断，即"我国已进入必须更多依靠科技进步和创新推动经济社会发展的历史阶段"[1]，并在此基础上提出了"两个重要战略机遇期"的论断："本世纪头二十年既是我国经济社会发展的重要战略机遇期，也是我国科技事业发展的重要战略机遇期。"[2]面对这一发展态势，我们党提出在新世纪新阶段要顺应世界科技发展变化，应对科技发展中的挑战，通过作出新的战略部署，不断推动我国科技事业的发展。

马克思说，理论在一个国家实现的程度，总是决定于理论满足这个国家的需要的程度。科学发展观正是我们党和国家在深刻分析国际发展形势和趋势的基础上，立足于我国经济社会发展的阶段性特征，回应党的建设的现实需要的基础上提出来的。因此，可以说科学发展观的形成是时代发展的必然，是符合我国现阶段发展要求的科学理论，能够满足我国社会新的发展需求，必须长期坚持下去。

---

① 《十六大以来重要文献选编》(下)，中央文献出版社2008年版，第236页。
② 同上书，第901页。

第二节　全面把握科学发展观的科学内涵和主要内容

中国共产党历来高度重视通过实践经验进行理论创新，重视理论创新是我们党的显著优势。党的十六大以来，以胡锦涛同志为总书记的党中央也高度重视理论创新，通过集中全党智慧，总结以往发展实践经验，适应新的发展要求，围绕"实现什么样的发展和怎样发展"的问题，提出了一系列逻辑紧密的新思想、新观点、新论断，形成了科学发展观。在科学发展观的指引下，在党的十六大至党的十八大的十年间，我们党团结带领全国各族人民，在深刻认识复杂多变的国际形势、准确把握我国发展的阶段性特征、紧紧抓住发展的重要战略机遇期，不断推进改革开放和加快社会主义现代化发展的步伐，有效应对发展道路上的一系列重大挑战，取得了一系列历史性成就，使我国的面貌发生了历史性变化，为新时代全面建成小康社会打下了坚实的基础。

一、科学发展观的科学内涵

科学发展观作为一个全面的理论体系，内涵极为丰富，党的十七大把它概括为四个方面："科学发展观……第一要义是发展、核心是以人为本、基本要求是全面协调可持续、根本方法是统筹兼顾。"①

1. 全面把握科学发展观的第一要义，更加自觉地推动经济社会发展

发展是人类永恒的主题，也是马克思主义最基本的范畴。改革开放以来，我们党坚持团结带领全国各族人民，不断推动经济社会发展，不断满足人民群众对物质文化的需求，推进了社会主义现代化建设。这充分彰显了我们党只有紧紧抓住发展这个主题，不断推进发展进程，才能从根本上把握人民的愿望，把握住建设社会主义社会的本质，把握住党执政兴国的关键。改革开放以来，我国之所以在社会主义现代化建设中取得举世瞩目的成就，之所以能够战胜来自国内外的各种严峻挑战，关键在于我们党始终坚持用发展的眼光、发展的思路、发展的办法解决前进道路上的问题。②

① 《十七大以来重要文献选编》(上)，中央文献出版社2009年版，第813页。
② 《科学发展观学习纲要》，学习出版社、人民出版社2013年版，第18页。

进入新世纪新阶段，经过几十年的发展，我们已经具备了进一步发展的坚实基础，同时也面临着许多进一步推进发展的艰巨任务。从世情来看，世界正处在大发展大调整大变革时期，经济实力和综合国力竞争激烈；从国情来看，我国在发展中遇到的困难和矛盾世所罕见；从党情来看，党的执政能力和执政水平有待进一步提高。我们要建成更高水平的小康社会和实现社会主义现代化建设，还有很长的路要走。对此，胡锦涛提出："发展是解决中国一切问题的总钥匙，发展对于全面建设小康社会、加快推进社会主义现代化，对于开创中国特色社会主义事业新局面、实现中华民族伟大复兴，具有决定性意义。"①这就为新世纪新阶段我们要"实现什么样的发展和怎样发展"提供了思想和行动指南。

马克思主义指出，生产力和生产关系、经济基础和上层建筑的矛盾运动构成了整个社会的基本框架，其中生产力是最革命、最活跃的因素，是人类社会发展最具决定性的力量。因此，坚持以经济建设为中心，不断解放和发展生产力，是发展的第一要义。但从现实来看，改革开放以来我国虽然以前所未有的速度推动了社会生产力的发展，促进了我国综合国力、人民生活水平、国际地位的大幅度提高，但我国仍处于并将长期处于社会主义初级阶段的基本国情没有变，我国是世界上最大的发展中国家的国际地位没有变。因此，继续保持经济健康发展，不断提高生产力的发展水平依旧是新世纪新阶段我国需要解决的主要问题。"在当代中国，坚持发展是硬道理的本质要求就是坚持科学发展。"②坚持科学发展的关键就是在发展中要正确认识和处理发展的"好"与"快"的辩证关系，做到"谋求的发展必须是讲求质量和效益的发展，必须是以人为本、全面协调可持续的发展"③；要加快转变经济发展方式，通过经济结构的战略性调整，坚持把科学技术进步和创新作为重要支撑，把保障和改善民生作为根本出发点和落脚点，坚持把建设资源节约型、环境友好型社会作为重要着力点，坚持把改革开放作为强大动力，切实实现经济发展理念革新和发展方式的变革。

---

① 《胡锦涛文选》第 3 卷，人民出版社 2016 年版，第 95 页。
② 《科学发展观学习纲要》，学习出版社、人民出版社 2013 年版，第 21 页。
③ 《十七大以来重要文献选编》（上），中央文献出版社 2009 年版，第 759 页。

2. 理解科学发展观的核心立场，更加自觉地坚持以人为本

人民群众是历史的创造者，是社会变革的决定力量。我们党坚持马克思主义的唯物史观，始终把人民群众放在至高无上的地位，始终坚持全心全意为人民服务的根本宗旨，始终为谋取最广大人民群众的根本利益不懈奋斗。以胡锦涛同志为总书记的党中央，提出了以人为本的思想。以人为本是科学发展观的核心立场，要求中国共产党人在工作中要坚持宗旨意识，做到立党为公、执政为民，坚持把最广大人民的根本利益作为党和国家工作的根本出发点和落脚点，坚持尊重人民群众的历史主体地位，坚持为实现人民群众的利益努力奋斗，做到发展为了人民、发展依靠人民、发展成果由人民共享。①

第一，坚持以人为本，就要坚持立党为公、执政为民。马克思主义政党的无产阶级性质决定了立党为公、执政为民是其鲜明的政治品格和价值目标，是其执政的根本理念。以人为本的思想是新世纪新阶段我们党对执政理念的升华，其实质就是把人民群众的根本利益作为党一切工作的出发点和落脚点，从而不断满足人民群众的物质文化需要，促进人的全面发展。新时期，坚持好立党为公、执政为民的执政理念，关键是要做到"权为民所用、情为民所系、利为民所谋"，把以人为本的价值理念贯彻到党和国家工作的方方面面，落实到广大党员干部的思想和行动中。

第二，坚持以人为本，就要坚持发展为了人民、发展依靠人民、发展成果由人民共享。党的历史充分表明，不管是革命战争时期的"浴血奋战"，还是和平建设时期的社会主义现代化建设，我们党始终坚持把人民利益放在至高无上的地位，始终把实现好和维护好人民群众的根本利益作为自己的庄严使命。新世纪，我们党要顺应人民群众对过上更加美好生活的期盼，通过推动经济、政治、文化、社会等方面的发展，把人民群众的需要和利益真正落到实处。社会主义现代化建设事业是亿万人民群众自己的事业，共产党人要把人民放在心中最高的位置，尊重人民主体地位和首创精神，通过发挥人民群众的积极性、主动性和创造性，最广泛动员和组织人民群众参与到经济、政治、文化和社会事务中，为社会主义现代化事业服务。同时，共产党人要坚持走群众路线，做到问政于民、问需于民、问计于民，最大限度地汇聚起人民群众的智慧和力量，

---

① 《科学发展观学习纲要》，学习出版社、人民出版社2013年版，第27—28页。

推动社会主义现代化建设事业向前发展。人民群众是推动社会发展的主体，也应当是社会发展的最大受益者。新时期，在促进发展的同时，我们要把维护社会公平正义放在更加重要的位置，促进社会发展和公平正义的协调推进，使发展成果更多更公平地惠及全体人民，朝着共同富裕的方向发展。

第三，坚持以人为本，最终是为了实现人的全面而自由的发展。"人的全面而自由发展"是贯穿马克思主义理论的核心价值追求。我们党进行改革开放和社会主义现代化建设的最终目的，就是要通过不断发展生产力，提高人民的物质文化生活水平，促进人的全面发展。以人为本的思想既充分体现了新时期我们党坚持实现人的全面而自由发展的价值追求，也为新时期我们党实现人的全面而自由发展提供了实践路径。胡锦涛强调，经济社会发展和人的全面而自由发展具有内在一致性，两者互相促进，因此，我们要把经济社会发展和人的全面而自由发展统一起来，既着眼于通过发展经济，不断满足人民对物质文化的需要，也着眼于通过发展社会文化，不断改善人民的精神面貌，实现相得益彰、同向而行。

3. 深刻理解科学发展观的基本要求，更加自觉地坚持全面协调可持续发展

全面协调可持续发展是我们党继承马克思主义发展观和中国化马克思主义发展观，立足于我国发展的实际，总结我国以往发展的经验，对新时期"实现怎样的发展"作出的科学回答，是科学发展观战略思想的重要组成部分，充分体现了我们党对社会主义现代化建设规律的深刻认识和准确把握。全面协调可持续发展思想强调全面发展、协调发展、可持续发展三者之间的相互联系、相互促进的关系，揭示了经济社会发展的本质规律，具有丰富的理论内涵和明确的实践要求。

全面发展强调发展要注重全局性和整体性，要求我们在发展中不仅要注重经济发展，也要协调推进政治、文化、社会、生态的发展。统筹推进经济、政治、文化、社会、生态协调发展，要求我们在发展中要始终坚持以经济建设为中心，通过经济体制改革不断解放和发展生产力，促进经济高质量发展；要求我们坚定不移地推动政治体制改革，大力发展社会主义民主政治，实现党的领导、人民当家作主和依法治国的有机统一；要求我们要始终坚持马克思主义意识形态的指导地位，弘扬社会主义核心价值观，推动社会主义文化的大发展和大繁荣；要求我们通过加强民生建设，促进社会主义和谐社会的建设；要求我们坚持人与自然和谐相处的原则，实现经济社会发展与生态保护同步推进。

协调发展强调发展要注重平衡性和统筹性，要求在发展中要协调好各个要素、各个环节、各个方面和各个领域的关系，实现协调发展和统筹兼顾。唯物辩证法认为，事物是相互联系、相互促进和相互制约的，任何割裂事物之间的相互关系而空谈发展的都是有悖社会发展规律的。历史和现实都表明，坚持协调发展是我们实现社会主义现代化建设的必然要求。新时期，坚持协调发展，就是要求我们树立"一盘棋"的观念，统筹经济、政治、文化、社会、生态的全面发展，协调好不同地区、不同领域的发展，建立他们之间相互促进、相互协调的体制机制，实现持续健康发展的良性循环；要求我们要协调好生产关系与生产力、上层建筑与经济基础之间的关系，通过及时调整与生产力和经济基础不相适应的生产关系和上层建筑，使之与生产力的发展和经济的发展相符合、相适应，从而充分发挥生产关系和上层建筑对生产力和经济发展的促进作用；要求我们要坚持把发展速度和结构、质量、效益统一起来，通过加快转变经济发展方式，实现发展速度与发展结构协调统一，通过在发展中既注重发展速度又注重发展质量，实现经济社会又好又快的发展，通过在发展中坚持经济指标、人文指标、环境指标的有机统一，提高经济发展的质量。

可持续发展强调发展的连续性和持久性，要求我们在发展中要处理好当前利益和长远利益的关系，保证一代接着一代持续向前发展。如何实现发展，走什么样的发展道路，这既关系到人民群众的切身利益，也关系到我国的长远发展。以胡锦涛为代表的党中央总结以往的发展经验，适应现在的发展要求，提出"实施可持续发展战略，促进人与自然的和谐，实现经济发展和人口、资源、环境相协调，坚持走生产发展、生活富裕、生态良好的文明发展道路，这既是全面建设小康社会的必然要求，也是贯彻落实科学发展观的重要实践"①。坚持走文明发展道路，就是要求我们在经济发展中把生产发展、生活富裕、生态良好三者统一起来，坚持以生产发展为基础，生活富裕为目的，生态良好为条件，努力推动实现国家的经济实力和综合国力不断提升，人民群众的物质文化生活不断丰富，社会更加和谐和更具活力，生态环境不断优化的良好发展局面。

---

① 《十六大以来重要文献选编》(中)，中央文献出版社2006年版，第69—70页。

4. 深刻理解科学发展观的根本方法，更加自觉地坚持统筹兼顾

世界是普遍联系和发展着的，必须坚持用联系和发展的观点看待问题，这是唯物辩证法的基本观点。而统筹兼顾正是我们党在发展问题上科学运用唯物辩证法的生动体现，它要求我们在发展中要从整体的角度统一筹划，全面把握整体和各个部分的关系，平衡各个发展环节，协调处理好各方利益，兼顾各个区域和产业的发展，从而形成能够代表各方面要求的整体发展合力和共同的价值取向，努力实现公平正义。新世纪新阶段，改革开放进入关键期，经济体制深刻变革，社会结构深刻变动，利益格局深刻调整，思想观念深刻变化，在这一背景下，要想实现科学发展，必须更加自觉地运用统筹兼顾的科学方法，"既要总揽全局、统筹规划，又要抓住牵动全局的主要工作、事关群众利益的突出问题，着力推进、重点突破"①。

坚持统筹兼顾的根本方法，就要坚持运用系统思维统揽全局，正确认识和妥善处理中国特色社会主义事业中的重大关系，促进发展的各领域各环节协调发展、良性互动。即统筹好城乡发展和区域发展，通过继续实施"三农"政策和区域发展战略，使城乡和各区域能够各得其所、共同发展；统筹好经济社会发展，在发展中要兼顾各方，以调动各因素的积极性，实现发展的协调性和稳定性；统筹好人与自然的关系，协调处理好经济发展、人口增长和环境保护之间的关系，增强可持续发展的能力；统筹好各方面利益，通过把握不同阶层、群体、党派、民族的利益和最广大人民群众的根本利益与不同群体之间的特殊利益关系，切实实现发展成果由最广大人民共享的发展局面，实现社会公平正义；统筹好当前发展和长远发展之间的需要，既积极关切当前的发展要求，也要注重为未来发展创造条件，做到发展既立足于当前，也着眼于未来。

坚持好统筹兼顾的根本方法，关键在于要掌握战略思维、创新思维和辩证思维的科学思想方法，不断增强统筹兼顾的能力，更好地实现科学发展。正如胡锦涛所指出的，"统筹兼顾，并不是简单地摆平各方面关系"②，而是要以宽广的胸怀把握全局，以辩证的思维分析全局，以创新的思维谋划全局，整体推进社会主义现代化建设事业各个方面、各个领域、各个环节的发展。这就要求

① 《胡锦涛文选》第 2 卷，人民出版社 2016 年版，第 625 页。
② 《十七大以来重要文献选编》(上)，中央文献出版社 2009 年版，第 110 页。

领导干部在领导工作中要坚持战略思维，不断提高自身把握事物发展趋势和方向的能力；要坚持创新思维，在领导过程中要敢于超越陈规，善于因地制宜实现发展；要坚持辩证思维，要承认发展中存在的矛盾，善于分析各矛盾之间的关系，善于抓住重点、找准关键，善于洞察事物发展的规律。

5. 深刻理解科学发展观的精神实质，提高贯彻落实的自觉性和坚定性

党的十八大深刻指出，解放思想、实事求是、与时俱进、求真务实是科学发展观的精神实质。这一概括不仅丰富了科学发展观的思想内涵，也使科学发展观作为党的指导思想的科学体系更加完备。科学发展观的精神实质，彰显了科学发展观最本质、最核心、最重要的内容，"把握住了这个精神实质，就把握了科学发展观最本质的内容，就把握了马克思列宁主义、毛泽东思想、邓小平理论、'三个代表'重要思想和科学发展观的历史逻辑和内在联系"①。

"解放思想"就是以马克思主义为指导，克服教条、习惯性思维和主观偏见，根据变化了的实际不断研究新情况和新问题，根据新的实践探索新的理论，从而为新的实践提供有力的理论指导。科学发展观正是以马克思主义理论为指导，根据新世纪新阶段的世情、国情和党情，不断探索实现科学发展的道路的基础上形成的。因此，全面把握"解放思想"是深刻理解科学发展观的必然要求。

"实事求是"与"解放思想"具有内在一致性，"解放思想就是实事求是"。"实事求是"就是指尊重事物发展的客观规律性。"实事求是"要求我们在认识世界和改造世界的活动中要坚持从客观实际出发，而不是从主观愿望出发，同时认识事物的规律性需要我们发挥主观能动性，实现事物客观规律性和人的主观能动性的辩证统一是"实事求是"的本质要求。在新的历史条件下，我们必须立足于中国现阶段的基本特征，实现马克思主义的基本原理与中国的具体实际相结合，才能制定出符合时代发展和中国国情的方针和政策，科学发展观正是我们党坚持实事求是的结果。

"与时俱进"就是要求党的全部理论和工作要体现时代性、把握规律性、富于创新性。具体而言，与时俱进要体现时代性，就是要求党和国家要在准确把握我国现阶段的发展特征和国际发展趋势，适应经济社会发展需要的基础上制

———————————

① 《科学发展观学习纲要》，学习出版社、人民出版社 2013 年版，第 46 页。

定发展理论与制定制度和政策，从而使党的理论、制度、政策体现时代性。与时俱进要把握规律性，就是要求我们党以马克思主义理论为指导，在深入研究国内外发展现状的基础上，准确把握党的执政规律和社会主义现代化建设的规律以及人类社会发展规律。与时俱进要富于创造性，就是要求我们党要根据发展的实际不断推动理论创新，这是由于社会发展和变革需要与时俱进的理论创新，党和国家事业的发展进步也需要理论创新。

"求真务实"就是指在实践中要充分发挥主观能动性和客观规律性，按照实事求是的原则，不断探求事物的本质，把握事物发展的规律。实事求是充分反映了党在工作中的政治风格和工作态度。新时期，胡锦涛以辩证唯物主义和历史唯物主义为指导，继承我们党的思想路线，并从实际出发，提出全党大力弘扬求真务实精神，关键是要教育引导全党同志"求我国社会主义初级阶段基本国情之真，务坚持长期艰苦奋斗之实；求社会主义建设规律和人类社会发展规律之真，务抓好发展这个党执政兴国的第一要务之实；求人民群众历史地位和作用之真，务发展最广大人民根本利益之实；求共产党执政规律之真，务全面加强和改进党的建设之实"①，这就为"求真务实"赋予了新的时代内涵。

二、科学发展观的主要内容

习近平总书记在学习《胡锦涛文选》报告会上明确指出，"在党的十六大至党的十八大这 10 年间……以胡锦涛同志为总书记的党中央……坚持解放思想、实事求是、与时俱进、求真务实，勇于推进实践基础上的理论创新，集中全党智慧……创造性地回答了新形势下实现什么样的发展、怎样发展等重大问题，形成了涵盖改革发展稳定、内政外交国防、治党治国治军各方面的系统科学理论"②。这不仅全面总结了以胡锦涛同志为总书记的党中央在推进改革开放和现代化建设各项事业中取得的伟大成就，也科学总结了科学发展观的主要内容。

1. 推动中国特色社会主义"五位一体"总体布局的建设

党的十八大明确提出："必须更加自觉地把全面协调可持续作为深入贯彻

---

① 《胡锦涛文选》第 2 卷，人民出版社 2016 年版，第 156 页。

② 习近平：《在学习〈胡锦涛文选〉报告会上的讲话》，载《人民日报》，2016 年 9 月 30 日。

落实科学发展观的基本要求，全面落实经济建设、政治建设、文化建设、社会建设、生态文明建设五位一体总体布局。"①这是我们党在历史上首次提出"五位一体"总体布局。"五位一体"总体布局是在科学发展观的指导下形成的，既充分体现了科学发展观的核心要义和价值取向，也是科学发展观的主要内容。

第一，坚持以科学发展观为指导，加快转变经济发展方式，推动经济持续健康发展。这是我们党站在国际国内发展局势发生深刻变化的高度做出的正确战略抉择，是我国在未来激烈的竞争中赢得主动权的必然要求。加快转变经济发展方式，关键是要全面深化经济体制改革，通过正确处理好市场和政府之间的关系，充分发挥市场在资源配置中的基础性作用和更好发挥政府的调节作用，通过建立和完善公有制为主体、多种所有制经济共同发展的基本经济制度，推动社会主义市场经济体制的建立和完善。

第二，坚持以科学发展观为指导，不断发展社会主义民主政治。人民民主是社会主义的生命。人民民主的本质就是人民当家作主。新时期，发展社会主义民主政治，最根本的就是坚持党的领导、人民当家作主、依法治国的有机统一，坚定走中国特色社会主义政治发展道路，最重要的就是始终不渝地坚持和完善中国特色社会主义政治制度，不断发展社会主义民主政治，最关键的就是坚定不移地推进依法治国基本方略和推进政治体制改革，为社会主义民主提供法律支撑和制度保障。

第三，坚持以科学发展观为指导，不断推进社会主义文化强国建设。文化是一个民族的灵魂和血脉，是当前综合国力竞争的重要因素。推进社会主义文化强国建设，首要的就是要树立高度的文化自觉和文化自信，坚定不移地走中国特色社会主义文化发展道路；其次是要大力弘扬和发展社会主义核心价值体系，积极培育和践行社会主义核心价值观，用社会主义核心价值体系和核心价值观引领社会主义文化建设；再次是要坚持不懈地用马克思主义和中国特色社会主义理论体系武装全党、教育人民，推进马克思主义时代化和大众化。

第四，坚持以科学发展观为指导，推进社会主义和谐社会的构建。胡锦涛在深刻总结国内外社会主义建设经验的基础上作出了"社会和谐是中国特色社会主义的本质属性"②的重大判断，这不仅深化了我们党对社会主义本质的认

---

① 《胡锦涛文选》第3卷，人民出版社2016年版，第618—619页。

② 《胡锦涛文选》第2卷，人民出版社2016年版，第625页。

识，也为新时期和谐社会的建设提供了实践指南。推进社会主义和谐社会的建设，要以"民主法治、公平正义、诚信友爱、充满活力、安定有序、人与自然和谐相处"①为总要求，实现社会建设与经济、政治、文化、生态等方面建设的协调发展；要以"公平正义"为基本条件，既注重通过提高效率促进发展，也注重通过公平正义促进社会和谐；要以保障和改善民生为根本目的，从解决关系人民群众切身利益的现实问题着手，在实现学有所教、劳有所得、病有所医、住有所居上有所发展；要以加强和创新社会管理为手段，推动社会建设和管理的改革创新；要以完善体制机制为重要保障，着力构建集党委领导、政府负责、社会协调、公众参与、法治保障于一体的社会管理体制。

第五，坚持以科学发展观为指导，大力推进生态文明建设。加强生态文明建设是关乎人民福祉和长远发展的大计，是破解当前我国经济社会发展面临的资源瓶颈的突破口，是贯彻落实科学发展观、实现可持续发展的必然要求。新时期，推进生态文明建设，必须树立尊重自然、顺应自然和保护自然的生态文明理念，把生态文明建设落实到经济、政治、文化和社会建设的全过程，实现永续发展；要建立以资源环境承载力为基础、以自然规律为准则、以可持续发展为目标的资源节约型和环境友好型社会为目标，从而为人民创造良好的生活环境，为全球生态治理作出应有的贡献。

2. 推动持久和平、共同繁荣的和谐世界的建设

世界是由不同制度、文化背景、发展水平的主权国家地区组成的，各主权国家必然会发生联系，出现矛盾和分歧，如何有效规避矛盾和分歧，促进国与国之间的和平交往一直是我们需要探索的重大现实性课题。进入新世纪，世界正在发生深刻变化，世界多极化和经济全球化深入发展，社会信息化持续推进，新科技革命正孕育着重大突破，全球合作向多层次、多方位扩展，新兴市场国家和发展中国家的综合国力显著提升，国际力量对比朝着有利于维护世界和平与发展的方向发展，求和平、谋发展有更多的有利条件。但国际上不确定、不安稳的因素也在增多，发展不平衡、霸权主义、强权政治、新干涉主义、局部战争冲突等问题依旧严峻甚至出现不断恶化的倾向，这严重违背了世界各国人民求和平、促发展的愿望。以胡锦涛同志为总书记的党中央，审视国

---

① 《胡锦涛文选》第 2 卷，人民出版社 2016 年版，第 376 页。

际发展趋势和特点，坚持以马克思主义世界历史观为指导，继承中国共产党人的外交理念，提出了建设持久和平、共同繁荣的和谐世界的思想，这不仅是我国顺应世界发展趋势，为全球治理提供中国思维的主动之举，也是我国为推动建立持久和平、共同繁荣的和谐世界提供的中国方案。

第一，世界政治和谐观。国际关系行为主体之间在政治事务中所发生的各种关系的总和就是世界政治。要建设和谐世界，就必须推动世界政治朝着和平稳定与各国际关系行为主体相互尊重的方向发展。这就要求各主权国家必须根据和谐世界思想，在处理国际事务时做到相互尊重主权、平等协商，积极推进国际关系的民主化，坚持各主权国家平等不可侵犯的原则，把国际法和国际关系准则作为处理各主权国家矛盾的基本法则。

第二，世界经济和谐观。在全球范围内，世界各国在生产、贸易、金融和科技等领域形成的关系的综合就是世界经济。经济全球化是世界经济在当代的突出特点。经济全球化是世界经济发展的必然趋势，既为各国经济发展带来了机遇，也带来了严峻挑战。和谐世界思想为我们抓住机遇、规避挑战提供了重要的理论指导。一是世界各国要积极顺应经济全球化的发展趋势，通过加大本国经济的对外开放程度，积极推动国际贸易和国际金融的健康发展；二是世界各国要积极推动经济全球化朝着更加均衡、普惠和共赢的方向发展，推动世界经济的繁荣发展；三是针对现存世界经济秩序中不平等不合理的因素，推动建立公正合理的世界经济新秩序。

第三，世界文化和谐观。由于地域的差异，世界各民族、各地区和各国家具有不同的文明和文化，它们在世界交流中相互联系、相互借鉴和相互促进，形成了丰富多彩的世界文化。多样性是世界文化的基本特征。胡锦涛指出："各种文明有历史长短之分，无高低优劣之别。"[①]我们必须按照和谐世界思想在世界文化方面的要求，坚持文化的多样性，自觉做到尊重世界各国不同的文化和文明，通过加强不同文化之间的交流与借鉴，推动世界文化的和谐发展。

第四，全球安全和谐观。安全问题历来是国际关系的一个重要课题。自"冷战"结束后，国际关系发生重大变化，过去那种建立在对方不安全基础上的自身安全的局面已经过时，但全球面临的非传统安全威胁正在加大，例如疾病

[①] 《胡锦涛文选》第 2 卷，人民出版社 2016 年版，第 354 页。

传染病、海啸、地震等突发性公共安全事件，严重危害全球各国人民的生命财产安全。在应对非传统安全威胁时，不能凭借一国之力完成，需要各国的合作共同应对。可以说，全球已经进入一国在谋求安全时不得不考虑其他国家安全的时代。和谐世界思想的全球安全观正是在适应国际安全出现的新的特征的基础上，站在实现世界和谐的高度提出来的应对全球安全问题的思想，要求世界各国树立"以普遍安全维护一国安全"的观点，通过维护世界的普遍安全达到维护本国安全的目的；要求世界各国积极开展多边活动，破解安全困境；要求世界各国坚持用和平的手段解决国际的冲突和矛盾，达到维护世界持久和平的目的。

3. 推动党的建设的科学化水平

"党的建设是党领导的伟大事业不断取得胜利的重要法宝。"①我们党历来高度重视通过不断加强自身建设来提高自身的领导水平。推动自身建设的科学化水平是我们党一以贯之的追求。回顾党的历史，党要实现中华民族伟大复兴的历史使命，就必须根据自身的历史方位和中心任务，不断提高自身的执政能力和执政水平，以应对经济社会发展中出现的风险和考验。新形势下，党所处的历史方位和执政条件发生深刻变化，党面临的执政考验、改革开放考验、市场经济考验、外部环境考验复杂且严峻，党内存在的精神懈怠危险、能力不足危险、脱离群众危险、消极腐败危险更加尖锐地摆在全党面前，迫切需要提高党的建设科学化水平。以胡锦涛同志为总书记的党中央，"从新的实际出发，坚持以科学理论指导党的建设，以改革创新精神研究和解决党的建设面临的重大理论和实际问题，着眼于全面建设小康社会，加快推进社会主义现代化，全面认识和自觉运用马克思主义执政党建设规律，全面推进党的建设新的伟大工程，不断提高党的建设科学化水平"②。

第一，提高党的建设科学化水平，必须要牢牢把握加强党的执政能力建设、先进性和纯洁性建设这条主线。党的执政能力就是党领导国家建设的本领。不断提高党的执政能力是党执政后的一项根本任务，也是我们党长期面临的重大现实性课题。自党执政以后，执政成就有目共睹，执政能力不断提高。但面对新形势新任务，党的领导方式、执政方式、领导体制机制和领导队伍建设等方面都有亟须解决的问题，这就需要我们党认真总结经验，把握执政规

---

① 《十七大以来重要文献选编》(中)，中央文献出版社 2011 年版，第 141 页。
② 《胡锦涛文选》第 3 卷，人民出版社 2016 年版，第 528 页。

律,通过继续坚持科学执政、民主执政、依法执政,研究新情况、解决新问题,创新执政体制机制,增强新本领,不断提高党领导中国特色社会主义事业的本领。保持党的先进性和纯洁性是马克思主义政党的根本要求,也是马克思主义政党的生命所系、力量所在。党的先进性是历史的具体的。"一个政党过去先进,不等于现在先进;现在先进,不等于永远先进。"①因此,保持党的先进性是一个永恒的课题,需要我们不断加强认识,深入实践。新阶段,复杂的国内外环境对党保持先进性造成了严峻挑战,我们党要更加自觉主动地持续推进党的先进性建设,通过思想、组织、作风、制度等方面的建设,提高党的凝聚力和战斗力。党的纯洁性是党的先进性的重要体现,也是党拥有创造力、凝聚力和战斗力的根本前提。新形势下,加强党的纯洁性建设,需要不断增强"党的意识、政治意识、危机意识、责任意识,切实做好保持党的纯洁性各项工作,始终保持党员干部思想纯洁、队伍纯洁、作风纯洁、清正廉洁"②。

第二,提高党的建设科学化水平,我们党必须在思想建设、组织建设、作风建设、反腐倡廉建设等方面有所作为,以不断提高自我净化、自我完善、自我革新的能力。理想信念是共产党人的灵魂,是共产党人经受住任何考验的精神支柱。因此,加强党的建设,必须要加强以理想信念为核心的思想建设。这就需要我们党不断加强理论创新和道德建设,抓好党性教育这一根本,教育引导党员、干部学习党的优良传统和作风,树立马克思主义价值观。同时要深刻理解和全面落实建立学习型政党的战略要求,建设理论武装的常态化机制。党员干部队伍是中国特色社会主义事业的引领者,其建设质量的好坏直接影响党领导的水平。因此,加强党的组织建设意义重大。这就需要我们坚持党管干部原则,深化干部人事制度改革,使各方面优秀干部充分流动、各得其所、各尽其能、各展其长。优良作风是我们党始终立于不败之地的法宝。这就要求我们通过弘扬党员领导干部的思想作风、学风、工作作风、领导作风、生活作风等,着力解决党内存在的不良风气,从而营造党内良好的风气。坚持反腐倡廉是我们党一贯坚持的政治立场。腐败问题直接侵蚀党的执政基础,必须把反腐倡廉建设放在更加突出的位置。这就要求我们党要不断加深对反腐倡廉规律性的认识和把握,坚定走中国特色反腐倡廉道路,努力实现干部清正、政府清

①《胡锦涛文选》第2卷,人民出版社2016年版,第270页。
②《科学发展观学习纲要》,学习出版社、人民出版社2013年版,第120—121页。

廉、政治清明。

　　党的十六大以来，我们党坚持以科学发展观为指导，在推动国防和军队建设科学发展、丰富"一国两制"实践和推进祖国统一等方面也大有作为，这也都是科学发展观的主要组成部分。新世纪，我们党坚持以科学发展观为指导，全面贯彻党的路线方针政策，不断推进中国特色社会主义建设，为新时期全面建设社会主义小康社会提供了坚实基础。

第三节　科学发展观在马克思主义中国化时代化进程中的历史地位

　　党的十八大在时代发展的制高点上，基于现实发展的需求，顺应了人民群众的殷切期望，将科学发展观写入党章，并确立为我们党必须长期坚持的指导思想。不仅实现了党的指导思想的与时俱进，而且推动了马克思主义中国化时代化的历史进程。全面深入地认识和理解科学发展观的指导意义和时代价值，对于深入认识社会主义本质和中国式现代化，具有极其重大且深远的影响和意义。

一、科学发展观是发展社会主义的根本指导思想

　　以科学发展观作为指导思想，具有十分重大的意义。我们党从"三个高度"对科学发展观的指导意义做了精辟概括，即"一定要从政治的高度认识和理解科学发展观，把它作为我国经济社会发展的重要指导方针来坚持；一定要从全局的高度认识和理解科学发展观，把它作为具有前瞻性、长远性、根本性的重大战略思想，贯彻落实到经济建设、政治建设、文化建设、社会建设以及生态文明建设和党的建设的各个方面；一定要从战略的高度认识和理解科学发展观，把它作为马克思主义中国化最新成果，贯彻落实到治党治国治军、内政外交国防的各个领域"①。党的十八大报告正是从这三个角度对科学发展观的指导意义做了系统、深刻的阐述。

---

　　①　《十七大以来重要文献选编》(上)，中央文献出版社 2009 年版，第 589 页。

1. 科学发展观的理论意义

党的十八大报告指出:"科学发展观是中国特色社会主义理论体系最新成果,是中国共产党集体智慧的结晶,是指导党和国家全部工作的强大思想武器。"①这就从党的指导思想的高度概括了科学发展观在中国特色社会主义理论体系中的地位,不仅提高了对科学发展观地位的认识,也为我们从中国特色社会主义理论体系建构的角度,及党的指导思想的与时俱进的角度研究科学发展观的指导意义提供了方向遵循。

第一,科学发展观产生的逻辑起点是社会主义初级阶段的基本国情和主要矛盾,而这正是中国特色社会主义理论体系产生的基点。科学发展观是我们党在全面分析新世纪新阶段社会主义初级阶段的新特征和新矛盾的基础上,回答如何继续推动中国科学发展的产物,这意味着科学发展观在界定中国未来发展道路时,是站在推动中国特色社会主义建设角度的,是以社会主义初级阶段的主要矛盾运动为根据的。

第二,科学发展观深化了中国特色社会主义理论的主题。中国特色社会主义理论的主题就是弄清楚社会主义社会怎样实现发展。而科学发展观正是回答新世纪新阶段如何实现科学发展的理论,它进一步明确了发展的核心、方法和要求,实现了我们党对发展观认识新的突破,这不仅深化了我们党对社会主义发展规律的认识,也把中国特色社会主义理论的主题放在更加突出的位置,使发展方向更加符合社会主义的本质、更加符合中国迫切的发展需要。

第三,科学发展观创新了指导我国社会主义现代化建设的思想。中国特色社会主义理论体系是我国社会主义现代化建设的指导思想。科学发展观立足于时代发展的阶段性特征,顺应时代发展的趋势,吸收和借鉴世界发展经验,以科学的方法推动社会主义现代化的持续发展。科学发展观为中国未来的发展之路制定了科学有效的发展战略,是我们党推进社会主义现代化建设事业的新的指导思想。

2. 科学发展观的实践意义

理论产生于实践又指导实践。党的十八大报告明确指出:"总结十年奋斗历程,最重要的就是我们……勇于推进实践基础上的理论创新,围绕坚持和发

---

① 《胡锦涛文选》第3卷,人民出版社2016年版,第618页。

展中国特色社会主义提出一系列紧密相连、相互贯通的新思想、新观点、新论断，形成和贯彻了科学发展观。"①这就从实践的角度阐发了科学发展观的重要指导意义。

第一，科学发展观是回应实践需要产生的。马克思主义科学揭示了人类社会发展的规律，是我们认识世界和改造世界的强大思想武器，我们党历来坚持以马克思主义为指导，在实践中根据新情况和新问题不断丰富和发展马克思主义，并用发展着的马克思主义指导现阶段我国的发展实践，保证了我国革命、建设和改革开放事业不断取得胜利。党的十六大以来，以胡锦涛同志为总书记的党中央坚持以马克思主义基本原理为指导，根据以往发展经验，立足于社会主义初级阶段的基本国情和发展的阶段性特征，提出了科学发展观。因此，科学发展观是适应社会发展的实践需要，是我们党为了回应经济社会发展进程中出现的各种矛盾和问题而产生的。坚持和贯彻科学发展观，是我们应对挑战、抓住机遇、实现发展的重要前提。

第二，科学发展观是应对时代挑战、实现经济社会发展的重大战略抉择。新的挑战需要新的方法应对。科学发展观正是我们党在分析我国发展的阶段性特征的基础上作出的重大战略抉择。党的十六大以来，为推进中国特色社会主义事业的发展，我们党按照科学发展观的要求，提出了一系列重大战略思想，不仅实现了指导思想的与时俱进，也使我国社会主义现代化建设取得了巨大成就。这充分说明，科学发展观是在实践中不断丰富和发展的思想理论体系，是能够指导我国社会主义事业不断发展的长远的指导方针。我们党只有坚持以科学发展观为指导，统领经济社会发展全局，才能完成执政兴国的历史任务；只有以科学发展观为指导，才能有效解决经济社会发展中出现的新矛盾和新问题；只有以科学发展观为指导，才能推动经济社会又好又快发展，实现好、维护好和发展好最广大人民的根本利益，调动人民群众的创造性、积极性和主动性，始终得到人民群众的支持和拥护，从而巩固和扩大执政基础。

3. 科学发展观的方法论意义

科学发展观是以胡锦涛同志为总书记的党中央坚持马克思主义世界观和方

---

① 《胡锦涛文选》第 3 卷，人民出版社 2016 年版，第 617 页。

法论，用一系列新思想、新观点、新论断，深化了对社会主义发展规律的认识，指明了推动中国特色社会主义事业又好又快发展的科学道路。科学发展观是坚持和运用马克思主义唯物辩证法和唯物史观的成功典范。科学发展观作为方法论，其指导作用集中体现在深刻回答和解决了"如何发展"的重大现实问题。马克思主义辩证法的本质在于用联系和发展的观点认识和把握事物。正如列宁所指出的："要真正地认识事物，就必须把握住、研究清楚它的一切方面、一切联系和'中介'。我们永远也不会完全做到这一点，但是，全面性这一要求可以使我们防止犯错误和防止僵化。"①全面性就是联系性和发展性。这就需要我们坚持用联系的观点和发展的观点全面地看待社会发展中的各个要素和各个环节之间的关系，坚持用发展的、协调的、可持续的方法处理人与人、人与社会、人与环境和自然之间的关系，不可顾此失彼，更不能只抓一方面发展，否则会造成发展不平衡问题，影响经济社会的可持续发展。

科学发展观以"全面协调可持续"作为推动经济社会发展的基本原则和发展目标，这充分彰显了科学发展观对唯物辩证法的深刻坚持、运用和发展。新世纪，全面发展就是要实现经济、政治、社会、文化、生态的全面进步。可持续发展就是要做到经济发展和环境保护的内在统一性，走生产发展、生活富裕、生态良好的文明发展道路，最终实现世代永续发展。总之，"全面协调可持续"的发展观坚持了马克思主义辩证法，并赋予了其新的时代内涵，是我们今后必须要坚持的推动经济社会发展的科学方法。

二、科学发展观开辟了马克思主义新境界

马克思主义是开放的理论体系，它会根据实践的发展不断发展。正如马克思所说："我们的理论是发展着的理论，而不是必须背得烂熟并机械地加以重复的教条。"②总结党多年来的发展历程，中国共产党之所以不断发展壮大，中国特色社会主义事业之所以不断推进，根本原因就在于党坚持与时俱进地创新党的指导思想，不断开辟马克思主义的新境界。

进入21世纪，经济全球化和世界多极化深入发展，国内深入推进改革开

① 《列宁全集》第40卷，人民出版社1986年版，第291页。
② 《马克思恩格斯选集》第4卷，人民出版社1995年版，第681页。

放和社会主义现代化建设的任务艰巨，以胡锦涛同志为总书记的党中央提出，"只有正确认识和把握时代特征和世界发展的总趋势，科学制定和实施符合我国实际和人民愿望的目标和任务，我们党才能始终站在时代发展的前列和中国社会发展进步的潮头"①。

1. 赋予了马克思主义鲜明的时代特色

"一切划时代的体系的真正的内容都是由于产生这些体系的那个时期的需要而形成起来的"②，也就是说每一个思想体系都有其产生的时代背景，都带有时代烙印的形式和内容。这意味着任何科学理论都是时代发展的产物，其产生影响的时间和范围受时代发展的影响，因此可以说带有阶段性和局限性。在和平与发展为时代主流、机遇和挑战并存、国际与国内环境深刻变化的新时期，为探索"建设什么样的社会主义、怎样建设社会主义，建设什么样的党、怎样建设党"等重大现实问题，我们党成功找到了中国特色社会主义道路，形成了被实践证明了的正确的中国特色社会主义理论，把马克思主义推向了一个新境界。21世纪，为继续推动改革开放和社会主义现代化发展，以胡锦涛同志为总书记的党中央提出了坚持以科学发展观统领经济社会发展全局的重大战略思想。科学发展观创造性地回答了新时期如何实现科学发展的时代问题，把"科学发展"的时代主题纳入马克思主义理论体系中，实现了马克思主义与"和平与发展"的时代主流的契合，使马克思主义在抓住现阶段经济社会发展规律的基础上，强有力地回答了时代发展的课题，这不仅实现了马克思主义的历史性升华，而且赋予了马克思主义以鲜明的时代特色。

2. 丰富了马克思主义关于发展的基本原理

科学发展观不仅是马克思主义发展观在中国的成功运用和创新发展，也是21世纪马克思主义发展观的最新成果。科学发展观对马克思主义发展理论的丰富和创新主要体现在以下几个方面。其一，在发展理念上，首次提出"以人为本"的发展观。这是我们党从发展行为主体实践的角度对发展问题进行考量的结果。具体而言，发展目标可以分为以物为中心的、以追求经济发展为价值取向的以物为本的发展观和以人为中心的、以追求经济的发展来实现社会和人的全面发展为价值追求的以人为本的发展观。以人为本的发展观强调把人的生存

---

① 《十六大以来重要文献选编》(下)，中央文献出版社2008年版，第522页。
② 《马克思恩格斯全集》第3卷，人民出版社1960年版，第544页。

和发展作为最高的价值目标，一切为了人，一切服务于人，这种发展观不仅克服了以物为本发展观的弊端，有利于实现可持续发展，而且实现了马克思主义发展理念的创新。其二，在发展路径上，坚持强调全面、协调、可持续和统筹兼顾。以全面、协调、可持续和统筹兼顾为基本内容的科学发展观强调发展要包括经济发展、社会发展、人的发展、政治发展、文化发展、自然的发展，从而构成一个新的综合的发展理念，体现了我们党对发展规律认识的深化，创新了马克思主义发展观的路径。其三，在发展的依靠力量和发展目的上，党提出发展为了人民、发展依靠人民和发展成果由人民共享的发展理念。我们党通过坚持和完善中国特色社会主义经济制度和政治制度，以充分调动人民群众参与社会主义现代化建设的积极性、创造性。为实现发展为人民谋福利，我们党提出以人为本是发展的核心价值立场，并在实践中深入贯彻落实，实现发展造福于人民，发展成果更多惠及人民的发展目的。一系列关于实现科学发展的战略思想是中国特色社会主义理论体系崭新的成果，也是在实践中不断推动马克思主义发展观完善的显著成果。

3. 接续发展了中国特色社会主义理论体系

科学发展观是我们党在新中国成立以来特别是改革开放以来实践探索的基础上，继续开创中国特色社会主义新实践、探索中国特色社会主义发展新规律的产物，不仅拓宽了中国特色社会主义理论体系的视域，深化了中国特色社会主义理论体系的主题，也彰显了中国特色社会主义理论体系的根本价值取向。首先，以胡锦涛同志为主要代表的中国共产党人着眼于党和人民事业发展的全局，以邓小平理论和"三个代表"重要思想为指导，总结新的实践经验，提出经济建设、政治建设、文化建设、社会建设、党的建设和对外关系新的理念，拓宽了中国特色社会主义理论体系的视域，丰富了中国特色社会主义理论体系的内涵。其次，科学发展观回答了"实现什么样的发展、怎样发展"的问题，是对改革开放以来建设和发展中国特色社会主义，实现中华民族伟大复兴这一中国特色社会主义理论体系主题在新的时代的创造性回答，深化了中国特色社会主义理论体系的主题。最后，以胡锦涛同志为主要代表的党中央继承和发展了邓小平的"人民拥护不拥护、人民赞成不赞成、人民高兴不高兴、人民答应不答应"的工作标准及江泽民"人民利益至上"思想，把以人为本作为科学发展观的核心，回答了为谁发展、靠谁发展、怎样发展的问题，这正是对中国特色社会主义理论体系"以人民利益为标准"的坚持和发展，彰显了中国特色社会主义理论体系的根本价值取向。可以说，科学发展观与邓小平理论、"三个代表"重要思想，面临着共同的课题和历史任务，贯穿着共同的主题，并在新的形势下把中国特色社会主义理论体系推进到新的境界。

专题思考：

1. 如何把握和认识科学发展观形成的社会历史条件？

2. 试论科学发展观的精神实质。

3. 试论科学发展观对马克思主义发展观的创新发展。

4. 为什么说科学发展观是马克思主义中国化的时代化发展？

第七章 习近平新时代中国特色社会主义思想是马克思主义中国化时代化新的飞跃的最新成果

　　党的十九大概括和提出了习近平新时代中国特色社会主义思想，将其确立为党必须长期坚持的指导思想并写进党章，实现了党的指导思想的与时俱进。党的十九大、十九届六中全会提出的"十个明确""十四个坚持""十三个方面成就"概括了习近平新时代中国特色社会主义思想的主要内容，党的二十大报告提出的"六个必须坚持"，是习近平新时代中国特色社会主义思想的世界观、方法论和贯穿其中的立场观点方法的重要体现。"十个明确""十四个坚持""十三个方面成就""六个必须坚持"是内在贯通、有机统一的整体，共同构成了习近平新时代中国特色社会主义思想的科学体系。习近平新时代中国特色社会主义思想，坚持以科学社会主义为理论依据和逻辑起点，立足中国大地，在洞察时代风云、把握时代脉搏的基础之上，科学回答了新时代坚持和发展什么样的中国特色社会主义、怎样坚持和发展中国特色社会主义，建设什么样的社会主义现代化强国、怎样建设社会主义现代化强国，建设什么样的长期执政的马克思主义政党、怎样建设长期执政的马克思主义政党等重大时代课题。习近平新时代中国特色社会主义思想充分彰显了科学社会主义所内蕴的独特品格和精神实质，谱写了马克思主义中国化时代化新的篇章，实现了马克思主义基本原理同中国具体实际、中华优秀传统文化深度结合的又一次与时俱进，进一步证明了科学社会主义的强大生命力和巨大优越性以及马克思主义者所具有的深厚理论功底和理论创造力，为丰富和发展马克思主义作出了中国的原创性贡献，是马克思主义中国化时代化的最新成果，是当今时代最现实最鲜活的马克思主义，是中华文化和中国精神的时代精华，实现了中国化时代化新的飞跃，在马克思主义中国化时代化的历史进程中具有极其重要的里程碑意义。

第一节　习近平新时代中国特色社会主义
思想创立的时代背景

习近平总书记在党的十九大报告中明确指出："经过长期努力，中国特色社会主义进入了新时代，这是我国发展新的历史方位。"①这一重大政治论断，不仅赋予中国特色社会主义以新的时代内涵和空间坐标，而且为顺利完成中华民族伟大复兴历史使命和现代化目标任务提供了精准的时代依据和实践指向。中国特色社会主义进入新时代，是世情、国情、党情发生深刻变化所叠加的必然结果，是适应社会主要矛盾运动客观规律所带来的必然结果；也是改革开放以来尤其是党的十八大以来党和国家各项事业持续发生历史性变革、取得历史性成就所积累的必然结果，是中国共产党人团结带领中华民族和全国各族人民长期不懈奋斗、艰苦创业、开拓创新的必然结果。习近平新时代中国特色社会主义思想是在中国特色社会主义进入新时代的宏观背景和实践条件下创立并不断丰富发展的。

一、当今世界正在经历百年未有之大变局

中国特色社会主义进入新时代，并不是凭空产生的，也不是主观臆测，而是基于我国所处国际环境发生的前所未有的新变化综合考量、深思熟虑而做出的一项重大政治判断，具有十分充足的理论依据和实践依据。习近平总书记深刻指出："当今世界正经历百年未有之大变局。"②习近平新时代中国特色社会主义思想正是在百年不遇的世界大变局中孕育产生、创立形成、丰富发展的。当今世界正在发生着复杂而深刻的变化，和平与发展仍然是时代主题。世界多极化、经济全球化、文化多样化、社会信息化深入发展，世界经济通过深度转型调整逐步在曲折中慢慢复苏，新一轮科技革命和产业革命蓄势待发，全球治理体系和国际秩序变革加速推进，新兴市场国家和发展中国家快速崛起、力量持续增强，国际力量对比逐步趋向平衡，持续保持国际形势的总体稳定具备更

---

① 《习近平著作选读》第 2 卷，人民出版社 2023 年版，第 8—9 页。
② 《习近平著作选读》第 2 卷，人民出版社 2023 年版，第 401 页。

多有利条件。同时，国际金融危机的深层次影响在相当长的时期内依然存在，世界经济增长乏力，外部环境不稳定性不确定性突出，贸易保护主义、孤立主义、民粹主义等思潮不断抬头。当今世界进入大变革大调整时期，世界之变、时代之变、历史之变正在以前所未有的方式展开，面临百年未有之大变局特别是 2020 年突如其来的全球新冠肺炎疫情，加速了世界变局的演进，迫切需要新的方向、新的选择、新的方案。如何在乱局中保持定力、如何在变局中抓住机遇，对我们统筹国际国内两个大局提出了新的更高要求。

1. 全球经济深度转型调整

随着中国、印度、巴西等新兴市场国家的发展和崛起，经济全球化的规模愈加扩大，资源配置在全球范围内更加频繁、规模更大，经济体之间的相互依赖程度不断加深。与此同时，世界范围内金融危机的影响仍然广泛存在。虽然世界经济仍处在复苏之中，但是各国的复苏程度并不均衡，经济发展的总体形势仍然比较严峻。从整体来说，发达经济体的发展形势逐渐恢复，然而并没有从根本上真正解决其财政赤字等深层次问题。新兴市场国家和发展中国家经济结构性矛盾突出，经济下行压力大，社会矛盾错综复杂。各国纷纷以改革促转型、以创新谋发展，以求在国际竞争中抢占先机。世界经济已经进入深度转型调整期。各国紧紧抓住新一轮科技革命和产业变革的重大机遇，把创新驱动发展作为面向未来的一项重大战略。美国推进"再工业化"和"能源独立"，欧盟加强财政金融改革、发展数字经济和绿色经济，日本推进经济结构改革、提升产业竞争力，新兴市场国家和发展中国家也纷纷加快转变经济发展方式以提高经济质量。在这场经济复苏的竞争中，谁能抢占先机，率先走出阴霾，谁就将占据主动，赢得未来。

2. 国际格局深刻调整演变

当前国际力量对比发生深刻变化，多极化趋势也有了新的发展，新兴市场国家和发展中国家群体性崛起，国际力量"东升西降""南升北降"的态势更加明显，东西力量对比更加均衡。近年来，美国深受金融危机和中东地区的冲击，超级大国的地位动摇，黩武气焰有所收敛。英国、法国、德国、日本等发达国家的实力和地位也发生了较大的变化。非洲的埃塞俄比亚、加纳等国，亚洲的柬埔寨、越南等国，都取得了令国际社会和权威经济机构刮目相看的快速增长业绩。特别是中国、俄罗斯、印度、巴西、南非等新兴市场国家和发展中国家快速发展，对世界经济增长的贡献率已经达到80％，经济、军事、科技等实力得到了进一步提升，在国际舞台上发挥越来越大的作用，推动着国际力量对比朝着新的均衡方向发展。传统大国与新兴大国之间及其内部出现了大调整，传统大国的国际影响力受到新兴国家发展的冲击，推动着国际格局加速演变。尽管新兴市场国家和发展中国家的发展仍然面临着复杂的形势和严峻的挑战，但总体实力仍不断增强，世界多极化格局方向并未发生改变和逆转。亚太地区日益成为21世纪最具发展活力和发展潜力的经济板块和地区，成为举世公认的世界经济增长重要引擎，世界各主要力量不断加大对亚太地区投入，进一步提升了亚太地区的国际战略地位。非洲大地显示出勃勃生机和特殊魅力，成为世界多国聚焦的热土。拉美、南太平洋地区活力迸发，多国走上经济社会发展的新轨道。

3. 文化多样化深入发展

文化多样性是世界文化的基本特征。习近平总书记指出："文明具有多样性，就如同自然界物种的多样性一样，一同构成我们这个星球的生命本源。"① 当今世界有200多个国家和地区，2500多个民族，6000多种语言。在漫长的历史长河中，不同的民族创造了各自独特的文化，不同国家和地区的人民共同创造了丰富多彩的文化世界，共同书写了波澜壮阔、浓墨重彩的文明华章。由于不同国家的历史传统、经济条件以及社会性质和政治理念不同，从而拥有了不同的思想文化和价值观。每一种文明形态都是一个民族、一个国家的人民历经岁月洗礼、长期从事生产劳动实践的镌刻和沉淀，有着其他文明形态所无法替代的独特存在价值。文化多样性也是人类文明进步的重要动力。进入新世纪以来，随着世界多极化和经济全球化的深入发展，文化多样性的意义更加凸显。不同文化之间的交流、交锋与交融，不仅丰富了世界多样文化的形式和内涵，促进了人类文明历史的进步与发展，而且还增进了国家间、民族间的关系和友谊。维护和促进世界文化多样性是大多数国家的共同愿望。同时，面对国际上政治、经济的激烈竞争，各个国家都在努力维护自己的文化特性，维系自己的文化根脉，保护自己的文化主权和文化安全。越来越多的国家把提高文化软实力和提升文化影响力作为重要的发展战略。

---

① 《习近平谈治国理政》第2卷，外文出版社2017年版，第464页。

然而，必须深刻认识到，世界范围内各种思想文化交流交融交锋更加激烈，国际思想文化领域斗争依然深刻复杂。

4. 社会信息化影响深远

当今世界，信息技术日新月异，对国际政治、经济、文化、社会、军事等领域发展产生深刻影响。移动互联网技术和网络新媒体的快速发展和广泛应用，深刻改变着世界的空间形态，冲击着人类的传统生活方式、思维观念和政治社会生态。社会信息化对人类社会的发展产生了全面而深远的影响。正在引发当今世界的深刻变革，正在重塑世界政治、经济、社会等领域的发展新格局。世界各国纷纷制定了一系列信息化发展战略，都希望能够在信息革命中成为最大受益者。发达国家希望保持领先优势，新兴经济体力争寻求新的突破，发展中国家则致力于发挥后发优势实现跨越式发展。信息革命和科技革命为打造新产业、培育新业态、重塑动力机制、转变发展方式提供了极其难得的历史机遇。但世界各国都会面临全球性生产力布局调整、信息安全隐患凸显、数字鸿沟扩大等方面的挑战。

5. 世界不稳定性不确定性突出

世界正处于大发展大变革大调整时期，面临的不稳定性不确定性突出，世界经济增长动能不足，贫富分化日益严重，地区热点问题此起彼伏，恐怖主义、气候变化等人类共同的威胁持续蔓延。"世界怎么了？应该怎么办？"成为各个国家所面临的共同时代难题。在传统安全领域，国家内部、国家之间的矛盾和冲突难以消除。军备竞赛难以控制，采用武力解决争端的风险依然存在。在传统安全问题无法消除的同时，非传统安全问题不断发酵。西方国家策动颜色革命、搞政权更迭、武力干涉一国内部事务，仍是对地区和世界和平的主要威胁。与此同时，恐怖主义、气候变化、能源资源、疾病流行、经济危机等问题日益凸显，国际挑战更趋多样化。习近平总书记深刻指出："当前世界百年未有之大变局加速演进，局部冲突和动荡频发，全球性问题加剧。"①人类所面临的非传统安全威胁前所未有，全球治理的要求更高、难度更大，客观上要求各国之间加强合作，协调行动，共同应对，携手前行。总之，当前世界正处于大变革大调整时期，任何国家都应该积极主动迎接和参与

---

① 《中共中央关于进一步全面深化改革　推进中国式现代化的决定》，人民出版社 2024 年版，第 50 页。

世界大变革大调整的历史进程，决不可逆时代潮流而动。

我们所处的是一个风云变幻的时代，面对的是一个日新月异的世界。世界潮流，浩浩荡荡，顺之则昌，逆之则亡。当前世界各国面临的一项紧迫任务，就是必须认识到时代的巨变，必须去顺应、去参与、去应对而不是逆潮流而动，否则代价巨大、结局惨烈。世界正在经历大发展大变革大调整，我国发展仍处于重要的战略机遇期和历史机遇期，正处在实现中华民族伟大复兴的关键时期，外部环境更加复杂，不确定性和难以预料的因素增多。在这样的时代背景下，以习近平同志为核心的党中央领导中华民族前所未有地走近世界舞台中央，世界对中国的关注从未像今天这样广泛深切，中国对世界的影响从未像今天这样全面深刻，当今世界需要中国智慧、中国理念、中国方案。

二、当代中国正处在近代以来最好的发展时期

中国特色社会主义进入了新时代，并不是一个简单的新概念表述，是中华人民共和国成立以来特别是改革开放以来发展历程的必然接续和必然历史飞跃。习近平新时代中国特色社会主义思想正是在这样的伟大时代中应运而生、在当代中国的新实践新发展中顺势而成的。

1. 党和国家事业取得历史性成就、发生历史性变革

习近平总书记在党的二十大报告中强调指出："新时代十年的伟大变革，在党史、新中国史、改革开放史、社会主义发展史、中华民族发展史上具有里程碑意义。"[①]党的十八大以来，以习近平同志为核心的党中央面对错综复杂、风云变幻的内外部环境以及艰巨而繁重的目标任务，举旗定向、谋篇布局、运筹帷幄，在科学把握战略局势和发展大势的基础上，创造性地提出了一系列具有开创性意义的新理念、新思想、新战略，推动我们党执政面临的社会环境和现实条件发生深刻变化，发展理念和发展方式发生重大转变，发展水平和发展质量得到明显提高，党和国家事业发展取得显著历史性成就。习近平新时代中国特色社会主义思想是党和国家伟大事业发展的根本遵循和行动指南，以其深刻的理论性实践性和鲜明的战略性前瞻性，从根本上引领了党和国家事业全面

---

① 习近平：《高举中国特色社会主义伟大旗帜 为全面建设社会主义现代化国家而团结奋斗——在中国共产党第二十次全国代表大会上的报告》，人民出版社 2022 年版，第 15 页。

开创新局面。正是由于这一思想所具有的真理力量和实践伟力，中国特色社会主义的伟大实践才能进一步生动展开，不断拓展。

第一，发展理念和发展方式发生深刻变革。党的十八大以来，为有效破解全球经济的长期低迷态势和持续衰退困局，为稳健应对国内经济"三期叠加"的下行压力以及发展不平衡、不协调、不可持续问题突出的不利条件和复杂形势，党中央坚持"稳中求进"的工作总基调，果断作出我国经济发展进入新常态的重大判断，创造性地提出"创新、协调、绿色、开放、共享"的新发展理念，加快完善使市场在资源配置中起决定性作用和更好发挥政府作用的体制机制，坚定不移继续深化以"三去一降一补"为主要内容的供给侧结构性改革，接连推出"一带一路"建设、京津冀协同发展、长江经济带发展、粤港澳大湾区建设等国家重大战略，加快推进经济结构优化和新旧动能转换，大力推进精准扶贫、精准脱贫，明确要求广大党员领导干部树立和坚持正确政绩观，不能简单地以生产总值增长率论英雄。这些重大决策、举措和成就，有力引领和推动我国发展全局发生深刻变革，促使发展不平衡、不协调、不可持续的状况得到明显改变，有力推动我国发展加快从速度规模型向质量效益型转变，有力推动全面建成小康社会迈出重大步伐，经济保持中高速增长，综合国力和国际影响力显著提升，为我国发展培育了新动力、拓展了新空间，促使国家的经济实力、科技实力、综合国力显著提升，对世界经济增长贡献率超过30％，民生和社会建设持续推进，公共服务水平全面提高，人民生活不断改善，城乡居民收入增速超过经济增速。

第二，各方面体制机制发生深刻变革。由于多方面原因和长期积累，我国各方面体制机制仍然存在短板与不足，严重阻滞党和国家各项事业的顺利发展。党的十八大以来，针对这种困局，以习近平同志为核心的党中央果断作出全面深化改革的重大战略决策和重要部署，蹄疾步稳推进全面深化改革，强调改革开放只有进行时、没有完成时，停顿和倒退没有出路；强调要敢于啃硬骨头，敢于涉险滩，敢于向积存多年的顽瘴痼疾开刀；强调改革开放中产生的矛盾只能用改革开放的办法来解决，要拓展改革广度和深度；提出全面深化改革的总目标、路线图和时间表，不断夯基垒台、立柱架梁，基本确立全面深化改革主体框架；明确提出涉及经济、政治、文化、社会、生态、军队、党建等各个领域全面深化改革的任务和举措，着力增强改革的系统性、整体性、协同性，大力拓展改革开放的广度和深度。党的十八大以来，党中央举旗定向，以巨大的勇气和魄力攻坚克难，以前所未有的推进力度稳扎稳打，聚焦、聚神、聚力确保各项改革举措落地生根，推动改革开放整体上呈现出不断向纵深推进的崭新局面，推动全面深化改革成为当代中国最鲜明的时代特征。党的二十届三中全会审议通过的《中共中央关于进一步全面深化改革、推进中国式现代化的决定》，明确了进一步全面深化改革的指导思想、总目标和原则，"是新时代新征程上推动全面深化改革向广度和深度进军的总动员、总部署"①。

第三，全面加强党的领导成效显著。习近平总书记指出："党政军民学，东西南北中，党是领导一切的。"②党的全面领导，是做好党和国家一切工作的"主心骨"和"定海神针"，是党和人民事业顺利发展的根本所在和命脉所在。中国的事情要办好，首先中国共产党的事情要办好。党的全面领导是确保党和国家各项事业能够稳步顺利推进的中流砥柱。中国共产党是执政党，党的领导是做好党和国家各项工作的根本保证，绝对不能有丝毫动摇。"坚持党对一切工作的领导"在新时代坚持和发展中国特色社会主义的十四条基本方略中位居首位。没有党坚强有力的领导，党和人民的伟大事业必然会沦为空想。针对过去一个时期党的领导弱化虚化边缘化问题比较普遍的状况，党中央果断提出坚持和改善党的领导的重大政治要求。"坚持和加强党的全面领导"，是管党治党的目标和根本原则，也是加强党的建设的政治保证和逻辑必然。管党治党，其出发点和落脚点都是坚持和完善党的领导。一方面，在全面从严治党的具体实践过程中必然会遇到各种各样的问题，坚持党的集中统一领导可以统一步调、凝聚共识。另一方面，管党治党必须紧紧围绕党的全面领导这个目的和根本原则来展开，偏离党的全面领导会使管党治党在逻辑上陷入悖论。党的十八大以来，党和国家事业之所以能取得历史性成就、发生历史性变革，根本原因是在以习近平同志为核心的党中央坚强领导下全面加强了党的领导。这些重大决策、举措和成就，纠正了一个时期以来在坚持党的领导问题上存在的模糊和错误思想认识，使得党的领导被忽视、淡化、削弱和党的建设缺失的状况得到明

---

① 《中共中央关于进一步全面深化改革 推进中国式现代化的决定》，人民出版社 2024 年版，第 52 页。

② 《习近平著作选读》第 2 卷，人民出版社 2023 年版，第 17 页。

显改善，推动了党的领导全面加强和党的团结统一更加巩固，推动党的创造力、凝聚力、战斗力和领导力得到显著增强，"确保党始终成为中国特色社会主义事业的坚强领导核心"①，为党和国家事业发展提供了坚强政治保证。

综上所述，党的十八大以来党和国家事业发生的历史性变革，涵盖改革发展稳定、内政外交国防、治党治国治军各个方面，是深层次的、开创性的、根本性的。这些变革力度之大、范围之广、效果之显著、影响之深远，在党和国家发展史上、中华民族发展史上，都具有开创性意义和里程碑意义。

2. 中华民族迎来从站起来、富起来到强起来的伟大飞跃

习近平新时代中国特色社会主义思想，正是在中华民族迎来从站起来、富起来到强起来的伟大飞跃，实现中华民族伟大复兴进入了不可逆转的历史进程中创立并不断丰富发展的。习近平总书记指出："实现中华民族伟大复兴，就是中华民族近代以来最伟大的梦想。"②中国共产党在中华民族饱受苦难、屡经失败的逆境之中应运而生，带领中国人民和中华民族历经苦难与辉煌，建立新中国，使占人类总数四分之一的中国人从此站立起来了。中华人民共和国成立以来特别是改革开放以来，历经曲折与胜利、付出与收获，在中国共产党的坚强领导下，中华民族迎来了从站起来、富起来到强起来的伟大飞跃，中国特色社会主义迎来了从创立、发展到完善的伟大飞跃，中国人民迎来了从温饱不足到小康富裕的伟大飞跃，迎来了民族复兴的光明前景。

第一，从封闭守旧迈向开放进步。开放带来进步，封闭必然落后，这是人类社会发展的基本规律。人类的历史就是在开放中进步发展的。开放包容和交流互鉴，既是当今世界的主基调，也是对中华民族文化品格的深刻诠释。习近平总书记深刻指出："要敢于到世界市场的汪洋大海中去游泳，如果永远不敢到大海中去经风雨、见世面，总有一天会在大海中溺水而亡。"③改革开放以来，我们党牢牢坚持对外开放的基本国策，打开国门搞建设，始终谋求开放创新、包容互惠的发展理念，抓住时代机遇，成功实现了从封闭半封闭到全方位开放的伟大转折和历史性巨变。特别是党的十八大以来，中国开放的大门越开

---

① 《中共中央关于进一步全面深化改革 推进中国式现代化的决定》，人民出版社2024年版，第44页。

② 《习近平著作选读》第1卷，人民出版社2023年版，第63页。

③ 同上书，第555页。

越大，经济对外开放的力度更大，正在经历从引进来到引进来和走出来并重的重大转变。历史和实践都充分证明，从保守走向开放、从封闭走向合作，是促进国家繁荣发展的必由之路和必然选择，是推动我国经济社会实现可持续发展的重要动力。

第二，从温饱不足迈向全面小康。全面建成小康社会，是我们党向人民、向历史作出的庄严政治承诺。改革开放之初，邓小平使用"小康"这个概念来确立中国的发展目标，明确提出到 20 世纪末"在中国建立一个小康社会"的奋斗目标。在这个基础之上，党的十六大正式提出"全面建设小康社会"。党的十八大全面审视党和国家事业的历史性变革和历史性成就，对这一奋斗目标进行了充实和完善，将"全面建设小康社会"调整为"全面建成小康社会"，赋予"小康"以更高标准和更高要求。小康社会的全面建成不是一蹴而就的，而是随着伟大事业的发展进程逐步逐级地加以实现。改革开放以来，我们党始终牢牢抓住这一奋斗目标，领导中国人民齐心协力接力奋斗，以昂扬奋进的精神状态，一茬接着一茬干、一棒接着一棒跑，接续完成从摆脱贫困到解决温饱再到实现小康的连环式跨越，推动建设小康社会的内涵和要求不断丰富不断提高，带领中华民族成功开辟出一条"奔小康""建小康"的伟大征程。经过改革开放尤其是党的十八大以来的艰辛努力和砥砺奋进，我们如期实现了第一个百年奋斗目标，在中华大地上全面建成小康社会。在 21 世纪的第二个 10 年交上"全面建成小康社会"的优异答卷，在中华民族发展史上具有重大的里程碑意义。

第三，从积贫积弱迈向繁荣富强。为实现历史使命、完成复兴梦想，无论是弱小还是强大，无论身处顺境还是逆境，我们党都初心不改、矢志不渝。新中国成立以来，在中国共产党的坚强领导下，中国人民奋发图强、艰苦创业，使中华民族一步一步从积贫积弱迈向繁荣富强，取得了举世瞩目的辉煌成就和世所罕见的人间奇迹。新中国诞生之初，经济基础极为薄弱，经过新中国成立以来特别是改革开放以来党和人民矢志不渝的艰辛努力和接续奋斗，我国国内生产总值超过日本并连年稳居世界第二，创造了经济快速发展的伟大奇迹。特别是党的十八大以来，中国经济总量连续跨越了 70 万亿、80 万亿、90 万亿、100 万亿和 110 万亿元人民币大关，2022 年突破 120 万亿元，推动我国经济发展发生了翻天覆地的巨大变化。中华人民共和国成立以来所取得的历史性变革和历史性成就，深刻诠释了中华民族不断发展壮大、走向伟大复兴的历史命运,充分证明了中国特色社会主义这条道路所具有的巨大优越性。

第四,从世界边缘到日益走近世界舞台中心。中华人民共和国成立以来,我们党坚持走社会主义这条康庄大道,团结带领全国各族人民持续不断艰苦创业、不懈奋斗,推动我国经济实力、科技实力、国防实力、综合国力进入世界前列,推动我国国际地位实现了前所未有的提升,推动中国与世界的关系发生了从世界边缘到日益走近世界舞台中心的历史性变化。中华民族正以崭新姿态屹立于世界的东方,新时代中国特色社会主义正成为振兴世界社会主义的中流砥柱。一方面,中国的社会生产力水平显著提高,经济总量跃居世界第二位(2010 年起),成为世界第一制造大国(2010 年起)、第一货物出口大国(2009 年起)、第二大对外投资国(2018 年起),国家经济实力、科技实力和综合国力得到显著提升,成为拉动世界经济增长的重要引擎。另一方面,频频亮出"中国态度",积极参与国际事务,积极参与全球治理体系改革和建设,在国际舞台上的话语权得到了显著提升。今天的中国,已不再是处于世界体系边缘的旁观者,不再是国际秩序的被动接受者,而是正在发挥着作为世界和平建设者、全球发展贡献者、国际秩序维护者的重要力量。中国的发展理念、发展道路的影响力显著增强,中华文化中所蕴含的天下为公、求同存异、和合共生、亲仁善邻等理念越来越显示出独特价值,赢得国际社会广泛理解和认同。

三、我国社会主要矛盾发生重大历史性变化

党的十九大报告对当前我国社会主要矛盾作出了与时俱进的新表述,深刻强调"中国特色社会主义进入新时代,我国社会主要矛盾已经转化为人民日益增长的美好生活需要和不平衡不充分的发展之间的矛盾"[①]。社会主要矛盾状况及其变化,符合中国具体实际和具体国情,是关系伟大事业发展全局的一项历史性变化,是客观划分社会发展阶段的重要依据和现实基础,对于党和国家事业发展具有重大理论和现实意义。中国特色社会主义进入新时代这一重大论断,就是根据我国社会主要矛盾发生的新变化而作出的。

1. 科学分析社会主要矛盾是党治国理政的重要前提

善于抓住主要矛盾全面推进伟大事业,既是科学社会主义和辩证唯物主义

---

① 《十九大以来重要文献选编》(上),中央文献出版社 2019 年版,第 8 页。

的基本要求，也是我们党在百年历史进程中一以贯之的方法论原则。毛泽东曾经指出："对于矛盾的各种不平衡情况的研究，对于主要的矛盾和非主要的矛盾、主要的矛盾方面和非主要的矛盾方面的研究，成为革命政党正确地决定其政治上和军事上的战略战术方针的重要方法之一，是一切共产党人都应当注意的。"①科学分析、准确把握和正确处理社会主要矛盾，既是治国理政必须着重突破的全局性课题，也是顺利推进党和国家各项工作必须着力破解的一项基础性前提性任务。历史和实践雄辩地证明，党和国家伟大事业的兴衰成败和前途命运，同我们能否根据社会历史条件的变化与时俱进精准研判社会主要矛盾及其变化，能否在这个基础上制定正确的政治路线和战略决策息息相关。习近平总书记深刻指出："面对复杂形势和繁重任务，首先要有全局观，对各种矛盾做到心中有数，同时又要优先解决主要矛盾和矛盾的主要方面，以此带动其他矛盾的解决。"②坚持从我国国情和社会实际情况出发，对各种矛盾做到心中有数，善于在诸多社会矛盾和矛盾全局中敏锐地抓住主要矛盾这个"牛鼻子"，部署和推动党和国家的全局性工作，以此带动其他矛盾的解决，是我们党治国理政的重要前提。

2. 社会主要矛盾的新变化是由我国现阶段的客观实际决定的

党的十九大报告关于我国社会主要矛盾变化的新表述，是根据中国特色社会主义进入新时代这个我国发展新的历史方位而作出的，是综合新中国成立以来特别是改革开放以来我国社会发展所积累的历史性成就而得出的，具有十分充足的现实依据和实践依据。习近平总书记在党的十九大报告中指出："我国稳定解决了十几亿人的温饱问题，总体上实现小康，不久将全面建成小康社会，人民美好生活需要日益广泛……同时，我国社会生产力水平总体上显著提高，社会生产能力在很多方面进入世界前列，更加突出的问题是发展不平衡不充分，这已经成为满足人民日益增长的美好生活需要的主要制约因素。"③这段精辟论述，清楚阐释了我国在社会生产和社会需求两个方面所发生的新变化，深刻说明了我国社会主要矛盾变化的现实依据和实践依据。一方面，从社会生产的角度来看，落后的社会生产已经变化为发展的不平衡、不充分，各区域、

---

① 《毛泽东选集》第 1 卷，人民出版社 1991 年版，第 326—327 页。
② 习近平：《辩证唯物主义是中国共产党人的世界观和方法论》，载《求是》，2019(1)。
③ 《习近平著作选读》第 2 卷，人民出版社 2023 年版，第 9—10 页。

各方面发展差距较大以及一些地方、一些领域、一些方面的发展不足，这些问题相互掣肘共同制约了全国总体发展水平的提升，我国发展的任务依然十分艰巨；另一方面，从社会需要的角度来看，人民日益增长的物质文化需要已经转化为美好生活需要，社会需要的领域拓展、层次提升。党的十九大报告关于当前我国社会主要矛盾的新表述，是根据我国现阶段的具体实际而作出的，是习近平新时代中国特色社会主义思想的重大观点，具有很强的现实针对性和实践导向性。

3. 我国社会主要矛盾的变化是关系全局的历史性变化

人类社会是在生产力和生产关系、经济基础和上层建筑的矛盾运动中不断向前发展的，社会主要矛盾是在一定发展阶段和历史时期的多种矛盾中居于主导地位和起着支配性作用的矛盾，是各种社会矛盾的主要根源，是影响和制约一定历史阶段社会发展的决定性矛盾，是社会基本矛盾的具体表现，并且也是一个时代向一个时代演化的根本动因。我国社会主要矛盾的变化，是关系党和国家事业发展全局的历史性变化，对党和国家的各项工作提出了新的更高要求。一是要紧紧聚焦于社会主要矛盾的新变化制定方针政策、部署全局工作，着眼点不能发生任何偏移。二是要坚持辩证唯物主义的世界观和方法论，立足于党和国家事业的长远发展，从全局的高度统筹谋划，使这一矛盾起引领和导向作用。三是要正确认识到社会主要矛盾的变化并未改变对我国社会主义所处历史阶段的判断，充分认识到社会主要矛盾新表述既不是一个狭义概念也不是短期概念，必须牢牢立足社会主义初级阶段这个最大实际和基本国情，准确理解"变"与"不变"的辩证关系。总之，社会主要矛盾发生新变化，并不意味着矛盾小了、问题少了、任务轻了，而是具有新的复杂性和艰巨性，必须坚持党的二十大报告所提出的基本要求，切实解决好发展不平衡、不充分的问题。

第二节　习近平新时代中国特色社会主义思想的主要内容

习近平新时代中国特色社会主义思想，紧紧围绕坚持和发展中国特色社会主义这一核心要义，运用辩证唯物主义世界观和方法论，立足于我国发展新的历史方位，紧密结合新的时代条件和实践要求，以全新的视野对坚持和发展中国特色社会主义作出理论概括和战略部署，勾勒了中华民族伟大复兴的宏伟蓝图，擘画了全面建成社会主义现代化强国的时间表和路线图，实现了理论创新与实践创新的良性互动和有机统一，开启和引领了中国特色社会主义的新时代，对丰富和发展马克思主义作出了重大原创性贡献，为新时代继续推进党和国家伟大事业创新发展提供了锐利的思想武器和科学的方法论指引。

一、习近平新时代中国特色社会主义思想的核心命题

坚持和发展中国特色社会主义，是中国共产党向人民、向历史作出的庄严政治承诺，是时代所赋予的光荣而艰巨的重要历史任务，并且也是一条前人从未走过甚至从来没有详细描述过的新路。改革开放以来，我们党治国理政的全部理论和实践活动都是紧紧围绕坚持和发展中国特色社会主义这个主题来展开、深化和拓展的。习近平总书记指出："坚持和发展中国特色社会主义是一篇大文章，邓小平同志为它确定了基本思路和基本原则，以江泽民同志为核心的党的第三代中央领导集体、以胡锦涛同志为总书记的党中央在这篇大文章上都写下了精彩的篇章。现在，我们这一代共产党人的任务，就是继续把这篇大文章写下去。"①党的十八大以来，我们党以逢山开路、遇水架桥的坚强意志品质，以初心如磐、使命在肩的奋斗姿态，以永不懈怠、一往无前的精神状态，继续谱写坚持和发展中国特色社会主义这篇大文章，攻克一道道关隘，闯过一道道难关，破解了长期以来一直没有解决的"卡脖子"难题，办成了过去想办但是受制于各种局限因素一直没有办成的大事，铸就了"风景这边独好"的中国特色社会主义生动实践，有力推动中国特色社会主义进入了新时代、步入了新的发展阶段。习近平新时代中国特色社会主义思想的科学理论体系，以坚持和发展中国特色社会主义为核心要义，从理论渊源、历史根据、本质特征、独特优势、强大生命力等角度，深刻回答了新时代坚持和发展中国特色社会主义的总目标、总任务、总体布局、战略布局、外部条件、政治保证等基本问题，围绕坚持和发展中国特色社会主义这一核心要义，提出了一系列重要命题，为在新的时代条件下续写中国特色社会主义这篇大文章提供了科学的理论指引和行动指南。

1. 中国特色社会主义是社会主义，不是别的什么主义

坚持和发展中国特色社会主义，涉及一系列不能回避、不能暧昧、不能曲解、关乎党和国家前途命运和事业兴衰成败的根本性问题，必须旗帜鲜明、理

---

① 《习近平著作选读》第 1 卷，人民出版社 2023 年版，第 80 页。

直气壮、掷地有声地作出明确回答，绝对不能含糊。正是在这些事关根本的问题上明辨是非、拨云见日，才使得新时代中国特色社会主义航船乘风破浪、驶向光辉未来。随着改革开放取得举世瞩目的显著成就，特别是社会主义市场经济体制的进一步完善和发展，很多人产生了思想认识上的模糊和迷茫，把中国特色社会主义说成是"资本社会主义""国家资本主义""新官僚资本主义"等，错误言论和错误舆论逐渐泛起，还有一些人别有用心，故意把中国特色社会主义误导、曲解成资本主义，试图混淆是非、搞乱人心。习近平总书记对此作出了明确回答："中国特色社会主义，既坚持了科学社会主义基本原则，又根据时代条件赋予其鲜明的中国特色。这就是说，中国特色社会主义是社会主义，不是别的什么主义。"①这一重要论述，深刻阐明和诠释了中国特色社会主义的性质和本质特征，澄清了附着在中国特色社会主义上的种种误解和曲解。

第一，中国特色社会主义是历史的选择、人民的选择。抚今追昔，中国特色社会主义，既不是从天上掉下来的，也不是少数人所凭空臆想的，更不是由外人所强加的，而是我们党团结带领中华民族和中国人民艰苦创业、长期奋斗、历尽千辛万苦、付出艰辛代价在解决中国革命、建设、改革各个历史时期面临的历史性重大课题中所创造、所积累的根本性成就和宝贵成果，是中国人民经过长期实践探索、经过自觉选择而得出的基本结论，是历史和人民作出的必然选择和主动选择，是科学社会主义理论逻辑和中国社会发展历史逻辑的辩证统一，具有极其深厚的历史渊源和极为广泛的实践基础，必须倍加珍惜、长期坚持、永不动摇。鞋子合不合脚，自己穿了才知道。一个国家实行什么样的主义、走什么样的发展道路，关键是要看这个主义、这条道路是否能够有效解决这个国家所面临的重大历史性课题，最终是要靠事实来说话、由人民来评判。历史和实践雄辩地证明，只有社会主义才能救中国，中国特色社会主义是最适合中国的发展道路。

第二，坚定中国特色社会主义道路自信、理论自信、制度自信、文化自信。"自信人生二百年，会当水击三千里。"习近平总书记深刻指出："当今世界，要说哪个政党、哪个国家、哪个民族能够自信的话，那中国共产党、中华人民共和国、中华民族是最有理由自信的。"②一方面，中国共产党、中华人民

---

① 《习近平著作选读》第1卷，人民出版社2023年版，第75页。
② 《习近平谈治国理政》第2卷，外文出版社2017年版，第36页。

共和国、中华民族的自信不是空泛的、盲目的，而是源于当代中国所取得的历史性变革和历史性成就，具有充足的现实依据和深厚的实践基础。中国特色社会主义，是我们党带领人民历经革命、建设、改革三个时期长期奋斗、不懈探索所取得的一项根本性成就。特别是改革开放以来，我们党始终紧扣坚持和发展中国特色社会主义这一主题，精准把握时代脉搏，攻坚克难，锐意进取，克服了前进道路上的各种艰难险阻，绘就了经济总量高位跃升的"中国轨迹"，创造了令世界刮目相看的"中国奇迹"，书写出了破解种种改革发展难题的"中国答卷"，充分证明了中国特色社会主义这条康庄大道走得通、走得对、走得好，极大地彰显了中国特色社会主义道路、理论、制度、文化所具有的伟大力量，极大地增强了只有中国特色社会主义才能发展中国的信念与信心。另一方面，坚定对中国特色社会主义道路、理论、制度、文化的自信，树立既不妄自菲薄、又不妄自尊大、昂扬奋进的精神状态，高举中国特色社会主义的伟大旗帜，是成就中国特色社会主义历史伟业的深厚底气和精神支撑。坚定道路自信，不偏不倚沿着中国特色社会主义道路奋勇前进，是通向中华民族伟大复兴的一条必由之路和康庄大道；坚持和增强理论自信，能够为中国特色社会主义伟大事业保驾护航、提供强大的思想武器和行动指南；中国特色社会主义制度，是当代中国发展进步的根本制度保障，坚持制度自信，构建系统完备、成熟定型的制度体系，可以为新时代夺取中国特色社会主义伟大胜利提供更加有效和更为坚实的制度保障；坚定文化自信，以更加自信的心态不断构筑中国精神、中国力量和中国价值，必将迎来中华民族更加光辉、更加灿烂的未来。

第三，新时代坚持和发展中国特色社会主义要一以贯之。习近平总书记在新进中央委员会的委员、候补委员和省部级主要领导干部学习贯彻习近平新时代中国特色社会主义思想和党的十九大精神研讨班开班式上的重要讲话中明确做出判断："新时代中国特色社会主义是我们党领导人民进行伟大社会革命的成果，也是我们党领导人民进行伟大社会革命的继续，必须一以贯之进行下去。"①我们选择这条道路，不是轻而易举的，而是经过无数风雨吹打、曲折磨炼的，也是经过了众多重大历史关头考验的。中国特色社会主义，作为一项前无古人的开创性伟业，是不断向前发展和持续前进的，需要一代又一代中国共

---

①　习近平：《坚持和发展中国特色社会主义要一以贯之》，载《求是》，2022(18)。

产党人以"千磨万击还坚劲，任尔东西南北风"的坚定信念团结领导中华民族和中国人民接续奋斗。一方面，要牢牢坚定信念、信心和信仰，既不走邪路、也不走老路，始终坚持以中国特色社会主义为旗帜和正确方向，把新时代中国特色社会主义这篇大文章一以贯之地进行下去。另一方面，要勇于改革创新，勇于迎难而上，勇于担当尽责，在新的历史条件下，紧密联系党和国家事业发生的历史性变革和中国特色社会主义进入新时代的宏阔时代背景，不断丰富和发展中国特色社会主义的实践特色、理论特色、民族特色、时代特色，把党和国家各项事业继续推向前进。

2. 以人民为中心是新时代坚持和发展中国特色社会主义的根本立场

中国共产党自诞生之日起，就把为人民服务铭刻在自己的旗帜上。百余年来，尽管党的历史方位和中心任务不断发生变化，但是以人民为中心的根本立场并没有发生丝毫动摇和任何改变。紧紧依靠人民创造历史伟业，是中国共产党在百余年历史进程中所积淀的优良传统和所形成的政治优势，也是我们党区别于其他政党的一个基本标识。不论过去、现在还是将来，以人民为中心都是我们党的根本政治立场。习近平总书记对全党同志强调指出："必须始终坚持人民立场，坚持人民主体地位，虚心向人民学习，倾听人民呼声，汲取人民智慧，把人民拥护不拥护、赞成不赞成、高兴不高兴、答应不答应作为衡量一切工作得失的根本标准。"①以人民为中心是新时代坚持和发展中国特色社会主义的根本立场，为人民谋幸福是中国共产党人的初心所在。

第一，为人民谋幸福是中国共产党人的初心。"不忘初心，方得始终。"中国共产党人的初心和使命就是为中国人民谋幸福，为中华民族谋复兴。这个初心和使命，从中华民族数千年的历史长河中走来，寄托着古往今来无数仁人志士的理想和夙愿，在中国共产党百余年来的艰苦奋进中得到了持续践行。纵观历史，中国共产党自成立以来，始终初心不改、矢志不渝，义无反顾奋勇承担起民族复兴的历史重任，领导中华民族和中国人民栉风沐雨、砥砺奋进，在革命、建设和改革的不同历史时期进行了一场场生动鲜活的社会实践。可以说，党的历史就是一部不断实践初心使命的干事创业史，党的初心和使命就是鞭策和指引中国共产党人披荆斩棘、主动作为的灯塔。中国共产党之所以能够从最

———————
① 《习近平谈治国理政》第3卷，外文出版社2020年版，第142页。

初仅有 50 多人的小党发展壮大为拥有 9900 多万名党员的世界第一大政党，就在于始终不忘初心、不忘本来，一以贯之永远保持政治本色和政治品质。党的根基在人民，党的血脉在人民，党的初心和使命是党性和人民性的充分彰显，始终坚持以人民为中心是中国共产党人永不变质的"初心"。始终同人民在一起，为人民利益而奋斗，是马克思主义政党同其他政党的根本区别。

第二，永远把人民对美好生活的向往作为奋斗目标。习近平总书记指出："不忘初心、牢记使命，说到底是为什么人、靠什么人的问题。以百姓心为心，与人民同呼吸、共命运、心连心，是党的初心，也是党的恒心。"①一方面，永远把人民对美好生活的向往作为奋斗目标，深深体现了中国共产党人真挚深厚的人民情怀。纵观党的历史，中国共产党自诞生以来，在百余年奋斗历程中，始终站在人民立场上，把人民放在最高位置，为谋求人民利益和幸福而砥砺奋斗。我们党干革命、搞建设、抓改革，所做的一切工作归根结底都是为了让广大人民群众过上好日子、过上美好幸福生活。另一方面，永远把人民对美好生活的向往作为奋斗目标，这绝对不是一句空洞的口号，不能仅仅停留在口头上，而是要深深践行贯穿于我们党治国理政的全部理论和实践活动之中。

第三，坚持人民主体地位，依靠人民创造丰功伟业。习近平总书记深刻强调指出："人民是历史的创造者，人民是真正的英雄。"②中国人民是具有伟大创造精神的人民，中国人民是具有伟大奋斗精神的人民，中国人民是具有伟大团结精神的人民，中国人民是具有伟大梦想精神的人民。回望百余年光辉历史，中国共产党之所以能够克服各种风险挑战不断从胜利走向胜利，中国特色社会主义之所以能够克服各种艰难险阻不断前进发展，正是因为紧紧依靠了人民群众，坚持把人民群众作为推动历史发展和社会进步的主体力量。革命、建设和改革的历史和实践都已经充分证明，无论遇到什么挑战，无论面对什么阻碍，只要有人民群众的广泛参与和深度支持，就没有克服不了的困难，就没有过不去的坎。人民群众既是历史的剧作者，也是历史的剧中人。发展中国特色社会主义的历史伟业，必须充分调动广大人民群众干事创业的积极性和奋发有为的精神劲头，坚定不移走紧紧依靠人民群众创造历史伟业这条人间正道。一方面，要自觉做到拜人民为师，向能者求教，向智者问策，眼睛向下

---

① 《习近平谈治国理政》第 3 卷，外文出版社 2020 年版，第 138 页。
② 同上书，第 139 页。

看,身子往下沉,当个好学生,做个好听众,带着谦恭姿态虚心向老百姓学习求教、拜师学艺,不断从人民群众中汲取政治智慧和真知灼见,真正了解人民群众所需所求所思所想,读好"无字书"、进好"百家门"、行好"万里路",获取"活知识",学到"真功夫",掌握"硬本领"。另一方面,时代是出卷人,人民是阅卷人,金杯银杯不如老百姓的口碑。中国特色社会主义道路好不好,只有老百姓具有发言权,因此,必须把人民群众作为党的一切工作的最高裁决者和评判者。

第四,群众路线是党的生命线和根本工作路线。习近平总书记深刻指出:"把党的群众路线贯彻到治国理政全部活动之中,把人民对美好生活的向往作为奋斗目标。"①密切联系群众,是中国共产党的最大政治优势,也是中国共产党在百余年历史进程中所形成的优良传统和制胜法宝。我们党自成立以来,始终牢牢坚持一切为了人民群众,把党的正确主张变为人民群众的自觉行动,把党的群众路线密切贯彻到治国理政的全部活动和一切工作之中。一方面,要从政治高度深刻认识和理解群众路线的重要性。群众路线,深刻彰显了为人民服务的根本宗旨,是我们党能够持续获得旺盛政治生命和蓬勃生机活力的政治基础和独特政治优势,是我们党政治立场和根本宗旨能够不断落地生根的工作方法和领导方法。充分运用好群众路线这条党的生命线和根本工作路线,就能够始终赢得老百姓的衷心拥护和鼎力支持,我们党就能够屡经挫折而弥坚,屡历风雨而更顽强。另一方面,要把坚持党的群众路线作为根本工作方法,深入研究新时代群众工作的新情况新特点新变化,善于从人民群众中找寻解决问题的办法和方案,切实提高宣传群众、动员群众、组织群众的本领和能力。

3. 实现中华民族伟大复兴是新时代中国特色社会主义的奋斗目标

习近平总书记指出:"实现中华民族伟大复兴是一项光荣而艰巨的事业,需要一代又一代中国人共同为之努力。"②鸦片战争以后,由于西方列强的入侵和封建统治的腐败,中国逐渐陷入黑暗深渊。中华民族虽然经历过深重苦难,但是绝不自甘沉沦,始终自强不息、上下求索,从来没有放弃过对美好梦想的期待和追寻。近代以来,为使中华民族能够走上复兴之路,中国人民和无数仁人志士挺身而出、奋起抗争,付出过巨大努力和巨大牺牲,但基本上都以失败

---

① 《习近平谈治国理政》第3卷,外文出版社2020年版,第135页。
② 《习近平著作选读》第1卷,人民出版社2023年版,第63页。

而告终。中国共产党自成立以来，始终矢志不渝，胸怀伟大梦想，领导中国人民攻坚克难艰苦创业，历经苦难辉煌，历尽千辛万苦，使中华民族的复兴之路走过千山万水、闯过急流险滩，展现出亘古未有的光辉前景。

第一，为民族谋复兴是中国共产党人的历史使命。历史的长河大浪淘沙，也充分彰显出历史使命担当者的担当和坚守。实现中华民族伟大复兴，是近代以来中华民族最伟大的梦想，不仅承载着全体中国人民的价值追求，而且凝结着无数仁人志士的浴血奋斗。近代以来，中国社会各阶级、各阶层以及各种政治力量为实现民族复兴这个历史使命和伟大梦想纷纷登上了历史舞台，进行了一次又一次可歌可泣、不屈不挠的探索和尝试，但无一例外都以失败而告终。历史深刻昭示，谁能够真正担当起这一历史使命，谁就能够获得人民群众的鼎力支持和衷心拥护，谁就能够成为中华民族的主心骨。中国共产党一经成立，就义无反顾地英勇肩负起实现中华民族伟大复兴的历史使命，初心不改，矢志不渝，带领中华民族和中国人民不断从胜利走向新的胜利，为中华民族不断发展壮大、走向伟大复兴作出了彪炳史册的历史贡献，使具有五千多年文明历史的中华民族续写新的辉煌、焕发出新的蓬勃生机。

第二，中国梦的本质是国家富强、民族振兴、人民幸福。习近平总书记反复强调指出："中国梦的本质是国家富强、民族振兴、人民幸福。"①中国梦是一种易于让普通老百姓所接受、所理解的形象化表达，内涵丰富、立意深远，既凝聚了一代又一代中华儿女的共同夙愿，又凝结了全体中国人民的共同梦想和共同愿景。用"中国梦"这个最大公约数来扼要概括民族复兴的历史使命，实现了国家追求、民族向往、人民期盼的深度融合，实现了国家情怀、民族情怀、人民情怀的深度统一，实现了国家利益、民族利益、每个人具体利益的深度结合，深刻体现出中华民族所具有的"家国天下"的博大情怀。中国梦是国家和民族的梦，但归根结底是属于全体中国人民的，人民群众作为主体力量，既是中国梦的创造者和深厚源泉，也是中国梦的享有者和根本归宿。因此，中国梦不是虚幻的"镜中花水中月"，而是具有确切的行动主体，只要每一个中国人都能够以敢于有梦、勇于追梦、勤于圆梦的精神状态奋发有为、砥砺向上，就能够汇聚起一股强大力量，为实现民族复兴历史伟业添砖加瓦、强基固本。

---

① 《习近平关于实现中华民族伟大复兴的中国梦论述摘编》，中央文献出版社2013年版，第7页。

第三，中华民族伟大复兴绝不是轻轻松松、敲锣打鼓就能实现的。"行百里者半九十。"实现中华民族伟大复兴的中国梦，必须准备付出更为艰巨、更为艰苦的不懈努力，必须进行伟大斗争、建设伟大工程、推进伟大事业。实现伟大梦想，必须进行具有许多新的历史特点的伟大斗争，时刻保持忧患意识和底线思维，坚决反对一切削弱、歪曲、否定中国特色社会主义的错误言论和认识。实现伟大梦想，必须建设伟大工程，以自我革命的政治勇气，以刀刃向内的坚强意志，以永远在路上的执着信念，直面问题，刮骨疗毒，强健肌体。实现伟大梦想，必须继续推进中国特色社会主义伟大事业，坚持实干兴邦，保持政治定力，撸起袖子加油干。

4. 中国共产党领导是中国特色社会主义最本质的特征

党政军民学，东西南北中，党是领导一切的。习近平总书记指出："中国特色社会主义最本质的特征是中国共产党领导，中国特色社会主义制度的最大优势是中国共产党领导。"[①]这一重要论断，丰富发展了马克思主义建党学说，深刻反映了我们党对于党的领导和中国特色社会主义这一基本关系的认识达到了新的高度和新的境界。

第一，必须坚持和加强党的全面领导。中国共产党，是中国特色社会主义事业的领导核心，是最高政治领导力量。在中国这样的大国，要把十几亿人口的思想和力量集中统一起来共同建设社会主义，没有一个具有高度自觉性、纪律性和自我牺牲精神的党员所组成的能够真正代表和团结人民群众的党，没有这样一个党的全面领导，是不可能成功的，那就只会导致四分五裂、一事无成。因此，各个领域、各个方面都必须坚定自觉坚持党的全面领导，才能在更高水平上实现全党全社会思想上的统一、政治上的团结、行动上的一致，才能进一步增强党的创造力、战斗力、凝聚力，才能为实现中华民族伟大复兴伟业提供根本的政治保证。一方面，坚持党对一切工作的全面领导，是由中国共产党的性质决定的。中国共产党是中国工人阶级的先锋队，同时是中国人民和中华民族的先锋队，是中国特色社会主义事业的坚强领导核心。如果弱化甚至放弃党的领导，中国特色社会主义就会变色变质，一代又一代中国人民接续奋斗所取得的伟大成就和所奠定的坚实基础也会毁于一旦。另一方面，坚持党对一

---

① 《习近平著作选读》第2卷，人民出版社2023年版，第16页。

切工作的全面领导，是历史和人民的自觉选择和主动选择。没有中国共产党，就没有新中国的成立；没有中国共产党，就没有中华民族从站起来、富起来到强起来的伟大飞跃。总之，实现中华民族伟大复兴，推进中国特色社会主义事业，必须靠党的全面领导，靠党把好方向盘。

第二，提高党把方向、谋大局、定政策、促改革的能力和定力。实现中华民族伟大复兴，要求不断提高党的长期执政能力和领导水平，不断提高党把方向、谋大局、定政策、促改革的能力和定力。坚持党对一切工作的全面领导，既要政治过硬，又要本领高强，把党总揽全局、协调各方的领导核心作用真正落到实处。一是要提高党把方向的能力和定力。方向涉及根本、关系全局、决定长远。党的领导第一位的就是举旗定向。要在大是大非面前旗帜鲜明，在大风大浪面前头脑清醒，增强政治敏锐性，始终坚定中国特色社会主义正确方向。二是要提高谋大局的能力和定力。要善于把局部利益放在全局利益中去把握和统筹，把眼前需要与长远谋划统一起来，把解决具体问题与解决深层次问题结合起立，不能"只见树木，不见森林"，不能急功近利、投机取巧，不能只是"头痛医头，脚痛医脚"。三是要提高定政策的能力和定力。政策是体现执政党性质宗旨的试金石。一方面是要坚持以人民为中心，抓住人民群众最关心最直接最现实的利益问题，制定切实管用的政策措施；另一方面是要坚持实事求是，使政策决策、方案举措符合现实情况，解决实际问题，取得实际成效。四是要提高促改革的能力和定力。要大力弘扬和积极践行改革创新和自我革命精神，在进一步全面深化改革新起点上实现新突破，凝聚起坚定不移推进改革开放的强大力量。

第三，完善坚持党的领导的体制机制。在国家治理体系大棋局中，党中央是坐镇中军帐的"帅"。党的全面领导是具体的，不是空洞的、抽象的，必须体现到治国理政的方方面面，体现到国家政权机构、体制、制度等的设计、安排、运行之中。一是要健全党中央实行全面领导的体制机制，建立健全党对重大工作的领导体制机制，强化党的组织在同级组织中的领导地位，确保党的工作进展到哪里，党的组织就覆盖到哪里。二是要严格执行向党中央请示报告制度，确保党中央权威和集中统一领导。三是要不断深化党和国家机构改革，从机构职能解决党对一切工作领导的体制机制问题，构建系统完备、科学规范、运行高效的党和国家机构职能体系，形成总揽全局、协调各方的党的领导体系。四是要完善严格执行民主集中制的具体制度，保证全党在思想上、政治上和行动上的一致。

二、习近平新时代中国特色社会主义思想的丰富内涵

习近平新时代中国特色社会主义思想内涵十分丰富，涵盖了党的领导和党的建设、经济、政治、法治、科技、文化、教育、民生、民族、宗教、社会、生态文明、国家安全、国防和军队、"一国两制"和祖国统一、统一战线、外交等各方面。其中最重要、最核心的内容就是党的十九大、十九届六中全会概括提出的"十个明确""十四个坚持""十三个方面成就"。

1. "十个明确"回答了新时代坚持和发展什么样的中国特色社会主义

第一，明确中国特色社会主义最本质的特征是中国共产党领导，中国特色社会主义制度的最大优势是中国共产党领导，中国共产党是最高政治领导力量，全党必须增强"四个意识"、坚定"四个自信"、做到"两个维护"。办好中国的事情，关键在党。中国共产党是中国特色社会主义事业的领导核心，是最高的政治领导力量，继续把坚持和发展中国特色社会主义这篇大文章写下去，必须毫不动摇坚持和加强党的全面领导。"两个确立"是新时代党和国家事业取得历史性成就、发生历史性变革的决定性因素，集中体现了党的十八大以来最重要的政治成果，是实现中华民族伟大复兴的重要政治保证。新时代的伟大变革，是在以习近平同志为核心的党中央的坚强领导下，在习近平新时代中国特色社会主义思想的科学指引下全党全国各族人民团结奋斗取得的。新时代新征程上，推进中国特色社会主义事业必须增强"四个意识"、坚定"四个自信"、做到"两个维护"。

第二，明确坚持和发展中国特色社会主义，总任务是实现社会主义现代化和中华民族伟大复兴，在全面建成小康社会的基础上，分两步走在本世纪中叶建成富强、民主、文明、和谐、美丽的社会主义现代化强国，以中国式现代化推进中华民族伟大复兴。实现中华民族伟大复兴和现代化是近代以来中华民族最伟大的梦想，不仅承载着全体中国人民的价值追求，而且凝结着无数仁人志士的浴血奋斗。中华民族虽然经历过深重苦难，但是绝不自甘沉沦，始终自强不息、上下求索，从来没有放弃过对现代化的期待和追寻。"条条大路通罗马"，不是仅有西方道路和西方模式才能通向现代化，通向现代化的道路不是

只有一条，只要找准方向、驰而不息，也具有实现现代化的充足可能性。全面建成社会主义现代化强国，是我们党在接续全面小康的基础之上乘势而上所确立的更高层次的奋斗目标，符合中华民族的最高利益和根本利益。中国式现代化是人口规模巨大、全体人民共同富裕、物质文明和精神文明相协调、人与自然和谐共生、走和平发展道路的现代化。中国式现代化是强国建设、民族复兴的唯一正确道路。

第三，明确新时代我国社会主要矛盾是人民日益增长的美好生活需要和不平衡不充分的发展之间的矛盾，必须坚持以人民为中心的发展思想，发展全过程人民民主，推动人的全面发展、全体人民共同富裕取得更为明显的实质性进展。经过改革开放四十多年来的长足发展，人民美好生活需要的领域不断拓展、层次不断提升。同时，经过不懈努力和砥砺奋斗，我国社会生产力的水平得到了显著提高，发展不平衡不充分已经成为矛盾的主要方面，已经成为制约人民迈向美好幸福生活的主要因素。这些问题和影响因素，相互掣肘共同制约了全国总体发展水平的提升。因此，必须坚持以人民为中心的发展思想，坚持问题意识和问题导向，从主要矛盾和矛盾的主要方面入手，探寻治国理政的突破口。

第四，明确中国特色社会主义事业总体布局是经济建设、政治建设、文化建设、社会建设、生态文明建设五位一体，战略布局是全面建设社会主义现代化国家、全面深化改革、全面依法治国、全面从严治党四个全面。党的十八大以来，以习近平同志为核心的党中央，坚持全局思维和战略意识，立足于党和国家历史伟业的发展全局，紧紧着眼于中华民族伟大复兴的历史任务和光辉使命，形成并积极推进经济建设、政治建设、文化建设、社会建设、生态文明建设"五位一体"的总体布局，抓住了战略重点，实现了关键性突破，形成了治国理政的新布局和新框架。从接过"全面建成小康社会"的历史使命，到党的十八届三中全会部署"全面深化改革"，到党的十八届四中全会要求"全面依法治国"，再到党的群众路线教育实践活动总结大会宣告"全面从严治党"。决胜全面建成小康社会后，我们党提出全面建设社会主义现代化国家，赋予了"四个全面"新的时代内涵。"四个全面"战略布局有条不紊铺展开来，既有目标又有举措，既有全局又有重点。与"五位一体"总体布局相互促进、相辅相成、统筹联动、相得益彰。

第五，明确全面深化改革总目标是完善和发展中国特色社会主义制度、推进国家治理体系和治理能力现代化。改革开放是我们党的一次伟大觉醒。经过一代又一代中国共产党人的接续奋斗和艰苦创业，党的十八大以来我国改革已经步入了深水区和攻坚期，"摸着石头过河"已经不完全适应当前改革的新阶段，缝缝补补的碎片化修补也不能完全满足全面深化改革的发展需求，因此，必须敢于直面问题、阻力和短板，敢于啃难啃的硬骨头，敢于闯难关，敢于突破利益固化的藩篱，敢于破除不合时宜的思想观念和体制机制弊端。

第六，明确全面推进依法治国总目标是建设中国特色社会主义法治体系、建设社会主义法治国家。推进全面依法治国，是坚持和发展中国特色社会主义的本质要求和重要保障，是维护我国改革发展稳定形势、确保国家长治久安的根本要求，是国家治理领域的一场深刻革命。全面依法治国是一个复杂的系统工程，必须把坚持党的全面领导，坚持厉行法治，在全社会牢固树立宪法法律权威，弘扬宪法精神。

第七，明确必须坚持和完善社会主义基本经济制度，使市场在资源配置中起决定性作用，更好发挥政府作用，把握新发展阶段，贯彻创新、协调、绿色、开放、共享的新发展理念，加快构建以国内大循环为主体、国内国际双循环相互促进的新发展格局，推动高质量发展，统筹发展和安全。我国基本经济制度是中国社会主义制度的重要支柱，是新时代实现高质量发展的制度基础。坚持社会主义市场经济改革方向，必须处理好政府和市场的关系，坚持辩证法、两点论，用好"看不见的手"和"看得见的手"。新发展理念是实现高质量发展的指导原则，必须完整、准确、全面贯彻新发展理念，加快构建新发展格局，推动高质量发展。

第八，明确党在新时代的强军目标是建设一支听党指挥、能打胜仗、作风优良的人民军队，把人民军队建设成为世界一流军队。建设一支听党指挥、能打胜仗、作风优良的人民军队，是实现第二个百年奋斗目标、实现中华民族伟大复兴的战略支撑。听党指挥是人民军队的建军之本、强军之魂，必须坚决贯彻党对军队绝对领导的根本原则和制度；能打胜仗是核心，必须聚焦备战打仗，锻造招之即来、来之能战、战之必胜的精兵劲旅；作风优良是保证，必须锻造铁一般信仰、铁一般信念、铁一般纪律、铁一般担当的过硬部队，坚持政治建军，永葆人民军队的政治本色。

第九，明确中国特色大国外交要服务民族复兴、促进人类进步，推动建设新型国际关系，推动构建人类命运共同体。当今世界，各国之间相互依存、休戚与共。维护国家主权、安全、发展利益是中国外交的神圣使命，要坚决维护国家主权和领土完整，坚持外交为民，始终坚定维护人民利益，坚持为了人民、服务人民。中国始终不渝走和平发展道路、奉行互利共赢的开放战略，坚持正确义利观，坚决反对干涉别国内政，反对以强凌弱，反对把自己的意志强加于人，推动构建相互尊重、公平正义、合作共赢的新型国际关系，推动构建人类命运共同体。

第十，明确全面从严治党的战略方针，提出新时代党的建设总要求，全面推进党的政治建设、思想建设、组织建设、作风建设、纪律建设，把制度建设贯穿其中，深入推进反腐败斗争，落实管党治党政治责任，以伟大自我革命引领伟大社会革命。中国共产党是中国特色社会主义事业的坚强领导核心。党是领导一切的，是最高的政治领导力量，各个领域、各个方面都必须坚定自觉坚持党的领导。党的政治建设是党的根本性建设，决定党的建设方向和效果。保证全党服从中央，坚持党中央权威和集中统一领导，是党的政治建设的首要任务。要自觉增强政治意识、大局意识、核心意识、看齐意识，认真贯彻落实新时代党的建设总要求，坚定执行党的政治路线，深入推进党的自我革命，坚决打赢反腐败斗争攻坚战持久战，在政治立场、政治方向、政治原则、政治道路上同以习近平同志为核心的党中央保持高度一致。

总之，"十个明确"高度凝练、提纲挈领地点明了习近平新时代中国特色社会主义思想的主要内容，构成了系统完备、逻辑严密、内在统一的科学体系。

2. "十四个坚持"回答了新时代怎么样坚持和发展中国特色社会主义

习近平新时代中国特色社会主义思想，从指导思想的层面用"十个明确"系统回答了新时代坚持和发展什么样的中国特色社会主义，从行动纲领的层面用"十四个坚持"深入回答了新时代怎样坚持和发展中国特色社会主义。"十个明确"重点讲的是"怎么看"，"十四个坚持"则重点关注的是"怎么办"，体现了理论创新和实践创新的深度结合和有机统一。"十四个坚持"，涵盖治国理政的方方面面，是对党的治国理政基本方针、基本原则的最新概括，体现了战略与战术的紧密结合和协调配合，为实现中华民族伟大复兴提供了"路线图"和方法论。十四条基本方略中的每一条都具有很强的现实针对性和实践指导性，必须切实坚持、准确把握。

第一,准确把握"十四个坚持"的主要内容。"十四个坚持",就是坚持党对一切工作的领导,坚持以人民为中心,坚持全面深化改革,坚持新发展理念,坚持人民当家作主,坚持全面依法治国,坚持社会主义核心价值体系,坚持在发展中保障和改善民生,坚持人与自然和谐共生,坚持总体国家安全观,坚持党对人民军队的绝对领导,坚持"一国两制"和推进祖国统一,坚持推动构建人类命运共同体,坚持全面从严治党。"十四个坚持"是习近平新时代中国特色社会主义思想的重要组成部分,构成了新时代坚持和发展中国特色社会主义的基本方略。

第二,准确把握"十四个坚持"总体框架结构所蕴含的内在逻辑线索。一是要准确理解从坚持党的领导到全面从严治党相叠加的逻辑线索,正确把握坚持党的领导和加强党的建设之间的相互关系和内在逻辑;二是要准确理解和科学把握改革发展稳定、内政外交国防、治党治国治军的内在逻辑线索,把十四条基本方略深入贯彻到党的全部工作之中;三是要准确把握党在新时代所肩负的"四个伟大"历史使命的逻辑线索,明确党的十九大对于"四个伟大"历史使命的具体要求和总体部署。这三条既交叉叠合又交相辉映的逻辑线索,是十四条基本方略的核心内容和精髓要义,是对新时代坚持和发展中国特色社会主义基本规律的总体把握,全方位、多维度体现了对党的十八大以来理论创新、实践创新、制度创新成果的全面综合和系统梳理,是我们党在新时代推进伟大事业、实现民族复兴的行动纲领和实践指南。

第三,准确把握"十四个坚持"所体现的坚持党对一切工作的领导和坚持全面从严治党的基本要求。"十四个坚持"以坚持党对一切工作的领导牵头、以坚持全面从严治党收尾,相互关联,首尾呼应。这其中的内在逻辑充分表明我们党在新时代推进立字当头、破立结合的自我革命,绝不是削弱、否定党的领导,而是为了切实坚持和加强党中央的集中统一领导。

第四,准确把握"十四个坚持"阐明的坚持以人民为中心,坚持人民当家作主,坚持在发展中保障和改善民生的统一性。党的十九大报告提出的十四条基本方略中,对"坚持以人民为中心""坚持人民当家作主""坚持在发展中保障和改善民生"各写了一条,深刻阐明了"人民是历史的创造者,是决定党和国家前途命运的根本力量"①"增进民生福祉是发展的根本目的"这两个根本指向，深刻表明了中国共产党治国理政的鲜明政治立场。

3."十三个方面成就"彰显了中国特色社会主义新时代的伟大成就和变革

党的十八大以来，以习近平同志为核心的党中央，以伟大的历史主动精神、巨大的政治勇气、强烈的责任担当，领导全党全军全国各族人民砥砺前行，全面建成小康社会目标如期实现，解决了许多长期想解决而没有解决的难题，办成了许多过去想办而没有办成的大事，推动党和国家事业取得历史性成就、发生历史性变革。党的十九届六中全会审议通过的《中共中央关于党的百年奋斗重大成就和历史经验的决议》，重点总结新时代以来的原创性思想、变革性实践、突破性进展、标志性成果，首次集中概括和系统阐述新时代伟大实践的"十三个方面成就"，党的二十大把"十三个方面成就"整体纳入习近平新时代中国特色社会主义思想的主要内容，使得习近平新时代中国特色社会主义思想理论体系更为丰富。

第一，准确把握"十三个方面成就"的主要内容。"十三个方面成就"，就是在坚持党的全面领导、全面从严治党、经济建设、全面深化改革开放、政治建设、全面依法治国、文化建设、社会建设、生态文明建设、国防和军队建设、维护国家安全、坚持"一国两制"和推进祖国统一、外交工作等方面取得的历史性成就和发生的历史性变革。"十三个方面成就"，全景式地展示了习近平新时代中国特色社会主义思想的理论与实践成果。

第二，"十三个方面成就"彰显了中国特色社会主义的强大生机活力。中国特色社会主义，既不是从天上掉下来的，也不是少数人所凭空臆想的，更不是由外人所强加的，而是我们党团结带领中华民族和中国人民艰苦创业、长期奋斗、历尽千辛万苦、付出艰辛代价在解决中国革命、建设、改革各个历史时期面临的历史性重大课题中所创造、所积累的根本性成就和宝贵成果，具有深厚的历史渊源和广泛的现实基础。习近平总书记指出："新时代十年的伟大变革，在党史、新中国史、改革开放史、社会主义发展史、中华民族发展史上具有里程碑意义。"②新时代，党和国家事业取得的重大成就和发生的伟大变革，充分

---

① 《中国共产党第十九次全国代表大会文件汇编》，人民出版社 2017 年版，第 17 页。

② 习近平：《高举中国特色社会主义伟大旗帜 为全面建设社会主义现代化国家而团结奋斗——在中国共产党第二十次全国代表大会上的报告》，人民出版社 2022 年版，第 15 页。

证明了只有中国特色社会主义才能实现中华民族伟大复兴。

第三，"十三个方面成就"为实现中华民族伟大复兴提供了更为完善的制度保证、更为坚实的物质基础、更为主动的精神力量。党的十八大以来，以习近平同志为核心的党中央，统筹国内国际两个大局，团结带领全国各族人民，接续奋斗、砥砺前行、苦干实干、开拓创新，全面建成小康社会，如期实现第一个百年奋斗目标，党和国家事业取得历史性成就、发生历史性变革，推动我国迈上全面建成社会主义现代化国家的新征程。实现中华民族伟大复兴是近代以来中国人民的共同梦想和历史夙愿，更是百余年来我们党矢志不渝的奋斗目标，新时代的重大成就和伟大变革为实现中华民族伟大复兴奠定了更加坚实的基础。

第三节　习近平新时代中国特色社会主义思想的历史地位

习近平新时代中国特色社会主义思想贯通马克思主义哲学、政治经济学、科学社会主义，贯通历史、现实和未来，贯通改革发展稳定、内政外交国防、治党治国治军等各个领域，把马克思主义基本原理同中国具体实际相结合、同中华优秀传统文化相结合，既坚持了马克思主义这个"老祖宗"，坚守了中华文化立场，又立足于中国具体实际讲了很多新话，使我们党对共产党执政规律、社会主义建设规律、人类社会发展规律的认识达到了新的高度，为丰富和发展马克思主义作出了重大原创性贡献，是马克思主义中国化时代化的最新理论成果。党的十九大把习近平新时代中国特色社会主义思想确立为党必须长期坚持的指导思想并写入党章，实现了党的指导思想的与时俱进。十三届全国人大一次会议通过的宪法修正案，把习近平新时代中国特色社会主义思想载入宪法，实现了国家指导思想的与时俱进。在当代中国，坚持和发展习近平新时代中国特色社会主义思想，就是真正坚持和发展马克思主义，就是真正坚持和发展科学社会主义。

一、习近平新时代中国特色社会主义思想是当代中国马克思主义、21 世纪马克思主义

世界马克思主义的版图在 20 世纪末发生巨大变化。中国共产党作为马克

思主义执政党，责无旁贷地担当起了用马克思主义观察时代、解读时代、引领时代的历史重任以及发展 21 世纪马克思主义的应然使命。习近平新时代中国特色社会主义思想充分彰显了马克思主义的价值追求和精神风范，充分贯彻了马克思主义的人民情怀和革命精神，为丰富和发展马克思主义作出了重大原创性贡献，引领科学社会主义迈向新阶段，使马克思主义在 21 世纪显示出强大生命力。

1. 充分彰显了马克思主义的人民情怀、革命精神与价值追求

马克思主义是人民的理论，第一次创立了人民实现自身解放的思想体系。人民性是马克思主义最鲜明的品格。马克思主义和科学社会主义充分肯定人民群众的主体力量，指明了依靠人民推动历史前进这条人间正道。"推翻那些使人成为受屈辱、被奴役、被遗弃和被蔑视的东西的一切关系"①，实现人的自由全面发展是马克思主义一以贯之的价值关切。习近平总书记多次强调以人民为中心的价值取向，深刻指出"忘记了人民，脱离了人民，我们就会成为无源之水、无本之木，就会一事无成"②。习近平新时代中国特色社会主义思想牢牢坚守以人民为中心的发展理念，牢牢扭住为人民谋幸福的初心使命，尊重人民群众主体地位和首创精神，依靠人民群众创造历史伟业，充分彰显了马克思主义的人民情怀。

为人民解放而奋斗的革命精神和斗争精神，是马克思主义区别于其他一切学说的鲜明特质，也是中国共产党人始终坚守的政治品格和优良传统。习近平总书记强调指出："不忘初心，牢记使命，就不要忘记我们是共产党人，我们是革命者，不要丧失了革命精神。"③习近平新时代中国特色社会主义思想贯穿着以自我革命引领社会革命的内在逻辑，充分贯彻了马克思主义的革命性。此外，习近平新时代中国特色社会主义思想集中反映了马克思主义的价值追求。马克思主义把实现共产主义作为最高理想，并通过创建唯物史观和剩余价值学说指明了实现自由和解放的道路。习近平新时代中国特色社会主义思想坚持为人民谋幸福、为民族谋复兴、为世界谋大同，为实现共产主义最高理想进行了实实在在的努力。因此，作为坚持马克思主义的理论典范，习近平新时代中国

---

① 《马克思恩格斯全集》第 1 卷，人民出版社 1956 年版，第 461 页。
② 《习近平谈治国理政》第 2 卷，外文出版社 2017 年版，第 53 页。
③ 《习近平谈治国理政》第 3 卷，外文出版社 2020 年版，第 70 页。

特色社会主义思想充分贯彻了马克思主义的人民情怀、革命精神与价值追求，当之无愧是 21 世纪马克思主义。

2. 深入拓展了马克思主义的理论深度和实践广度

习近平新时代中国特色社会主义思想立足于 21 世纪世界发展的大趋势与大变局，科学回答了经典马克思主义所关注的核心命题，有力拓展了马克思主义的实践广度和理论深度，为破解"马克思主义过时论""社会主义失败论""中国崩溃论"等理论质疑作出原创性的理论贡献。

习近平新时代中国特色社会主义思想既植根于中国特色社会主义的伟大实践，又贯穿着马克思主义的立场、观点与方法，进一步丰富发展了马克思主义关于社会建设、文化建设、经济建设、执政党建设以及人民民主的思想，深化了对社会主义建设规律的认识；在认识和把握共产党执政规律、党的自身建设规律方面提出了很多新命题以及新论断，包括持之以恒推进全面从严治党向纵深发展、党的政治建设是党的根本性建设、思想建设是党的基础性建设、用铁的纪律管党治党等，实现了马克思主义中国化时代化的历史性飞跃；继承发展了马克思主义关于世界历史的思想，着眼于世界人民对美好生活的向往创造性地提出构建人类命运共同体的重要战略，丰富发展了科学社会主义理论；坚持人与自然和谐共生的基本目标，树立践行绿水青山就是金山银山的理念，进一步创新发展了马克思主义关于人与自然关系的思想。

习近平新时代中国特色社会主义思想引领中国特色社会主义进入新时代，推动科学社会主义迈向新阶段，通过一系列事实证明了马克思主义的科学性、真理性和生命力，进一步地说服了世界上那些不相信马克思主义和质疑社会主义的人，有效破除了马克思主义历经苏联解体、东欧剧变之后所面对的现实发展困境。习近平新时代中国特色社会主义思想坚持用马克思主义解读时代，用一系列具有开创性意义的新命题、新论断和新观点丰富发展了马克思主义基本原理，因此被称作是当代中国马克思主义、21 世纪马克思主义。

3. 提供了关于人类社会发展的中国智慧和中国方案

在世界发展面临何去何从的十字路口，习近平新时代中国特色社会主义思想对关乎人类社会发展前途命运的重大问题贡献了独特创见和睿智思考，是当今时代最现实、最鲜活的马克思主义。"每一个时代的理论思维，从而我们时代的理论思维，都是一种历史的产物，它在不同的时代具有完全不同的形式，同时具有完全不同的内容。"①马克思主义的开放性和时代性要求 21 世纪马克思主义能够基于时代发展要求实现理论思维的转变和实践思维的转型，着眼于攸关人类发展和世界前途的问题实现马克思主义理论创新和思想创造，为建设美好世界贡献马克思主义方案，进而使马克思主义能够永葆青春，不断探索时代发展提出的新课题、回应人类社会面临的新挑战。

一方面，习近平新时代中国特色社会主义思想始终坚持问题导向，着眼于当今世界所面临的和平赤字、发展赤字、安全赤字、治理赤字等风险挑战，推进马克思主义世界历史理论时代化，提出建设持久和平、普遍安全、共同繁荣、开放包容、清洁美丽的世界，为人类社会实现共同发展指明前进方向，展现了马克思主义跨越时代的生命力与影响力。另一方面，习近平新时代中国特色社会主义思想着力把马克思主义中国化时代化所积累的成功经验加以理论化和系统化，给世界上那些既希望加快发展又希望保持自身独立性的国家和民族提供了全新选择，展现了马克思主义跨越国度的生命力与影响力。

二、习近平新时代中国特色社会主义思想是马克思主义中国化时代化最新成果

习近平新时代中国特色社会主义思想，回答了一系列重大问题，提出了一系列富有时代性、创造性、人民性的重大论断，廓清了一系列大是大非，集中体现了我们党的政治意志、政治立场、政治主张，充分彰显了马克思主义的真理力量和科学社会主义的时代价值，是马克思主义中国化时代化的最新成果，是新时代中国共产党人的精神旗帜，为发展马克思主义作出了中国的原创性贡献，使马克思主义在中国显示出强大生命力。实践没有止境，理论创新也没有止境。习近平新时代中国特色社会主义思想是开放的理论体系，是推进马克思主义中国化时代化的新的起点，必将随着党和国家事业的发展而不断发展。

1. 习近平新时代中国特色社会主义思想开辟了马克思主义新境界

习近平新时代中国特色社会主义思想，鲜明贯穿着马克思主义的立场、观点和方法，坚持把辩证唯物主义和历史唯物主义作为看家本领，坚持科学社会主义基本原则，坚持把马克思主义作为理论起点、逻辑起点、价值起点，在科

---

① 《马克思恩格斯选集》第 4 卷，人民出版社 1995 年版，第 284 页。

学总结世界社会主义运动经验和教训的基础之上，根据时代和实践发展的变化和要求，以崭新的思想内容丰富和发展了马克思主义，以全新的视野深化了对共产党执政规律、社会主义建设规律、人类社会发展规律的认识，坚持把马克思主义基本原理同中国具体实际相结合、同中华优秀传统文化相结合，形成了系统科学的理论体系，谱写了马克思主义的新篇章，开辟了马克思主义的新境界，写出了马克思主义的新版本，充分彰显了科学理论的强大生命力和中国共产党人的理论创造力，是当今时代最现实、最鲜活的马克思主义。对科学社会主义的理论思考和经验总结，对坚持和发展中国特色社会主义的担当和探索，贯穿于习近平新时代中国特色社会主义思想形成和发展的全过程。马克思主义是我们党和人民事业不断发展的参天大树之根本，是我们党和人民不断奋进的万里长河之源泉。习近平新时代中国特色社会主义思想，没有忘记马克思主义"老祖宗"，并且又以我们正在做的事情为中心，着力探索破解难题，讲了许多"老祖宗"没有讲过的新话，把坚持马克思主义和发展马克思主义有机统一起来，为发展马克思主义作出了中国的原创性贡献，具有强烈的时代气息和现实针对性。

2. 习近平新时代中国特色社会主义思想开辟了中国特色社会主义新境界

党的十八大以来，以习近平同志为核心的党中央一以贯之坚持和发展中国特色社会主义，统筹推进"四个伟大"，把中国特色社会主义推向新时代。习近平新时代中国特色社会主义思想，深深植根于坚持和发展中国特色社会主义新的伟大实践，在指导实践、推动实践中展现出独特的思想魅力和巨大的实践伟力，使中国特色社会主义展现出更加强大、更有说服力的真理力量，开辟了中国特色社会主义的新境界。一方面，坚持和发展中国特色社会主义是习近平新时代中国特色社会主义思想的核心要义，这一思想紧紧围绕中国特色社会主义这个大主题而展开，丰富拓展了中国特色社会主义的内涵与外延，升华了对中国特色社会主义的规律性认识，续写了中国特色社会主义这篇大文章，为新时代夺取中国特色社会主义伟大胜利提供了更具实践广度、现实深度、历史厚度的思想理论支撑。另一方面，实践没有止境，理论创新也没有止境，习近平新时代中国特色社会主义思想是一个开放的理论体系，在指导新时代伟大社会革命和伟大自我革命的历史进程中，随着中国特色社会主义实践进一步生动展开、不断拓展，这一思想将持续发展、更加丰富、更加完善。

3. 习近平新时代中国特色社会主义思想对人类文明进步具有重要意义

习近平新时代中国特色社会主义思想，饱含着对人类发展重大问题的睿智思考和独特创建，为建设美好世界贡献了中国智慧和中国方案，对于人类文明进步具有极其重要的意义。当今世界正处于百年未有之大变局，"世界怎么了，应该怎么办"成为关系人类社会前途命运的重大问题。在世界发展何去何从的十字路口，习近平新时代中国特色社会主义思想洞察时代风云，把握世界发展大势，积极探索关系人类前途命运的重大问题，开辟了一条具有中国特色的新型现代化道路，提供了新型经济全球化方案和世界经济复苏方案，积极倡导和推进"一带一路"建设，提出"人类命运共同体"、共商共建共享原则等理念，为应对全球性挑战、解决全球性问题作出了重要贡献。

三、习近平新时代中国特色社会主义思想是中华民族伟大复兴的行动指南

习近平新时代中国特色社会主义思想，是中华文化和中国精神的时代精华，鲜明提出并系统论述了实现中华民族伟大复兴中国梦这个重大命题，深刻阐述了民族复兴的基本内涵，深刻揭示了民族复兴的历史进程，科学规划了民族复兴的实现路径和战略步骤，为实现中华民族伟大复兴提供了行动指南和精神旗帜。

1. 习近平新时代中国特色社会主义思想是新时代的思想旗帜

旗帜问题至关重要，事关中国特色社会主义道路。新时代新任务新实践需要新思想来指引。习近平新时代中国特色社会主义思想，扎根于 960 多万平方千米的广袤国土，立足于新中国成立以来特别是改革开放以来的伟大实践，聚合了 14 亿多中国人民的智慧和创造，具有无比深厚的现实基础，表现出十分鲜明的实践特色，是新时代继续推动中华民族伟大复兴的精神旗帜。这一思想牢牢坚持问题导向，聚焦实现中华民族伟大复兴历史进程中的实际问题，以为民族谋复兴作为历史担当，大智慧谋划大格局，大手笔续写大文章，紧紧围绕强国梦想，贯通党的历史使命、国家和民族的前途命运、人民的民生福祉，贯通中国的过去、现在和未来，既立足于现实的中国，又植根于历史的中国，以中华文明作为源头活水，从革命建设改革的奋斗历程中探寻民族复兴、民富国强的客观规律，体现了科学社会主义理论逻辑与中国社会发展历史逻辑的辩证

统一，必将以强大的解释力创造力凝聚力，激励全党全国各族人民朝着中华民族伟大复兴的宏伟目标团结奋进，不断创造新辉煌。

2. 习近平新时代中国特色社会主义思想是治国理政的根本指针

习近平新时代中国特色社会主义思想，是新时代中国共产党的思想旗帜，是国家政治生活和社会生活的根本指针，是新时代治国理政的根本遵循，为实现中华民族伟大复兴提供了强大思想武器和理论指引。没有国家治理的现代化，中华民族的伟大复兴也就无从谈起。习近平新时代中国特色社会主义思想围绕什么是国家治理现代化，如何实现国家治理现代化，准确把握我国发展的阶段性特征和我国社会主要矛盾的新变化，勇于破除一切不合时宜的思想观念和体制机制弊端，提出一系列重要观点，做出一系列重大部署，为不断完善中国特色社会主义制度，推进国家治理体系和治理能力的现代化提供了基本遵循。

3. 习近平新时代中国特色社会主义思想是民族复兴的科学指引

习近平新时代中国特色社会主义思想，是党和国家必须长期坚持的指导思想，是全党全国各族人民团结奋斗的共同思想基础，是全面建成社会主义现代化强国、以中国式现代化全面推进中华民族伟大复兴的科学指引。实现中华民族伟大复兴，是近代以来中华民族最伟大的梦想，不仅承载着全体中国人民的价值追求，而且凝结着无数仁人志士的浴血奋斗。中国共产党自成立以后，始终矢志不渝，胸怀伟大梦想，领导中国人民攻坚克难艰苦创业，历经苦难辉煌，历尽千辛万苦，使中华民族的复兴之路走过千山万水、闯过急流险滩，展现出亘古未有的光辉前景，生动描绘出民族复兴的宏伟蓝图。习近平新时代中国特色社会主义思想，是党的意志、国家意志和人民意志的集中体现，围绕实现中华民族伟大复兴中国梦这个宏伟奋斗目标进行谋篇布局，开启和引领了中国特色社会主义的新时代、新发展，也必将有力指引全面建成社会主义现代化强国、实现第二个百年奋斗目标，以中国式现代化全面推进中华民族伟大复兴。

专题思考：

1. 为什么说中国特色社会主义进入了新时代？

2. 新时代我国社会的主要矛盾发生了什么变化？

3. 如何理解习近平新时代中国特色社会主义思想的主要内容？

4. 如何理解新时代新征程中国共产党的使命任务？

5. 为什么说习近平新时代中国特色社会主义思想是 21 世纪马克思主义？

第八章 "两个结合"是推进马克思主义中国化时代化的根本途径

　　中国共产党一百多年的历史就是用马克思主义理论认识和改造中国的历史，是在一次次磨砺中愈益强大、不断开辟马克思主义中国化时代化的历史。中国共产党始终坚持"两个结合"，实事求是从中国现实问题出发，把握历史主动，进行不懈探索，不断推进马克思主义中国化时代化。"两个结合"既是马克思主义中国化时代化的经验总结，也是马克思主义中国化时代化的根本途径。历史和实践已经充分证明，只有深入推进"两个结合"，坚持运用辩证唯物主义和历史唯物主义，才能解决中国发展面临的新挑战新问题，才能始终保持马克思主义的生机与活力。

第一节 "两个结合"的科学内涵

　　习近平总书记在庆祝中国共产党成立 100 周年大会上的讲话中首次明确提出："坚持把马克思主义基本原理同中国具体实际相结合、同中华优秀传统文化相结合。"[①]此后，党的十九届六中全会通过了《中共中央关于党的百年奋斗重大成就和历史经验的决议》，精辟总结了党一百年奋斗的成就和经验，指出习近平总书记继续坚持"两个结合"，形成了对中国特色社会主义建设规律认识深化和理论创新的成果。党的二十大报告深刻阐明了"两个结合"的基本内涵和实践意义，对纵深推进"两个结合"提出了要求、指明了方向。"两个结合"揭示了马克思主义的理论特质，阐明了马克思主义在中国创新发展的内在机理，深化了党对马克思主义中国化时代化的规律性认识，是中国共产

　　① 习近平：《在庆祝中国共产党成立 100 周年大会上的讲话》，人民出版社 2021 年版，第 13 页。

党人坚守初心使命的生动写照，展现出矢志复兴中华民族的崇高精神境界。

一、马克思主义基本原理同中国具体实际相结合

理论只有用来指导实践，才能展现其鲜活的生命力。马克思指出："理论在一个国家实现的程度，总是取决于理论满足这个国家的需要的程度。"①马克思主义之所以成为我们立党立国、兴党兴国的根本指导思想，除了理论本身具有符合历史发展逻辑的内在科学性和合理性之外，还体现在迫切需要解决特定历史条件下中国问题的客观需要。习近平总书记强调："中国共产党人干革命、搞建设、抓改革，从来都是为了解决中国的现实问题。"②必须明确，诞生于一百多年前西方社会的马克思主义没有为中国现实问题的解决提供具体方案。一百多年来，中国共产党始终坚持实事求是、求真务实，运用马克思主义基本原理并遵循"随时随地都要以当时的历史条件为转移"③，形成了符合中国具体实际的中国化时代化的创新理论，实现了"实践—理论—实践"的良性循环互动。

马克思主义基本原理同中国具体实际相结合是实现理论创新发展的需要。马克思主义具有创新性、发展性，理论创新的过程可以理解为"发现问题、筛选问题、研究问题、解决问题的过程"。所谓问题，是理论内部的矛盾、理论与现实的矛盾、理论与实践之间的矛盾。马克思曾深刻指出："主要的困难不是答案，而是问题。"④坚持问题导向是马克思主义的鲜明特点，马克思主义从来都是在直面问题、勇于回答时代问题的过程中破浪前行的。面对无产阶级和资产阶级的矛盾斗争，马克思从无产阶级和劳动人民的立场出发，提出了无产阶级和广大劳动群众如何实现解放的时代之问，并通过艰辛的理论研究和实践探索最终发现了唯物史观和剩余价值规律，为广大无产阶级谋幸福、求解放提供了理论支撑。梳理中国共产党的历史不难发现，中国共产党始终走在时代前列、引领中国进步，以马克思主义为指导，准确把握民族独立、人民解放和国家富强、人民幸福的历史性课题，与时俱进地发展马克思主义。可以说，问题

---

① 《马克思恩格斯选集》第1卷，人民出版社2012年版，第11页。
② 《十八大以来重要文献选编》(上)，中央文献出版社2014年版，第497页。
③ 《马克思恩格斯选集》第1卷，人民出版社2012年版，第376页。
④ 《马克思恩格斯全集》第1卷，人民出版社1995年版，第203页。

意识是马克思主义永葆生机和活力的源泉,问题是实践的起点,是创新的起点。面对中国革命、建设和改革开放过程中出现的问题,中国共产党始终坚持鲜明的问题导向,坚持认为马克思主义是发展的理论,而不是必须背得烂熟并机械地加以重复的教条。毛泽东曾指出:"马克思列宁主义的伟大力量,就在于它是和各个国家具体的革命实践相联系的。"①习近平总书记也深刻指出:"每个时代总有属于它自己的问题,只要科学地认识、准确地把握、正确地解决这些问题,就能够把我们的社会不断推向前进。"②时代是思想之母,实践是理论之源。新时代要继续推进马克思主义基本原理同中国具体实际相结合,坚持问题导向,聚焦全面建设社会主义现代化强国所面临的困难和挑战,为解决问题提供新理念、新思路、新办法。

马克思主义基本原理同中国具体实际相结合是解决中国实际问题的需要。在中国共产党一百多年的奋斗历程中,每一个阶段都有需要着重解决的问题。中国共产党领导人民进行革命、建设、改革,目的都是解决中国特定历史条件下的现实挑战和问题。问题导向体现并彰显于马克思主义中国化时代化的整个理论和实践过程,贯穿于马克思主义中国化时代化的整体性历史中。我们党在领导中国革命、建设、改革的长期实践中,坚持以特定的时代背景为根本条件,以特定时代所面临的问题为基本指针,深刻把握时代特点和特殊运动规律,及时回应和解答时代问题。毛泽东思想的创立就是为了扭转中国半殖民地半封建的历史,使中华民族变成一个独立的民族,使中国人民实现自由解放,并在这个基础上建设社会主义,谋求经济文化的迅速发展;邓小平理论的创立就是为了解决当时工作中心的偏差问题,将经济建设作为最首要的任务,力求实现人民群众的生活富裕,开创了中国特色社会主义;在"三个代表"重要思想的形成时期,社会主义发展正面临着严峻挑战和严重曲折,党的建设问题突出,如何捍卫中国特色社会主义、保持党的先进性成为这一思想亟须解决的问题;科学发展观的形成是要解决新形势下的发展问题,对如何建设和发展作出了方向指引,对社会民生问题作了要求和说明,坚定不移发展了中国特色社会主义;习近平新时代中国特色社会主义思想的创立面临着国内外环境的重大变

---

① 《毛泽东选集》第2卷,人民出版社1991年版,第534页。

② 《习近平新时代中国特色社会主义思想学习纲要》,学习出版社、人民出版社2019年版,第248页。

化，面临着治国理政重大考验，同时面临着管党治党的重大挑战，在这一背景下，以习近平同志为核心的党中央，瞄准新时代存在的主要问题，坚持强烈的问题导向，顺应时代发展，结合实践经验和集体智慧，根据时代和实践发展变化，深刻回答了关系新时代的三个时代课题，以崭新的思想内容体系丰富和发展了马克思主义。

马克思主义基本原理同中国具体实际相结合必须把握好中国国情。习近平总书记指出："马克思主义的中国篇章是中国共产党人依靠自身力量实践出来的，贯穿其中的一个基本点就是中国的问题必须从中国基本国情出发，由中国人自己来解答。"①第一，坚持把握动态国情，从多重维度对中国国情形成正确认识和判断。对推进马克思主义中国化这一重大命题来说，不能全面准确地对国情做出分析和判断，其理论探索和实践创新势必存在局限和不足。对中国国情的认识，从宏观层面来看，社会主义初级阶段是一个长时期的历史发展阶段，这个阶段至少要持续 100 年，需要几代人、十几代人，甚至几十代人坚持不懈地努力奋斗；从微观层面来看，每年都有新变化，而且不同地域的变化程度也不一样；从中观层面来看，每过一段时间都会有较为显著的变化，具有明显的时代性特征。因此，正确把握国情既需要从整体发展态势上进行把握，以此确定发展目标和任务，也需要把握阶段性的形势与任务，制定 5 年、10 年、15 年规划等这样的战略安排和设计，甚或就每一年、每一季的发展都要做出相应的计划和调整。对国情的全面性、系统性、整体性把握是正确认识国情的重要方法，不同维度的认识相互补充，能够使主观认识和判断更符合客观实际。无论是大国情还是小国情，只有对国情做出准确的分析，真正坚持一切从实际出发，才能做出正确的决策，制定符合客观实际的方针政策。第二，牢牢把握我国社会发展的阶段性特征。中华人民共和国成立 70 多年来，特别是改革开放 40 多年来，我国经济社会发展呈现明显的阶段性特征。习近平总书记指出："全党要牢牢把握社会主义初级阶段这个最大国情，牢牢立足社会主义初级阶段这个最大实际。"②我们正处于社会主义社会的初级阶段，必须从这个实际出发，深刻地理解和把握我国的基本国情，而绝对不能超越这个阶段。社会主义

---

① 习近平：《高举中国特色社会主义伟大旗帜 为全面建设社会主义现代化国家而团结奋斗——在中国共产党第二十次全国代表大会上的报告》，人民出版社 2022 年版，第 19 页。

② 《习近平谈治国理政》第 2 卷，外文出版社 2017 年版，第 61 页。

初级阶段是一个相当长的历史发展阶段，又是一个不断向前发展的历史进程。当前我国所处的社会主义初级阶段，与过去相比已经有显著进步。中国特色社会主义不断取得重大突破，中华民族实现了从站起来、富起来到强起来的历史性飞跃，社会主义在中国焕发出强大生机活力，中国特色社会主义拓展了发展中国家走向现代化的途径，为解决人类问题贡献了中国智慧、提供了中国方案。这充分表明当代中国发展已跃上了新台阶，站到了新的历史起点上，这就要求我们必须把立足当前与谋划长远结合起来。

马克思主义基本原理同中国具体实际相结合，必须防止可能出现的各种错误倾向。在马克思主义中国化时代化的理论与实践中，对于如何认识和对待马克思主义，一直存在着两种对立的观点和态度。一种是把马克思主义理论神圣化、绝对化、教条化；一种是以马克思主义理论的观点和方法分析和解决问题，强调马克思主义理论的行动指南性、科学方法性和不断发展性。这是两种在观念和态度上根本冲突的马克思主义观，即教条主义的马克思主义观和科学的马克思主义观。习近平总书记强调："守正才能不迷失方向、不犯颠覆性错误，创新才能把握时代、引领时代。"①在新背景下推进马克思主义中国化时代化，要以解决问题为工作导向，瞄着问题去，追着问题走，善于把化解矛盾、破解难题作为打开局面的突破口。对事关战略全局、事关长远发展、事关人民福祉的紧要问题，要科学统筹、优先解决，确保取得实效，对一些带有共性、规律性的问题，要注意总结和反思，以利于更好前进，持之以恒从中国具体实际出发，不断推进马克思主义中国化时代化。

二、马克思主义基本原理同中华优秀传统文化相结合

马克思主义要想在一个国家生根发芽、枝繁叶茂，必须根植于那个国家的历史文化土壤之中。从现实情况来看，马克思主义基本原理同中华优秀传统文化的结合具有历史必然性，一方面，马克思主义与中华优秀传统文化尽管产生的时代、地点、民族、文化不同，但却具有内在契合性，这是二者能够结合的首要方面。另一方面，马克思主义具有发展、开放、包容、进取的内在

① 习近平：《高举中国特色社会主义伟大旗帜 为全面建设社会主义现代化国家而团结奋斗——在中国共产党第二十次全国代表大会上的报告》，人民出版社 2022 年版，第 20 页。

属性，中华优秀传统文化亦然。马克思主义要实现本土化，中华优秀传统文化需与时俱进，实现现代化，这是由两者的内在属性决定的。二者的结合是我们党对马克思主义中国化时代化历史经验的深刻总结，是对中华文明发展演进规律的精确掌握，表明我们党对中国道路、理论、制度、文化的认知提升到了新层次。

第一，马克思主义基本原理同中华优秀传统文化相结合的前提是彼此契合。相互契合才能有机结合，"结合"不是硬凑在一起的，而是二者思想基因的融合。作为中华文明的珍贵成果和智慧结晶，中华优秀传统文化对全党全国各族人民的影响深刻而悠远，党的二十大报告也指出："其中蕴含的天下为公、民为邦本、为政以德、革故鼎新、任人唯贤、天人合一、自强不息、厚德载物、讲信修睦、亲仁善邻等……同科学社会主义价值观主张具有高度契合性。"①具体来说，二者目标追求共通，中国古代思想家提出了"天下大同"的社会观和天下观目标，表达了对美好社会愿景的向往，马克思、恩格斯批判资本主义社会，追求没有阶级压迫而人人自由平等的共产主义社会；二者价值取向相近，中国古代思想家提出"民为邦本""为政以德"的治理思想，看到了人民对统治基础的重要性，马克思、恩格斯指出人民是历史的创造者，推崇人民至上的政治观念；二者道德观念相通，中国古代推崇"人心和善""仁者爱人"的道德观，主张人心向善，马克思主义强调物质文明和精神文明要协调发展，追求人的精神境界极大提高；二者变革精神相似，中国古代思想家要求"革故鼎新""自强不息"，马克思主义本身就是革命阶级的指导思想。除此之外，还存在诸多契合点，构成了二者能够结合的基础和条件。

第二，马克思主义基本原理同中华优秀传统文化相结合的结果是互相成就。"结合"造就了一个新的文化生命体，是深刻的"化学反应"。一方面，马克思主义为中华优秀传统文化创造性转化、创新性发展提供了指引。马克思主义认为，传统文化并不等同于落后文化，关键在于能否为社会发展所面临的现实问题提供科学价值观，对待传统文化不能采取全面肯定或者全面否定的态度，这就为正确对待中华优秀传统文化指明了方向。马克思主义传入中国以后，与中华优秀传统文化激烈碰撞，为中华优秀文化注入了全新的、顺应时代发展的

---

① 习近平：《高举中国特色社会主义伟大旗帜 为全面建设社会主义现代化国家而团结奋斗——在中国共产党第二十次全国代表大会上的报告》，人民出版社2022年版，第18页。

先进思想内涵，激活了中华文明的基因，成功应对了新的时代课题和现实问题，实现了文化的转化和发展。就优秀传统文化自身特质而言，具有自我发展的传承力、回应挑战的效力、开创新局的生命力，必须注重继承中华优秀传统文化中的精华部分，坚定历史自信、文化自信，坚持古为今用、推陈出新，大力推进中华文明现代转型，实现生命更新，激发发展活力，为中国式现代化的演进提供文化滋养。另一方面，中华优秀传统文化丰富了马克思主义的文化生命力。中华优秀传统文化中饱含忧国忧民的精神，正是在这种追求进步的精神指引下，早期中国共产党人不断寻求救国救民的真理，马克思主义才得以传入中国。马克思主义在中国的传播也同样离不开中华优秀传统文化的支撑和助推，为马克思主义在中国的传播提供了完备的文化形式。要坚持从中华优秀传统文化中汲取智慧和力量，贯通马克思主义思想精髓和中华优秀传统文化精华，彰显出愈加鲜明的中国风格和气派。

第三，马克思主义基本原理同中华优秀传统文化相结合筑牢了道路根基。中国人民和中华民族历经艰辛，上下求索，最终成功找到了使中华民族从深重苦难走向伟大复兴光明前景的正确道路，历史和实践充分证明，中国特色社会主义道路行稳致远。中国特色社会主义道路不是凭空产生的，它具有深厚的文化底蕴和思想来源，并且这种文化底蕴和思想来源具有内在的契合性，二者相结合并交互作用，马克思主义赋予了这一道路最基本的属性——社会主义，而中华优秀传统文化给予了这一道路独特的风格——中国特色。这种道路形成以后，又面临着被中国人民接受和认同的问题，蕴含着朴素社会主义元素的中华优秀传统文化为道路认同提供了文化基础，为道路拓展深化了文化根基。中国式现代化是中国共产党立足于中国国情和实际、扎根中华优秀传统文化沃土找到的实现现代化的宝贵方案，是社会主义强国建设的正确道路，是实现民族复兴伟业的康庄大道。立足于新时代新征程党的使命任务的现实需要，必须促进二者相结合，夯实中国式现代化的根基，赓续古老文明，实现优秀传统文化现代转化，并赋予其新的时代风格，促使其焕发时代容光。

第四，马克思主义基本原理同中华优秀传统文化相结合打开了创新空间。二者相结合是马克思主义中国化时代化发展史上的又一次思想解放，使我们党对中华优秀传统文化有了新看法、新认识，传统和现代文化不是对立的，马克思主义与中华优秀传统文化也不是对立的，要在马克思主义科学指导下，更加注重充分运用优秀文化的宝贵资源，实现传统文化的自我更新，并形成创新成果。这种做法有助于我们党增强思想自觉和文化主动，实现理论探索和制度创新，并极大程度上推动道路、理论、制度、文化的巩固和发展。中华优秀传统文化中的民本思想、天下共治理念、"兼容并包、求同存异"的政治智慧等思想深刻、影响深远，亟须结合新形势进行转化发展。中国特色社会主义制度就是创新结合的重要成果，它以马克思主义为指导，植根于中华大地、蕴涵着深厚的文化底蕴，深得人民拥护，是具有旺盛生命力和极大优越性的制度，证明了二者相结合具有广阔的创新空间。2023年10月，全国宣传思想文化工作会议召开，首次提出了习近平文化思想，丰富和发展了马克思主义文化理论，构成了习近平新时代中国特色社会主义思想的文化篇，是二者相结合的重大成果，提供了建构中华民族现代文明的可能性，为担负起新的文化使命提供了强大思想武器和科学行动指南。

第五，马克思主义基本原理同中华优秀传统文化相结合巩固了文化主体性。文化主体性是一种文化得以引领、感染、塑造人民群众价值观念的内核所在，是实现民族认同、保持民族自信的基础，任何文化想要进步必须有主体性才能立得住、行得稳。中国共产党自成立以来，没有一刻放弃传承中华优秀传统文化，始终在探索和坚持"两个结合"，统领革命文化、先进文化，带领中国人民在中国大地上走出了一条中国特色社会主义文化发展道路，激发了全民族文化创新创造活力，切实增强了文化自信，形成了我们的文化主体性。文化主体性是文化自信的根本依托。在建设社会主义文化强国的道路上，要牢牢把握马克思主义"魂脉"和中华优秀传统文化"根脉"，赓续本民族文化血脉，满足人民日益增长的精神文化需求，造就契合人民需求的社会主义文化，增强实现中华民族伟大复兴的精神力量，增强文明交流互鉴，不断提升国家文化软实力和中华文化影响力。

三、马克思主义中国化时代化"两个结合"的辩证关系

从整体性的角度出发推进"两个结合"，本质上是马克思主义创新性延续发展的存在方式，也是"一个结合"走向"两个结合"的文化自信定力。由此可见，对中华优秀传统文化的继承与发展，表征着中国共产党人对开创中国化时代化马克思主义的认识从一般到具体，变得更加丰富和深刻。党的二十大明确提出

"传承中华优秀传统文化"，将"创造性转化、创新性发展"作为推动文化赓续的建构性原则，这是深化"两个结合"的最佳切入点。要充分认识到中华优秀传统文化在推动中国社会发展进步中的重要作用，挖掘中华优秀传统文化蕴涵的价值精神并推陈出新，赋予其具有时代特征的新的时代内涵和新的生命精神，要摆脱对传统文化单纯的理论阐释，基于社会实践需要不断推动中华优秀传统文化的时代化，为强国建设提供精神动力，为伟大复兴提供精神滋养。

作为理论与实践的统一体，"两个结合"的目的在于，在马克思主义基本原理的基础上创新出适合中国国情的中国化时代化的马克思主义，并用其世界观和方法论来解决中国的实际问题。"两个结合"的发展逻辑构成了理论与实践的螺旋式上升的进程，辩证地回溯和诠释了其中所蕴含的"实践"和"理论"，充分认识到"马克思主义行"中蕴含的人类社会发展的普遍性规律，进而认识到"中国化时代化的马克思主义行"中蕴含的解决中国问题的特殊性规律。"两个结合"是马克思主义中国化时代化得以继续丰富和发展的重要途径和方法，是接续发展21世纪马克思主义的基本遵循。新时代新征程，必须深入探究"两个结合"的必然性和规律性，以及实现"两个结合"的结合点、结合方式，不断掌握"两个结合"的历史、理论、现实逻辑。习近平新时代中国特色社会主义思想是"两个结合"的光辉典范，是当前研究"两个结合"的重点所在。

"两个结合"是对马克思主义中国化时代化内涵的新拓展，将中华优秀传统文化从对中国具体实际的理解中独立出来，凸显了中华优秀传统文化的价值和作用，展现出理性自觉和文化自信。"两个结合"的提出本身就是对马克思主义中国化时代化规律的总结，作为对马克思主义中国化时代化规律的新认识和新把握，这种规律性把握既来自对马克思主义基本原理科学性、实践性、开放性的理解，也来自对中华优秀传统文化底蕴的自信，"两个结合"是立足于五千多年中华文明史开创和发展中国特色社会主义的必由之路。"两个结合"是对中华优秀传统文化认识的新突破，作为中华民族的精神支柱，中华优秀传统文化给予中国人民丰厚的精神滋养，来自人民的中国共产党也受到中华优秀传统文化的塑造，成为中华优秀传统文化的继承者和弘扬者，并将其作为理论创新的重要思想文化资源。"第二个结合"是对中华优秀传统文化认识的一次觉醒，只有以科学的态度对待中华优秀传统文化，坚定文化自信、推动中国特色社会主义文化繁荣兴盛，实现中华优秀传统文化创造性转化、创新性发展，才能使马克思主义中国化时代化迈向新的阶段。

总之，"两个结合"相辅相成、不可割裂，是一个有机统一体，统一于马克思主义中国化时代化的实践进程和理论创新之中，第一个结合中的"中国具体实际"是内蕴着中华优秀传统文化的实际，第二个结合中的"中华优秀传统文化"是中国具体实际的文化来源和重要方面。"两个结合"揭示了马克思主义中国化时代化的内在规律，为马克思主义中国化时代化开辟了根本途径，是党一以贯之的理论追求和实践遵从。中国共产党在一百多年的奋斗历程中坚持"两个结合"，形成了马克思主义中国化时代化的重大理论创新成果，团结带领中国人民进行创造性实践，形成了中国道路、弘扬了中国精神、凝聚了中国力量，为以中国式现代化全面推进中华民族伟大复兴提供了思想指南。

第二节 中国共产党推进"两个结合"的 历史进程与基本经验

在庆祝中国共产党成立 100 周年大会上，习近平总书记创造性地提出"两个结合"的重大论断，在学界掀起了"两个结合"的研究热潮。事实上，自马克思主义传入中国之后，中国早期马克思主义者就经历了从初步认识马克思主义到以马克思主义为旗帜建立政党的历史阶段，中国共产党成立伊始，就开始了推进马克思主义基本原理与中国具体实际相结合、与中华优秀传统文化相结合的曲折探索。中国共产党人是推进"两个结合"的主体力量，中国共产党带领人民进行革命、建设、改革的历史已经证明，"两个结合"是必然选择。回溯党推进"两个结合"的历史进程，从中总结基本经验，对新时代进一步推进马克思主义中国化时代化、更好解决中国问题、促进文化繁荣发展具有重大现实意义。

一、中国共产党推进"两个结合"的历史进程

一个国家实行何种指导思想，关键在于这种指导思想能否真正解决所面临的历史性重大课题。中华民族积贫积弱之际，进步人士曾尝试提出并践行过各种思潮，轮番上阵但都以失败收场和告终。历史证明，西方资本主义道路根本不适合中国，在中国也无法走通，无法真正解决中国的道路抉择和前途命运的现实问题。最终，在马克思列宁主义、毛泽东思想的科学引领与正确指导下，

我们党突破重重阻碍,建立了新中国。中国始终坚持和发展社会主义,实现了经济社会的快速发展。历史经验与现实境况告诉我们,只有坚持科学社会主义才能救中国,才能发展中国,这是历史的结论、人民的选择。中国共产党自成立时起,就逐步开始探索"两个结合",经过了从不成熟到成熟、从不自觉到自觉的历史过程,其间也经历了从生吞活剥、照搬照抄马克思主义经典词句到开始思考如何将"死的马克思主义"变为"活的马克思主义",逐渐开始"用无产阶级的宇宙观作为观察国家命运的工具,重新考虑自己的问题"①,从而正确把握"两个结合"的规律,取得了不同历史阶段的重大理论成果。

新民主主义革命时期,党面临着反对帝国主义、封建主义、官僚资本主义,争取民族独立、人民解放的重要历史任务。中国共产党成立之初,对"两个结合"的认识不够全面和不够深入,偏离了科学的轨道,在如何对待和运用马克思主义的问题上犯了教条主义、经验主义的严重错误,给中国革命事业造成了不可弥补的严重创伤和不可挽回的重大损失。大革命失败以后,中国共产党人重新思考如何看待和正确运用马克思主义,尤其是在井冈山斗争和长征过程中,以毛泽东同志为主要代表的中国共产党人开始深入思考和立足中国革命实践推进马克思主义中国化时代化。在党的六届六中全会上,毛泽东深刻指出:"使马克思主义在中国具体化,使之在其每一表现中带着必须有的中国的特性。"②由此可见,此时的毛泽东已经从中国革命的曲折历程中认识到,在应用马克思主义的过程中必须按照中国的特点的极端重要性,并强调要实现马克思主义和中国具体特点的结合需要通过一定的民族形式才能成功。此时,尽管没有明确提出马克思主义中国化时代化"两个结合"的具体概念,但这种思想已经逐渐形成并指导着中国革命的发展。张闻天在大会上明确使用"中国化"这一概念,强调"一定要严格估计到中国政治、经济、文化、思想、民族习惯、道德的特点……使组织工作中国化"③。马克思主义中国化时代化不是简单的形式上的,而是要将马克思主义基本原理应用于中国具体实际,完成实践任务,不断形成系统化的中国化时代化马克思主义理论成果。中国共产党人"是我们民族一切文化、思想、道德的最优秀传统的继承者,把这一切优秀传统看成

---

① 《毛泽东选集》第4卷,人民出版社1991年版,第1471页。
② 《毛泽东选集》第2卷,人民出版社1991年版,第534页。
③ 《张闻天选集》,人民出版社1985年版,第225—226页。

和自己血肉相连的东西，而且将继续加以发扬光大"，"使得马克思列宁主义这一革命科学更进一步地和中国革命实践、中国历史、中国文化深相结合起来"①，这表明我们党随着革命的发展对于马克思主义中国化时代化的本质内涵的认识和扩展也在不断深化。毛泽东思想中所包含的"两个结合"的基本意蕴和重要思想，成为指引中国革命取得胜利的重要思想保障，成为中国人民浴血奋战、英勇斗争、百折不挠的重要精神指引，使马克思主义在解决中国实际问题的过程中不断为中国人民所理解和认同，逐渐融刻在中华民族和中国人民的内心深处。

社会主义革命和建设时期，党面临着实现从新民主主义到社会主义的转变，进行社会主义革命，推进社会主义建设的任务。积极探索将马克思列宁主义基本原理同中国具体实际进行"第二次结合"，探索走出了一条完全适合我国国情的工业化道路，形成了关于社会主义建设的一系列重要思想和独创性理论成果。这一时期，中国共产党立足新的实践，积极推动马克思主义基本原理同中国具体实际相结合、同中华优秀传统文化相结合，继续丰富和发展了毛泽东思想，实现了马克思主义中国化时代化的第一次历史性飞跃。以毛泽东同志为主要代表的中国共产党人深刻结合中国实际，致力于探索、总结、深化"两个结合"的路径、方法和经验，传承和赓续中华优秀传统文化，使中国特色、中国风格、中国气派在毛泽东思想中得到充分体现和彰显。"文化大革命"爆发以后，由于严重背离了中国共产党一切从实际出发、实事求是的优良传统，出现了对马克思主义的教条化理解和对本国实际的错误估计，导致了背离"两个结合"的重要思想，使党和国家的事业遭受严重挫折，严重阻碍了马克思主义中国化时代化的深化与发展。

改革开放和社会主义现代化建设新时期，党面临着继续探索中国建设社会主义的正确道路，解放和发展社会生产力，使人民摆脱贫困、尽快富裕起来的历史任务。党的十一届三中全会以后，重新确立了解放思想、实事求是的思想路线，全党继续解放思想，进一步统一认识，解放和发展社会生产力，在新的历史时期继续推进了马克思主义中国化时代化，成功开辟了中国特色社会主义道路，创立了邓小平理论，形成了"三个代表"重要思想、科学发展观，逐渐形

① 《建党以来重要文献选编(1921—1949)》第 20 册，中央文献出版社 2011 年版，第318—319 页。

成了中国特色社会主义理论体系，实现了马克思主义中国化时代化新的飞跃。邓小平强调："把马克思主义的普遍真理同我国的具体实际结合起来，走自己的道路，建设有中国特色的社会主义。"①江泽民明确指出："中国化了的马克思主义，既体现了马克思列宁主义的基本原理，又包含了中华民族的优秀思想和中国共产党人的实践经验。"②胡锦涛强调"不断取得马克思主义基本原理同中国具体实际相结合的新进展"③的同时，还特别指出要使中国传统文化"与当代社会相适应、与现代文明相协调，保持民族性，体现时代性"④。这些重要论断是对"两个结合"的继续发展、认识深化和理论创新，体现了鲜明的"两个结合"重要思想。

中国特色社会主义进入新时代，面对世界百年未有之大变局和中华民族伟大复兴战略全局，习近平总书记创造性地提出"两个结合"的科学论断，并逐步明晰了"两个结合"的内在意蕴、基本原则和实践要求，这是对马克思主义中国化时代化规律的揭示，凸显了新时代新征程继续推进马克思主义中国化时代化的理论自觉和行动自觉。基于对新时代世情国情党情发展变化的深刻把握，以习近平同志为核心的党中央顺应发展大势和历史潮流，将马克思主义基本原理同中国具体实际相结合、同中华优秀传统文化相结合，产生了马克思主义中国化时代化最新理论成果——习近平新时代中国特色社会主义思想，从理论与实践上系统回答了三个重大时代课题，推动党和国家事业发生深层次和整体性的变化，取得了历史性成就，发生了历史性变革。习近平新时代中国特色社会主义思想是马克思主义在二十一世纪的中国的最新发展，是坚持"两个结合"原则而形成的科学理论，也是运用"两个结合"的经典范例。在以中国式现代化实现中华民族伟大复兴的新征程上，要继续坚守马克思主义"魂脉"和中华优秀传统文化"根脉"，通过"两个结合"为马克思主义注入中国特色、时代特质，彰显马克思主义的真理力量。

二、中国共产党推进"两个结合"的基本经验

中国共产党一百余年的奋斗历程，就是一部以"两个结合"推进马克思主义

---

① 《邓小平文选》第3卷，人民出版社1993年版，第3页。
② 《江泽民文选》第3卷，人民出版社2006年版，第270页。
③ 《胡锦涛文选》第2卷，人民出版社2016年版，第139页。
④ 同上书，第640—641页。

中国化时代化的波澜壮阔的史书。在这一过程中不断积累了丰富的理论和实践经验。一百多年来，中国共产党始终坚持以科学理性的态度对待马克思主义，以求真务实的精神把握中国国情，以发展的历史思维汲取中华优秀传统文化精华，以世界的眼光借鉴和丰富人类文明新成果，以辩证的智慧推动理论创造和实践创新，以人民立场凸显中国共产党人的价值取向，形成了马克思主义中国化时代化的重大成果。

1. 以科学的态度对待马克思主义

马克思主义是我们党的灵魂和旗帜，事关党和国家事业发展的方方面面，以什么样的态度对待马克思主义至关重要和影响深远。习近平总书记指出："我们要以科学的态度对待科学、以真理的精神追求真理。"①推进马克思主义中国化时代化，必须坚持守正创新，在坚持真理的同时，结合新的实践进行理论创新，贯穿其中的就是要树立起对待马克思主义的科学态度，始终坚持以科学的态度对待马克思主义。

以实事求是的态度对待马克思主义。正确推进马克思主义中国化时代化，要遵循实事求是的基本原则，深刻领会马克思主义的精神实质和理论品格，牢固树立马克思主义的理论信仰，掌握正确的世界观和方法论。马克思主义科学理论体系博大精深，内容丰富，思想深刻。恩格斯强调："马克思的整个世界观不是教义，而是方法。它提供的不是现成的教条，而是进一步研究的出发点和供这种研究使用的方法。"②这一说法明确地指出了对待马克思主义理论的态度不应是固守脱离具体实践发展的一般教条，而应该是以当时的时代特征和历史条件为转移，将马克思主义视为一种开展研究和指导实践的原则性规定和方法论指导。毛泽东在《矛盾论》一书中强调了列宁关于马克思主义精神实质的观点，认为"具体问题具体分析"是马克思主义最本质的观点。20 世纪60 年代初，毛泽东指出："认真调查研究，对具体问题作出具体的分析，而不是抽象的主观主义的分析，这是马克思主义的灵魂。"③毛泽东坚决反对将马克思主义教条化，强调中国共产党人应学习马克思主义观察并解决实际问题

---

① 习近平：《高举中国特色社会主义伟大旗帜 为全面建设社会主义现代化国家而团结奋斗——在中国共产党第二十次全国代表大会上的报告》，人民出版社 2022 年版，第 20 页。
② 《马克思恩格斯选集》第 4 卷，人民出版社 2012 年版，第 664 页。
③ 《建国以来毛泽东文稿》第 9 册，中央文献出版社 1996 年版，第 605 页。

的立场观点与方法，并运用于中国革命的具体实践中。在 1992 年南方谈话中，邓小平进一步指出：“实事求是是马克思主义的精髓。要提倡这个，不要提倡本本。”①

坚持马克思主义的科学性、人民性、实践性和开放性。在中国革命、建设和改革的重要历史时期，马克思主义指导解决了中国发展进程中出现的一系列现实问题，科学性得到充分检验、人民性和实践性得到充分贯彻、开放性得到充分彰显，在中华大地上展现出了巨大的真理威力和强大的真理力量。马克思主义之所以能够解决中国的实际问题和满足中国人民的实际需求，就是在于马克思主义是科学的理论，为人民指明了实现自由和解放的正确道路，在不同的历史时期和实践环境中发挥着科学指引的重要作用。为人类求解放是马克思主义的价值追求，第一次站在人民的立场探求人类自由解放的道路和创立了人民实现自身解放的思想，其本质属性和鲜明品格集中体现为人民性，人民是马克思主义始终保持旺盛生命力的内在动力和源头活水。时代和实践向前发展，人民的需求也在不断演进和变化，推进马克思主义中国化时代化必须坚守人民立场，倾听人民呼声，始终坚持理论创新为了人民和造福人民。理论从丰富和长期的实践中产生，脱离实践的理论必定是空洞无力和苍白的，实践性是马克思主义固有的理论品格和区别于其他理论的显著特征，中国共产党在推进“两个结合”的进程中始终立足中国具体实际情况，聚焦中国现实问题，不断增加马克思主义的实践性。科学的理论必定会随着实践的新变化而不断丰富和发展，故步自封的理论也必将被人民和历史所抛弃。中国共产党之所以能够在推进马克思主义基本原理同中国具体实际相结合的同时，实现与中华优秀传统文化的相结合，根本原因就在于马克思主义是开放的理论，积极汲取人类一切优秀文化不断丰富发展自身。

把坚持马克思主义和发展马克思主义统一起来。坚持绝对不是因循守旧，发展绝对不是丢掉根本，坚持和发展马克思主义是辩证统一和不可分离的，绝对不能割裂开来。一百多年来，无论世界形势如何变幻和中心任务如何变化，中国共产党始终顺应时代潮流和实践发展，在始终坚持马克思主义基本原理和贯穿其中的立场、观点、方法的基础上，立足中国不同历史时期的实际情况，

---

① 《邓小平文选》第 3 卷，人民出版社 1993 年版，第 382 页。

结合新形势和新实践，不断赋予马克思主义新的时代内涵和新的时代特色，极大地丰富和发展了马克思主义。坚持马克思主义和发展马克思主义的过程，在本质上就是推进"两个结合"的过程。近代中国，各种政治势力纷纷登上政治舞台，"你方唱罢我登场"，但都在历史的洪流中消失散去，唯有中国共产党能够永立潮头、独领风骚，能够完成近代以来各种政治力量都不可能、也没有办法完成的艰巨历史任务，关键就在于中国共产党始终坚持把马克思主义作为战胜一切挑战、克服一切苦难、取得一切成就的行动指南。发展马克思主义是中国共产党人的庄严责任和神圣使命，中国共产党从建党之初就自觉肩负起这一历史重任，几代中国共产党人接续探索、持续推进，树立了坚持和发展马克思主义的光辉典范，形成了一系列植根中国实际、具有中国特色、充满中国文化的马克思主义中国化时代化的理论成果，中国正是在这些理论成果的指导下，书写了彪炳史册的历史成就。习近平总书记指出："把坚持马克思主义和发展马克思主义统一起来，结合新的实践不断作出新的理论创造，这是马克思主义永葆生机活力的奥妙所在。"①

2. 掌握中国国情，坚持从中国实际出发

坚持"两个结合"，确保马克思主义中国化时代化沿着正确的方向和道路前进，不仅需要深刻理解和及时掌握马克思主义基本理论，也要深入洞悉中国基本国情，两者缺一不可。忽视中国的客观实际，就不能正确地分析国情，也就无法真正掌握中国革命、建设和改革的规律。历史事实证明，只有坚持一切从中国基本国情出发，才能回答和解决好中国所面对的一系列重大时代课题，推进马克思主义中国化时代化的理论创新和实践创新。

全面、科学、精准把握中国国情，是我们党开展一切工作的基本依据和出发点。党的七大上，毛泽东指出："我们党中央的路线，是反映了全党大多数同志要求的路线，是反映了全国大多数人民要求的路线。这条路线是从哪里来的呢……它是从中国自己的土地上生长出来的。"②毛泽东在这里十分生动形象地讲出了党的基本路线源于中国具体实际和基本国情，体现出一种实事求是的精神和一切从实际出发解决问题的品格。只有从中国具体国情出发，才能对中

---

① 习近平：《在哲学社会科学工作座谈会上的讲话》，人民出版社 2016 年版，第13 页。

② 《毛泽东在七大的报告和讲话集》，中央文献出版社 1995 年版，第 117 页。

国革命有深刻认识，得出正确的结论，制定正确的革命策略。中国革命之所以遭遇许多波折，毛泽东认为原因在于：“对于中国这个客观世界，我们自己在很长时间内都认识不清楚。”①中国国情具有深刻的复杂性，自然和社会、历史和现实、传统与非传统、国内和国际等诸多要素相互交织，涉及中国在各个领域、各个层面的各种矛盾关系总和，不仅要从各个方面深入认识和了解，还需要准确做出分析和研判。因此，只有全面准确地把握复杂国情，才能采取正确的路线方针政策，顺应人民期待，得到人民信任与支持，才能在这样一个大国取得革命、建设和改革的胜利。

20世纪30年代末40年代初，中国共产党人对基本国情开始有了全面、深刻的认识。一方面，通过比较中国革命的两次成功和两次失败，以及总结抗日战争中的矛盾斗争和实践经验，“才认识了中国这个客观世界”，认识了“中国革命的规律”②。另一方面，20世纪30年代中期，中国社会科学界对社会性质展开了大论战。在此情况下，以毛泽东为主要代表的中国共产党人对中国具体国情作出了总体把握，对中国的历史国情及革命特点规律有了更深刻的认识、全面的了解和完整的分析。在《中国革命与中国共产党》一文中，毛泽东对中国社会矛盾和革命对象、任务、动力及性质进行了详尽的论述，为认清中国国情和一切革命问题提供了重要依据。

对国情的正确把握是党开展一切工作的重要依据。历史表明，社会主义改造和建设事业的兴衰成败与我们党能否正确认识和把握中国国情有着紧密关联。新中国成立初期，我们党对实际国情的认识十分清醒，但在“大跃进”和“文化大革命”中，由于没有对具体国情和社会主义发展阶段作出准确研判和分析，造成两次失误。1978年，党的十一届三中全会召开，党的思想政治路线得到拨乱反正，以邓小平同志为核心的党的第二代中央领导集体开始重新认识、分析中国实际国情。党的十一届六中全会通过了《关于建国以来党的若干历史问题的决议》，形成了系统的社会主义初级阶段理论，明确指出社会主义制度仍处于初级阶段是我国最大的国情，是进行社会主义现代化建设的总依据。党的十九大上，习近平总书记指出：“经过长期努力，中国特色社会主义进入了

---

① 《毛泽东文集》第8卷，人民出版社1999年版，第300页。
② 同上书，第299页。

新时代，这是我国发展新的历史方位。"①这一重大论断揭示了当代中国发展的新阶段新特征，成为新时代坚持和发展中国特色社会主义的重要依据。事实证明，改革开放 40 多年来，党只有及时把握基本国情的新变化与新情况，牢牢坚持社会主义初级阶段基本路线不动摇，我国社会经济发展才能持续平稳发展。

3. 汲取中华优秀传统文化精华

在欧洲大地上生长出来的马克思主义如何能够实现中国化时代化，最重要的就是将马克思主义与中华优秀传统文化有机结合起来，继承和开拓马克思主义基本原理与中华优秀传统文化中相互契合、相互一致的思想资源和理论形态，实现马克思主义的民族化本土化。在此进程中，文化形态的马克思主义不仅能与中国文化紧密结合，而且使理论形态的马克思主义更具中国特色、中国风格、中国气派。

中国共产党人是中华优秀传统文化的直接传承者、积极引领者和忠实践行者，注重传承并发展中华民族的优秀传统文化。陈独秀、李大钊等早期领导人在向中国传播马克思主义伊始，就曾积极探寻将其与中国历史文化相结合的路径。毛泽东具有丰厚的历史文化根基，积极将马克思主义与中国具体国情相结合，用马克思主义思想来解读中国历史文化问题，运用中国历史文化为革命服务，对马克思主义中国化时代化的历史进程产生了深远影响。

在新民主主义革命时期，对于历史文化，以毛泽东同志为主要代表的中国共产党人主张既要充分汲取其优秀成分，也要批判其糟粕。毛泽东指出："必须将古代封建统治阶级的一切腐朽的东西和古代优秀的人民文化即多少带有民主性和革命性的东西区别开来。"②这一对待传统文化的原则，成为中国共产党处理中国历史传统文化的工作方针和基本原则。毛泽东主张马克思主义与中国历史文化相结合，以马克思主义"化"中国传统文化，并不是寻求复归传统，而是寻求在二者结合的基础上建设新的优秀文化。中国共产党通过革命不断打破旧世界、旧社会，就是要建设新社会，与封建的、奴役人的社会完全不同，这种新不仅体现在政治上、经济上，也体现在文化上。

---

① 习近平：《决胜全面建成小康社会 夺取新时代中国特色社会主义伟大胜利——在中国共产党第十九次全国代表大会上的报告》，人民出版社 2017 年版，第 10 页。

② 《毛泽东选集》第 2 卷，人民出版社 1991 年版，第 708 页。

在改革开放和社会主义现代化建设新时期，以邓小平同志为主要代表的中国共产党人高度重视和运用中华优秀传统文化。邓小平强调："要懂得些中国历史，这是中国发展的一个精神动力。"①因此，他主张继承中华优秀传统文化，提出了一系列重要思想：其一，提出了"中国特色"概念，明确中国的社会主义国家性质。一定"要有中国的特色……只有结合中国实际的马克思主义，才是我们所需要的真正的马克思主义"②。其二，进一步突出和强调实事求是的作用，使马克思主义更契合中国形式、中国风格，进一步实现了"中国化"。其三，以质朴的话语形式来表达中国艰难探索改革开放的道路，使广大人民群众更容易理解党的话语体系，体现马克思主义的文化"大众化"特点。其四，强调要将中国历史文化遗产中的精华与糟粕区分开来，以批判性继承的原则对待中国文化，坚决抵制封建糟粕文化的影响，充分吸收优秀的历史文明成果。其五，立足于改革开放新实际，赋予中国传统文化中的"小康"概念以全新的时代内涵，把建成"小康社会"作为"中国式现代化"的阶段性目标。我们党对中华优秀传统文化的继承和弘扬，为马克思主义的发展赋予了独特的民族形式和鲜明的风格特色，为中国共产党树立了典范。

20世纪90年代后期至党的十六大召开，以江泽民同志为主要代表的中国共产党人十分重视继承和发扬中华优秀传统文化，注重从中汲取治党治国的经验。继续推进马克思主义中国化时代化。集中体现在三个方面：其一，提出中国特色社会主义文化这一当代先进文化是民族的、科学的、大众的文化。这一思想赋予其新的时代内涵和特征，既体现了中国特色社会主义文化的一脉相承，又打上了"中国特色"的文化烙印。其二，提出要大力弘扬民族精神，并高度概括其内涵。中华民族形成的以爱国主义为核心的团结统一、爱好和平、勤劳勇敢、自强不息的伟大民族精神，这一精神蕴涵着厚重的文化底蕴，滋养了广大中国人民，是中华民族精神的精髓。其三，提出依法治国的同时主张"以德治国"，即实现法治和德治相结合，将中华传统文化中的德治理念作为加强社会主义法治国家建设的重要手段。我国数千年的历史，素来重视法治和德治相辅相成，江泽民从中国的传统国家治理方式中汲取治国理政的智慧，对于保证党和国家的长治久安具有重要作用。这一思想也进一步促使马克思主义与中

① 《邓小平文选》第3卷，人民出版社1993年版，第358页。

② 同上书，第213页。

国传统文化相结合，从而使马克思主义更具有独特的民族内容和民族形式。

党的十六大以来，以胡锦涛同志为主要代表的中国共产党人接续推动中华优秀传统文化与马克思主义相结合。科学发展观始终强调以人为本，既在一定程度上继承了数千年来中国历史文化中的民本思想，又根据时代发展赋予了其以人为本的发展理念。作为构建和谐社会的核心理念，"和谐"是中华文明绵延不断的核心理念，它与中国共产党的宗旨结合起来，赋予全心全意为人民服务新的内涵，体现了中国共产党积极从中华传统文化中汲取治国理政的政治智慧，并与马克思主义和党的优秀历史传统相结合，使马克思主义的内容、精神实质和外在形式更具有中国特色，更易为中国广大人民群众所接受。

党的十八大以来，以习近平同志为主要代表的中国共产党人更加重视在新的历史条件下继承、发展和弘扬中华优秀传统文化，更加全面深入地推进马克思主义与中华优秀传统文化相结合。实现中华民族伟大复兴的"中国梦"和"四个全面"战略布局，都是中国共产党人对时代课题的科学回答，是将马克思主义基本原理和中国实际相结合的重大突破，是对中华优秀传统文化的当代阐释。习近平总书记在多个场合的讲话中，都非常重视中华优秀传统文化，用相当大的篇幅来论述传统文化在推进马克思主义中国化时代化中的重要性，中华优秀传统文化对中华民族的根本性，中华优秀传统文化与中华民族伟大复兴的关联性等重要关系问题。他指出："一个国家、一个民族的强盛，总是以文化兴盛为支撑的，中华民族伟大复兴需要以中华文化发展繁荣为条件。对历史文化特别是先人传承下来的道德规范，要坚持古为今用、推陈出新，有鉴别地加以对待，有扬弃地予以继承。"①中国化时代化的马克思主义就是传统文化与现实文化、民族精神与时代精神的统一。习近平总书记关于传统文化观的相关论述在理论与实践的结合上极大程度地推进了马克思主义中国化时代化的历史进程。

根据中国共产党成立后百余年历史来看，正是这样一代代薪火相传，从中华传统文化中汲取治党治国的智慧，探索马克思主义与中华优秀传统文化相融合，使马克思主义植根于中华优秀传统文化和中国实际国情的土壤之上，逐渐实现马克思主义中国化时代化。基于此，马克思主义中国化时代化的最终成

---

① 习近平：《在山东曲阜考察时的讲话》，载《人民日报》，2013年11月29日。

果，就是形成与中国文化相融合、具有中国特色的马克思主义理论，从而指导中国实践不断向前发展的科学理论体系。

4. 善于借鉴人类优秀文明成果

中国共产党成立一百余年来的历史证明，广泛吸收人类文明的优秀成果时，就是正确坚持马克思主义发展方向，使党和人民事业取得成果之时；而缺乏科学的世界眼光和开放思想时，就是不能够正确坚持马克思主义中国化时代化，导致党和人民事业遭遇挫折之时。习近平总书记指出："中华文明自古就以开放包容闻名于世，在同其他文明的交流互鉴中不断焕发新的生命力。"[①]因此，坚持马克思主义中国化时代化，就要具有科学的世界眼光，立足于世界性的大背景，广泛吸收人类文明优秀成果。

马克思主义作为人类解放学说，作为"世界历史"的产物和"人类知识总和"的结晶，是在广泛吸收英国古典政治经济学、德国古典哲学和法国空想社会主义思想中逐渐形成的，其依据的客观事实是整个人类的历史。马克思主义理论从产生之日起就始终立足于世界背景，坚持世界眼光。

马克思主义的世界眼光，源于马克思、恩格斯致力于解放全人类。正如《共产党宣言》所阐述的，使全世界无产者联合起来，实现全人类的最终解放。作为创立全人类解放学说的马克思、恩格斯，他们所面对的舞台就是整个世界，马克思主义理论所服务的对象是全世界无产者。这一光荣使命使他们与世界无产者(首先是与欧洲无产者)的命运紧密联系在一起，不仅建立了作为指导思想的马克思主义理论，更将其理论付诸实际，创立国际性的无产阶级组织——"国际工人协会"。作为国际无产阶级革命运动的领袖，直至逝世，马克思、恩格斯都十分关心国际无产阶级革命运动的发展，他们广阔的世界眼光深刻影响了国际无产阶级革命运动的发展。

作为马克思主义经典的、工人阶级"理论圣经"的《资本论》，是马克思潜心十年所著成的。《资本论》研究人类社会的发展历史、剖析资本主义生产方式，发现了人类社会和资本主义的发展规律，发现无产阶级被剥削的秘密，从而为工人阶级的解放奠定了理论基础，"阐明了无产阶级作为社会主义社会创造者

---

① 《习近平在中共中央政治局第三十九次集体学习时强调：把中国文明历史研究引向深入 推动增强历史自觉坚定文化自信》，载《人民日报》，2022 年 5 月 29 日。

的世界历史作用"①。同样,马克思、恩格斯的理论研究站在历史巨人的肩膀上,广泛吸收、借鉴前人的理论研究成果,以广阔的世界眼光关注世界各国科学领域的发展,关注整个人类社会的历史,主张发动全世界人民力量,实现人类解放。正是马克思主义创始人广阔的世界眼光和严谨的科学精神,使马克思主义理论成为科学的理论体系,"给人们提供了决不同任何迷信、任何反动势力、任何为资产阶级压迫所作的辩护相妥协的完整的世界观"②。

作为以马克思主义为指导思想的中国共产党,始终坚持马克思主义理论本身所具有的这种理论特质,以世界性的眼光解决中国问题。马克思主义中国化时代化,并不是要与世隔绝、闭关锁国,封闭式地追求马克思主义在中国的运用,更不是追求狭隘的民族主义。马克思、恩格斯指出,共产主义是建立在世界性大工业生产、巨大的物质财富和人类普遍的交往关系之上,它不是知识精英凭空想象的事物,而是人类广泛的交往、联系和整个世界发展的基础上的人类解放。大工业的迅速崛起和发展将世界人民密切联系在一起,推动了世界历史的发展进程。建立在大工业基础之上的共产主义革命不是一国一域的革命,而是将全世界联合起来、实现全人类解放的革命,某一国家或区域的革命是具有局限性的。虽然俄国和中国在经济落后的条件下,率先建立了社会主义制度,但这也是依据马克思主义这一具有世界眼光的科学理论建立起来的,也是置于整个世界历史大背景之中的。马克思主义中国化时代化并不是脱离世界历史发展宣扬"地域性的共产主义",而是从认识论角度寻求马克思主义与中国实际和民族特质的结合。

5. 善于总结实践经验

马克思主义中国化时代化的过程是一个动态过程,包含两个层面的内容。一是马克思主义基本原理同中国具体实际相结合、同中华优秀传统文化相结合;二是将"两个结合"中形成的丰富经验上升为理论,形成中国化时代化的马克思主义理论,从而指导实践活动、解决现实问题。习近平总书记指出:"我们要及时总结党领导人民创造的新鲜经验,不断开辟马克思主义中国化新境

---

① 《列宁选集》第 2 卷,人民出版社 2012 年版,第 305 页。
② 同上书,第 309 页。

界，让当代中国马克思主义放射出更加灿烂的真理光芒。"①马克思主义并不是头脑中的产物，而是源于实践活动，源于经验总结基础上的理论升华。从中国化时代化的马克思主义产生的过程来看，其理论成果的形成过程既继承了中华文明数千年发展的历史传统，也借鉴了人类文明发展的理论成果。

毛泽东不仅非常重视并高度评价中国的革命经验，而且指出中国的革命经历非常丰富，主张对革命经验进行理论总结。他指出："中国的斗争如此伟大丰富，却不出理论家！"②从他的论述中，明确了中国共产党一个非常重要的任务，那就是认真总结近代以来中国革命的经验，从而实现"使中国革命丰富的实践经验马克思主义化"。正是因为毛泽东和其他领导人对中国共产党实践经验的总结，使毛泽东思想具有了与实践紧密结合的特点。对此，刘少奇在党的七大上评价毛泽东思想时指出："它是站在无产阶级利益因而又正是站在全体人民利益的立场上，应用马克思列宁主义的科学方法，概括中国历史、社会及全部革命斗争经验而创造出来"③。为此，党的重要文献对毛泽东思想的界定都突出强调了其"中国革命的具体实践"的特点。

改革开放以来，邓小平十分强调对实践经验的总结。他认为，"农村改革的成功增加了我们的信心，我们把农村改革的经验运用到城市，进行以城市为重点的全面经济体制改革"④。党关于农村改革的很多东西，都是基层创造的，只是经过了党的完善和拓展。从20世纪80年代的改革路线图中可以看出，正是根据我国农村社会改革所形成的基本经验，才不断地推动了城市改革，进而推动社会主义市场体制的建立。

党的十八大以来，习近平总书记十分重视实践活动，认为"把坚持马克思主义和发展马克思主义统一起来，结合新的实践不断作出新的理论创造，这是马克思主义永葆生机活力的奥妙所在"⑤。时代是思想之母，实践是理论之源。理论创新始终遵循与时代相应和、与实践发展相联系的客观规律。比如，党要

---

①　习近平：《在纪念毛泽东同志诞辰120周年座谈会上的讲话》，载《人民日报》，2013年12月27日。

②　《毛泽东哲学批注集》，中央文献出版社1988年版，第445页。

③　《刘少奇选集》(上)，人民出版社1981年版，第334页。

④　《邓小平文选》第3卷，人民出版社1993年版，第238—239页。

⑤　习近平：《在哲学社会科学工作座谈会上的讲话》，人民出版社2016年版，第13页。

积极应对现实环境和各种考验，必须主动担当作为，提出"打铁必须自身硬"，推进全面从严治党纵深发展，为进行伟大斗争、推进伟大事业、实现伟大梦想提供坚实政治保障；在经济发展新常态的背景下，着力推进供给侧结构性改革，创造性提出新发展理念，在推动经济高质量发展上迈出新步伐；在全面建成小康社会的关键时期，着重推动精准扶贫、精准脱贫战略，使脱贫攻坚取得决定性进展；在生态文明建设新时代，坚持绿水青山就是金山银山的理念，努力推进生态文明建设。中国特色社会主义新时代是坚持和发展中国特色社会主义的理论和实践的全部依据，只有基于实践探索，不断总结实践经验，才能助推"两个结合"发展。

马克思主义中国化时代化的历史表明，党的历代领导集体都非常重视实践经验的总结，党的理论创新都是建立在实践基础之上，以具体的、生动的实践为依据的。注重实践经验的总结既是中国共产党的优点，也是不断推进马克思主义中国化时代化的重要方式。

6. 坚持以人民为中心的思想

"让马克思主义掌握群众，让群众掌握马克思主义"是顺利推进马克思主义中国化时代化的一项根本保证。中国共产党作为马克思主义政党，在长期的革命、建设和改革的历程中，不仅高度重视人民群众在推进历史发展中的主体性作用，而且始终坚守以人民为中心的政治立场，把全心全意为人民服务和为人民谋利益作为一切工作的根本出发点和落脚点。马克思主义中国化时代化的历程就是中国共产党坚持人民至上理念、不断带领人民完成使命任务、更好满足广大人民对美好生活需要的过程，是推进人的全面发展与社会全面进步相结合的过程。坚持以人民为中心，是唯物史观的必然要求。马克思说："历史活动是群众的活动。"①坚持"两个结合"，推进马克思主义中国化时代化，既离不开社会实践条件的铺垫，也离不开人民群众的主体实践力量。

人民立场是马克思主义政党区别于其他政党的显著标志，是中国共产党的根本政治立场。理论在一个国家的实现程度，往往取决于理论满足这个国家需要的程度。马克思主义是建立在全新的世界观和方法论的基础之上，把从事社会物质资料生产的广大人民群众看作推动社会历史发展的主要力量，对近代以

---

① 《马克思恩格斯文集》第1卷，人民出版社2009年版，第287页。

来在黑暗中苦苦寻觅和探索的中国先进知识分子而言是一道破晓时分的曙光，为解决"中国向何处去"的问题提供了科学的指引。马克思主义的唯物史观、剩余价值学说、科学社会主义理论等观点学说，不仅打开了中国先进知识分子和中国人民的追求解放的精神世界和历史视野，还为实现近代以来孜孜以求的历史任务和伟大目标提供了现实手段和科学途径。习近平总书记在纪念马克思诞辰 200 周年大会上的讲话中指出："学习马克思，就要学习和实践马克思主义关于坚守人民立场的思想。"①百余年来，中国共产党坚持"两个结合"，始终把为人民谋幸福作为根本使命，始终坚持全心全意为人民服务的宗旨，围绕人民根本利益和现实需要不断推进理论创新和实践创新，开辟了马克思主义发展新境界，书写了人民的光辉历史，彰显了马克思主义的人民性特质。

实践是理论的源泉和动力，实践的主体是人民群众，推进马克思主义中国化时代化不能脱离广大群众的实践。毛泽东曾明确指出："人民，只有人民，才是创造世界历史的动力。"②在马克思主义中国化时代化的实践过程中，人民群众不仅是历史问题、理论问题、实践问题的发现者、提出者，还是解决问题、推动实践的参与者和主力军，为理论创新和实践创新发挥了极为重要的作用。马克思主义的魅力和作用之所以能够绽放精彩，关键在于人民群众的伟大创新实践。人民群众在推动社会深刻变化的过程中不断产生了强大的现实动力，促进了马克思主义不断与实际相结合，并对实践产生积极作用。离开人民群众及其实践活动，任何理论都将变成毫无意义的空谈，失去生机。

在马克思主义中国化时代化的进程中，中国共产党始终深刻把握人民群众的伟大作用。以毛泽东同志为主要代表的共产党人在中国革命和实践中，十分重视人民群众的伟大作用。不仅得到了人民群众的信任和支持，还形成了密切联系群众的优良传统和作风，为取得新民主主义革命、社会主义革命和建设的伟大胜利奠定了坚实基础，形成了马克思主义中国化时代化的第一个理论成果——毛泽东思想。以邓小平同志为主要代表的中国共产党人高度关注人民群众的利益，尊重群众意愿和创造，尊重群众的实践，形成了马克思主义中国化时代化的又一理论成果——邓小平理论，并开创了中国特色社会主义发展道路，取得了

① 习近平：《在纪念马克思诞辰 200 周年上的讲话》，载《人民日报》，2018 年 5 月 5 日。
② 《毛泽东选集》第 3 卷，人民出版社 1991 年版，第 1031 页。

改革开放的巨大成就。以江泽民同志为主要代表的中国共产党人提出了"三个代表"重要思想，将人民群众的利益摆在了重要位置上，巩固了党的立党之本、执政之基、力量之源，把马克思主义中国化时代化推向新世纪、新阶段。以胡锦涛同志为主要代表的中国共产党人紧密围绕立党为公、执政为民，提出了科学发展观，强调科学发展观的本质和核心是"以人为本"，不仅主张一切为了人民，而且强调一切依靠人民，不仅把人作为发展的目的，也作为发展的主体，要使党的路线方针政策和全部工作更好体现人民群众的利益，要让人民享受改革发展的成果，开辟了马克思主义在中国接续发展的新境界。"人民对美好生活的向往，就是我们的奋斗目标"表达了新时代党治国理政的价值追求和政治立场，体现了中国共产党不变的初心和使命。党的十九大提出习近平新时代中国特色社会主义思想，明确以人民为中心的发展思想，以民之所望为施政方向，以民之所恶为整治对象，让人民群众有更多的获得感、幸福感、安全感。习近平新时代中国特色社会主义思想植根于人民群众的切身利益与根本需要，彰显了当代中国马克思主义的全新境界和崇高品格。

第三节　习近平新时代中国特色社会主义思想是坚持"两个结合"的光辉典范

党的十八大以来，习近平总书记首次明确提出"两个结合"，彰显了我们党在推进马克思主义中国化时代化过程中，对中华优秀传统文化地位和作用的认知水平的提升。"两个结合"是坚持和发展中国特色社会主义的必由之路，是马克思主义中国化时代化的根本途径。在同中国具体实际相结合方面，习近平新时代中国特色社会主义思想深刻回答了关系党和国家事业发展的三个重大时代课题，为解决时代和实践提出的现实问题提供了根本指引；在同中华优秀传统文化相结合方面，形成了一系列新思想新理论新战略，实现了中华优秀传统文化的创造性转化和创新性发展。新时代新征程，要继续推进实践基础上的理论创新，形成具有中国特色、中国风格、中国气派的创新理论。

一、深入学习领会习近平总书记关于"两个结合"的重要论述

党的十八大以来，习近平总书记从历史和全局的战略出发，创造性地提出

了"两个结合"的重大论断，并就这一重大理论和现实问题作出了一系列重要论述，深刻总结了我们党推进马克思主义中国化时代化的重要经验，为我们党不断推进实践基础上的理论创新、在新的时代条件下继续推进马克思主义中国化时代化，指明了根本方向、提供了重要遵循。习近平总书记关于"两个结合"的重要论述内涵丰富，主要包括"为什么结合""结合什么""怎么结合"等具有独创性的思想观点，生动展示了具有原创性的理论贡献，充分彰显了"两个结合"的理论和实践伟力。

关于"为什么结合"。马克思主义为人类探索历史规律和寻求自身解放指明了道路，为人类认识世界、改造世界提供了思想武器，对人类文明进步产生了广泛而深刻的影响。习近平总书记指出："马克思主义基本原理是普遍真理，具有永恒的思想价值。"①在人类思想史上，就科学性、真理性、影响力、传播面而言，没有一种理论能达到马克思主义的高度。马克思主义发展到今天，历经时代变迁、风云变幻，仍然显示出科学思想的伟力，依然占据着真理和道义的制高点。马克思主义的生命力在于发展和创新，只有结合新的实践、解决新的问题，才能始终展现理论活力。马克思主义的内生创新性与其适合中国实践问题的契合性造就了马克思主义能够并且一定要与中国实际结合，只有中国化才能落地生根，只有时代化才能充满生机。中国共产党将马克思主义作为立党立国、兴党兴国的根本指导思想，始终聚焦坚持和发展中国特色社会主义的理论和实践问题，为事业发展提供了科学理论指导，为增进团结统一奠定了坚实思想基础。历史经验告诉我们，"应该科学对待民族传统文化，科学对待世界各国文化，用人类创造的一切优秀思想文化成果武装自己"②。当前国际国内形势纷繁复杂，面对新的时代特征和实践要求，只有坚持"两个结合"，"才能正确回答时代和实践提出的重大问题，才能始终保持马克思主义的蓬勃生机和旺盛活力"③。

关于"结合什么"。理论只有结合实践，才能更好地指导实践，实践发展永

---

① 习近平：《在纪念毛泽东同志诞辰 120 周年座谈会上的讲话》，载《人民日报》，2013年 12 月 26 日。

② 习近平：《在纪念孔子诞辰 2565 周年国际学术研讨会暨国际儒学联合会第五届会员大会开幕会上的讲话》，载《人民日报》，2014 年 9 月 25 日。

③ 习近平：《高举中国特色社会主义伟大旗帜 为全面建设社会主义现代化国家而团结奋斗——在中国共产党第二十次全国代表大会上的报告》，人民出版社 2022 年版，第 17 页。

无止境，进行理论创新就永无止境。马克思主义于近代水深火热之中挽救了中华民族，解决了中国的前途和命运问题，综合国力显著提升，迈向了新时代新征程。要用发展的观点看待理论和现实问题，习近平总书记指出："坚持马克思主义，坚持社会主义，一定要有发展的观点……着眼于新的实践和新的发展。"①马克思主义不是一成不变的，必然随着实践、时代、科学的发展而发展，必须坚持马克思主义发展的观点，坚持实践是检验真理的唯一标准，充分发挥历史主动性和创造性，充分认清世情、国情、党情，善于分析回答现实生活中和人民群众思想上迫切需要解决的问题，推进马克思主义中国化时代化。中国实际是被中华优秀传统文化滋养的实际，推进"两个结合"离不开中华优秀传统文化的影响，并在结合的过程中促进了中华优秀传统文化的创新发展，"用马克思主义真理的力量激活了中华民族历经几千年创造的伟大文明，使中华文明再次迸发出强大精神力量"②。中华优秀传统文化是中华文明的精华所在和智慧结晶，同科学社会主义价值观主张具有高度契合性，揭示出马克思主义与中华优秀传统文化的内在联系，指明了历史和人民选择马克思主义的深层逻辑。

关于"怎么结合"。"怎么结合"是"两个结合"的关键。在马克思主义基本原理同中国具体实际相结合方面，习近平总书记强调，我们必须"作出符合中国实际和时代要求的正确回答，得出符合客观规律的科学认识，形成与时俱进的理论成果，更好指导中国实践"③。只有与实践紧密结合的理论，才能始终具有源源不断的创新点，一旦脱离实践，理论将苍白无力。在马克思主义基本原理同中华优秀传统文化相结合方面，我们必须以科学的态度对待中华优秀传统文化，摒弃对待传统文化的错误态度和做法，不能全盘继承也不能全部否定传统文化，要注意甄别精华与糟粕，继承中华优秀传统文化，"不断赋予科学理论鲜明的中国特色，不断夯实马克思主义中国化时代化的历史基础和群众基础"④。必须重视挖掘中华五千年文明中的精华，把弘扬优秀传统文化同马克思主义立场观点方法结合起来，推进马克思主义中国化时代化。党的十八大以

① 习近平：《关于坚持和发展中国特色社会主义的几个问题》，载《求是》，2019(7)。
② 习近平：《在党史学习教育动员大会上的讲话》，载《求是》，2021(7)。
③ 习近平：《高举中国特色社会主义伟大旗帜 为全面建设社会主义现代化国家而团结奋斗——在中国共产党第二十次全国代表大会上的报告》，人民出版社2022年版，第17—18页。
④ 同上书，第18页。

来，党中央把文化建设提升到了一个全新的历史高度，把文化自信纳入"四个自信"，在治国理政的重大实践中，逐渐凸显出对中华优秀传统文化的重视，推动了中华优秀传统文化在新的时代条件下和新的实践基础上的创造性转化和创新性发展，使社会主义先进文化大大向前发展，铸就了中华文化新辉煌，卓有成效推进社会主义文化强国建设。

习近平总书记关于"两个结合"的重要论述，对于准确把握坚持"两个结合"的原因、内涵、原则、方法、路径等一系列重大问题指明了根本方向，是我们坚持"两个结合"、推进马克思主义中国化时代化的重要遵循。

二、习近平新时代中国特色社会主义思想是马克思主义基本原理同中国具体实际相结合的光辉典范

习近平总书记深刻指出："马克思主义能不能在实践中发挥作用，关键在于能否把马克思主义基本原理同中国实际和时代特征结合起来。"①党的十八大以来，中国特色社会主义进入新时代，国内国际形势瞬息万变，党和国家的发展受到各种因素的干扰和阻碍，面临艰巨的改革发展稳定任务，面对深刻的治国理政考验，世界格局正处于加快演进的历史进程中，产生了大量纷繁复杂的现实问题，提出了大量亟待解决和回答的时代问题。国内外形势新变化和实践新要求，需要把握时代大势，及时回应和解答问题。习近平总书记对此进行深层次思考和系统性应对，牢牢把握社会主义初级阶段这个实际，在推进思想发展演变的过程中始终坚持这个基本国情。

中华民族伟大复兴战略全局与世界百年未有之大变局，两者相互激荡，相互交织影响。面临世界百年未有之大变局，国际秩序深刻变革，世界政治经济碎片化、分裂化不断加剧。受逆全球化与民粹主义等极端思潮影响，地缘政治竞争回归、大国战略竞争不断加剧，美西方国家政治极化不断外溢。在这种趋势的加持下，世界政治经济发展出现"东升西降"趋势。这对中国而言，无疑是继21世纪伊始中国发展"战略机遇期"后的又一次机遇。尽管中国仍面临着严峻的国内国际局势，但实现中华民族伟大复兴是大势所趋。立足于中华民族伟大复兴战略全局，中国需秉持习近平新时代中国特色社会主义思想的深刻内

① 《习近平谈治国理政》第4卷，外文出版社2022年版，第30页。

涵，坚持总体国家安全观，以促进国际安全为依托，统筹国内国际，维护和塑造国家安全，使中国屹立于世界民族之林。实现中华民族伟大复兴，必须坚持中国特色社会主义建设的总体布局、战略布局和发展方向，综合考虑内外部条件与安全环境，为中华民族伟大复兴保驾护航。牢牢把握两个大局，深刻回答了中国之问、世界之问、人民之问、时代之问。

深刻回答新时代坚持和发展什么样的中国特色社会主义、怎样坚持和发展中国特色社会主义的重大时代课题。一百多年前，早期中国共产党人在探寻救国思想中经历了一次次失误和挫败，最终坚定选择了马克思主义，将科学社会主义的基本原则和内容运用到中国具体情况，开辟了正确的革命道路，取得了革命的最终胜利。经过长期发展，我们逐渐明确了社会主义的相关发展问题，深化了对社会主义本质的认识，开创了中国特色社会主义，自此，中国特色社会主义成为我们党必须坚持的方向，实现了科学社会主义的赓续。此后，我们党不断将科学社会主义理论与实践推进向前，在各种形势下抵抗住外部压力，坚持和巩固了中国特色社会主义。新时代以来，坚持和发展中国特色社会主义成为无法回避、必须回答的重大时代课题，对这一课题的回答关系到我们党是否能延续科学社会主义本色的重大问题。习近平总书记根据新的时代变化，强调中国特色社会主义是社会主义，始终坚守中国特色社会主义的本质属性，明确了中国特色社会主义的领导、依据、任务、布局等问题。习近平新时代中国特色社会主义思想紧紧围绕中国特色社会主义的战略和定位，既坚守科学社会主义理论逻辑，又坚守中国社会发展历史逻辑，实现了两者的辩证统一。这些具有原创性的新理念、新思想、新战略，推动中国特色社会主义成为21世纪科学社会主义发展的旗帜，为科学社会主义在21世纪的发展作出了重要贡献。

习近平新时代中国特色社会主义思想深刻回答了建设什么样的社会主义现代化强国、怎样建设社会主义现代化强国的重大时代课题。当下，面临世界百年未有之大变局加速演进，中国的国际安全环境发生了重大变化，面临着一系列前所未有的挑战。在工业产业领域，美西方国家对内组建排他性的供应链产业链"小圈子"，对外推进"友岸外包"等策略打压中国工业产业发展。在军事安全领域，肆意挑起中国周边区域地缘政治风险。在高科技领域，与中国进行技术脱钩，限制中国科技发展。此外，美西方国家通过"全政府—全社会"方式阻碍中国崛起和实现现代化。面对如此严峻的形势，习近平新时代中国特色社会主义思想为中国的社会主义现代化强国建设指明了新的方向，提供了新的科学指引。在总结我们党关于社会主义现代化建设形成的一系列宝贵经验的基础上，科学提出并系统阐述了中国式现代化的重大理论和实践问题，为建设社会主义现代化强国奠定了坚实基础，积累了深厚的底蕴和实践经验。在此过程中，习近平新时代中国特色社会主义思想始终坚持将理论与实践相结合、宏观政策理念与具体实际情况相结合的原则，并始终坚持在具体实践中总结和把握客观规律，不断推进理论创新。

深刻回答建设什么样的长期执政的马克思主义政党、怎样建设长期执政的马克思主义政党的重大时代课题。建设中国特色社会主义、全面建设社会主义现代化国家、以中国式现代化全面推进中华民族伟大复兴，关键在于中国共产党，关键在于实现党的长期执政。习近平总书记指出："如何永葆先进性和纯洁性、永葆青春活力，如何永远得到人民拥护和支持，如何实现长期执政，是我们必须回答好、解决好的一个根本性问题。"①回答好、解决好这一根本性问题，就要求我们党必须大力弘扬和践行伟大建党精神，永葆自身的先进性和纯洁性，始终代表人民、赢得人民、为了人民，确保党永远不变质、不变色、不变味，在为人民执政、靠人民执政的伟大征程上，自觉肩负起强国建设和民族复兴的历史使命。中国共产党连续执政七十余年，始终把巩固党的长期执政地位作为重大理论和实践课题，试图通过政党自身努力探索一条跳出历史周期率进而能够长期执政的成功之路。党的十八大以来，党中央明确把党的长期执政能力建设作为新时代党的建设主线，正式提出建设长期执政的马克思主义政党的重大时代课题，着重强调巩固党的长期执政地位。把中国共产党建设成为长期执政的马克思主义政党，必须深入推进党的自我革命，直面影响党长期执政的突出矛盾和问题，有效应对"四大考验"，坚决克服"四种危险"。

三、习近平新时代中国特色社会主义思想是马克思主义基本原理同中华优秀传统文化相结合的光辉典范

中国共产党人深受中华优秀传统文化的滋养和影响而成长壮大，中华优秀

---

① 习近平：《牢记初心使命，推进自我革命》，载《求是》，2019(15)。

传统文化是我们党立足新的实践进行理论创新的"根"。习近平总书记深刻阐明，"马克思主义传入中国后，最终扎根中国大地、开花结果，决不是偶然的，而是同我国传承了几千年的优秀历史文化和广大人民日用而不觉的价值观念融通的"①，并强调要去深入挖掘、去结合中华优秀传统文化，真正实现和推动马克思主义中国化时代化。作为马克思主义中国化时代化的最新成果，习近平新时代中国特色社会主义思想创造了马克思主义基本原理同中华优秀传统文化相结合的光辉典范，其内涵品格可以从以下三个方面来把握。

第一，习近平新时代中国特色社会主义思想从中华民族最深沉、最深厚精神追求的深度来看待中华优秀传统文化。2014 年 9 月 24 日，在纪念孔子诞辰2565 周年国际学术研讨会暨国际儒学联合会第五届会员大会开幕会上的讲话中，习近平总书记提出，要将弘扬优秀传统文化同发展现实文化有机结合，结合时代要求扬弃传统文化，以古照今，实现传统文化不断推陈出新。作为当代中国马克思主义和 21 世纪的马克思主义，习近平新时代中国特色社会主义思想，与中华优秀传统文化在价值观层面深度契合，因此方能深入到中国人的心灵，融入到中华文化基因之中。从历史维度看，中华优秀传统文化是中华民族的精神命脉，是中华民族和中国人民在长期历史发展中形成的区别于其他民族的独特象征。其中尊时守位、明理应变、建业立事等思想，时至今日，对于彰显中华民族精神、推动中国社会发展进步、促进中国社会利益和社会关系的平衡、维护中国的团结统一政治局面仍发挥着举足轻重的作用。历史与现实不断证明，中华优秀传统文化是当代中国文化建设的重要给养，是实现"第二个百年"奋斗目标，将党的伟大事业不断推向前进的不竭动力。从世界维度看，中华优秀传统文化是中华民族的独特象征，对解决 21 世纪人类发展共同问题贡献尤甚。其中涉及的人与自然和谐统一思想，天下大同思想，以人为本、敬天保民思想，革故鼎新、创新发展思想等，全面、立体、深刻、系统地提出了相较于西方传统发展模式日新的概念，展现出中华优秀传统文化解决现代化困境、提升社会治理、加强道德建设、促进各民族交流等问题上的巨大潜力，彰显出中华民族达则兼济天下的价值追求。党的十八大以来，以习近平同志为核心的党中央依托上述两个维度，于新时代形成了习近平文化思想，带领全国人

---

① 习近平：《坚持和完善中国特色社会主义制度推进国家治理体系和治理能力现代化》，载《求是》，2020(1)。

民在赓续中华优秀传统文化根脉、建设中华民族现代文明中开拓前行。

第二，习近平新时代中国特色社会主义思想从国家战略资源的高度来继承中华优秀传统文化。2022年7月16日出版的第14期《求是》杂志刊发了习近平总书记重要署名文章。文章强调，"中华优秀传统文化是中华文明的智慧结晶和精华所在，是中华民族的根和魂，是我们在世界文化激荡中站稳脚跟的根基"①。新时代，对中华优秀传统文化的传承发展实现了从"两创"理论方针的提出到"两个结合"实践规律的重大飞跃。中国共产党不仅承担着新时代马克思主义笃行者和奋斗者的使命，更肩负着中华优秀传统文化继承者和创新者的责任。作为一种国家文化资源，中华优秀传统文化早已在潜移默化中进入了国家治理体系和治理能力现代化的各场域新实践。例如，在政治立场上，习近平新时代中国特色社会主义思想继承中华优秀政治文化中"民贵君轻"的民本思想，提出以人民为中心的发展思想，强调扎实推进全体人民共同富裕，促进社会公平正义，实现人的全面发展；在生态思想上，习近平新时代中国特色社会主义思想汲取中华传统文化中"天人合一"理论资源，强调人与自然和谐共生，尊重自然，善待自然，统筹推进山水林田湖草沙系统治理；在世界历史观上，习近平新时代中国特色社会主义思想发扬传统文化中"美美与共、天下大同"的观念，提出构建人类命运共同体，倡导尊重各国人民自主选择发展道路和制度模式的权利。

第三，习近平新时代中国特色社会主义思想从推动中国式现代化进程的角度来创新发展中华优秀传统文化。在2023年6月的文化传承发展座谈会上，习近平总书记提出了"中国式现代化赋予中华文明以现代力量，中华文明赋予中国式现代化以深厚底蕴"的深刻论述，高屋建瓴地阐明了中国式现代化和中华文明相互融汇、相互成就的逻辑关系，指明了以中国式现代化推进中华民族现代文明建设的方法遵循。中国式现代化是马克思主义基本原理同中国具体实际和中华优秀传统文化相结合的实践典范，其发展根基在于对我国历史国情和中华文化的实践探索，解决的是如何在现代化发展过程中选择适合自身正确的道路的问题。中国式现代化扎根于中华优秀传统文化，是在赓续中华民族既有文明成果上蓬勃发展的现代化，而不是以消灭已有文明为目的推倒重来的现代

① 习近平：《把中国文明历史研究引向深入，增强历史自觉坚定文化自信》，载《求是》，2022(14)。

化，是文明创新发展后的结果，而不是文明割裂断代的产物。"源浚者流长，根深者叶茂"，五千余年中华文明的深厚土壤，十四亿多中国人民的精神血脉，熔铸出中国式现代化的历史根脉，显示出中华民族和中国人民的奋斗品格。在中国式现代化进程中创新发展中华优秀传统文化，需要不断深化与总结文化建设的规律性认识，让中华民族现代文明成为丰富世界文明图景的宝贵财富。

当今世界格局发生了深刻变化，中国正处于新的历史方位和新的发展阶段，这向我们提出了亟待回答的理论和现实问题。在坚持马克思主义的同时，必须坚持与时俱进、向前发展，大力推进实践基础上的理论创新，自觉用中国化时代化的马克思主义指导新的实践，这是我们党把握历史主动、紧跟时代步伐、不断开创事业发展新局面的成功之道。

专题思考：

1. 如何理解"两个结合"？

2. 怎样认识在"两个结合"中开辟马克思主义中国化时代化新境界？

第九章　马克思主义中国化时代化的立场观点方法

科学的世界观和方法论是我们研究问题、解决问题的"总钥匙"。继续推进实践基础上的理论创新，最重要的就是要把握好习近平新时代中国特色社会主义思想的世界观和方法论，学习好、坚持好、运用好贯穿其中的立场观点方法。党的二十大报告提出了继续推进理论创新的科学方法，即必须坚持人民至上，必须坚持自信自立，必须坚持守正创新，必须坚持问题导向，必须坚持系统观念，必须坚持胸怀天下。这"六个必须坚持"，是习近平新时代中国特色社会主义思想的立场观点方法的重要体现和理论品格的深刻揭示，是新时代中国共产党人理论创造和实践探索的集中体现，赋予了马克思主义世界观和方法论以新的时代内涵和新的时代特色。

第一节　必须坚持人民至上

江山就是人民，人民就是江山。党和国家事业发展的一切力量都源自人民群众，一切办法都由人民群众所创造，一切智慧都从人民群众的伟大实践中汲取，历史一再证明人民群众是真正的英雄。坚持人民至上，是中国共产党百余年奋斗积累的宝贵经验。新时代新征程，推进实践基础上的理论创新，要全面落实以人民为中心的发展思想，深入人民、扎根人民、为了人民，源源不断从人民的创造性实践中汲取智慧和力量。

一、坚持人民至上是贯穿习近平新时代中国特色社会主义思想的一条红线

人民对美好生活的向往就是我们党的奋斗目标。坚持人民至上，不断满足人民日益增长的美好生活需要，习近平总书记念兹在兹。2012 年 11 月 15 日，党

的第十八届中央委员会第一次全体会议选举产生了新一届中央领导机构，选举习近平为中央委员会总书记。在新一届中央政治局常委同中外记者见面会上，习近平总书记饱含深情地指出："人民对美好生活的向往，就是我们的奋斗目标。"①把人民对美好生活的向往作为我们党的奋斗目标，充分体现了习近平总书记深厚的爱民情怀和对人民的赤子之心，深刻昭示了新时代党对全心全意为人民服务根本宗旨的始终坚守。改革开放是决定中国前途命运的关键一招，成为当今中国快速发展繁荣的显著标识，创造了中国经济快速发展和社会长期稳定的两大奇迹，人民生活水平和国家整体实力得到了显著提高，使亿万人民群众充分享受到了改革开放带来的巨大红利，物质生活和精神生活不断得到满足。人民群众的基本需求得到满足之后，对美好生活的需要日益广泛，期盼能够在经济、政治、文化、社会、生态等方面得到更好的满足，综合人民需要的历史性变化和发展的根本性变化，新时代我国的社会主要矛盾已经发生变化。习近平总书记始终把人民放在心中最高位置，坚守为人民谋幸福的初心，强调"自成立以来，我们党团结带领人民进行革命、建设、改革，根本目的就是为了让人民过上好日子，无论面临多大挑战和压力，无论付出多大牺牲和代价，这一点都始终不渝、毫不动摇"②。

为人民服务，担当起该担当的责任。坚持人民至上是中国共产党的根本性质宗旨的充分体现，贯穿在新时代中国共产党治国理政伟大实践的各方面全过程，构成了习近平新时代中国特色社会主义思想的鲜明标识和价值底色。2014年2月7日，在俄罗斯索契接受俄罗斯电视台专访时，习近平总书记将自己的执政理念概括成"为人民服务，担当起该担当的责任"。习近平总书记是来自人民、心系人民、扎根人民、尊崇人民，从人民中逐渐成长起来，在全心全意为人民服务中深受人民真心爱戴和拥护的众望所归的人民领袖。习近平总书记的从政历程遍及中国的村、县、市、省和中央，完整经历了中国所有层级主要岗位的历练，从梁家河大队党支部书记到党的总书记，从普通公民到中华人民共和国主席，真正是从人民中一步步成长起来的人民领袖。党的十八大以来，以习近平同志为核心的党中央以强烈的历史使命感和高度的政治责任感，把脱贫攻坚摆在治国理政的突出位置，自觉肩负起消除困扰中华民族几千年绝对贫困

---

① 《习近平谈治国理政》第 1 卷，外文出版社 2018 年版，第 4 页。

② 习近平：《坚持人民至上》，载《求是》，2022(20)。

问题的历史重任，组织领导全国各族人民开展了史无前例的脱贫攻坚人民战争。经过全党和全国各族人民的持续奋斗，我国区域性整体贫困问题和绝对贫困问题得到了历史性解决，如期实现了第一个百年奋斗目标，以实际行动和重大成就生动诠释了"为人民服务，担当起该担当的责任"的执政理念。

江山就是人民，人民就是江山。古往今来，任何一个政党和政权的前途命运都最终取决于人心向背，取决于是否能够持续得到人民的广泛支持和衷心拥护，正所谓"得民心者得天下，失民心者失天下"。中国共产党作为无产阶级政党，不断深化马克思主义人民立场的理论与实践，深深扎根人民之中，不断汲取智慧和力量，始终坚守为人民谋幸福的初心使命，坚持靠人民执政，为人民执政。毛泽东曾形象地比喻党和人民之间的关系，把共产党人比作种子，把人民比作土地，共产党人要和人民结合起来，才能在人民中生根、开花。密切联系群众是我们党的最大优势和底气所在，脱离群众是我们党执政后的最大危险。改革开放和社会主义现代化建设取得了历史性成就，为推进中国特色社会主义事业奠定了坚实的基础，同时党内存在一些党员干部严重脱离群众、贪污腐败触目惊心，一些地方和部门形式主义、官僚主义、享乐主义和奢靡之风盛行等问题。这些存在的突出矛盾和问题，严重破坏党群干群关系，严重影响党在人民心中的光辉形象，严重损害党同人民的血肉联系，严重侵蚀党的执政基础。忘记党的初心和使命，背离党的性质和宗旨，党就会变质、变色、变味，就会失去人心。习近平总书记反复强调："江山就是人民，人民就是江山，打江山、守江山，守的是人民的心，就是要告诫全党同志，对我们这样一个长期执政的党而言，没有比忘记初心使命、脱离群众更大的危险。"①

二、全面落实以人民为中心的发展思想

紧紧依靠人民。人民是我们党战胜一切艰难险阻、应对一切风险挑战、取得一切伟大胜利、创造一切伟大奇迹的力量之源和胜利之本，只有永远保持党同人民群众的血肉联系，我们党的事业才能无往而不胜，才能不断从胜利走向新的胜利。新时代，我们经历了迎来中国共产党成立一百周年、中国特色社会主义进入新时代、实现第一个百年奋斗目标三件大事。一切美好的生活都需要

---

① 《习近平谈治国理政》第4卷，外文出版社2022年版，第63页。

苦干实干，这三件大事是中国共产党团结带领人民不懈努力，紧紧依靠人民接续奋斗的重大历史性胜利，产生了重大现实意义和深远历史意义。以百年时间为界，现今世界上建党历史能够连续存续百年的政党只有 60 余个，能够获取政权的政党寥寥无几，能够获取政权并保持长期执政的政党更是凤毛麟角。中国共产党从一个建党之初只有 50 多人的小党成长为世界第一大党、最大的马克思主义执政党，人民在党的不同历史时期发挥了至关重要的历史作用，紧紧依靠人民是我们党发展壮大的重要历史经验和根本政治保障。新时代是中国特色社会主义事业的新的发展阶段和新的历史方位，党中央深刻把握我国社会主要矛盾变化带来的新特征新要求、准确判断国内外环境深刻变化带来的新机遇新挑战，团结带领中国人民锐意进取，攻坚克难，敢于斗争，善于斗争，不断为更好满足人民日益增长的美好生活需要而奋斗，完成了全面建成小康社会的历史任务，兑现了向人民和历史作出的庄严承诺。

不断造福人民。中国共产党为人民而生，因人民而兴，"把为民办事、为民造福作为最重要的政绩，把为老百姓办了多少好事实事作为检验政绩的重要标准。"①造福人民就是要时时刻刻把人民放在心中最高位置，倾听人民呼声，关心人民疾苦，想人民之所想，急人民之所急，行人民之所盼，冲着事关人民群众最关心最直接最现实的矛盾问题去，深入开展调查研究，找准痛点难点问题，积极疏通堵点问题，及时消除盲点问题，切实让人民感受看得见、摸得着的成效变化。我国幅员辽阔、人口众多，地区条件差异和自然资源禀赋差别很大，区域经济发展不平衡，不同地区人民所处的生活环境不同，人民需求也呈现出多样化和个性化的时代特征。悠悠万事，民生为大。把人民的安危冷暖放在心上，把人民的困难疾苦记在心里，及时回应人民关切，主动问需于民，主动作为，积极作为，有所作为，千方百计解决好人民急难愁盼的操心事、烦心事、揪心事，不断提高我们党的执政水平和执政成效。习近平总书记指出："我们党的执政水平和执政成效都不是由自己说了算，必须而且只能由人民来评判。人民是我们党的工作的最高裁决者和最终评判者。"②造福人民是中国共产党人的毕生追求和价值取向，为中国人民谋幸福只有进行时，没有完成时。任何伟大的事业都不可能一蹴而就，为民造福的崇高事业需要一代代共产党人

---

① 《习近平谈治国理政》第 4 卷，外文出版社 2022 年版，第 55 页。
② 《习近平谈治国理政》第 1 卷，外文出版社 2018 年版，第 28 页。

以功成不必在我的精神境界、功成必定有我的历史担当，接续奋斗，持续努力，久久为功。

牢牢植根人民。历史是最好的教科书和最好的清醒剂，走到再光辉的未来也不能忘记我们党曾经走过的过去，不能忘记我们党曾经为何成功，更要清楚未来我们党怎样才能继续成功。中国共产党高度重视和善于运用历史经验，在对党的百年奋斗历程的深刻总结中汲取奋进新征程的无穷力量和历史智慧，其中的重要经验就是"党的根基在人民、血脉在人民、力量在人民，人民是党执政兴国的最大底气"①。消极腐败现象与党的政策水火不容，与党的初心使命背道而驰，严重损害党同人民群众的血肉联系，如果任由腐败发酵蔓延，可能将失去人民的支持和信任，甚至可能动摇党的根基、阻碍党的事业。人民立场是党的根本政治立场，人民最痛恨腐败现象，我们党就旗帜鲜明反对腐败现象，坚定不移反对和破除腐败现象。党的十八大以来，针对人民群众最痛恨的各种消极腐败现象，我们党践行马克思主义政党勇于自我革命的品格，以零容忍的态度反腐惩恶，以刀刃向内的勇气和决心一体推进不敢腐、不能腐、不想腐，实现惩治震慑、制度约束、提高觉悟一体发力，反腐败斗争取得压倒性胜利并全面巩固。巩固党的长期执政地位，必须消除腐败这个最大威胁，打赢反腐败的重大政治斗争，永远保持党和人民的血肉联系。习近平总书记指出："我们党要做到长期执政，就必须永远保持同人民群众的血肉联系，始终同人民群众想在一起、干在一起、风雨同舟、同甘共苦。"②

三、人民的创造性实践是理论创新的不竭源泉

向人民学习，拜人民为师。人民群众是历史的创造者，是物质财富和精神财富的创造者，人民群众中蕴藏着无尽的智慧和力量，蕴藏着大无畏的首创精神和经天纬地的创造热情，只要我们党紧紧依靠人民，就能够战胜一切艰难险阻，创造出一切人间奇迹。习近平总书记指出："波澜壮阔的中华民族发展史是中国人民书写的！博大精深的中华文明是中国人民创造的！历久弥新的中华民族精神是中国人民培育的！中华民族迎来了从站起来、富起来到强起来的伟

---

① 《中共中央关于党的百年奋斗重大成就和历史经验的决议》，人民出版社2021年版，第66页。

② 《习近平谈治国理政》第4卷，外文出版社2022年版，第56页。

大飞跃是中国人民奋斗出来的！"①中国人民是具有伟大创造精神、伟大奋斗精神、伟大团结精神、伟大梦想精神的人民，在几千年的人类历史的长河里，发明和创造出来了影响世界的物质文明和精神文明，书写了辉煌灿烂的中华民族发展史。理论源于实践，需要关照现实，回答并指导解决问题，在系统回答时代课题中实现创新发展。实践永无止境，理论创新永无止境。在革命、建设和改革的不同历史时期，我们党充分尊重人民主体地位和首创精神，支持和鼓励人民群众敢于进行开创性探索，充分激发人民群众的创造伟力和实践伟力。新时代是人人享有梦想成真机会的时代，人民群众的智慧和力量将充分展现，创造活力将充分迸发，必须自觉拜人民为师，虚心向群众学习，真心向人民求教。对党负责与对群众负责是高度统一的，群众利益从来都不是小事，必须真心对群众负责，热心为群众服务，做到爱民、为民、利民。

尊重人民创造、集中人民智慧。中华民族历来具有伟大的创造精神，依靠自己的勤劳智慧产生了众多引领人类思想前进的大师巨匠，发明了众多影响人类文明进程的科技成果，创作了众多经久不衰的文艺作品，建设了气势恢宏的伟大工程。时代属于人民，人民书写时代。新时代是人民勇于探索、敢于突破，进行伟大创造的时代，亿万人民充分享有追梦、圆梦和梦想成真的机会，蕴藏在人民群众中的伟大创造性必将充分迸发。习近平总书记指出："注重从人民群众的创造中汲取理论创新智慧。马克思主义是为人民立言、为人民代言的理论，是为改变人民命运而创立、在人民求解放的实践中丰富和发展的，人民的创造性实践是马克思主义理论创新的不竭源泉。"②要充分尊重人民的原创性和独创性的探索，大力弘扬人民首创精神，出台切实可行的政策措施鼓励人民创新创造，拿出"真金白银"支持人民创新创造，制定相关法律法规保护人民创新创造，加强舆论引导和典型宣传，大力营造鼓励创新创业创造的良好社会氛围。人民群众是汪洋大海，蕴藏着无尽的智慧和无穷的力量，汇聚起来的 14亿多人民的智慧和力量必将势不可挡，前进道路上没有什么困难不可战胜，没有什么难关不可攻克。要紧密联系人民群众，与人民群众心连心、共奋进，与人民群众想在一起、干在一起，甘当人民群众的小学生，积极向人民群众虚心

---

① 《习近平谈治国理政》第 3 卷，外文出版社 2020 年版，第 139 页。
② 习近平：《开辟马克思主义中国化时代化新境界》，载《求是》，2023(20)。

求教，主动问需问计于民，坚持以人民心为心。

及时概括提炼人民群众的新鲜经验。实践证明，"中国共产党为什么能，中国特色社会主义为什么好，归根到底是马克思主义行，是中国化时代化的马克思主义行"①。新时代，以习近平同志为核心的党中央以时时放心不下的责任感，时不待我的紧迫感，就事关党和国家事业发展的重大理论和现实问题进行持续探索和深邃思考，围绕三个重大时代课题，创立了习近平新时代中国特色社会主义思想，实现了马克思主义中国化时代化新的飞跃。当代中国共产党人必须自觉肩负起不断谱写马克思主义中国化时代化新篇章的庄严历史责任，继续追求真理、揭示真理、笃行真理。习近平新时代中国特色社会主义思想是开放的理论体系，同时又具有与时俱进、守正创新的理论品格，随着实践的深化不断丰富拓展。时代大潮奔涌向前，人民群众在丰富的生活实践中，既有对传统有效管用办法的继承和发展，与此同时也会面对新情况新问题新挑战，充分发挥聪明才智和主观能动性，探索出新思路，寻找到新办法。我们党要大兴调查研究之风，练好调查研究"基本功"，深入实际、深入群众，掌握实情进而把握事物的本质和规律，密切关注人民群众的生活实践，善于发现和提炼总结人民群众日用而不觉的好办法好经验。习近平总书记指出："我们要站稳人民立场、把握人民愿望、尊重人民创造、集中人民智慧，形成为人民所喜爱、所认同、所拥有的理论，使之成为指导人民认识世界和改造世界的强大思想武器。"②

第二节　必须坚持自信自立

自信是中国共产党素有的精神气度，自立是我们立党立国的重要原则。中国人民和中华民族依靠自身的顽强拼搏和不懈奋斗，探索出了一条从深重苦难走向伟大复兴光明前景的康庄大道，创造了彪炳史册的人间奇迹。历史充分证明，世界上从来不会有可以照搬照抄的教科书和现成答案，没有哪个国家能够不依靠自身力量实现强大和振兴。中国共产党始终坚持自信自立，中国的问题

---

① 习近平：《高举中国特色社会主义伟大旗帜 为全面建设社会主义现代化国家而团结奋斗——在中国共产党第二十次全国代表大会上的报告》，人民出版社2022年版，第16页。
② 同上书，第19页。

由中国人自己来解答是党和人民事业之所以能够不断取得新胜利的重要经验和根本所在。

一、自信是中国共产党素有的精神气度

自信根源于中华民族光辉灿烂的五千多年文明发展史。习近平总书记指出："中华民族是世界上伟大的民族，有着五千多年源远流长的文明历史，为人类文明进步作出了不可磨灭的贡献。"①中华文明具有突出的连续性、突出的创新性、突出的统一性、突出的包容性和突出的和平性，在五千多年演进过程中绵延不断、迭遭忧患而能够经久不衰，对国家发展和民族兴盛具有重大意义。中华文明是世界上唯一绵延不断、一脉相承，且以国家形态发展至今的伟大文明，必须从源远流长的历史连续性来认识中华文明，认识到其蕴含的深沉的历史意识和深厚的家国情怀，为中华民族的大一统奠定了最为重要的人心根基，成为中华民族能够历经千难万险而又不断复兴的精神支撑，这是我们自信的底气所在。在 5000 多年文明发展中孕育的中华优秀传统文化，是中华文明的智慧结晶和精华所在，是中华民族的根和魂，是中华民族的精神命脉，积淀着中华民族最深沉的精神追求，代表着中华民族独特的精神标识，是当代中国发展的显著优势。中国共产党是中华优秀传统文化的忠实继承者、弘扬者和建设者，坚持把马克思主义基本原理同中国具体实际相结合、同中华优秀传统文化相结合，充分运用中华优秀传统文化中所蕴含的宝贵资源，从中华优秀传统文化中寻找灵感和资源，推动了中华优秀传统文化的创造性转化和创新性发展，对传承和发展中华优秀传统文化的重视程度达到了前所未有的新高度。

自信来自中国共产党 100 多年奋斗历程和 70 多年执政兴国经验。习近平总书记指出："当今世界，要说哪个政党、哪个国家、哪个民族能够自信的话，那中国共产党、中华人民共和国、中华民族是最有理由自信的。"②近代以来，中国人民和中华民族遭受前所未有的劫难，国家积贫积弱，人民饱受欺凌，中国逐步沦为了半殖民地半封建社会，各种救国方案均以失败告终，深陷苦难的

---

① 《习近平著作选读》第 2 卷，人民出版社 2023 年版，第 476—477 页。
② 《习近平谈治国理政》第 2 卷，外文出版社 2017 年版，第 36 页。

中国迫切需要有新的组织能够凝聚革命力量，有新的思想能够引领救亡运动。中国共产党一经成立，中国革命的面貌焕然一新，党义无反顾肩负起实现中华民族伟大复兴的历史使命，团结带领中国人民进行了艰苦卓绝的伟大斗争，夺取了新民主主义革命、社会主义革命和推进社会主义建设、进行改革开放和社会主义现代化建设的伟大胜利，开创了中国特色社会主义新时代，使中华民族迎来了从站起来、富起来到强起来的伟大飞跃，书写了中华民族几千年历史上最恢宏的史诗。中国共产党作为世界上最大的马克思主义政党，在世界上人口最多的国家连续执政 70 多年，创造了经济快速发展奇迹和社会长期稳定奇迹，实现了经济总量跃居世界第二的历史性突破，实现了人民生活从温饱不足到全面小康的历史性跨越。这些彪炳史册的伟大成就的取得，关键在党，关键在于党的坚强领导。中国共产党 100 多年奋斗历程和 70 多年执政的历史都充分证明，没有中国共产党，就不可能取得这些彪炳史册的伟大成就，中国共产党有充分的理由自信。

二、自立是我们立党立国的重要原则

党的百年奋斗成功道路是党领导人民独立自主探索开辟出来的。中国共产党百年奋斗积累的宝贵历史经验之一，就是坚持中国道路。道路决定命运，道路问题对于一个国家、一个民族都是至关重要的问题，是关系党的事业兴衰成败第一位的问题。中国共产党的百年奋斗史，就是一部持续探索和苦苦寻找适合中国国情道路的历史。走自己的路，是党百年奋斗得出的重要结论和经验。符合中国实际的成功道路并不是从天而降的，不可能是从书本中照抄下来的，更不可能是从别的国家照搬过来的，而是在中国共产党的坚强领导下，全国各族人民团结奋斗、不懈探索，经历千难万险、付出巨大代价而探索开辟出来的。一百多年来，中国共产党在中国革命、建设、改革的不同历史时期，始终坚持从我国实际国情出发，探索并形成了符合中国实际的新民主主义革命道路、社会主义改造和社会主义建设道路、中国特色社会主义道路。《中共中央关于党的百年奋斗重大成就和历史经验的决议》在全面回顾党的百年奋斗历程的基础上，指出："党在百年奋斗中始终坚持从我国国情出发，探索并形成符合中国实际的正确道路。中国特色社会主义道路是创造人民美好生活、实现中华民族伟大复兴的康庄大道。"①历史和实践充分证明，中国特色社会主义道路是能够把我国全面建设成为社会主义现代化强国，进而实现中华民族伟大复兴的人间正道，必须坚定不移沿着这条正确道路奋勇前进。

马克思主义的中国篇章是中国共产党人依靠自身力量实践出来的。马克思主义是我们立党立国、兴党兴国的根本指导思想，是我们党的灵魂和旗帜。中国共产党的历史，就是一部追求真理、揭示真理、笃行真理，不断推进马克思主义中国化时代化的历史，就是一部不断结合新的实践和时代特征推进理论创新、进行理论创造的历史。推进马克思主义中国化时代化，是中国共产党人的神圣职责和庄严使命。百余年来，我们党坚定不移推进马克思主义中国化时代化，不断谱写马克思主义的中国篇章，以毛泽东同志为主要代表的中国共产党人把马克思主义基本原理同中国具体实际相结合，创立了毛泽东思想；以邓小平同志为主要代表的中国共产党人，围绕什么是社会主义、怎样建设社会主义这一根本问题，借鉴世界社会主义历史经验，创立了邓小平理论；以江泽民同志为主要代表的中国共产党人，加深了对什么是社会主义、怎样建设社会主义和建设什么样的党、怎样建设党的认识，形成了"三个代表"重要思想；以胡锦涛同志为主要代表的中国共产党人，深刻认识和回答了新形势下实现什么样的发展、怎样发展等重大问题，形成了科学发展观；以习近平同志为主要代表的中国共产党人，深刻总结并充分运用党成立以来的历史经验，立足新的实践和重大时代课题，创立了习近平新时代中国特色社会主义思想。习近平总书记指出："中国共产党为什么能，中国特色社会主义为什么好，归根到底是马克思主义行，是中国化时代化的马克思主义行。"②

中国的问题必须从中国基本国情出发，由中国人自己来解答。中国具有悠久的历史、灿烂的文明、独特的国情，这从根本上决定了看待中国的问题必须立足中国的实际，具体问题具体分析，独立自主地解决自己的问题。中国人民清楚中国的历史与现实，对中国的具体实际有着深刻的把握，对中国问题有着最深切的认识和最直观的感受，对中国问题的独特成因有着最准确的把握和最

① 《中共中央关于党的百年奋斗重大成就和历史经验的决议》，人民出版社 2021 年版，第 68 页。

② 习近平：《高举中国特色社会主义伟大旗帜 为全面建设社会主义现代化国家而团结奋斗——在中国共产党第二十次全国代表大会上的报告》，人民出版社 2022 年版，第 16 页。

444444444

科学的判断，中国人民有信心、有勇气、有智慧、有能力战胜任何艰难险阻，能够依靠自己的力量解答中国问题。中国共产党自诞生之日起，就把为中国人民谋幸福、为中华民族谋复兴确立为自己的初心和使命，团结带领全国各族人民为争取民族独立、人民解放和实现国家富强、人民幸福而不懈奋斗。新民主主义革命时期，我们党团结带领中国人民反对帝国主义、封建主义、官僚资本主义，争取民族独立、人民解放。社会主义革命和建设时期，我们党团结带领中国人民实现从新民主主义到社会主义的转变，进行社会主义革命，推进社会主义建设。改革开放和社会主义现代化建设新时期，我们党团结带领中国人民继续探索中国建设社会主义的正确道路，解放和发展社会生产力，使人民摆脱贫困、尽快富裕起来。中国特色社会主义进入新时代，以习近平同志为核心的党中央团结带领全国各族人民，如期实现了第一个百年奋斗目标，开启了实现第二个百年奋斗目标新征程。尽管不同历史时期，党面临的主要任务有所不同，但都是从中国实际出发，依靠中国人民的智慧和力量找到了正确的答案。

三、自信自立始终都是我们这样一个大党大国必须坚持的重要原则

坚持对马克思主义的坚定信仰、对中国特色社会主义的坚定信念，增强民族自尊心和自信心。马克思主义行不行、中国特色社会主义好不好，中国人民最清楚，也最有发言权。习近平总书记指出："拥有马克思主义科学理论指导是我们党坚定信仰信念、把握历史主动的根本所在。"[①]一百多年来，马克思主义为中国提供了强大真理力量和思想武器，其科学性和真理性在中国得到了充分检验，其人民性和实践性在中国得到了充分贯彻，其开放性和时代性在中国得到了充分彰显，创造了人类历史上前所未有的发展奇迹，马克思主义深刻改变了中国，深刻改变了中国人民和中华民族的前途和命运。改革开放以来，我们党全部理论和实践的主题是坚持和发展中国特色社会主义，迎来了从创立、发展到完善的伟大飞跃，道路越走越光明越宽广，取得的巨大成就和巨大成功已经并将继续证明，只有中国特色社会主义才能发展中国，实现民族复兴。

---

① 习近平：《高举中国特色社会主义伟大旗帜 为全面建设社会主义现代化国家而团结奋斗——在中国共产党第二十次全国代表大会上的报告》，人民出版社2022年版，第16页。

习近平总书记指出："中国特色社会主义，是科学社会主义理论逻辑和中国社会发展历史逻辑的辩证统一，是根植于中国大地、反映中国人民意愿、适应中国和时代发展进步要求的科学社会主义，是全面建成小康社会、加快推进社会主义现代化、实现中华民族伟大复兴的必由之路。"①实现中华民族伟大复兴，必须毫不动摇坚持马克思主义的指导地位，必须毫不动摇坚持和发展中国特色社会主义，以新征程新的伟大成就不断增强中华民族的自尊心和自信心。

在重大政治问题上有定力、有主见，不信邪、不怕鬼、不怕压，任何时候任何情况下都坚定"四个自信"。中国共产党是一个大党，治理的是一个社会主义大国，必须善于从政治上看问题，在重大政治问题上要保持战略定力，增强政治意识，始终做到头脑要特别清醒、立场要特别坚定，在大是大非面前不能有丝毫含糊，始终做到思路要清、方向要明、路子要正。新时代新征程，国际国内两个大局同步交织、相互激荡，外部风险挑战必然会明显增多，面对外部讹诈、遏制、封锁、极限打压，中国人民不惹事更不怕事，任何情况下腿肚子不会抖，腰杆子不会弯，始终敢于斗争、善于斗争、敢于胜利。一百多年来，中国共产党不畏强权，在民族利益面前寸步不让，坚定捍卫国家和民族尊严，极大增强了中华民族的自信心和自豪感。习近平总书记指出："增强全党全国各族人民的志气、骨气、底气，不信邪、不怕鬼、不怕压，知难而进、迎难而上，统筹发展和安全，全力战胜前进道路上各种困难和挑战，依靠顽强斗争打开事业发展新天地。"②中国特色社会主义道路是实现社会主义现代化、创造人民美好生活的必由之路，中国特色社会主义理论体系是指导党和人民实现中华民族伟大复兴的正确理论，中国特色社会主义制度是当代中国发展进步的根本制度保障，中国特色社会主义文化是激励全党全国各族人民奋勇前进的强大精神力量。前进道路上无论遇到什么情况，都绝对不能自失主张、自乱阵脚，都要坚定"四个自信"。

把国家和民族发展放在自己力量的基点上，把中国发展进步的命运牢牢掌握在自己手中。坚持把国家和民族发展放在自己力量的基点上，牢牢掌握发展主动权，最重要的就是要把我们自己的事情谋划好、统筹好、落实好，一件事

---

① 习近平：《关于坚持和发展中国特色社会主义的几个问题》，载《求是》，2019(7)。

② 习近平：《高举中国特色社会主义伟大旗帜 为全面建设社会主义现代化国家而团结奋斗——在中国共产党第二十次全国代表大会上的报告》，人民出版社2022年版，第27页。

情接着一件事情办、一年接着一年干，脚踏实地、久久为功，积小胜为大胜，不断推进党和国家事业往前发展。面对世界进入新的动荡变革期，我们必须保持战略定力，不惧风雨和挑战，聚焦自己正在做的事情，聚精会神搞建设，一心一意谋发展，坚定不移做好自己的事情。习近平总书记指出："我们积极学习借鉴人类文明的一切有益成果，欢迎一切有益的建议和善意的批评，但我们绝不接受'教师爷'般颐指气使的说教！中国共产党和中国人民将在自己选择的道路上昂首阔步走下去，把中国发展进步的命运牢牢掌握在自己手中！"①坚持把中国发展进步的命运牢牢掌握在自己手中，是中国共产党百年奋斗历程的深刻启示，在中国革命、建设、改革的不同历史时期，虽然党面临的主要任务都不相同，但是在每个历史阶段都始终牢牢掌握中国发展进步的战略主动权。越是接近中华民族伟大复兴，面临的风险考验只会越来越复杂，需要解决的矛盾和问题比以往更加错综复杂。我们必须不为任何风险所惧，不为任何干扰所惑，保持历史主动，把握战略主动，深刻洞察历史发展规律和时代发展大势，抓住发展战略机遇，主动出击、有所作为，顺势而上、奋发有为，把中国发展进步的命运牢牢掌握在自己手中。

第三节　必须坚持守正创新

守正创新是贯彻党的思想路线的内在要求，是新时代新征程党治国理政必须长期坚持的重要思想方法。必须深刻理解守正与创新的丰富内涵，始终坚持在守正中寻求创新，在创新中不忘守正，在守正创新中奋勇向前。要准确把握守正与创新的辩证统一关系，坚守我们共产党人的本，不断推进理论创新、制度创新、文化创新、实践创新以及其他各方面的创新。

一、守正才能不迷失方向、不犯颠覆性错误

坚持马克思主义基本原理不动摇。马克思主义主要由马克思主义哲学、马克思主义政治经济学、科学社会主义三大部分构成，第一次创立了人民实现自身解放的思想体系，创造性地揭示了人类社会发展规律，指引着人民改造世界

---

① 《习近平著作选读》第 2 卷，人民出版社 2023 年版，第 484 页。

的行动，始终站在时代前沿。近代以来，中华民族积贫积弱、任人宰割，国家蒙辱、人民蒙难、文明蒙尘，面临亡国灭种的危机。无数仁人志士为救国救民而苦苦追寻，轮番出台的各种救国方案都以失败而告终，中国迫切需要能够引领救亡运动的先进思想。十月革命给中国送来了马克思列宁主义，给寻找出路的中国人民提供了全新选择，深刻改变了近代中国的历史进程。在马克思主义的科学指引下，中国取得了革命、建设、改革的伟大胜利和辉煌成就，彻底改变了中国人民和中华民族的前途和命运。一百多年来，党始终坚持和发展马克思主义，结合中国具体实际，不断推进马克思主义中国化时代化，在领导中国革命、建设、改革的伟大实践中，先后形成了毛泽东思想和中国特色社会主义理论体系。党的十八大以来，以习近平为主要代表的中国共产党人，坚持把马克思主义基本原理同中国具体实际相结合、同中华优秀传统文化相结合，以巨大的政治智慧和理论勇气，不断推进新的实践创造和理论创新，创立了习近平新时代中国特色社会主义思想。习近平总书记指出："马克思主义始终是我们党和国家的指导思想，是我们认识世界、把握规律、追求真理、改造世界的强大思想武器。"①

坚持党的全面领导不动摇。坚持党的领导，是中国共产党百年奋斗积累的首要历史经验。历史和实践充分证明，没有中国共产党，就没有新中国，就没有新中国的繁荣富强，就没有今天的伟大成就，也不可能有中华民族的伟大复兴。习近平总书记指出："坚持和加强党的全面领导，关系党和国家前途命运，我们的全部事业都建立在这个基础之上，都根植于这个最本质特征和最大优势。"②党的十八大以来，面对党内存在的对坚持党的领导认识模糊、行动乏力，落实党的领导弱化、虚化、淡化、边缘化，特别是对党中央重大决策部署执行不力等问题，以习近平同志为核心的党中央旗帜鲜明地提出要坚持和加强党的全面领导，党的领导是党和国家的根本所在、命脉所在，是全国各族人民的利益所系、命运所系，在这个问题上必须立场坚定，绝不能语焉不详、含糊动摇。党的领导是全面的、系统的、整体的，落实党的领导首要的是维护党中央权威，确保党中央有权威有力量，充分发挥党总揽全局、协调各方的领导核心作用，必须全面、系统、整体地落实到党和国家事业发展的各领域各方面各

---

①　《习近平著作选读》第 2 卷，人民出版社 2023 年版，第 161 页。

②　习近平：《毫不动摇坚持和加强党的全面领导》，载《求是》，2021(18)。

环节。坚持和加强党的全面领导是具体的，必须不断完善党的领导制度体系，不断增强党的政治领导力、思想引领力、群众组织力、社会号召力，不断提高党科学执政、民主执政、依法执政水平，把坚持党的全面领导充分体现在国家治理体系各组成部分，充分体现到经济、政治、文化、社会、生态等各个方面。

坚持中国特色社会主义不动摇。道路的选择至关重要，对于一个国家、一个政党来说，事关前途命运和事业兴衰成败。中国共产党始终坚持把走自己的路作为全部理论创新和实践创造的立足点，一切从中国实际国情出发，独立自主探索符合实际国情的中国道路。我们党历经千辛万苦、付出巨大代价、攻克千难万险，探索并形成了符合中国实际的新民主主义革命道路、社会主义改造和社会主义建设道路、中国特色社会主义道路。中国特色社会主义开创于改革开放新时期，成为改革开放以来党的全部理论和实践的主题，改革开放以来中国取得的巨大成功和辉煌成就充分证明，中国特色社会主义道路是植根于中国大地、符合中国国情、反映人民意愿、适应时代要求，能够实现中华民族伟大复兴的正确道路。必须明确中国特色社会主义是既坚持了科学社会主义基本原则，又根据时代条件赋予其鲜明中国特色的科学社会主义，实现了科学社会主义理论逻辑和中国社会发展历史逻辑的辩证统一。习近平总书记指出："历史和现实都告诉我们，只有社会主义才能救中国，只有中国特色社会主义才能发展中国，这是历史的结论、人民的选择。"①新时代，我们要倍加珍惜这个来之不易的宝贵成果，一以贯之坚持和发展中国特色社会主义，坚持党的基本路线不动摇，坚定"四个自信"，推动物质文明、政治文明、精神文明、社会文明、生态文明协调发展，不断把中国特色社会主义伟大事业推向前进。

二、创新才能把握时代、引领时代

紧跟时代步伐，顺应实践发展。历史车轮滚滚向前，时代潮流浩浩荡荡。时代潮流具有很强的历史发展特点，呈现出人类社会在一定时期的发展趋势，只有认真倾听特定时代声音，准确把握时代发展大势，因时而动、因势而谋、顺势而为，才能在历史前进的逻辑中前进、在时代发展的潮流中发展。历史发展有其内在的规律性，只有正确认识和准确把握蕴含其中的历史规律，主动顺

---

① 习近平：《关于坚持和发展中国特色社会主义的几个问题》，载《求是》，2019(7)。

应历史发展大势，摒弃不愿创新的因循守旧，破除不愿前进的故步自封，不彷徨不懈怠，不退缩不倦怠，才能抓住重大历史变革时机，主动作为，奋发有为。改革开放是中国人民和中华民族发展史上一次伟大革命，是决定当代中国命运的关键抉择和伟大觉醒。"文化大革命"结束后，中国处在了该向何处去的重大历史关头，迫切需要党就事关党和国家前途命运的大政方针作出战略抉择，党的十一届三中全会深刻洞察时代潮流，深刻把握党和国家前途命运，深刻体悟人民群众期盼，实行改革开放，实现了具有深远意义的历史性转折。习近平总书记指出："只有顺应历史潮流，积极应变，主动求变，才能与时代同行。"①中国共产党作为马克思主义政党，在顺应时代发展中应运而生，在历史潮流中发展壮大，始终坚持运用辩证唯物主义和历史唯物主义的世界观和方法论，坚持运用马克思主义立场观点方法观察时代、把握时代、引领时代，中国共产党在掌握战略主动中始终走在时代前列。

以满腔热忱对待一切新生事物。正确认识和科学对待新生事物，是认识世界和改造世界的重要前提，是我们党能够始终把握时代大势、引领时代潮流、掌握历史主动的重要保证。新生事物并非凭空产生，是事物内部发展和外部环境推动等多重因素交织互动的共同结果，立足传统而又突破传统。新生事物往往能够引领和推动社会进步，代表着特定时代潮流发展的前进方向，体现着社会发展的崭新趋势，蕴含着世界发展和人类进步的积极成果。中国特色社会主义进入新时代，面对国际国内环境发生的深刻复杂变化，要把握战略机遇、研判战略形势、适应战略环境，对新生事物保持满腔热忱，对新生事物发展变化保持高度敏锐，这就要求我们高度重视创新、保护创新、引导创新。习近平总书记指出："要增强创新意识、培养创新思维，展示锐意创新的勇气、敢为人先的锐气、蓬勃向上的朝气。"②党的十八届五中全会，明确提出了创新、协调、绿色、开放、共享的新发展理念，为我国经济社会发展提供了必须长期坚持的重要遵循。其中，把"创新"放在新发展理念的第一位，体现了我们党认识把握发展规律的全面深化，凸显创新是引领发展的第一动力。社会发展实践证明，要推动经济社会高质量发展，解决制约发展的深层次矛盾和问题，应对层

---

① 《习近平谈治国理政》第 3 卷，外文出版社 2020 年版，第 181 页。

② 习近平：《在全国劳动模范和先进工作者表彰大会上的讲话》，载《人民日报》，2020 年 11 月 25 日。

出不穷的新情况新问题，必须依靠创新、推动创新。大力培育和选拔创新人才，建立健全创新人才引进政策，完善人才评价激励机制和服务保障体系，营造重视创新、尊重创新的良好社会氛围。

回答好中国之问、世界之问、人民之问、时代之问。习近平总书记指出："面对快速变化的世界和中国，如果墨守成规、思想僵化，没有理论创新的勇气，不能科学回答中国之问、世界之问、人民之问、时代之问，不仅党和国家事业无法继续前进，马克思主义也会失去生命力、说服力。"①科学的理论必定要立足时代之基、回答时代之问、解决时代课题，在指导实践中彰显强大的真理力量和实践力量。坚持和发展中国特色社会主义是一篇大文章，以邓小平同志、江泽民同志、胡锦涛同志为主要代表的中国共产党人在这篇大文章上都写下了精彩的篇章，以习近平同志为核心的党中央一以贯之坚持和发展中国特色社会主义，开创了中国特色社会主义新时代，科学回答了"举什么旗、走什么路"这一中国之问。新时代中国站在历史正确的一边，站在人类进步的一边，提出构建人类命运共同体重大理念，提出全球发展倡议和全球安全倡议，倡导弘扬全人类共同价值，为动荡的世界提供了稳定性和确定性，科学回答了"世界怎么了、我们怎么办"这一时代之问。面对"我是谁、为了谁、依靠谁"这一人民之问，我们党坚守为中国人民谋幸福的初心，把人民对美好生活的向往作为党的奋斗目标和执政追求，全面贯彻落实以人民为中心的发展思想，站稳"江山就是人民，人民就是江山"的根本立场。面对"实现什么样的发展、怎样实现发展"这一时代之问，我们党统筹国际国内两个大局，把发展进步的命运牢牢掌握在自己手中，把发展放在自己力量的基点上，走好自己的路，办好自己的事。

三、必须坚持守正和创新相统一

要守正，但不是故步自封，还要往前发展、与时俱进。守正就是对于真理和正道的始终坚守，对于坚持马克思主义基本原理不动摇、坚持党的全面领导不动摇、坚持中国特色社会主义不动摇的始终坚守。同样，守正绝对不能迷失方向，绝对不能偏离马克思主义、社会主义、党的领导，在这些事关党和国家

---

① 《习近平谈治国理政》第4卷，外文出版社2022年版，第30页。

的根本性问题上，必须立场坚定、旗帜鲜明、头脑清醒，绝对不能有任何犹豫和丝毫动摇。马克思主义是中国共产党取得伟大成就、不断从胜利走向新的胜利的科学指导思想和强大理论武器，是我们立党立国、兴党兴国的根本指导思想。我们要以科学的态度对待科学的理论，对马克思主义最好的坚持就是不断推进马克思主义中国化时代化，坚持把马克思主义基本原理同中国具体实际相结合、同中华优秀传统文化相结合，不断回答时代和实践提出的重大现实问题，不断赋予马克思主义以新的时代内涵和中国特色。习近平总书记指出："我们坚持以马克思主义为指导，是要运用其科学的世界观和方法论解决中国的问题，而不是要背诵和重复其具体结论和词句，更不能把马克思主义当成一成不变的教条。"[1]新时代新征程，当代中国共产党人必须肩负起谱写马克思主义中国化时代化新篇章的庄严历史责任，要立足中国具体实际，坚持实事求是、一切从实际出发，不因循守旧、固守传统，勇于探索客观规律，推动理论与时俱进，积极回应和解决实际问题，不断开辟马克思主义中国化时代化新境界。

要创新，但不能偏离马克思主义、社会主义，不能动摇党的领导。创新就是要勇于探索、敢于突破、善于创造、开辟新境，敢于"说新话"，敢于"干新事"。创新是要在守正中创新，不是丢掉根本，更不是改旗易帜、变色变质，必须准确理解和把握"变"与"不变"、继承与发展、原则性与创造性之间的内在逻辑关系，坚持守正和创新的辩证统一。习近平总书记指出："马克思主义中国化时代化这个重大命题本身就决定，我们决不能抛弃马克思主义这个魂脉，决不能抛弃中华优秀传统文化这个根脉。"[2]理论创新的重要基础和前提就是坚守马克思主义这个魂脉和中华优秀传统文化这个根脉，只有在推进理论创新中坚守好这个魂和根，才能不犯颠覆性错误，才能避免走封闭僵化的老路或者改旗易帜的邪路。新时代，以习近平同志为核心的党中央迎难而上、砥砺前行、果敢抉择、攻坚克难，经受住了来自各方面的重重考验和风险挑战，推动党和国家事业发生了巨大的历史性变革，取得了全方位和开创性的历史性成就，开启了我国以中国式现代化全面推进中华民族伟大复兴的崭新征程。新时代的伟大成就充分证明，中国特色社会主义是富有中国特色、符合中国实际、反映人

---

① 习近平：《高举中国特色社会主义伟大旗帜 为全面建设社会主义现代化国家而团结奋斗——在中国共产党第二十次全国代表大会上的报告》，人民出版社 2022 年版，第 17 页。

② 习近平：《开辟马克思主义中国化时代化新境界》，载《求是》，2023(20)。

民意愿、满足时代要求的科学社会主义，只有中国特色社会主义才能发展中国，必须坚持不动摇。办好中国的事情，关键在党。中国共产党是领导我们事业的核心力量，是最高的政治领导力量，代表全党全国各族人民共同意志和根本利益，党的领导是实现中华民族伟大复兴的根本保证，必须坚持不动摇。

第四节　必须坚持问题导向

问题是时代的声音，每个时代有每个时代的问题。坚持问题导向，是马克思主义的鲜明特点，是党的十八大以来党中央治国理政的鲜明特点和显著风格。中国共产党人干革命、搞建设、抓改革，始终善于发现问题、分析问题、解决问题，其目的就是解决中国的现实问题。矛盾普遍存在，是事物发展的根本动力，问题是事物矛盾的表现形式，我们要善于抓住事物的主要矛盾和矛盾的主要方面，找到实践前进的突破点，在解决问题中不断开创事业发展的新局面。

一、回答并指导解决问题是理论的根本任务

坚持问题导向是马克思主义的鲜明特点。马克思指出，问题就是时代的口号，是它表现自己精神状态的最实际的呼声。马克思主义只有观察解读时代，把握时代矛盾，解决时代难题，才能引领时代发展，才能不断推进实践基础上的理论创新，才能始终保持蓬勃生机和旺盛活力。坚持问题导向就是对马克思主义矛盾观、发展观、实践观的坚持和发展，抓住了马克思主义的实践本性。矛盾具有普遍性和客观性，无处不有，无时不在，贯穿事物发展的全过程，推进事物发展无法绕过矛盾和问题，只有在解决矛盾和问题的斗争中才能推进事物发展。问题是事物矛盾的表现形式，问题就是事物的矛盾。中国共产党人从来都是冲着矛盾问题去的，都是为了解决中国革命、建设和改革中存在的现实问题。中国共产党历经百年风雨，从成立时只有50多名党员，成长为具有重大全球影响力的世界上最大的马克思主义执政党，不断从胜利走向胜利，不断发展壮大，锻造了始终走在时代前列、伟大光荣正确的中国共产党。中国共产党之所以能够取得巨大成功，其中一个重要原因就是能够始终准确判断和把握各个时期中国社会的主要矛盾，从不同时代背景出发确定党的中心任务，聚焦

社会主要矛盾和中心任务，正视问题、分析问题、解决问题，不断实现理论创新和实践创新良性互动。习近平总书记指出："党的百年奋斗历程告诉我们，党和人民事业能不能沿着正确方向前进，取决于我们能否准确认识和把握社会主要矛盾、确定中心任务。"①

抓住问题就找到了实践前进的突破点和理论创新的生长点。习近平总书记指出："每个时代总有属于它自己的问题，只要科学地认识、准确地把握、正确地解决这些问题，就能够把我们的社会不断推向前进。"②社会在动态发展中不断向前，在社会进步的过程中问题也在不断变化和反复，问题的展开与显现需要时间，对于问题的观察和发现也需要一个过程。问题是特定时代传递出的声音，是这一时期社会矛盾的重要表现形式，准确发现问题，精准抓住问题，才能找到推动事业发展的关键所在。新时代以来，我们党在治国理政的实践中，把问题意识体现在改革发展稳定、内政外交国防、治党治国治军等方方面面，坚持把问题作为研究制定政策的起点。问题往往不是单一存在，通常是杂多无序的，其存在形式、性质影响和紧要程度也各不相同，不能囫囵吞枣，必须科学区分、正确分析、精准施策、定向发力，着力解决最突出的矛盾和最现实的问题。这些年来，我们涉险滩推动全面深化改革，以零容忍态度打赢反腐败斗争攻坚战，着力防范和化解重大风险，确保党不变质、不变色、不变味，全面建成了小康社会等，都是聚焦新时代我国发展和我们党执政面临的重大理论和实践问题。面对这些束缚生产力发展和制约社会进步的矛盾和问题，我们党坚持问题导向，增强问题意识，抓住问题关键，解决实际问题，把发现问题、化解矛盾、破解难题作为打开事业发展新局面的重要突破口。

党的理论是在不断回答时代课题中创新发展的。理论的生命力在于创新，回答并解决问题是理论的根本任务和重要使命。坚持问题导向，是新时代理论创新的鲜明风格。理论不会凭空出现，实践是理论的来源，时代课题是理论创新的驱动力，不同的时代会产生不同的时代课题，新时代的伟大实践是进行理论创新的源头活水。党的十八大以来，以习近平同志为核心的党中央对新时代党和国家事业发展的一系列重大问题进行深邃思考和科学判断，就新时代坚持和发展什么样的中国特色社会主义、怎样坚持和发展中国特色社会主义，建设

① 《习近平谈治国理政》第 4 卷，外文出版社 2022 年版，第 30 页。
② 习近平：《之江新语》，浙江人民出版社 2007 年版，第 235 页。

什么样的社会主义现代化强国、怎样建设社会主义现代化强国，建设什么样的长期执政的马克思主义政党、怎样建设长期执政的马克思主义政党等重大理论和实践问题，创造性地提出了一系列具有原创性意义的新理念新思想新战略。正是在对这些重大时代课题的深刻探索和科学回答中，创立了习近平新时代中国特色社会主义思想，实现了马克思主义中国化时代化新的飞跃，并在新的实践进程中继续丰富发展。推进马克思主义中国化时代化是中国共产党人的神圣职责，中国共产党人在推进马克思主义中国化时代化的百年奋斗历史进程中充分展示了马克思主义强大的科学性和旺盛的生命力，"马克思主义的科学性和真理性在中国得到充分检验，马克思主义的人民性和实践性在中国得到充分贯彻，马克思主义的开放性和时代性在中国得到充分彰显"①。

二、在发现问题中正确分析问题

善于具体问题具体分析。发现问题、正视问题是正确认识矛盾和问题的重要前提，仅仅发现问题还不能对推动解决问题有实质成效，问题的表现形式各式各样，必须正确分析和判别问题，坚持具体问题具体分析。产生问题的原因和背景不尽相同，要从本质上弄清楚问题背后的原因，进而抓住问题本质，提出解决问题的正确思路和有效办法。首要的是弄清楚哪些是体制机制弊端造成的问题，体制机制具有稳定性和长期性，通常会在较长时间内保持稳定不变，实践随着环境变化和时代发展不断向前推进，原有的体制机制逐渐暴露出难以完全契合实践新要求和新需要的弊端，这就出现了因体制机制障碍而造成的矛盾问题。习近平总书记指出："一分部署、九分落实。不注重抓落实，不认真抓好落实，再好的规划和部署都会沦为空中楼阁。"②面对存在的贯彻党中央决策部署不力、形式主义、官僚主义等问题，要弄清楚哪些是工作责任不落实造成的问题。要紧紧围绕党中央作出的重大决策部署，坚持党中央重大决策部署到哪里、就要保证工作跟进到哪里、责任落实到哪里，确保党中央重大决策部署落实见效。事物是普遍联系的，要全面地、客观地、发展地观察事物、分析问题、解决问题。问题的解决不仅需要充分发挥主观能动性，同时也需要具备

---

① 《中共中央关于党的百年奋斗重大成就和历史经验的决议》，人民出版社 2021 年版，第 63 页。

② 习近平：《在二十届中央政治局第一次集体学习时的讲话》，载《求是》，2023(2)。

必须的客观条件。要善于透过现象抓住事物的本质，综合分析问题存在的原因和解决的条件，弄清楚哪些是条件不具备一时难以解决的问题，聚焦问题持续补足短板。

善于从繁杂问题中把握事物的规律性。事物的本质就是事物发展的规律性，认识规律、把握规律、遵循规律、按照客观规律办事，是中国共产党之所以先进的重要因素。习近平总书记指出："要透过现象看本质，从零乱的现象中发现事物内部存在的必然联系，从客观事物存在和发展的规律出发，在实践中按照客观规律办事。"①事物并非一开始就是以完整的形式呈现出来，是在事物内在矛盾的推动和外在条件的共同作用下，经历由简单到复杂、由量变到质变的过程，发展的总趋势是上升的和前进的，呈现出螺旋式上升和波浪式前进过程。要善于从苗头问题中发现事物的倾向性，苗头问题在某种程度上体现事物的倾向性。在事物发展的初始阶段，要及时捕捉发展动态，重点关注事物特征，追踪事物发展轨迹，认真分析和深入观察事物发展释放出的重要信号和表现出的显著特征，从苗头问题中探寻事物的普遍性和特殊性，进而分析研究出事物发展的趋势和规律。要善于从偶然问题中揭示事物的必然性，偶然问题中蕴含着事物的必然性。事物都是普遍性和特殊性、共性和个性的有机统一，对于出现的偶然问题绝不能轻视忽略、就问题看问题，应该透过偶然问题发现蕴含其中的必然因素，把事物发展轨迹和偶然问题中蕴含的必然因素放在一起综合考虑，探寻事物发展轨迹和必然因素之间的内在联系，找到两者的有机结合点，从分析偶然问题中揭示出事物的必然性。

善于抓主要矛盾和矛盾的主要方面。习近平总书记指出："我们要有全局观，对各种矛盾做到了然于胸，同时又要紧紧围绕主要矛盾和中心任务，优先解决主要矛盾和矛盾的主要方面，以此带动其他矛盾的解决，在整体推进中实现重点突破。"②在事物发展的过程中，会存在许多的矛盾，在这些矛盾中会存在主要的、起着领导其他矛盾、决定事物发展作用的主要矛盾，其他的矛盾则处于次要和服从的地位。矛盾是事物的存在和发展形式，主要矛盾规定着事物的性质，其发展和变化规定或影响着其他矛盾的形态和变化，决定着事物发展的进程。分析观察事物就是要找准主要矛盾，明确有效破解问题的主攻方向，

---

① 《习近平著作选读》第1卷，人民出版社2023年版，第210页。
② 习近平：《更好把握和运用党的百年奋斗历史经验》，载《求是》，2022(13)。

紧紧抓住主要矛盾，聚焦主要矛盾和矛盾的主要方面，科学施策，精准发力，以主要矛盾和矛盾的主要方面的解决推动事物发展，带动全局工作。同时，在聚焦主要矛盾的同时，也不能忽略其他矛盾，要增强全局观念和系统观念，坚持两点论和重点论的统一，分清轻重缓急，从整体上谋划和推动，以解决主要矛盾推动其他矛盾的解决，进而推进事业全面发展。矛盾并非静止不变的，始终处在不断运动变化之中，在运动变化中矛盾会呈现出新的特点，这就要求我们必须以发展的眼光看待矛盾变化，准确把握矛盾的运动发展变化，科学研判矛盾的运动发展方向，不能因循守旧、被动等待，要主动出击、有所作为。

三、在解决问题中开创事业发展的新局面

以解决问题为工作导向，瞄着问题去，追着问题走。及时发现问题，正确分析问题，目的都是解决问题，把解决问题作为打开工作局面和开创事业发展的突破口。解决问题必须时刻保持清醒头脑和敏锐眼光，始终保持高度敏锐的洞察力，积极关注事物发展的动态变化，抓住主要矛盾和矛盾的主要方面，找准解决问题的关键切入点，以主要矛盾的解决带动其他矛盾的解决，在解决矛盾的过程中不断推动事业往前发展。要注意区分哪些是旧问题、哪些是新问题、哪些是新旧交织的问题，即使是老问题，只要是以新的表现方式出现，也必定带有新的特征，会从中引起新的问题，只有明确区分问题的不同形式，才能更好地精准施策，避免出现用老方法解决新问题。坚持问题导向，以解决问题推动事业发展是十八大以来党中央治国理政的鲜明特色和重要经验。习近平总书记指出："我国发展面临新的战略机遇、新的战略任务、新的战略阶段、新的战略要求、新的战略环境，需要应对的风险和挑战、需要解决的矛盾和问题比以往更加错综复杂。"①新时代新征程，党和国家事业发展必然会遇到各种可以预料和难以预料的风险挑战，我们必须保持战略清醒、科学判断形势、正确把握国际国内两个大局，敢于正视问题、善于发现问题，以问题为导向，不断增强忧患意识，坚持底线思维，发扬斗争精神，坚定斗争意志，掌握斗争策略，增强斗争本领，做到敢于斗争、善于斗争，以斗争解决问题，以问题解决

---

① 《高举中国特色社会主义伟大旗帜 奋力谱写全面建设社会主义现代化国家崭新篇章》，载《人民日报》，2022 年 7 月 28 日。

推动事业发展。

聚焦和研究面临的重大理论和实践问题。习近平总书记指出："我们要增强问题意识，聚焦实践遇到的新问题、改革发展稳定存在的深层次问题、人民群众急难愁盼问题、国际变局中的重大问题、党的建设面临的突出问题。"①问题是时代的声音和创新的起点，重大的理论和实践问题集中体现了时代的特定声音和推进事业发展的重要导向。实践不断向前发展，必将在前进途中遇到新的问题，要紧紧把握新问题的新特征，既要具体事情具体分析，还应增强系统观念，注意区分新旧问题之间的关联，找准问题，明确方向，精准施策。当前，面对不断变化的形势任务和更加错综复杂的风险挑战以及矛盾问题，必须保持巨大的政治勇气，破除一切制约改革发展的体制机制障碍，聚焦稳定存在的深层次问题，持续推进改革发展行稳致远。人民是我们党的力量之源和胜利之本，全心全意为人民服务是党的根本宗旨，为人民造福是我们党的不懈追求和本质要求，把最广大人民根本利益作为我们党一切工作的根本出发点和落脚点，必须以时时放心不下的责任感，着力解决好人民群众急难愁盼问题。中国与世界紧密联系，中国的发展离不开世界，世界的繁荣也同样离不开中国，我们必须把国家和民族发展放在自己力量的基点上，做好自己的事情，冷静观察国际风云变幻，深入研究国际变局中的重大问题。办好中国的事情，关键在党，关键在把党建设得更加坚强有力，必须聚焦和解决党的建设面临的一系列突出矛盾和问题。

提出真正解决问题的新理念新思路新办法。人类社会的每一次前进，都是在解决矛盾和现实问题中实现的，党的指导思想的每一次与时俱进也都是在发现问题、筛选问题、研究问题、解决问题中实现的。习近平总书记指出："理论思维的起点决定着理论创新的结果。理论创新只能从问题开始。从某种意义上说，理论创新的过程就是发现问题、筛选问题、研究问题、解决问题的过程。"②推进实践基础上的理论创新，就是要以问题为起点，不断发现问题、科学地认识问题、准确地把握问题、正确地解决问题，在解决问题中结合新的实践不断进行新的理论创造。发现问题、分析问题是解决问题的必要前提，但是

①　习近平：《高举中国特色社会主义伟大旗帜 为全面建设社会主义现代化国家而团结奋斗——在中国共产党第二十次全国代表大会上的报告》，人民出版社 2022 年版，第 20 页。

②　《习近平谈治国理政》第 2 卷，外文出版社 2017 年版，第 342 页。

仅仅局限于发现问题和分析问题是远远不够的，必须敢于触碰真问题，不回避、不躲闪，瞄着问题去、迎着问题上，聚焦真问题，拿出真办法、出实招，切实解决问题。同时，要善于倾听时代声音，聚焦和研究党和国家事业发展面临的新的重大理论和实践问题，不能因循守旧、墨守成规，要敢于突破、勇于创新，摒弃不合时宜的旧观念，冲破制约发展的旧框框，以问题为导向，提出真正解决问题的新理念、新思路、新办法。

第五节　必须坚持系统观念

系统观念是辩证唯物主义的重要认识论和方法论，是具有基础性的思想和工作方法。坚持系统观念，才能准确把握事物发展规律，才能处理好各方面关系、统筹好各方面利益、调动好各方面积极性。经济社会发展是一个系统工程，必须统筹兼顾、系统谋划、整体推进。新时代新征程，面对更加深刻复杂变化的发展环境，面对更多难得的发展机遇，面对许多可以预料和难以预料的矛盾和问题，我们必须坚持和运用系统观念分析形势、解决问题，进而更好推动工作。

一、系统观念是具有基础性的思想和工作方法

万事万物是相互联系、相互依存的。一切事物都与周围的其他事物存在相互联系，这种相互联系是事物本身所固有的、不以人的意志为转移的。坚持系统观念，必须把握好全局和局部、当前和长远、宏观和微观、主要矛盾和次要矛盾、特殊和一般的关系。统筹考虑党和国家事业发展，必须牢固树立系统观念，要避免出现片面地看问题，既要具体问题具体分析，更要把问题联系起来看待分析，完整准确地看待分析问题，找到事物发展的内在规律，进而顺利推进党和国家事业发展。把握好全局和局部的关系，全局和局部彼此依存、互相促进，要善于从整体关注事物的动态结构和静态结构，从整体把握事物发展趋势和方向，也要从各个方面和各个角度观察分析事物，从局部把握事物内在结构的变化和调整。把握好当前和长远的关系，当前和长远互为条件、辩证统一，要以长远眼光看清大势、看准问题、辨明方向，又要立足当下，聚焦现实问题，一个问题接着一个问题研究，一个问题接着一个问题解决。把握好宏观

和微观的关系，坚持宏观谋划和微观操作统筹结合，注重明确方向，制定战略，同时要深入微观，做到细致精当。把握好主要矛盾和次要矛盾的关系，主要矛盾起着领导其他矛盾、决定事物发展的重要作用，要厘清事物的主要矛盾和次要矛盾、矛盾的主要方面和次要方面，整体把握，有所侧重，注重以重点矛盾解决实现重点突破。把握好特殊和一般的关系，要注意特殊和一般的内在联系，准确把握特殊和一般的关系。

坚持系统观念，把握事物发展规律。习近平总书记指出："要坚持发展地而不是静止地、全面地而不是片面地、系统地而不是零散地、普遍联系地而不是单一孤立地观察事物，妥善处理各种重大关系。"①中国特色社会主义进入新时代，我国社会主要矛盾发生重大变化，但我国仍处于并将长期处于社会主义初级阶段的基本国情没有变，所以我们仍然需要立足社会主义初级阶段这个基本国情，牢牢把握社会主义初级阶段这个最大国情，坚持党的基本路线，坚持系统观念，把握不断变化的规律特点。我国是一个发展中大国，仍处于社会主义初级阶段的情况没有变，正在进行的社会变革广泛而深刻，需要统筹兼顾各方面，推进改革发展稳定、调整利益关系往往是牵一发而动全身，必须运用好系统观念这一具有基础性的思想和工作方法。广泛而深刻的社会变革，产生了大量而又深刻复杂的现实问题，面对旧事物不断呈现新特征，新的事物不断涌现，选择什么样的思想和工作方法至关重要。只有坚持系统观念，用发展的、全面的、系统的、变化的、普遍联系的观点观察事物，而不是用静止的、片面的、零散的、不变的、单一孤立的错误观点观察事物，才能从纷繁复杂的事物表象中抓住事物本质，准确把握事物发展的内在规律。遵循事物发展的内在规律，摒弃主观主义、形式主义、机械主义、教条主义、经验主义等形而上学的有害的思想方法，坚持科学观点，把握时代特征，创新工作方法，顺利推进事业发展，更好解决我国社会出现的各种问题。

坚持和运用系统观念处理好各方面关系、统筹好各方面利益、调动好各方面积极性。坚持系统观念是我国经济社会发展必须遵循的重要原则之一，是实现发展质量、结构、规模、速度、效益、安全相统一的重要思想和工作方法。习近平总书记指出："党的十八大以来，党中央坚持系统谋划、统筹推进党和

---

①　习近平：《辩证唯物主义是中国共产党人的世界观和方法论》，载《求是》，2019(1)。

国家各项事业，根据新的实践需要，形成一系列新布局和新方略，带领全党全国各族人民取得了历史性成就。在这个过程中，系统观念是具有基础性的思想和工作方法。"①新时代新征程，要紧紧围绕党的中心任务，继续坚持和运用好系统观念，观察形势、分析问题、推动工作。推动党和国家事业发展，需要处理好各方面关系，必须综合考虑多方面因素，统筹协调好各方面关系，整体推进形成合力。需要统筹好各方面利益，高度重视利益关系的调整变化，综合考虑整体利益、全局利益和局部利益，注重资源配置均衡，综合平衡各方利益诉求，避免出现因协调不顺和处理不好而导致改革发展受阻的情况。调动好各方面积极性，要深刻认识到集中力量办大事是我国国家制度和国家治理体系的显著优势之一，推动经济社会发展和应对前进道路上各种风险挑战都必须团结一切可以团结的力量，牢牢把握以人民为中心的内在要求，倾听人民呼声、顺应人民意愿、汲取人民智慧、激发人民积极性，同时要充分发挥好党和政府的组织和动员优势，更好调动各方面积极性。

二、统筹兼顾、系统谋划、整体推进经济社会发展

突出系统性、整体性、协同性。经济社会发展是一个系统工程，要加强经济社会发展的顶层设计，对经济社会发展进行整体性的谋划和实施，聚焦制约未来改革发展的一系列重点和难点问题、全局和关键问题，提出明确的改革思路和框架，制定明确的改革路线图和时间表，压茬推进，狠抓落实，使改革发展各项举措相互配合、相互促进、相得益彰。突出系统性，就是要坚持系统思维、全局谋划，牢固树立改革发展的全局意识和全局观念，统筹顶层设计和整体谋划，做到全局和局部相配套、治标和治本相结合、渐进和突破相衔接，将各领域各方面各环节的问题置于改革总进程之中，坚持统筹兼顾和协调推进，在共同推进和一体建设上持续用力用劲，实现整体推进和重点突破相统一。突出整体性，就是要坚持整体谋划、一体推进，牢固树立改革发展的整体观念，统揽"四个伟大"，统筹推进经济建设、政治建设、文化建设、社会建设、生态文明建设"五位一体"总体布局，协调推进"四个全面"战略布局，坚持统筹谋划、全面推进，做到一张蓝图绘到底。突出协同性，就是要坚持协同发力、优

① 《习近平谈治国理政》第 4 卷，外文出版社 2022 年版，第 117 页。

势互补，牢固树立改革发展的协同观念，协同性贯穿于新时代经济社会发展各方面、各环节，通过全局上谋势、关键处落子、协同中发力实现发展共赢，坚持加强协同配合、系统集成、协同高效，增强协同意识和耦合意识，不断提升协调能力和协作水平，实现互动共进、相得益彰。

增强大局观念，牢固树立全国一盘棋思想。习近平总书记指出："要增强大局观念，牢固树立全国一盘棋思想，坚持算大账、算长远账，不打小算盘、不搞小聪明，把地区和部门工作融入党和国家事业大局。"①我们党是世界上最大的马克思主义执政党，在世界上人口最多的国家长期执政，科学谋划党和国家事业发展的大政方针和行动纲领，科学制定党和国家事业发展的战略规划，事关全局，影响重大，必须着眼全局，坚持从大局出发、善谋大局。不谋全局者，不足谋一域。办好中国的事情，关键在党，党是领导我们事业的核心力量，具有无比坚强的领导力、组织力、执行力，新征程上必须充分发挥党的领导政治优势，确保充分发挥党总揽全局、协调各方的领导核心作用。党中央总揽全局，牢固树立全国一盘棋思想，充分调动各方面的积极性主动性创造性，从全局和战略的高度整体谋划和一体推进。中国是幅员辽阔、人口众多的大国，不同地方、部门和单位会有不同诉求。面对这样的现实情况，必须增强大局观念，正确认识和准确把握全局与局部的关系，认识到全局高于、统帅和决定着局部，局部必须自觉服从全局，谋划和推动本地区本部门工作要以贯彻党中央决策部署为前提，善于算大账、总账、长远账，不能只算地方账、部门账、眼前账，自觉把地区和部门工作融入党和国家事业大局进行谋划落实，做到既为一域增光、又为全局添彩。

善于从历史长周期中进行比较分析。我们从事的是前无古人的伟大事业，正在经历着广泛而深刻的社会变革，前进道路上必然会遇到各种风险挑战甚至惊涛骇浪，必须立足基本国情，坚持从实际情况出发，在历史长周期中进行分析思考和科学研判。善于从现实细微处洞察事物发展变化，提升见微知著的能力，敏锐捕捉事物变化信息，及时发现苗头性、倾向性问题，做到透过现象看本质，准确识变、科学应变、主动求变，洞察事物发展变化先机，把握有利趋势，规避有害风险，因势利导，做好准备，下好先手棋，打好主动仗，始终掌

① 习近平：《为实现党的二十大确定的目标任务而团结奋斗》，载《求是》，2023(1)。

握战略优势和争取战略主动。当前我国发展仍然处于重要的战略机遇期和大有可为的关键期，但机遇和挑战都已经发生了新发展变化，机遇更具有战略性、可塑性，挑战更具有复杂性、全局性，要增强机遇意识和风险意识，准确把握新的战略机遇、掌握新的战略要求、聚焦新的战略任务、应对新的战略挑战和熟悉新的战略环境，科学应对和有效化解风险挑战和矛盾问题，准确把握前进道路上的机遇和挑战。在准确把握前进道路上的机遇和挑战的基础上，增强战略的前瞻性，科学预判事物发展的必然趋势，准确把握事物发展的客观规律，准确理解党的二十大对全面建成社会主义现代化强国作出的路径规划和战略安排，明确战略发展方向，制定行动指南，科学研判形势，以科学的战略预见未来、引领未来。

三、坚持和运用系统观念观察形势、分析问题、推进工作

善于通过历史看现实、透过现象看本质。历史思维是推进党和国家事业发展的重要思想武器，善用历史眼光看待问题、思考问题、分析问题，善用历史思维研究历史事实、总结历史经验、把握历史规律，以长时段、整体性、发展性的宽广视角，贯通历史和现实，在对历史的深入思考和整体把握中汲取智慧，更好地分析当下遇到的现实问题。历史长河奔流不息，必须从长时段的角度去观察思考，这样才能全面了解历史轨迹和准确把握潮流大势。习近平总书记指出："我们党领导的革命、建设、改革伟大实践，是一个接续奋斗的历史过程，是一项救国、兴国、强国，进而实现中华民族伟大复兴的完整事业。"[①] 推进中华民族伟大复兴历史进程，必须坚持和运用系统观念，增强历史思维，以宽广的历史视野和深邃的历史眼光，看待问题、思考问题、作出决策，在历史发展进程中自觉按照历史规律和历史发展的辩证法办事。事物表象纷繁复杂，如果不能抓住事物本质，必然会混淆现象和本质，无法触及事物本质和核心的问题，抓不住本质就无法精准施策，也就难以有效推动事业发展。习近平总书记指出："要透过现象看本质，从零乱的现象中发现事物内部存在的必然联系，从客观事物存在和发展的规律出发，在实践中按照客观规律办事。"[②] 只有从零乱无序的现象和纷繁复杂的表象中，准确梳理和发现事物内部存在的必

---

① 习近平：《在纪念毛泽东同志诞辰120周年座谈会上的讲话》，载《人民日报》，2013年12月27日。

② 《习近平著作选读》第1卷，人民出版社2023年版，第210页。

然联系和内在逻辑，找到事物发展的客观规律，遵循事物发展的客观规律，才能推进工作。

掌握科学的思想方法和工作方法。我们党历来高度重视运用科学的思想方法和工作方法，科学认识问题、正确分析问题、有效解决问题，在驾驭复杂局面、处理复杂问题的过程中，始终赢得主动、赢得优势，充分展现了科学思想方法和工作方法的强大力量，成为我们党不断取得胜利的宝贵经验。党的十八大以来，以习近平为主要代表的中国共产党人，把科学的思想方法和工作方法运用到党中央治国理政的各个方面，在党的实践活动和理论探索中进一步丰富和发展了科学的思想和工作方法。习近平总书记指出："不断提高战略思维、历史思维、辩证思维、系统思维、创新思维、法治思维、底线思维能力，为前瞻性思考、全局性谋划、整体性推进党和国家各项事业提供科学思想方法。"① 掌握和运用科学思想方法和工作方法是实现新时代新征程党的中心任务的必然要求，实现党的中心任务是艰巨的和长期的，面对错综复杂的国际国内形势，前进道路上必然会遇到各种无法预料和预判到的艰难险阻和风险挑战，甚至是惊涛骇浪，这就要求我们必须不断提高战略思维、历史思维、辩证思维、系统思维、创新思维、法治思维、底线思维能力，深入学习领会习近平新时代中国特色社会主义思想的科学思想方法和工作方法，不断提高化解风险矛盾、解决复杂问题的本领，积极面对和有效化解前进中遇到的各种风险挑战和矛盾问题。

增强工作的原则性、系统性、预见性、创造性。坚持和发展中国特色社会主义是一篇大文章，在坚持和发展中国特色社会主义进程中，必然会遇到许多意想不到的困难和挑战。要克服前进路上的困难，战胜前进路上的风险挑战，关键在于增强工作的原则性，在事关党和国家事业发展的重大问题上，头脑要特别清醒、立场要特别坚定，做到坚持原则不动摇。要牢固树立工作一盘棋思想，增强整体观念和系统观念，善于从整体上进行顶层设计和从系统上进行整体推进，注重局部与全局、部分与整体的内在关系，避免出现各自为政、相互掣肘，强化各部分之间的协同配合，形成工作合力。面对前进路上可能出现的困难、风险和挑战，要不断增强工作的科学预见性，以长远眼光和全局视角对可能出现的困难、风险和挑战进行科学预判和决策，掌握战略主动和战略优

① 习近平：《高举中国特色社会主义伟大旗帜 为全面建设社会主义现代化国家而团结奋斗——在中国共产党第二十次全国代表大会上的报告》，人民出版社 2022 年版，第 21 页。

势，做好应对准备，下好先手棋、打好主动仗。中国共产党的百年奋斗史，就是不断进行创新创造的伟大历史。新时代新征程，在坚持科学精神的基础上，要以满腔热忱对待一切新生事物，既要遵循客观规律，也要全新思考和全新谋划，不能因循守旧、墨守成规，要敢于破除已经被实践证明是错误或者过时的东西，敢于突破习惯定式和主观偏见的束缚，敢于立足新的时代环境进行实践创造，以创造性推动工作实现新发展。

第六节　必须坚持胸怀天下

坚持胸怀天下是中国共产党百年奋斗积累的宝贵历史经验。中国共产党是为中国人民谋幸福、为中华民族谋复兴的党，也是为人类谋进步、为世界谋大同的党。在百余年奋斗历程中，中国共产党始终以世界眼光关注人类前途命运，深刻思考人类发展的重大问题，正确认识和处理同外部世界的关系，始终站在历史正确的一边，站在人类文明进步的一边，为世界和平发展和人类进步事业作出了重要的历史贡献。中国共产党历来强调树立世界眼光，深刻洞察人类发展进步潮流和趋势，积极回应各国人民普遍关切，为解决人类面临的共同问题贡献中国智慧，在发展壮大自身的同时不断推动世界发展。

一、胸怀天下是中国共产党百年奋斗的一条重要历史经验

正确认识和处理同外部世界的关系。近代中国积贫积弱，饱受列强欺凌，国家蒙辱，人民蒙难，文明蒙尘。新中国的成立，彻底结束了旧中国半殖民地半封建社会的历史，废除旧中国签订的不平等条约，首先收回对中国主权损害最大的海关管理权、驻军权和内河航行权，取消帝国主义在中国的特权，肃清帝国主义在中国的势力和影响，使中国与世界的关系发生了根本性和历史性的深刻变化。新中国成立后，中国共产党提出的和平共处五项原则，逐渐在国际社会中被普遍接受和认同，成为中国外交政策的基石，为中国正确认识世界和建立新型国际关系作出了重要历史性贡献。中国的发展进步离不开世界，世界的繁荣也同样需要中国，正确认识和处理同外部世界的关系始终是中国共产党人面临的重大现实问题。改革开放以来，中国积极融入世界经济发展，紧紧抓住经济全球化的重要机遇，不断扩大对外开放，与外部世界的互动交流日益频

繁和密切，逐渐成为经济全球化的重要推动力量之一，在自身快速发展的同时也为世界和平发展作出了中国贡献。中国特色社会主义进入新时代，中国遇到的外部挑战更加严峻、竞争更加激烈，如何正确认识和处理好与外部世界的关系，对中国和世界都同样具有重大现实意义，成为中国共产党人不仅要回答还要回答好的重大现实问题。面对这些现实问题，我们党要始终坚持从中国发展大历史和大战略、世界变化大格局和大趋势、人类发展的大变局和大潮流出发，正确认识和处理同外部世界的关系。

始终站在历史正确的一边，站在人类文明进步的一边。回首中国共产党的百余年奋斗历程，无论是在新民主主义革命时期、社会主义革命和建设时期、改革开放和社会主义现代化建设新时期，还是在中国特色社会主义新时代，中国共产党始终顺应时代潮流，把握历史大势，明时代之大势，行天下之大道，谋世界之大同。1971 年 10 月 25 日，第二十六届联合国大会以压倒性多数通过了第 2758 号决议，恢复新中国在联合国的一切合法权利，这是世界上一切爱好和平和主持正义的国家共同努力的结果，也是我们党始终站在历史正确的一边，站在人类文明进步的一边的结果。新中国恢复在联合国合法席位以来，尽管国际形势跌宕起伏，世界变化日新月异，中国积极参与全球公共事务，加强同世界人民的团结合作，坚决反对霸权主义和强权政治，始终秉持公平正义和公道，用自身的实际行动和发展稳定有力地支持了广大发展中国家维护自身主权、安全、发展利益的正义斗争，充分展现了负责任的大国担当。新时代以来，以习近平同志为核心的党中央从全人类共同利益和共同价值出发，高举和平、发展、合作、共赢旗帜，深邃洞察"世界之变"，科学回答"世界之问"和"时代之问"，坚持合作而不搞对抗，坚持开放而不搞封闭，坚定站在历史正确的一边、站在人类文明进步的一边，在坚定维护世界和平与发展中谋求自身发展，在谋求本国发展的同时促进各国共同发展，又以自身和各国共同发展更好维护世界和平与发展。

为世界发展和人类进步事业作出了重要贡献。中华民族历来爱好和平，珍视和平，具有强烈的民族自豪感和民族自信心，始终追求和传承和平、和睦、和谐的理念。中国共产党是中国人民和中华民族的先锋队，是中华优秀传统文化的忠实传承者和弘扬者，中国共产党自诞生之日起就继承了中华民族爱好和平的文化基因，始终崇尚和平，始终爱好和平，始终捍卫和平，始终不懈追求和平、和睦、和谐的理念。习近平总书记指出:"中国共产党关注人类前途命运,同世界上一切进步力量携手前进,中国始终是世界和平的建设者、全球发展的贡献者、国际秩序的维护者!"①作为世界上最大的发展中国家,中国坚持走和平发展道路,始终奉行独立自主的和平外交政策,同世界各国人民团结合作、加强交流、深化友谊,坚决捍卫国际秩序,坚决维护国际公平正义,始终是维护世界和平稳定和促进世界繁荣发展的重要力量。中国共产党在新民主主义革命时期用实际行动鼓舞全世界被压迫民族和被压迫人民争取解放的斗争,在社会主义革命和建设时期支持和援助世界被压迫民族解放事业、新独立国家建设事业和各国人民正义斗争,在改革开放和社会主义现代化建设新时期坚定维护广大发展中国家利益和推动建立公正合理的国际政治经济新秩序,在中国特色社会主义新时代推动构建人类命运共同体、促进人类发展进步。中国共产党始终胸怀天下,关注人类前途命运,在不同历史时期为世界发展和人类进步事业都作出了巨大贡献。

二、中国共产党历来强调树立世界眼光

站在世界历史的高度审视世界发展趋势和面临的重大问题。马克思主义认为,历史总是按照自己的规律向前发展,人类社会将从各民族的历史走向世界历史,这是任何力量都阻挡不了的。今天,经济全球化快速发展,人类交往的世界性比过去任何时候都更深入和广泛,世界各国之间的交流交往日益密切,彼此之间相互联系、相互交往、相互依存程度之深前所未有,马克思主义关于世界历史的思想在历史的发展中已经得到了充分验证。习近平总书记指出:"今天,人类交往的世界性比过去任何时候都更深入、更广泛,各国相互联系和彼此依存比过去任何时候都更频繁、更紧密。"②作为世界历史进程中不可分割的重要组成部分,中国共产党和中国人民积极拥抱世界,主动顺应经济全球化发展大势,坚持和发展马克思主义关于世界历史的思想,站在世界历史的高度审视当今世界发展趋势和面临的一系列重大问题。当今世界多极化、经济全球化、文化多样化和社会信息化深入发展,早已形成了你中有我、我中有你的

---

① 《习近平著作选读》第 2 卷,人民出版社 2023 年版,第 485 页。
② 同上书,第 166 页。

局面，没有哪一个国家可以置身事外或者独善其身。中国共产党胸怀天下，始终坚守共产主义的最高理想和最终目标，始终为人类进步事业而奋斗，把为人类作出新的更大的贡献作为自己的使命，深刻把握时代脉络和世界发展大势，准确把握时代前进方向，深入思考人类发展的前途命运，聚焦世界发展进步进程中遇到的重大现实问题，提出能够体现中国立场和中国智慧的理念、主张、方案。

把自身发展置于人类发展的坐标系中。作为世界上最大的发展中国家，中国拥有14亿多人口和超大市场规模，能够着力解决好自身发展中遇到的各种问题，集中优势和力量办好自己的事情，保持自身的持续稳定发展，就是对世界和平与人类发展的最大贡献。习近平总书记指出："办好中国的事，让十四亿多中国人民过上更加美好的生活，促进人类和平与发展的崇高事业，这是中国共产党矢志不渝的奋斗目标。"①党的十八大以来，中国共产党接续奋斗，履行大国大党责任，组织实施了人类历史上规模空前、力度最大、惠及人口最多的脱贫攻坚战，中国现行标准下9899万农村贫困人口全部脱贫，中国提前十年实现了《联合国2030年可持续发展议程》设定的减贫目标，使占世界近五分之一的人口告别绝对贫困，以实实在在的成绩为人类减贫事业和人类发展进步作出了重大贡献。当今中国与世界紧密联系，中国的发展与世界发展密不可分，中国对外开放的大门越开越大，高水平对外开放持续推进，在深度融入世界、拥抱世界，同世界良性互动中不断发展。当今世界正在经历百年未有之大变局，面对地缘政治局势紧张，传统安全和非传统安全问题交织，全球治理严重缺失，全球性系统性风险不断积聚等多重危机，中国应该为充满不确定性的世界注入更多稳定性和带来更多正能量，积极把自身发展置于人类发展的坐标系中，不断以自身的新发展为世界创造新机遇。

把中国人民利益同各国人民共同利益结合起来。万物并育而不相害，道并行而不相悖。习近平总书记指出："我们要树立世界眼光，更好把国内发展与对外开放统一起来，把中国发展与世界发展联系起来，把中国人民利益同各国人民共同利益结合起来，不断扩大同各国的互利合作，以更加积极的姿态参与国际事务，共同应对全球性挑战，努力为全球发展作出贡献。"②随着社会信息化和文化多样化的持续推进，世界多极化和经济全球化的深入发展，世界各国

① 《习近平著作选读》第2卷，人民出版社2023年版，第494页。
② 习近平：《论坚持推动构建人类命运共同体》，中央文献出版社2018年版，第3页。

相互影响和相互联系比过去任何时候都更加深刻、频繁和紧密，人类越来越成为你中有我、我中有你的人类命运共同体。经济竞争力增强和国际影响力上升，使中国正在日益走近世界舞台的中央，与世界各国的交流交往日益密切，利益交汇点越来越多，合作领域越来越广泛，各国彼此影响越来越深刻，中国的快速发展越来越发挥着举足轻重的影响和作用，在自身快速发展的同时给世界带来更多的机遇。中国共产党始终在宏阔的时空维度中思考人类进步的深刻命题，坚持把中国的发展和世界的发展有机结合起来，积极承担起大国责任和展现更多责任担当，持续加大对全球发展合作的资源投入力度，以更加积极有为的行动推进中国高水平对外开放，积极与世界各国共享中国发展的机遇，欢迎世界各国人民搭乘中国发展的"快车""便车"，让中国发展成果更多惠及世界各国人民。

三、中国共产党致力于人类和平与发展崇高事业

深刻洞察人类发展进步潮流。当前，国际经济、科技、文化、安全、政治等格局都在发生深刻调整，世界进入动荡变革期。面对世界进入新的动荡变革期，出现前所未有的深刻复杂变化，要认识到和平与发展的时代主题没有变，我们必须拓展世界眼光，充分认识世界进入新的动荡变革期的二重性，深刻把握世界进入新的动荡变革期的机遇和挑战。进入新的发展阶段，国内外环境必将会发生深刻而复杂的变化，也将带来一系列新的机遇和新的挑战，我们必须深入研究和深刻把握新的机遇和挑战，善于从眼前的危机和眼前的困难中捕捉机遇、创造机遇、抓住机遇，提高对挑战的敏感性和预见性，不断提高应对风险、迎接挑战、化险为夷的能力水平。只有准确识别世界进入新的动荡变革期的机遇和挑战，才能抓住和用好机遇，提前做好应对挑战的思想准备和工作准备，下好先手棋、打好主动仗。在人类发展进步的潮流中，不可避免会遇到各种各样的困难曲折甚至是难以预料的危机变局，遇到困难挫折不能束手无策、坐以待毙、被动等待，要迎难而上、主动出击、掌握主动，善于从辩证和长远的角度看待和分析问题，从人类发展大潮流来透过现象看到本质、透过危机看到新机、透过变局看到新局，找到在危机中育新机、于变局中开新局的制胜之道。人类社会不管遇到什么风险、什么挫折、什么灾难、什么逆流，总是不断发展和继续前进的，机遇和挑战、危机和变局也会随着人类发展进步不断变

化，因此，绝对不能因循守旧、墨守成规，要积极关注人类社会发展变化，深刻洞察人类发展进步潮流，找准用好制胜之道。

为解决人类面临的共同问题贡献中国智慧。当今世界正经历百年未有之大变局，人类发展面临严峻的挑战和共同的问题，世界和平、发展、合作、共赢的历史潮流浩浩荡荡不可阻挡，世界人民追求发展、合作、和平生活的普遍愿望更加强烈，国际社会期待更多能够解决人类面临共同问题的中国力量、中国智慧、中国方案。习近平总书记指出："中国始终是世界和平的建设者、全球发展的贡献者、国际秩序的维护者。"①我们党始终致力于人类和平与发展崇高事业，以世界眼光关注和思考人类前途命运，始终坚持胸怀天下，积极把自身的发展置于人类发展的坐标系中，在人类的发展中思考谋划未来，深刻把握历史前进逻辑和时代发展潮流，集中精力办好自己的事情，积极回应各国人民普遍关切，努力应对摆在全人类面前的和平赤字、发展赤字、安全赤字、治理赤字不断加重的严峻挑战。面对"世界怎么了、我们怎么办"这一时代之问，新时代中国鲜明提出并深刻阐述了构建人类命运共同体的重大倡议，提出全球发展倡议、全球安全倡议、全球文明倡议，阐明了中国的安全观、发展观、义利观、全球化观、全球治理观，提出弘扬和平、发展、公平、正义、民主、自由的全人类共同价值、建设新型国际关系、推动共建"一带一路"高质量发展，描绘了建设持久和平、普遍安全、共同繁荣、开放包容、清洁美丽的世界的美好愿景，为维护世界和平与促进共同发展提供了中国智慧和中国方案，为人类妥善应对全球性挑战贡献了中国方案和中国力量，顺应世界人民的普遍愿望，展现出负责任大国的作为担当与天下情怀。

专题思考：

1. 如何理解坚持好、运用好继续推进理论创新的"六个必须坚持"？

2. 如何理解和掌握马克思主义立场观点方法？

---

① 《习近平谈治国理政》第 2 卷，外文出版社 2017 年版，第 42 页。

参考文献

1.《马克思恩格斯选集》(第1—4卷),北京,人民出版社,2012。

2.《马克思恩格斯文集》(第1—10卷),北京,人民出版社,2009。

3.《列宁选集》(第1—4卷),北京,人民出版社,2012。

4.《列宁专题文集·论马克思主义》,北京,人民出版社,2009。

5.《毛泽东选集》(第1—4卷),北京,人民出版社,1991。

6.《毛泽东文集》(第1—2卷),北京,人民出版社,1993。

7.《毛泽东文集》(第3—5卷),北京,人民出版社,1996。

8.《毛泽东文集》(第6—8卷),北京,人民出版社,1999。

9.《邓小平文选》(第1—2卷),北京,人民出版社,1994。

10.《邓小平文选》(第3卷),北京,人民出版社,1993。

11.《江泽民文选》(第1—3卷),北京,人民出版社,2006。

12.《江泽民论社会主义精神文明建设》,北京,中央文献出版社,1999。

13.《胡锦涛文选》(第1—3卷),北京,人民出版社,2016。

14.《习近平谈治国理政》(第1卷),北京,外文出版社,2018。

15.《习近平谈治国理政》(第2卷),北京,外文出版社,2017。

16.《习近平谈治国理政》(第3卷),北京,外文出版社,2020。

17.《习近平谈治国理政》(第4卷),北京,外文出版社,2022。

18.《习近平著作选读》(第1—2卷),北京,人民出版社,2023。

19.《中共中央文件选集》(第1—18册),北京,中共中央党校出版社,1989—1992。

20.《建党以来重要文献选编(1921—1949)》第1册,北京,中央文献出版社,2011。

21.《建党以来重要文献选编(1921—1949)》第20册,北京,中央文献出版社,2011。

22.《十二大以来重要文献选编》（上中下），北京，中央文献出版社，2011。

23.《十三大以来重要文献选编》（上中下），北京，中央文献出版社，2011。

24.《十四大以来重要文献选编》（上中下），北京，中央文献出版社，2011。

25.《十五大以来重要文献选编》（上中下），北京，中央文献出版社，2011。

26.《十六大以来重要文献选编》（上中下），北京，中央文献出版社，2011。

27.《十七大以来重要文献选编》（上中下），北京，中央文献出版社，2013。

28.《十八大以来重要文献选编》（上），北京，中央文献出版社，2014。

29.《十八大以来重要文献选编》（中），北京，中央文献出版社，2016。

30.《十八大以来重要文献选编》（下），北京，中央文献出版社，2018。

31.《十九大以来重要文献选编》（上），北京，中央文献出版社，2019。

32.《十九大以来重要文献选编》（中），北京，中央文献出版社，2021。

33.《十九大以来重要文献选编》（下），北京，中央文献出版社，2023。

34.《改革开放三十年重要文献选编》（上），北京，人民出版社，2008。

35.《三中全会以来重要文献选编》（下），北京，人民出版社，1982。

36.《科学发展观学习纲要》，北京，学习出版社、人民出版社，2013。

37.《习近平新时代中国特色社会主义学习纲要》，北京，学习出版社、人民出版社，2019。

38.《习近平新时代中国特色社会主义学习纲要》，北京，学习出版社、人民出版社，2023。

39.《习近平新时代中国特色社会主义三十讲》，北京，学习出版社，2018。

40.《中国共产党历史》第 1 卷（上册），北京，中共党史出版社，2011。

41.《中国共产党的一百年》，北京，中共党史出版社，2022。

42.《中国共产党简史》，北京，人民出版社、中共党史出版社，2021。

43.《中共中央关于党的百年奋斗重大成就和历史经验的决议》，北京，人民出版社，2021。

44.《党的二十大报告学习辅导百问》，北京，党建读物出版社、学习出版社，2022。

45.《中共中央关于进一步全面深化改革 推进中国式现代化的决定》，北京，人民出版社，2024。

46. 胡锦涛:《坚定不移沿着中国特色社会主义道路前进为全面建成小康社会奋斗》,北京,人民出版社,2012。

47. 胡锦涛:《在"三个代表"重要思想研讨会上的讲话》,北京,人民出版社,2003。

48. 习近平:《高举中国特色社会主义伟大旗帜 为全面建设社会主义现代化国家而团结奋斗——在中国共产党第二十次全国代表大会上的报告》,北京,人民出版社,2022。

49. 习近平:《在哲学社会科学工作座谈会上的讲话》,北京,人民出版社,2016。

50. 习近平:《在学习〈胡锦涛文选〉报告会上的讲话》,北京,人民出版社,2016。

51. 习近平:《在纪念毛泽东同志诞辰 120 周年座谈会上的讲话》,北京,人民出版社,2013。

52. 习近平:《论坚持推动构建人类命运共同体》,北京,中央文献出版社,2018。

53. 习近平:《之江新语》,杭州,浙江人民出版社,2013。

54. 习近平:《在庆祝中国共产党成立 100 周年大会上的讲话》,北京,人民出版社,2021。

55. 习近平:《学习马克思主义基本理论是共产党人的必修课》,载《求是》,2019(22)。

56. 习近平:《更好把握和运用党的百年奋斗历史经验》,载《求是》,2022(13)。

57. 习近平:《坚持用马克思主义及其中国化创新理论武装全党》,载《求是》,2021(22)。

58. 习近平:《在纪念马克思诞辰 200 周年大会上的讲话(2018 年 5 月 4 日)》,载《求是》,2018(10)。

59. 习近平:《在纪念毛泽东同志诞辰 130 周年座谈会上的讲话》,载《人民日报》,2023 年 12 月 27 日。

60. 习近平:《在纪念邓小平同志诞辰 120 周年座谈会上的讲话》,载《人民日报》，2024 年 08 月 23 日。

61. 习近平：《在北京大学师生座谈会上的讲话》，载《人民日报》，2018 年 05 月 03 日。

62. 习近平：《领导干部要树立正确的世界观权力观事业观》，载《中国党政干部论坛》，2010(9)。

63. 习近平：《坚持实事求是的思想路线》，载《学习时报》，2012 年 5 月 28 日。

64. 习近平：《辩证唯物主义是中国共产党人的世界观和方法论》，载《求是》，2019(1)。

65. 习近平：《关于坚持和发展中国特色社会主义的几个问题》，载《求是》，2019(7)。

66. 习近平：《毫不动摇坚持和加强党的全面领导》，载《求是》，2021(18)。

67. 习近平：《坚持人民至上》，载《求是》，2022(20)。

68. 习近平：《为实现党的二十大确定的目标任务而团结奋斗》，载《求是》，2023(1)。

69. 习近平：《在二十届中央政治局第一次集体学习时的讲话》，载《求是》，2023(2)。

70. 习近平：《开辟马克思主义中国化时代化新境界》，载《求是》，2023(20)。

71. 习近平：《加强文化遗产保护传承 弘扬中华优秀传统文化》，载《求是》，2024(8)。

72.《习近平在中央党校(国家行政学院)中青年干部培训班开班式上发表重要讲话强调筑牢理想信念根基树立践行正确政绩观在新时代新征程上留下无悔的奋斗足迹》，载《人民日报》，2022 年 3 月 2 日。

73.《不断深化对党的理论创新的规律性认识 在新时代新征程上取得更为丰硕的理论创新成果》，载《人民日报》，2023 年 7 月 2 日。

74. 胡绳：《从鸦片战争到五四运动(简本)》，北京，红旗出版社，1982。

75. 中央档案馆：《中共中央文献研究室中共中央文件选集：第 24 册》，北京，人民出版社，2013。

76."马克思主义中国化的历史进程和基本经验"课题组：《马克思主义中国化研究：历史进程和基本经验》（上、下），北京，人民出版社，2009。

77. 赵小芒：《开拓推进马克思主义中国化的新境界》，北京，解放军出版社，2012。

78. 胡涵锦：《科学总结历史和现实经验：中国特色社会主义理论体系形成发展方法论研究》，上海，上海人民出版社，2014。

79. 张冬生、黄兴华：《科学发展观的多维视角》，北京，中国经济出版社，2009。

80. 张伟胜：《科学发展观解读》，杭州，浙江大学出版社，2008。

81. 刘建军：《论马克思主义的基本特征》，载《高校马克思主义理论研究》，2015(1)。

82. 苏长河：《以马克思主义真理力量推动中国和世界共同发展进步》，载《求是》，2018(16)。

后 记

　　《马克思主义中国化时代化专题研究》是高校研究生思想政治理论课教材的系列成果之一。党的二十大报告明确指出，推进马克思主义中国化时代化是一个追求真理、揭示真理、笃行真理的过程。而深入研究、阐释、宣传马克思主义中国化时代化的一系列重要理论和实践问题是马克思主义理论学界的专家学者所义不容辞的责任和义务。本书坚持以党的二十大精神为指导，深入贯彻习近平新时代中国特色社会主义思想，充分体现党的十八大以来习近平总书记系列重要讲话精神，从本质上分析了马克思主义中国化时代化是马克思主义发展的必然选择，系统梳理了马克思主义中国化时代化的历史进程，深刻阐释了马克思主义中国化时代化的重大理论成果，充分阐明了"两个结合"是推进马克思主义中国化时代化的根本途径，明确指明了马克思主义中国化时代化的立场观点方法，为广大研究生学习和掌握马克思主义中国化时代化的历史进程及重要成果提供了重要参考。

　　本教材由兰州大学刘先春教授科研团队主持编写并执笔，共计 32 万字。绪论、第一章第二节由刘先春负责撰写，共 4.1 万字；第六章第二节由李睿负责撰写，共 1.4 万字；第一章第一节、第四章以及第六章第三节由李琦新负责撰写，共 6.7 万字；第二章、第五章由刘慧负责撰写，共 6.7 万字；第三章、第六章第一节、第八章由李梦瑶负责撰写，共 6.5 万字；第七章、第九章由林松涛负责撰写，共 6.6 万字。在此基础上，本教材集合团队力量进行了多次修改和完善。刘先春教授对全书进行通稿修改，承担最后的审读定稿工作。在教材审议上，诚挚感谢中国人民大学王顺生教授、北京师范大学王炳林教授在书面审议和会议集中审议中所提供的极为宝贵的编写意见和建议。同时，还要感谢中国人民大学秦宣教授、北京大学程美东教授、武汉大学丁俊萍教授、复旦大学李冉教授、北京师范大学熊晓玲教授等专家学者以多种不同方式对本教材编写提出的宝贵编写意见和建议。此外，在本教材修改的过程中参阅了大量相关文献，借鉴并吸收了近几年学界同仁在此方面的研究成果，在此一并表示感谢。由于编者团队力量和水平有限，在引用及解读文献中难免有不当之处，恳请专家和读者批判指正。

编 者

2024 年 9 月

图书在版编目(CIP)数据

马克思主义中国化时代化专题研究 / 刘先春主编.
2版. --北京 ：北京师范大学出版社，2025.2--（马
克思主义理论学科研究生系列教材）. --ISBN 978-7
-303-30110-2

Ⅰ. D61

中国国家版本馆 CIP 数据核字第 20244WP775 号

MAKESIZHUYI ZHONGGUOHUA SHIDAIHUA ZHUANTI YANJIU

出版发行：北京师范大学出版社 https://www.bnupg.com
　　　　　北京市西城区新街口外大街 12-3 号
　　　　　邮政编码：100088

印　　刷：北京盛通印刷股份有限公司
经　　销：全国新华书店
开　　本：710 mm×1000 mm　1/16
印　　张：21.75
字　　数：350 千字
版　　次：2025 年 2 月第 1 版
印　　次：2025 年 2 月第 1 次印刷
定　　价：60.00 元

策划编辑：祁传华　　　　　责任编辑：祁传华
美术编辑：王齐云　　　　　装帧设计：王齐云
责任校对：陈　民　　　　　责任印制：赵　龙